U0905750

★ 国家出版基金资助项目
★ 湖北省学术著作出版专项资金资助项目

高等教育与社会发展论丛
董泽芳◇主编

转型与提升：
地方本科院校教师队伍结构优化研究

黄建雄　著

華中師範大學出版社

新出图证（鄂）字10号

图书在版编目（CIP）数据

转型与提升：地方本科院校教师队伍结构优化研究/黄建雄著．—武汉：华中师范大学出版社，2017．12

（高等教育与社会发展论丛/董泽芳主编）

ISBN 978-7-5622-8055-2

Ⅰ．①转…　Ⅱ．①黄…　Ⅲ．①地方高校—师资队伍建设—研究—中国　Ⅳ．①G645．12

中国版本图书馆CIP数据核字（2017）第294388号

转型与提升：地方本科院校教师队伍结构优化研究

© 黄建雄　著

责任编辑：向　力　　**责任校对：**罗　艺

封面设计：罗明波

编辑室：学术出版中心　　**电话：**027－67863220/7792

出版发行：华中师范大学出版社　　**社址：**湖北省武汉市洪山区珞喻路152号

电话：027－67863426（发行部）　027－67861321（邮购）

传真：027－67863291　　**邮编：**430079

网址：http：//press．ccnu．edu．cn　　**电子信箱：**press@mail．ccnu．edu．cn

印刷：湖北恒泰印务有限公司　　**督印：**王兴平

开本：710mm×1000mm　1/16　　**字数：**420千字

版次：2017年12月第1版　　**印次：**2017年12月第1次印刷

印张：28．25　　**定价：**98．00元

欢迎上网查询、购书

总　　序

高等教育是社会大系统中的一个极其重要的子系统，它与经济、政治、文化等子系统之间有着相互依存的关系。高等教育作为培养高层次专门人才的社会活动，与人的发展更有着极为密切的联系。同时，高等教育自身又是一个多层次、多类型、多主体的系统，不仅大学之间，大学内部各组织之间，领导、教师与学生之间关系错综复杂，而且与社会的方方面面都有着千丝万缕的联系。随着时代的发展，多层次的高等教育与多元化的社会之间形成了越来越密切的互动关系。现代社会，高等教育的存在和发展越来越离不开政府和社会在人力、物力、财力，以及政策、环境等方面的支持与促进；社会的发展也越来越离不开高等教育及其研究的引领与推动。美国经济学家弗里德曼用经济学“核心—边缘”理论研究二战后的经济社会现象与教育特别是与高等教育的关系时，发现在知识成为经济社会赖以存在和发展的基本资源与生产要素后，高等教育逐渐从游离于社会之外的“象牙塔”进入社会的边缘区，并渐次成为推动经济社会发展的“中心”要素，从而提出了著名的高等教育“从边缘走向中心”的发展趋势理论。从二战后高等教育对许多国家发展的实际影响来看，高等教育已成为促进国家科技振兴、经济发展、政治民主、文化繁荣的必要条件；从高等教育对社会个体的影响来看，高等教育不仅是提高个人素质、开发个人潜能的重要基础，更是促进社会流动、实现人生价值的主要途径。的确，高等教育对社会及个人的影响力从来没有像今天这样巨大，社会变革对高等教育的影响也从来没有像今天这样深刻。

然而，随着现代科技的发展和工业化进程的加速，科学文化及其内含的经济价值和工具价值得以彰显，高等教育发展中理性主义与功利主义的冲突日趋激烈。同时，高等教育大众化的进程加快及其与政府、市场、大学三者关系日益复杂，加之财政困难，高等教育商业化、官僚化、技术至上和教育质量下降等问题凸显，高等教育发展的现状和社会的期望之间的鸿沟逐渐加深，高等教育与社会发展之间的冲突也不断加剧。著名的高等教育学家约翰·S. 布鲁贝克在其《高等教育哲学》一书中，专门从冲突论的视角，论述了高等教育发展中认知论与政治论、自治与控制、学术自由与社会责任、精英教育与大众教育、普通教育与专才教育五方面的冲突，还就传统的高等教育与现代的高等教育、学术研究与社会现实道德、大学与教会等方面的冲突展开了论述。联合国教科文组织前总干事费德里克·马约尔在 1995 年发布的联合国教科文组织关于“高等教育的变革与发展的政策性文件”中更明确指出，“全世界几乎所有国家的高等教育都处于危机之中”。

在我国，随着社会现代化进程的加快，人们已愈来愈清楚地认识到，高等教育与社会的良性互动和协调发展不仅是政治稳定、科技振兴、经济发展、文化繁荣、人民幸福的必要前提，而且是保障高等教育健康发展、高效运行的基本条件。然而，现实的高等教育与社会互动机制仍不够健全，高等教育与社会发展不协调的现象也普遍存在。尤其是在社会大转型的今天，新旧体制、新旧观念与新旧因素的对立与摩擦，以及由此产生的社会失序、混乱与震荡，不仅使高等教育与社会的互动日趋复杂，也使高等教育与社会的协调发展严重受阻。有关高等教育与社会发展的关系的研究也面临着一系列值得研究的新问题。

从宏观的层次讲：一是社会结构转型与高等教育制度的调适问题。社会转型主要包括政治结构、经济结构、文化结构等在内的社会结构的整体性变迁过程。社会转型必然引起与原有社会结构相配套的规则与程序不同程度的失效，而新社会结构要素的生长亟待制度创新来促进和保障。高等教育制度如何调适与创新，如何形成与各种新的社会结构要素协调发展的关系，如何实现高等教育自身健康发展与着眼于学科发展、促进社会全面协调发展的双重目标等问题，必须通过高等教育社会学的研究才能作出科学的回答。二是高等教育与社会关系的变化及高等教育的社会功能重构。社会结构的全面转型必然对高等教育产生巨大的影响，并使高等教育与社会的关系出现一系列新变化。如市场经济的发展打破了高等教育自我封闭的格局，加强了高等教育对市场的关注；民主政治的推进提升了高等教育的自主地位，弱化了高等教育对政府的依赖；对外开放格局的形成拓展了教育者的视野，加强了高等教育同世界的联系，等等。在这种情况下，如何重新认识高等教育的社会价值，如何重构高等教育的各种社会功能，如教育对市场经济的适应、支持与矫正功能，对政治的维护、监督与批评功能，对国外文化的选择、吸收与融合功能，等等，也是高等教育社会学研究的重要任务。三是高等教育与社会冲突的加剧及高等教育的整合机制。社会全方位的变革使高等教育赖以生存的基础发生了变化，高等教育本身也进入了一个剧变时期，旧的运行机制正在被打破，新的运行机制尚未被建立，高等教育与社会的冲突大量存在。如社会经济发展对高等教育的人才需求结构与高等教育的人才培养、输出结构的冲突，高等教育发展对投入的需求与社会经济承受力的冲突，高等教育对理性精神的追求与社会现实的功利取向的冲突，高等教育的价值观念取向与社会文化观念更新的冲突，等等。诚然，高等教育社会冲突的出现并不必然产生消极的后果。如果通过高等教育社会学的研究能够形成比较健全的教育与社会的整合机制，高等教育与社会之间的冲突就会向积极的方面转化。

从中观的层次讲，主要是社会转型带来的各种社会分化引发了一系列新的高等教育社会问题。如区域分化与高等教育发展的失衡问题，阶层分化与弱势群体子女的高等教育问题。急剧的社会转型使原有社会阶层结构产生了前所未有的大分化，进而导致利益的大分化，这必然会在不同利益主体间产生广泛的矛盾和冲突。由此引发了地区之间高等教育差距扩大、高等教育资源配置不合理、高等教育机会不均等等新的高等教育社会问题。

从微观的层次看，主要有社会行为无序与大学行为失范问题，高等教育时空拓展与高校师生关系变化问题，大学校内、校外环境变化与大学教师角色冲突问题，商业的价值原则渗透与大学生的功利行为问题，等等。这些现实的问题，都是令人感到困惑的新的教育问题、社会问题，迫切需要高等教育社会学的探讨与解决。

在这种情况下，高等教育社会学理应顺应时代的要求，调整研究的视角，真正树立起高等教育与社会一体化协调发展的观念，加强对高等教育与社会互动机制的研究，努力探寻高等教育与社会协调发展的规律，促进我国高等教育的健康发展和社会的全面进步。本丛书的出版目的正在于促进这一研究。

本丛书在编写上突出了下列特点：一是研究立场的本土性与研究内容的时代性。从中国近代高等教育的发展过程看，过去高等教育学的研究在一定程度上存在着过于依赖西方教育理论和教育观念的问题，相关研究缺乏本土意识。本丛书强调立足中国国情来解决中国高等教育实践中的问题。在研究内容上，牢牢把握当下中国社会大转型这一时代背景，直面因新旧体制、新旧观念及新旧因素的对立与冲突所产生的社会失序、混乱及震荡给高等教育发展带来的冲击与挑战，紧紧围绕“高等教育与社会和谐发展”这一核心主题，提出了摆脱困境、战胜危机所要解决的一系列重要问题，并通过实实在在的研究，给出了明确回答。本丛书提出的这些问题，都是“高等教育与社会和谐发展的中国问题”，或者说是“中国的高等教育与社会和谐发展问题”。而从书作者通过研究作出的回答，可视为有助于解决问题的一些“中国答案”。

二是研究视域的广泛性与研究视角的多层性。高等教育与社会发展都是多层次、多类型、多主体的系统，探讨二者的关系应该有广阔的视域和多层的视角。在研究的视域上，本丛书既着力审视整个社会的结构与文化、体制与机制同整个高等教育之间的关系，也努力探明区域分化、地方传统文化同地方高等教育之间的关系，并用力探究具体高校中的职业性别政治、权力关系及角色冲突等问题。在研究的视角上，本丛书立足于高等教育学，比较倚重于社会学，但并不局限于社会学，而是根据研究的具体问题及主要目的，将研究的视角延展至经济学、文化学、人类学、教育学等学科。开阔的学术视野与多样的研究视角，使得从书内容格外丰富多彩。

三是研究方法的多元性与研究手段的实证性。本丛书遵循了理论研究与实证研究相结合、立足国情与合理借鉴相结合、问题分析与对策探讨相结合等原则，注重多种方法的综合运用。尤为强调运用实证分析的手段，将研究结论建立在翔实的资料基础之上，力图更多地用客观事实说话，用实际材料说话。如制度政策的文本分析、形式多样的问卷调查、扎根实地的田野研究、已有统计数据的二次分析等，在本丛书中都有合理运用，从而为发现高等教育与社会协调发展中存在的问题、揭示成因、寻觅对策提供了必要依据。通过开展实证研究，本丛书改变和克服了老套社会科学研究“从概念到概念”、“从理论到理论”、“从问题到问题”的不良倾向，增强了理论研究的“问题导向”与策略研究的“有的放矢”。

本丛书得以出版，既要感谢华中师范大学出版社新老领导的精心策划与大力支持，也要感谢编辑部主任和各位编辑的认真审读与细致编校，更要感谢顾明远先生与吴康宁先生的充分肯定与郑重推荐。

本丛书的作者主要是高等教育与社会发展研究方向的博士和博士后，丛书多是在他们的博士学位论文的基础上修改而成，虽然研究宗旨与写作要求一致，但每本书的主题思想与写作风格各异。作为丛书主编，我希望本丛书的出版能够为促进我国高等教育与社会协调发展起到一定的作用，也希望高等教育与社会发展的议题能受到学界更多的关注。由于作者的水平以及对高等教育与社会协调发展规律的认识有限，本丛书必有诸多不足之处，诚望诸位学者、读者不吝赐教。

董泽芳

2017年6月6日

前　言

教育具有显著的“国计民生的双重角色、今天明天的双重地位、引领支撑的双重作用、内政外交的双重功能”①，是联合国《仁川宣言》“2030年可持续发展议程的核心”，而“教师是实现‘教育2030’所有议程的关键”②，也是发挥教育上述“四个双重”效用的关键。在高等教育领域，教师是高校的核心资源，是高校的第一生产力③。因此，高校教师队伍是高等教育系统内之关键子系统，研究高校教师队伍结构优化问题，探讨充分发挥其上述关键作用的方略，是对高等教育现实改革和理论创新积极回应的一种方式。

地方普通本科院校（有时可简称为“地方本科院校”、“地方本科高校”等）是我国高等教育系统的重要组成部分，承担着高等教育大众化、普及化的历史重任，主要履行着培养应用型人才、发展应用型科研、提供应用型智力服务等重要职责，从而为地方乃至国家经济社会可持续健康发展提供高水平智力支撑，为广大学生的未来职业发展和个性发展提供成长平台。但是，目前我国地方本科院校的总体办学质量仍较低，其中教师队伍结构总体不优化、校际不平衡、转型较缓慢、升级困难大是重

① 陈宝生．办好中国特色社会主义教育　以优异成绩迎接党的十九大胜利召开——2017年全国教育工作会议工作报告［EB/OL］．（2017-02-06）［2017-04-30］．http：//www.moe.gov.cn/jyb_xwfb/moe_176/201702/t20170206_295791.html.

② 自然科学营．教育2030行动框架［EB/OL］．（2016-09-28）［2017-02-26］．http：//www.ziee.cn/jiaoyu2030/.

③ “遵循科学发展　建设高等教育强国”课题组．“遵循科学发展　建设高等教育强国”之研究［J］．中国高教研究，2017（5）：15-24.

要的制约因素。本书主要探讨地方本科高校教师队伍的结构优化问题。

结构是事物或系统内部要素构成方式的整体规定性。相同数量和相同要素的不同排列组合或不同联结方式，由这些相同要素构成的结构是不同的，其整体功能也不同，石墨和金刚石就是一个典型例子，这充分说明结构概念内在包含着要素之间的数量匹配关系和联结互动方式两个方面，两者缺一不可。前者主要决定着结构的量的方面，可称为要素数量关系结构（数量结构）；后者主要决定着结构的质的方面，可称为要素联结关系结构（联结结构）。高校教师是具有高深知识、高深技能、高度自主、高度创新性的特殊人群，教师之间的互动联结是教师队伍结构实质性形成、结构功能实质性产生的决定性因素。由此推之，地方本科院校教师队伍结构就是指地方本科院校教师队伍中不同教师之间的数量匹配关系（数量结构）和联结互动方式（联结结构）两者相互结合的整体规定性，只有两者相结合才能成为真正的、现实存在的结构。然而，现有相关研究只重点关注前者，忽视后者。因此，应将教师之间的联结互动方式（联结结构）纳入教师队伍结构研究视域中。

现代高等教育系统比过去任何时期都更加庞大、更具复杂性。系统的复杂性必然以复杂的结构为支撑和以复杂的功能来体现。正如上文所言，地方本科院校教师队伍是高等教育系统中的一个子系统，是由扮演多角色、兼具多身份、承担多任务，具有高学识、高个体性、高主动性、高创新性的一群特殊社会人群组成的。因此，地方本科院校教师队伍结构是一个高度复杂体，对其整体性把握难以一言以蔽之，需要从多个侧面、多个角度进行考察和分析。一般来说，或者从现有的理解来说，这些侧面和角度主要包括年龄结构，学历（学位）结构，职称结构，学科（专业）结构，学缘结构，专兼职结构，素质结构（比如理论型和实践型教师结构、双师型教师结构、行业背景结构）等，当然还可以包括性别结构、民族结构和个性结构等，以及决定着整体性结构形成和整体性功能发挥的联结结构等。本书主要讨论前七个方面的结构。

结构和功能密不可分，结构决定功能。结构有优化和失衡之分，因而功能有优化和失调之别。根据结构概念内涵，结构优化就是指结构处于或趋向要素匹配合理、要素联结适当的状态或过程。任何结构都是事物或系统的结构，结构优化是系统优化的前提和关键，也是系统优化的内在规定性。优化是一种价值判断，对价值问题进行精确量化分析是非常困难的，甚至是几乎不可能的。因此，基于我国地方本科院校在办学目标、办学资源、办学特色和面临环境等诸多方面的多样性，要寻找或制定一套一成不变的、精确的评价地方本科院校教师队伍结构优化的量化指标体系，既是不合理的，也是不现实的。但这并不意味着没有了判断标准。任何价值判断都是逻辑和历史的统一，对地方本科院校教师队伍结构优化的判断也应采用量化和质性相结合的分析方法，或从结构的内部分析、或从结构的功能考察、或通过结构的纵横比较得以进行。我们对教育质量的追求是无止境的，因此，教师队伍结构优化的前景也是无止境的，从比较和发展的角度上讲，只有较优和更优，没有最优。

在我国，包括地方本科院校在内的高校教师队伍结构是一个老生常谈、耳熟能详的话题，学者们对此的关注由来已久，相关研究成果非常丰富。但现有研究还需在以下几个方面给予充实和提升：一是主要关注要素数量关系结构，忽视要素联结互动结构；二是研究缺乏系统性、整合性和全面性；三是对于学缘结构的研究，视角比较单一陈旧，有必要拓展新思路和提升分析深度。对此，本书尝试从以下四个方面作出可能的创新：一是指出不同教师之间的联结互动方式，即联结结构是教师队伍整体结构的重要方面，应对此展开探讨，并通过实证调查教师学术交往状况来分析教师队伍的联结结构状况。二是指出学缘结构具有类别性、空间性和层次性三重特征，并进行了实证分析；指出学缘结构具有社会资本特性，它的变迁符合社会资本运行规律。三是系统分析美国、英国、日本三个发达国家高校教师队伍结构状况，总结其主要做法和调整经验。四是鉴于我国高等教育发展已经进入后大众化时期（一些发达城市已经进入了普及化阶段），分析发达国家高等教育发展的后大众化阶段和普及化初期的高校教师队伍结构，对我国具有更大的借鉴和启示意义。本书试图在这些方面作一些开拓性研究。

本书以“结构”概念为逻辑起点，以地方本科院校教师队伍结构为主要研究对象，以前人研究为基础，以反映客观事实的文献资料和调查数据为依据，以量化为主、质性为辅的总体研究方法，采用比较法、文献法、调查法、个案法、历史分析法等具体的资料收集方法和分析讨论方法，沿着“理论探讨—经验借鉴—现状分析—对策建议”的思路依次展开。除导论部分外，本书共分五个部分。

第一部分是对地方本科院校教师队伍结构优化的相关理论进行探讨，由第二章构成。本章主要对结构、功能、优化、失衡、地方本科院校教师队伍结构等核心概念进行界定，认为结构内在包含着构成要素的数量匹配关系和构成要素的联结互动方式两个方面。阐述地方本科院校教师队伍结构优化的基本内涵，对结构优化标准和现实意义进行讨论。分析了结构优化研究的理论基础，即结构功能论、系统优化论、互利共生论和社会资本论。最后从系统论视角分析了影响地方本科院校教师队伍结构形成和变迁的诸方面因素。

第二部分是对发达国家高校（特别是类似我国地方本科院校的类型高校）教师队伍结构状况进行分析，总结其总体特征、一般做法和主要经验，由第三章构成。本章主要分析总结了美国、英国、日本三国高校教师队伍结构的基本状况和一般特点：即中年教师的比例占优，成熟稳定型的年龄结构；博士教师的数量最多，倒金字塔型的学位结构；正副教授各占约三成，高职务为主的职称结构；回应需求，交叉渗透，特色较鲜明的学科结构；类别多样，远缘杂交，层次性较高的学缘结构；流动型教师比例较大，优势互补的专兼职结构；行业背景较为丰富，协调兼顾的知行素质结构；平台多样，平等自主，方式灵活，互动较紧密的联结结构。总结概括了发达国家高校优化教师队伍结构的基本做法或经验，即尊重职业特点，注重发挥余力，优化年龄结构；实行最高标准，重视师资储备，优化学历结构；健全评审制度，激发公平竞争，优化职称结构；突出学科特色，搭建交融平台，优化学科结构；坚持近亲回避，延揽四海名门，优化学缘结构；合理聘用兼职，支持外出兼职，优化专兼职结构；汇聚行业英才，深化校企合作，优化素质结构；营造氛围，拓宽渠道，创造机会，优化联结结构。

第三部分是对我国地方本科院校教师队伍结构的基本状况和存在问题进行实证考察并讨论了问题成因，由第四章构成。本章在分析地方本科院校实证调查资料基础上，总结了我国地方本科院校教师队伍结构的基本状况和主要问题，即年轻教师比例过大，中老龄教师比例偏小的年龄结构；博士教师配备偏少，本科学历教师还较多的学历结构；教授职称比例偏低，中低职称比例仍过高的职称结构；趋同求全，重分化轻综合，特色不够鲜明的学科结构；类别欠丰富，来源空间窄，高层学缘较少的学缘结构；进出兼职不充分，互促性低，参差不齐的专兼职结构；职业阅历比较单一，实践型师资偏弱的知行素质结构；交往意愿低，互动欠紧密，互补互促偏低的联结结构。分析了我国地方本科院校教师队伍结构失衡的主要原因，即招聘取向偏颇，引人渠道狭窄，退休制度不完善，制约年龄结构优化；学历标准偏低，师资储备滞后，历史包袱较重，制约学历结构优化；评审制度失当，评价标准趋同，素质能力偏弱，制约职称结构优化；过于求大求全，趋同倾向明显，过度强调分化，制约学科结构优化；近亲定势较强，揽才能力有限，学缘再造较少，制约学缘结构优化；资源挖掘不力，进出标准有别，管理培训缺失，制约专兼职结构优化；轻术观念较重，教师来源单一，校企合作不深，制约素质结构优化；环境氛围欠佳，自主交往偏少，交流平台不多，制约联结结构优化；宏观调控不力，社会支持有限，办学经费不足，制约队伍结构优化。

第四部分是提出优化我国地方本科院校教师队伍结构的对策建议，由第五章构成。本章在前几章的理论探讨、经验借鉴、现状分析和原因诊断基础上提出优化地方本科院校教师队伍结构的几点建议：一是做好教师队伍流动预测和应对规划，注重招录有多年职业经历人才入伍，合理延长退休年限和返聘资深教师，优化年龄结构。二是适度提高教师聘用的学历标准，合理扩大教师外出进修的比例，实施攻读学位的特殊合作政策，大力发展博士研究生师范教育，优化学历结构。三是制定多元合理的教师职称评审制度，加强旨在提升教师能力的团队建设，实施助推教师专业发展的制度改革，建立教师职称申报的精准帮扶机制，优化职称结构。四是建设特色学科师资团队、打造学科特色优势；强化学科师资集群布局，形成学科群落生态；搭建教师互动交流平台，促进学科交叉融合；提高学科前沿的敏锐度，推进学科前沿发展；优化学科结构。五是丰富教师学缘来源机构的多样性，扩展教师学缘来源地域的广阔性，提升教师学缘来源大学的层次性，优化学缘结构。六是充分认识兼职教师的重要作用，适度提高兼职教师的构成比例，主动挖掘各行业兼职教师资源，不断提升兼职队伍的管理和服务水平，优化专兼职结构。七是多方引入实践型专家到校从教，开发丰富多样的素质培训项目，完善校企人员的交流锻炼机制，优化知行素质结构。八是着力营造良好的合作交往文化生态，大力搭建合理的合作交往平台体系，精心构建促进合作交往的体制机制，优化联结结构。最后是转变观念，理清优化结构的总体思路；强化调控，发挥各级政府的引导作用；重视协调，实现四个主体的协作联动；加大投入，保障优化结构的资源支持，优化教师队伍结构。

第五部分是本书的结束部分，内容包括本书的主要结论、可能创新之处、研究不足及未来研究展望，由第六章构成。首先，总结了本书围绕“结构”问题在理论探讨和实证研究方面提出的主要观点或得出的主要结论。其次，说明了本书可能的创新之处，包括结构概念内涵的新探索、学缘结构概念的新解读、克服近亲繁殖消极影响的新总结、考察教师队伍联结结构的新思路等。再次，反思了本研究主要存在的不足之处，包括结构优化标准的理论探讨不够深入具体、发达国家调整结构的历史经验凝练不够准确到位、对一些子结构的分析探讨还比较肤浅等。最后，对本主题未来研究做些许展望，包括发展中国家高校教师队伍结构问题研究、不同类型高校教师队伍结构的适应性和个性化研究、应用科技大学教师队伍结构评估体系研究、高校教师队伍结构历史变迁的社会学分析等。

高校教师队伍结构是高等教育系统的核心结构，优化地方本科院校教师队伍结构有利于教师个体提升、有利于高校健康发展、有利于学生成长成才，进而促进地方和国家的经济繁荣和社会进步。优化地方本科院校教师队伍结构需要高校自主改革、政府宏观引导、社会支持配合，多主体协调参与，久久为功。本书以期通过理论探讨、经验借鉴、现状分析和对策思考，为人们更好地认识我国地方本科院校教师队伍结构提供理论和实证素材，为优化队伍结构，促进地方本科院校顺利转型和提升质量汇聚更多智慧和更大能量。

目　　录

第一章　导　论 …………………………………………………… 1
第一节　研究的背景与问题 …………………………………… 1
一、研究背景 …………………………………………………… 1
二、研究问题 …………………………………………………… 8
第二节　研究的目的与意义 …………………………………… 11
一、研究目的 ……………………………………………………… 11
二、研究意义 ……………………………………………………… 11
第三节　研究的思路与方法 …………………………………… 14
一、研究思路 ……………………………………………………… 14
二、研究方法 ……………………………………………………… 15
第四节　研究的设计与框架 …………………………………… 16
一、研究设计 ……………………………………………………… 16
二、研究框架 ……………………………………………………… 18
第五节　研究的现状及其述评 ………………………………… 18
一、国外研究现状 ………………………………………………… 19
二、国内研究现状 ………………………………………………… 24
三、研究现状述评 ………………………………………………… 40
第二章　地方本科院校教师队伍结构优化的基本理论 ……………… 44
第一节　相关概念的内涵界定 ………………………………… 44
一、结构和功能 …………………………………………………… 44
二、优化和失衡 …………………………………………………… 51
三、地方本科院校教师队伍结构 ………………………………… 54

第二节　地方本科院校教师队伍结构优化的标准及意义 …………… 67
一、地方本科院校教师队伍结构优化的基本内涵 ……………………… 68
二、关于地方本科院校教师队伍结构优化标准的讨论 ……………… 68
三、优化地方本科院校教师队伍结构的现实意义 ……………………… 80
第三节　地方本科院校教师队伍结构优化的理论基础 ………………… 84
一、结构功能理论 ……………………………………………………………… 85
二、系统优化理论 ……………………………………………………………… 87
三、互利共生理论 ……………………………………………………………… 89
四、社会资本理论 ……………………………………………………………… 92
第四节　影响地方本科院校教师队伍结构优化的主要因素 ………… 97
一、影响地方本科院校教师队伍结构的校外因素 …………………… 97
二、影响地方本科院校教师队伍结构的校内因素 …………………… 103
三、影响地方本科院校教师队伍结构的本体因素 …………………… 106
第三章　发达国家高校教师队伍结构的基本状况及优化经验 ……… 109
第一节　主要发达国家高等教育体系概况 ………………………………… 110
一、美国高等教育体系概况 ……………………………………………… 111
二、英国高等教育体系概况 ……………………………………………… 113
三、日本高等教育体系概况 ……………………………………………… 114
第二节　发达国家高校教师队伍结构的基本状况 ……………………… 115
一、中年教师的比例占优，成熟稳定型的年龄结构 ………………… 116
二、博士教师的数量最多，倒金字塔型的学位结构 ………………… 131
三、正副教授各占约三成，高职务为主的职称结构 ………………… 140
四、回应需求，交叉渗透，特色较鲜明的学科结构 ………………… 154
五、类别多样，远缘杂交，层次性较高的学缘结构 ………………… 172
六、流动型教师比例较大，优势互补的专兼职结构 ………………… 192
七、行业背景较为丰富，协调兼顾的知行素质结构 ………………… 210
八、平台多样，平等自主，方式灵活，互动较紧密的联结结构
…………………………………………………………………………… 227
第三节　发达国家高校调整教师队伍结构的主要做法 ……………… 231
一、尊重职业特点，注重发挥余力，优化年龄结构 ………………… 231

二、实行最高标准，重视师资储备，优化学历结构 …………… 239
三、健全评审制度，激发公平竞争，优化职称结构 …………… 244
四、突出学科特色，搭建交融平台，优化学科结构 …………… 247
五、坚持近亲回避，延揽四海名门，优化学缘结构 …………… 251
六、合理聘用兼职，支持外出兼职，优化专兼职结构 ………… 256
七、汇聚行业英才，深化校企合作，优化素质结构 …………… 261
八、营造氛围，拓宽渠道，创造机会，优化联结结构 ………… 265
第四章　我国地方本科院校教师队伍结构的现状分析 ……………… 269
第一节　调查研究的组织与实施 ……………………………………… 271
一、实地调查 ……………………………………………………… 271
二、文献调查 ……………………………………………………… 274
三、个案调查 ……………………………………………………… 275
第二节　我国地方本科院校教师队伍结构的基本状况和主要问题 …………………………………………………………………… 275
一、年轻教师比例过大，中老龄教师比例偏小的年龄结构 …… 276
二、博士教师配备偏少，本科学历教师还较多的学历结构 …… 281
三、教授职称比例偏低，中低职称比例仍过高的职称结构 …… 286
四、趋同求全，重分化轻综合，特色不够鲜明的学科结构 …… 291
五、类别欠丰富，来源空间窄，高层学缘较少的学缘结构 …… 302
六、进出兼职不充分，互促性低，参差不齐的专兼职结构 …… 314
七、职业阅历比较单一，实践型师资偏弱的知行素质结构 …… 321
八、交往意愿低，互动欠紧密，互补互促偏低的联结结构 …… 325
第三节　我国地方本科院校教师队伍结构的个案分析 …………… 334
一、年轻化的年龄结构 …………………………………………… 335
二、低层次的学历结构 …………………………………………… 336
三、弱层级的职称结构 …………………………………………… 338
四、资源较分散，特色欠明显，适应性偏弱的学科结构 ……… 339
五、本地化较高，类别性偏少，层次性偏低的学缘结构 ……… 342
六、数量仍偏小，总质量偏低，外出兼职少的兼职结构 ……… 345
七、来源渠道窄，阅历欠丰富，实践力偏弱的素质结构 ……… 350

八、连接较松散，互动欠深入，互益不充分的联结结构 ········ 352
第四节　我国地方本科院校教师队伍结构不合理的原因分析 ······ 359
一、招聘取向偏颇，引人渠道狭窄，退休制度不完善，制约年龄结构优化 ·· 359
二、学历标准偏低，师资储备滞后，历史包袱较重，制约学历结构优化 ·· 363
三、评审制度失当，评价标准趋同，素质能力偏弱，制约职称结构优化 ·· 366
四、过于求大求全，趋同倾向明显，过度强调分化，制约学科结构优化 ·· 368
五、近亲定势较强，揽才能力有限，学缘再造较少，制约学缘结构优化 ·· 371
六、资源挖掘不力，进出标准有别，管理培训缺失，制约专兼职结构优化 ·· 373
七、轻术观念较重，教师来源单一，校企合作不深，制约素质结构优化 ·· 376
八、环境氛围欠佳，自主交往偏少，交流平台不多，制约联结结构优化 ·· 379
九、宏观调控不力，社会支持有限，办学经费不足，制约队伍结构优化 ·· 385
第五章　我国地方本科院校教师队伍结构优化的对策思考 ··········· 389
第一节　优化教师队伍年龄结构的对策建议 ······················ 389
一、做好教师队伍流动预测和应对规划 ························ 389
二、注重招录有多年职业经历人才入伍 ························ 390
三、合理延长退休年限和返聘资深教师 ························ 391
第二节　优化教师队伍学历结构的对策建议 ······················ 392
一、适度提高教师聘用的学历标准 ···························· 392
二、合理扩大教师外出进修的比例 ···························· 393
三、实施攻读学位的特殊合作政策 ···························· 393
四、大力发展博士研究生师范教育 ···························· 394

第三节　优化教师队伍职称结构的对策建议 …………………… 394
一、制定多元合理的教师职称评审制度…………………………… 395
二、加强旨在提升教师能力的团队建设…………………………… 395
三、实施助推教师专业发展的制度改革…………………………… 396
四、建立教师职称申报的精准帮扶机制…………………………… 396
第四节　优化教师队伍学科结构的对策建议 …………………… 397
一、建设特色学科师资团队，打造学科特色优势 ……………… 397
二、强化学科师资集群布局，形成学科群落生态 ……………… 398
三、搭建教师互动交流平台，促进学科交叉融合 ……………… 398
四、提高新兴学科的敏锐度，推进学科前沿发展 ……………… 399
第五节　优化教师队伍学缘结构的对策建议 …………………… 400
一、丰富教师学缘来源机构的多样性……………………………… 400
二、扩展教师学缘来源地域的广阔性……………………………… 401
三、提升教师学缘来源大学的层次性……………………………… 401
第六节　优化教师队伍专兼职结构的对策建议 ………………… 402
一、充分认识兼职教师的重要作用………………………………… 403
二、适度提高兼职教师的构成比例………………………………… 403
三、主动挖掘各行业兼职教师资源………………………………… 404
四、不断提升兼职队伍管理和服务水平…………………………… 405
第七节　优化教师队伍知行素质结构的对策建议 ……………… 406
一、多方引入实践型专家到校从教………………………………… 406
二、开发丰富多样的素质培训项目………………………………… 407
三、完善校企人员的交流锻炼机制………………………………… 407
第八节　优化教师队伍联结结构的对策建议 …………………… 408
一、着力营造良好的合作交往文化生态…………………………… 408
二、大力搭建合理的合作交往平台体系…………………………… 409
三、精心构建促进合作交往的体制机制…………………………… 411
第九节　优化教师队伍结构的其他对策建议 …………………… 412
一、转变观念，理清优化结构的总体思路 ……………………… 413
二、强化调控，发挥各级政府的引导作用 ……………………… 414

三、重视协调，实现四个主体的协作联动 …………………… 415
四、加大投入，保障优化结构的资源支持 …………………… 415
第六章 结论与展望 …………………………………………… 417
第一节 主要结论 ………………………………………………… 417
一、关于高校教师队伍结构的内涵解析 ………………………… 417
二、关于高校教师队伍结构变迁的影响因素 …………………… 417
三、关于发达国家高校教师队伍结构的总体状况 ……………… 418
四、关于发达国家高校调整教师队伍结构的基本经验 ………… 418
五、关于我国地方本科院校教师队伍结构的存在问题及主要原因 …………………………………………………………… 419
六、关于优化我国地方本科院校教师队伍结构的对策建议 …… 419
第二节 可能的创新 ……………………………………………… 420
一、教师队伍结构概念内涵的新探索 …………………………… 420
二、教师队伍学缘结构概念的新解读 …………………………… 420
三、克服近亲繁殖消极影响的新总结 …………………………… 420
四、考察教师队伍联结结构的新思路 …………………………… 421
第三节 主要不足 ………………………………………………… 421
一、结构优化标准的理论探讨比较粗浅 ………………………… 421
二、国外调整结构的历史经验有待凝练 ………………………… 421
三、国内研究的最新样本范围有待扩展 ………………………… 422
四、各子结构之间的研究深度不相平衡 ………………………… 422
第四节 研究展望 ………………………………………………… 422
一、过渡时期异域高校教师队伍结构调整研究 ………………… 422
二、应用技术大学教师队伍评价标准体系研究 ………………… 423
三、高等学校教师队伍结构变迁的社会学分析 ………………… 423
附录 1 高校教师学术交往状况调查问卷 ……………………… 424
附录 2 高校教师队伍学缘结构调查表 ………………………… 429
附录 3 高校教师队伍结构调查访谈提纲 ……………………… 430
后 记 …………………………………………………………… 431

第一章　导　论

振兴民族的希望在教育，振兴教育的希望在教师。2014年9月9日习近平总书记考察并看望北京师范大学师生时指出，百年大计，教育为本；教育大计，教师为本；国家繁荣、民族振兴、教育发展，需要我们大力培养造就一支师德高尚、业务精湛、结构合理、充满活力的高素质专业化教师队伍。我国地方普通本科院校是全国普通本科高等教育系统的主体部分之一，“优化结构、转型发展、提高质量”是我国当前地方本科院校改革攻坚期和转型发展期的中心主题。在这一背景下，根据系统结构决定系统功能原理，研究地方本科院校教师队伍结构优化问题，恰逢其时，意义重大。

第一节　研究的背景与问题

研究背景就是研究问题之所以成为研究问题的某种特定的现实或历史、学科或研究者个人等方面的事实，是关于研究问题从“哪里来”或“为什么”开展这一研究的问题。研究问题是一项科学研究的起点，任何科学研究一旦确定了研究问题，后续的所有研究行动都围绕此问题展开，为解决研究问题服务。本书的研究背景和研究问题分别如下。

一、研究背景

（一）规模庞大和结构复杂的地方本科院校系统呼唤开展高校组织结构优化研究

新世纪以来，经过十几年持续快速发展尤其是世纪初多年超常规扩张，我国目前的高等教育系统跟二十年前相比发生了翻天覆地的变化，其中有两个最显著特点：一是规模庞大，二是结构复杂。

从规模来看，1998 年，我国普通高等教育毛入学率为 9.8%，在校普通教育本专科学生 3 408 764 人、在读研究生 198 885 人（含研究生班），两者合计共 3 607 649 人，专任教师有 407 253 人；2001 年，全国普通高校全日制在校生总数首次超过美国，跃居世界第一；2002 年，高等教育毛入学率达到 15.0%，进入世界公认的大众化阶段①，提前 8 年完成了 1998 年颁布《面向 21 世纪教育振兴行动计划》中提出的“到 2010 年，高等教育入学率接近 15%”的目标；2015 年，毛入学率升至 40.0%，提前 5 年完成了《国家中长期教育改革和发展规划纲要（2010—2020 年）》中提出的“到 2020 年，高等教育毛入学率达到 40.0%”的发展目标。2015 年，全国普通本专科生、研究生在校生人数分别为 26 252 968 人、1 911 406 人，两者合计 28 164 374 人。2015 年与 1998 年相比，前者分别是后者的 7.7 倍、9.6 倍和 7.8 倍。在教师方面，2015 年全国普通高校专任教师人数为 1 572 565 人，是 1998 年专任教师数的 3.9 倍。可见，我国高校办学规模得到成倍扩大，但是专任教师增长比例远低于学生的增长比例。从高校数量增长情况来看，1998 年全国普通高等学校 1 022 所，其中大学、学院 590 所；2015 年9 月,我国普通高等学校 2 560 所（含独立学院 275 所），其中普通本科院校 1 219 所②③。上述普通本科院校中，除了“211 工程”高校（有时简称“211”高校）、“985 工程”高校（有时简称“985”高校）共 112 所之外，其他为地方普通本科院校，共 1 107 所，约为“211 工程”、“985 工程”高校数总和的 10 倍。

---

① 杨开明. 中国高等教育规模的实证分析［J］. 教育与经济，2006（4）：17-22.

② 教育部. 1998 年全国教育事业发展统计公报［EB/OL］.（1999-05-01）［2016-03-01］. http://www.moe.edu.cn/s78/A03/ghs_left/s182/moe_633/tnull_842.html.

③ 教育部. 2015 年全国教育事业发展统计公报［EB/OL］.（2016-07-06）［2017-03-01］. http://www.moe.edu.cn/srcsite/A03/s180/moe_633/201607/t20160706_270976.html.

2016 年，全国地方本科院校全日制本专科在校生 16 134 314 人，在学研究生 943 666 人，两者合计共 17 077 980 人，另有专任教师 934 243 人①；当年中央部门直属高校全日制本专科在校生 1 841 905 人，在学研究生 1 037 385 人，两者合计共 2 879 290 人，另有专任教师 199 787 人②。地方本科院校与部属院校相比，学生规模是后者的 5.9 倍（其中本专科生为后者的 8.8 倍），专任教师是后者的 4.7 倍；地方本科院校师生比 1∶18.3，部属院校为 6∶14.4。

可见，不论是高校数量还是师生规模，地方本科院校都是全国本科教育系统的主体力量。在我国高等教育大众化和后大众化进程中，地方本科院校在扩招过程中承担的责任最重、面临的压力最大、扩张的速度最快、扩招持续的时间最长、发挥的作用也最大。可以说，地方本科院校是我国高等教育系统的重要组成部分，是实现高等教育大众化和后大众化的主要责任主体。

从结构来看，我国目前的高等教育系统和二十年前相比，不仅规模庞大，而且多样性增多，结构高度复杂，这是高等教育系统从精英时代向大众化转变的必然结果。正如克拉克·科尔所言，现代的大学已经不再是过去“一个居住僧侣的村庄”或“一座由知识分子垄断的工业城镇”，而是一所“多元化巨型大学”，“一座充满无穷变化的城市”③。规模庞大的现代大学都成了“开放的复杂巨系统”④。也就是说，整个高等教育系统变成由多元复杂系统的大学群体构成的庞大组织系统。根据马丁·特罗观点，以及通过考察我国高等教育近二十年来的发展历程，可以清晰看到如下系统演变状况，即在高等教育大众化和普及化阶段，包

① 教育部. 2011 年教育统计数据［EB/OL］.（2013-05-09）［2017-05-10］. http://www.moe.edu.cn/s78/A03/moe_560/s7382/index.html.

② 教育部. 2016 年教育统计数据［EB/OL］.（2017-08-23）（2017-08-24）［2017-08-31］. http://www.moe.gov.cn/s78/A03/moe_560/jytjsj_2016/2016-qg/.

③ 克拉克·科尔. 大学的功用［M］. 陈学飞，陈恢钦，周京，等译. 江西教育出版社，1993：26.

④ 侯光明，李鸿雁，贺亚兰. 开放的复杂巨系统理论与大学管理创新［J］. 黑龙江高教研究，2004（3）：21-24.

括地方本科院校在内的高等教育系统随着自身规模不断扩大，加上系统外部多重因素的深度影响乃至倒逼作用，系统内部自身和内外之间关系的多样性、复杂性、动态性以及系统内部的结构、效益、质量等一系列问题本身以及它们之间的关系跟前大众化阶段相比存在巨大差异，系统内部和系统内外之间存在诸多矛盾和冲突，呈现出前所未有的系统高张力状态。在这种复杂且高张力状态中，根据结构与功能的辩证关系，系统结构是贯穿和影响其他问题的根本主线。由于教师队伍是地方本科院校系统中具有高度主观能动性、高度智力的构成要素，因此，要推动庞大、复杂、动态的地方本科院校系统健康演变和快速发展，应高度关注和深入研究教师队伍结构的优化问题。

（二）转型提质的地方本科院校改革迫切需要开展教师队伍结构的优化探索

正如前文所言，经过二十年来持续快速地发展，我国先后提前实现了高等教育规模上的改革目标。在实现这一改革目标过程中，地方本科院校发挥了主力军、主阵地作用。但是，我国地方本科院校在近二十年来的发展过程中，也存在诸多矛盾和问题。主要体现为：重视外延扩张，忽视内涵建设，或者说是规模扩张过快，内涵建设滞后；趋同于研究型大学发展，求大求全倾向比较严重；院校之间相互趋同发展，办学特色不明显；盲目跟风攀比，资源（包括物质和智力、精神等各类人化资源）投入不足等。从而出现不同程度的办学质量和办学效益问题，并因此受到社会的广泛关注、议论甚至质疑。但是，高校的内涵建设、特色发展、提高质量、提升效益都离不开教师队伍结构的调整和优化这一改革关键环节。

为此，高等教育大众化之后，我国政府及时转变了改革重点，即从规模到质量的转向，以规模、结构、质量、效益的协调发展作为新时期的改革目标。2004 年 2 月教育部印发《2003—2007 年教育振兴行动计划》，2007 年 1 月教育部和财政部联合印发了《关于实施高等学校本科教学质量与教学改革工程的意见》（教高〔2007〕1 号）（简称“质量工程”），2007 年 12 月时任国务委员陈至立在教育部直属高校工作咨询委员会第 18 次全体会议正式提出的“建设高等教育强国”战略目标，

2010 年 7 月中共中央、国务院颁布《国家中长期教育改革和发展规划纲要（2010—2020 年）》，2015 年 5 月国务院办公厅印发《关于深化高等学校创新创业教育改革的实施意见》(国办发〔2015〕36 号)，2015 年10 月教育部、国家发展改革委、财政部联合印发了《关于引导部分地方普通本科高校向应用型转变的指导意见》(教发〔2015〕7 号) 等一系高等教育重大改革决策和措施，都体现着以提高质量为目标、以优化结构为主线的改革理念和指导思想。其中《关于引导部分地方普通本科高校向应用型转变的指导意见》是我国改革开放以来少有的面向地方本科院校颁布的专题性改革文件，该文件旨在引导地方本科高校通过采取包括加强教师队伍建设（尤其是双师型教师队伍建设）在内的综合改革，引导地方本科高校集中精力举办应用型高等教育，促进我国应用型高等教育的健康发展。

当前，我国地方普通本科院校和整个高等教育系统，以及整个经济社会一样，都处于“结构优化”和“转型升级”的改革深水区和关键期，从规模、结构、质量、效益四者之间的关系来看，“优化结构”是系统从“有规模”走上“高质量”和“提效益”的中间环节。教师队伍是地方本科院校所有办学资源中唯一具有主观能动性的宝贵资源，教师队伍结构是地方本科院校系统整体结构的核心部分。因此，要更好、高质量地开展地方本科院校的结构优化和转型升级改革，应深入研究地方本科院校教师队伍结构优化问题。

（三）优化包括地方本科院校在内的教师队伍结构是高教政策长期关注的重要议题

新中国成立后，我国政府非常重视高校教师队伍建设，不断适时推出相关政策措施。其中，“优化教师队伍结构”一直是国家各重大高等教育政策文本的关键词之一。

改革开放后，“优化教师队伍结构”这一概念第一次写入国家重要高等教育政策文本的是 1993 年 1 月国务院转发当时国家教委印发的《关于加快改革和积极发展普通高等教育的意见》(国发〔1993〕4 号）一文。该文件指出要在 20 世纪末初步建立起有中国特色，“规模有较大发展，结构更加合理，质量上一个台阶，效益有明显提高”的社会主义高等教育体系，因此就要“理顺关系、转换机制、调整结构、精简机构、优化队伍、改善条件、提高待遇，调动广大教职工的积极性”，以不断提高教育质量、科研水平和办学效益。“要采取各种有力措施，以加强培养中青年学术带头人为重点，优化教师队伍结构。要采取多种形式促进教师和社会的密切联系，聘请实际工作部门有较高水平的专家到校任教”等。

1993 年 2 月，中共中央、国务院印发的《中国教育改革和发展纲要》提出，要“坚持走内涵发展为主的道路”，“使规模有较大发展，结构更加合理，质量和效益明显提高”。同时强调，“振兴民族的希望在教育，振兴教育的希望在教师。建设一支具有良好政治业务素质、结构合理、相对稳定的教师队伍，是教育改革和发展的根本大计”。

1996 年 4 月，当时的国家教委在《全国教育事业“九五”计划和2010 年发展规划》中又强调了师资队伍对教育发展所具有的“决定性影响”作用，要求教育及有关部门要“认真实施教师资格认定制度，完善教师考核、聘任、晋升办法，优化教师队伍结构，提高教师队伍的政治，业务素质”。

1999 年 6 月，中共中央、国务院颁发的《关于深化教育改革全面推进素质教育的决定》（中发〔1999〕9 号）明确提出，要“优化结构，建设全面推进素质教育的高质量的教师队伍”，要建立健全优化教师队伍有效机制，提高教师队伍整体素质；要全面实施教师资格制度，开展面向社会认定教师资格工作，拓宽教师的来源渠道；引入竞争机制，完善教师职务聘任制，提高教育质量和办学效益。

1999 年 8 月，教育部印发的《关于新时期加强高等学校教师队伍建设的意见》（教人〔1999〕10 号）一文不仅全面论述了教师队伍建设的重要性，指出了教师队伍建设存在的主要问题，而且提出了要“建设一支结构优化、素质良好、富有活力的高水平的教师队伍”的改革目标，并提出了 2005 年高等学校教师队伍建设在学历结构、职称结构、学缘结构等方面的具体调整数量指标。

进入新世纪，随着高等教育大众化改革的不断深入，国家更加重视教师队伍结构优化等队伍建设问题。特别是进入大众化之后，我国高等教育质量问题日益凸显，国家密集出台了相关政策。比如，2001 年

8 月，教育部印发《关于加强高等学校本科教学工作提高教学质量的若干意见》（教高〔2001〕4 号），提出要“建设一支适应高质量教学要求的中青年骨干教师队伍”。

2004 年 2 月，教育部印发的《2003—2007 年教育振兴行动计划》就开始指出，现代高等职业教育要大力加强“双师型”教师队伍建设，鼓励企事业单位专业技术、管理和有特殊技能的人员担任专兼职教师，高等学校应用学科专兼职教师队伍要更多地吸收具有实践经验的专家。

2007 年 1 月，教育部和财政部联合印发了《关于实施高等学校本科教学质量与教学改革工程的意见》，提出我国高等教育要做到“规模、结构、质量和效益协调发展”，加强“结构合理”的“教学团队与高水平教师队伍建设”，“建立有效的团队合作的机制，推进教学工作的老中青相结合，发扬传、帮、带的作用，加强青年教师培养”。

2010 年 7 月，《国家中长期教育改革和发展规划纲要（2010—2020年）》将“努力造就一支师德高尚、业务精湛、结构合理、充满活力的高素质专业化教师队伍”作为实现规划战略目标的六大保障措施之首位。

2015 年 5 月，国务院办公厅印发的《关于深化高等学校创新创业教育改革的实施意见》指出了“师资”是我国高校开展创新创业教育的主要短板之一，特别提出要“配齐配强创新创业教育与创业就业指导专职教师队伍”，“聘请知名科学家、创业成功者、企业家、风险投资人等各行各业优秀人才，担任专业课、创新创业课授课或指导教师”等相关改革意见。文件文本中虽没有直接表述为“优化教师队伍结构”，但上述改革意见其实就是优化教师队伍结构的重要措施。

2015 年 10 月，教育部、国家发展改革委、财政部三部委联合印发了《关于引导部分地方普通本科高校向应用型转变的指导意见》，文件将“调整教师结构，改革教师聘任制度和评价办法，积极引进行业公认专才，聘请企业优秀专业技术人才、管理人才和高技能人才作为专业建设带头人、担任专兼职教师”，“加强‘双师双能型’教师队伍建设”作为地方本科院校推进自身转型的主要任务和措施。

由是观之，调整和优化包括地方本科院校在内的高校教师队伍结构是我国高等教育政策长期关注的重要议题。

二、研究问题

本书的研究问题是我国地方普通本科院校（有时也被简称为“地方本科院校”或“地方本科高校”）教师队伍结构的优化问题，包括什么样的地方本科院校教师队伍结构是优化的结构；我国地方本科院校教师队伍结构是不是优化的结构；影响我国地方本科院校教师队伍结构优化的主要原因是什么；进一步优化我国地方本科院校教师队伍结构应该采取什么样的对策措施等更为具体的问题。从研究问题可以看出，本书的研究对象是地方普通本科院校的教师队伍结构，它可以指一个国家或一个地区或一个省（市）所有地方本科院校的所有教师构成的教师队伍结构，也可以指某一所或某几所（或某一类）地方本科院校的教师队伍结构，甚至也可以指某一所地方本科院校中的某一个二级学院的教师队伍的构成状况。根据不同的研究需要或便利条件，可以选择上述某一层次的地方本科院校的教师队伍结构进行研究。

为了更好探讨我国地方本科院校教师队伍结构的优化问题，本书将研究问题化解为下面五个子问题或者说五个方面的研究内容。

（一）地方本科院校教师队伍结构的内涵、特征及其主要构成

要研究地方本科院校教师队伍结构的优化问题，首先要全面和准确认识地方本科院校教师队伍结构这一研究对象。结构是本书研究的逻辑起点，地方本科院校教师队伍结构是本书研究问题中的第一个子问题。这一子问题主要探讨地方本科院校教师队伍结构的科学内涵、主要特征和主要构成，包括地方本科院校教师队伍结构是否仅包括数量匹配关系，还是同时包括要素的数量匹配关系和要素联结状况两个方面，如果是后者，那么如何对要素联结状况进行考察和分析；地方本科院校教师队伍结构与其构成的要素、队伍整体的功能、队伍内外环境之间存在着怎么样的关系；地方本科院校教师队伍结构具有哪些主要特点；地方本科院校教师队伍结构还可以被划分成什么样的子结构或结构类型以及各个子结构或结构类型在总体结构中具体处于什么样的地位等。对这些问题的探讨，有助于打开和考察地方本科院校教师队伍结构这一“黑箱”，更好理解地方本科院校教师队伍结构，为探讨教师队伍结构的优化问题

奠定基础。

（二）地方本科院校教师队伍结构优化的基本内涵及理论依据

“优化”是本书研究的关键词。不论从理论还是从现实来说，研究地方本科院校教师队伍结构的主要目的就是寻找结构优化的标准和依据，探讨结构优化的基本规律，探寻结构优化的影响因素以及对策建议。因此，在充分理解和准确把握地方本科院校教师队伍结构的内涵特征之后，接下来就应该深入探讨地方本科院校教师队伍结构优化的相关理论问题，即什么样的结构是优化的结构以及依据是什么。由于地方本科院校教师队伍结构本身由多个子结构或结构类型构成，所以，本书不仅要对地方本科院校教师队伍整体结构的优化的基本内涵和理论依据进行分析，还将对每一个子结构或结构类型的优化的理论问题逐一进行探讨。解决这一子问题将为后续的现状调查、中外比较、建议探讨等各章节内容提供一个相对统一的分析框架和观察视角。其中，优化本身既是一个客观现实问题，也是一个主观价值问题。任何社会学科领域问题的评价标准都是复杂的，但又是不可回避的，这也是本书研究的难点。

（三）发达国家高等学校教师队伍结构的总体状况和调整经验

关于什么样的地方本科院校教师队伍结构才是优化的结构这一核心问题，既可以从一些成熟的理论中寻找依据，也可以通过比较寻找经验。因为，优化的教师队伍结构是高质量教育的基本条件。西方发达国家有着高质量的高等教育系统，这必然离不开结构优化的高校教师队伍的有力支撑。西方发达国家也有着和我国地方本科院校类似层次和类似类型的高等教育机构系统。发达国家高等教育在二战之后相继进入大众化和普及化阶段，比我国早了半个世纪左右。发达国家的高等教育在大众化阶段、普及化阶段初期所遇到的问题和目前我国面临的诸多问题有不少相似之处。那么，发达国家高校在大众化及普及化初期的教师队伍结构是怎样的状况，西方发达国家在那个阶段是如何调整教师队伍结构以促进结构优化，西方发达国家在调整教师队伍结构过程中积累了什么经验或者得到了什么教训，目前发达国家高等学校教师队伍结构总体状况如何等问题，都值得认真研究和分析总结，以开阔思路，增长见识，更好理解高校教师队伍结构的变迁状况，也有助于理解高校教师队伍结构优化的评价标准，从而更好地借鉴他国经验或吸取他国教训。

（四）我国地方本科院校教师队伍结构的现存问题及原因分析

回应重大社会现实问题是学者的重大使命。本书的研究是一个综合性研究，既有基础理论研究也有应用实践研究，但更侧重于应用实践研究。因此，较系统、全面、深入地调查和分析我国地方本科院校教师队伍结构的现状，根据结构优化的评价标准分析地方本科院校教师队伍目前存在的主要问题和诊断问题成因是本书研究总问题的一个重要子问题，也是本书的重点部分。我国地方本科院校数量众多，分布广泛，类型多样，发展很不平衡，有八百所建校历史较长的老牌地方本科院校，也有三百多所建校历史还不到二十年甚至仅有几年的新建地方本科院校，开展此项研究的难度比较大。因此，本书一方面借鉴已有的权威文献资料，另一方面通过开展抽样性的实地调查进行研究。既开展面上的总体性研究，也进行若干几所学校甚至是一所学校的深入分析，试图尽可能从不同侧面对我国地方本科院校教师队伍结构进行实证分析，力求比较客观、全面、系统地呈现我国地方本科院校教师队伍结构近十年来的变迁状况、目前存在的主要问题以及问题成因。

（五）我国地方本科院校教师队伍结构优化的若干实践性建议

理论回到实践才能体现理论的社会价值，也是应用实践研究的基本理路。分析问题的最终目的是寻找到解决问题的智慧。是否为解决特定现实问题提供丰富的智力资源、有力的智力支撑、针对性的诊断意见，是衡量一项研究社会价值大小的重要标准。本书研究的最后一个子问题是在理论分析、现实调查、国外借鉴基础上，探寻调整优化我国地方本科院校教师队伍结构的对策建议。本文最后将从年龄结构、学历（学位）结构、学科专业结构、职称结构、学缘结构、专兼职结构、双师型（理论型—实践型）结构等这些子结构或结构类型，根据存在的主要问题和问题成因，结合教师队伍结构优化的基本评价标准和我国实际国情，试图提出优化我国地方本科院校教师队伍结构的各种不同的解决方略乃至多样化的具体措施。

第二节 研究的目的与意义

一、研究目的

本书开展地方本科院校教师队伍结构优化问题研究，根本目的是要回答“什么样的结构是优化的地方本科院校教师队伍结构以及如何优化”这一基本问题。更为具体地来说，本书的研究目的就是在前人研究的基础上，深化对高校教师队伍结构中要素之间关系的新理解，从年龄结构、学历（学位）结构、职称结构、学科专业结构、学缘结构、专兼职结构、双师型（理论型—实践型）结构等不同侧面，尝试提出评价地方本科院校教师队伍结构优化的基本评判标准，归纳总结美、英、日等发达国家高校教师队伍结构的状况特点及其调整经验，调查梳理、分析概括我国地方本科院校教师队伍结构的总体概况、存在问题以及问题成因，提出优化我国地方本科院校教师队伍结构的对策建议。

二、研究意义

研究意义是任何科学研究的合法性基础，体现着研究成果的学术效果和社会效应，是成果被阅读和传播、被参考和使用的根据。本书的研究具有如下理论价值和现实意义。

（一）理论价值

高校教师队伍结构优化属于高等教育学的研究范畴，又与社会学、系统论、结构学、人力资源理论、管理学等多门学科领域有所交叉。开展本主题研究具有如下理论意义。

1. 有助于丰富和深化高等教育学有关学科理论体系。研究问题的精致化和整合化相协调、学科的分化发展与交叉综合相统一是现代学科发展的基本规律。地方本科院校是我国高校系统的重要主体，高校教师队伍结构是高等教育系统结构的核心组成部分，对其进行深入研究是相关学科的使命。改革开放以来，我国高等教育学、高等教育管理学、高等教育结构学等相关学科都取得了可喜进展，相关专著和文章不断问世。但一方面，现有以结构为主题的高等教育专著主要关注高校的空间布局结构、类型结构、层次结构等，对高校教师队伍结构关注不够。另一方面，总体而言，相对于发生着深刻变化的地方本科高校系统而言，现有相关的教师队伍结构研究还基本沿用过去的思路，以静态研究为主，系统性研究相对薄弱。本书在阐释相关概念内涵和外延基础上，探讨高校尤其是地方本科院校教师队伍结构的基本构成、优化特征和评价标准，有助于提升高等教育学、高等教育结构学等学科的理论深度和广度，有助于丰富相关学科的知识体系。

2. 有助于丰富和深化高等教育社会学学科理论体系。教育社会学和高等教育社会学是一门朝阳学科，用社会学视角来研究高等教育（高等学校）有助于更好理解高等教育的发展背景、高等教育与社会之间的相互关系、高等教育问题的社会蕴义。社会结构、人际关系一直是社会学关注的重点话题之一，高校教师队伍结构是高校系统结构的核心部分，应成为高等教育社会学的重点关注对象。但现有教育社会学特别是高等教育社会学对教师的研究主要是关注社会化、角色冲突、职业发展、流动分层、教育公平、师生互动、性别差异、弱势群体等问题。其中侯定凯专著《高等教育社会学》（2004）和王处辉主编《高等教育社会学》（2009）是此领域新时期的主要代表作，但这两本专著都没有专题讨论教师队伍结构问题。本研究有助于扩展教育社会学特别是高等教育社会学的研究范围，充实理论素材。

3. 有助于丰富和深化高校教师人力资源理论体系。现有高校教师人力资源理论和高等教育组织学也涉及教师队伍的构成问题或组织问题。但现有基于人力资源视角下的高校教师队伍结构研究一般更侧重于事实的描述、对比的说明、应然的理解，要么缺乏相关的理论意义挖掘，要么国外部分的实证材料有待补充，要么主要研究结构的静态方面，就结构论结构的痕迹较为明显，缺乏系统性和多元视角的综合考量，忽视考察社会经济等外在因素对教师队伍结构的影响。开展本论题研究有助于进一步扩展高校教师人力资源理论等学科领域的研究视野。

（二）现实意义

当前，我国高等教育正处于转型关键期，高等教育事业正处于大改革、大发展、大提高阶段①，正处于从规模扩张到质量提升的关键改革时期，结构调整必然成为高等教育改革的重心，开展地方本科院校教师队伍结构优化研究具有如下现实意义。

1. 为了解地方本科院校教师队伍结构提供知识资源。我国地方本科院校多年来的迅速扩张使得地方本科院校教师队伍规模庞大、结构复杂、特征多样，且各校情况参差不齐，而且还正处于不断变化之中，因为有些地方本科院校一年就招聘录用上百名新教师。教师是高校办学资源体系中唯一具有主观能动性和最宝贵的资源，教师队伍结构是影响办学质量的重要因素。优化地方本科院校教师队伍结构是地方本科院校改革建设的重要任务之一。调整和优化地方本科院校教师队伍结构应该是基于对这一规模庞大、结构复杂且变动不居的“客观事物”全面、系统、正确的了解和理解之上。但现有相关研究不够系统和全面。因此，本书的相关理论和实证性分析有助于提高人们对地方本科院校教师队伍结构状况更全面而理性的认识，有助于人们对地方本科院校教师队伍结构是否优化这一问题做出更为合理的判断。

2. 为地方本科院校教师队伍结构调整提供对策建议。随着我国高校办学自主权的逐步落实，高校之间的资源竞争、实力竞争不断加剧，加强教师队伍建设，优化教师队伍结构，提高教师队伍整体实力无疑成为高校领导者们关注的核心问题。那么，如何看待现有地方本科院校教师队伍结构的总体现状，如何评判地方本科院校教师队伍结构的优劣度和适应性，如何去预测教师队伍结构的变化趋势，应该选择什么样的措施应对目前的结构问题以及未来的结构演变可能带来的新挑战，都应该基于对这一事物的普遍性和特殊性的理性认识之上，并以一定的理论为依据。本书以地方本科院校教师队伍为实证考察对象，专注于结构优化的系统性研究。希望通过本书的研究成果，能给各地方本科院校在审视教

---

① 周远清．把一个什么样的高等教育带入小康社会［J］．西安欧亚学院学报，2010（4）：1-3.

师队伍结构问题和选择调整优化措施时提供某些启示。

3．为政府相关部门制定相关高教政策提供建议参考。包括地方本科院校在内的高等学校教师队伍结构的形成和变迁、调整和优化都离不开一定时空下的社会经济发展条件、社会宏观制度、高等教育发展状况、相关资源的支撑度、高等教育新政策和文化传统等等多方面因素制约。因此，在分析包括地方本科院校在内的高校教师队伍结构的形成原因、优化目标、调整措施的选择时应该综合考虑上述多方面因素。在我国，政府部门是高等教育主管机构，在资源配置和宏观指导方面拥有较大的权力。地方本科院校的发展离不开地方政府部门的资源支持、宏观协调和方向性引导。本研究力图在这些方面有所思考，并提出一些具体的策略和措施，为相关政府部门制定有关的政策制度提供某些有益的参考素材、客观依据或改革建议。

第三节　研究的思路与方法

拥有清晰合理的研究思路和选择正确的研究方法是顺利推动研究进程、实现预期研究目标、提高研究效率和质量的前提基础和重要保证。本书根据研究问题、研究对象、研究目的、研究内容和研究条件等情况来确定具体的研究思路和选择合理的研究方法。

一、研究思路

本书的基本研究思路是紧紧围绕“地方本科院校教师队伍结构优化”这一问题，以“优化”为根本目标，沿着“理论探讨——经验借鉴——现状分析——对策建议”的逻辑顺序展开。从更为具体的角度来讲，本书的具体研究思路是：以我国地方本科院校教师队伍结构为研究对象，以理论性的深化提升、国外状况的熟知了解、国外做法的归纳总结，以我国现状的准确把握、存在问题的概括梳理、问题成因的分析诊断、优化对策的探寻求索为具体研究目标，以“结构”为逻辑起点，以“优化”为目标取向，以社会学的结构功能理论、系统优化理论、互利共生理论和社会资本理论等为基本理论依据，主要采用实证主义的社会科学研究范式，量化研究方法论，采用文献法、调查法等具体研究方法收集数据资料，采用比较、归纳、综合等逻辑思维方式，从结构的要素数量匹配关系和要素联结互动状况两个维度，从年龄、学历（学位）、职称、学科专业、学缘、专兼职、双师型（理论型—实践型）等多个侧面分析地方本科院校教师队伍结构的内涵和特征、优化的评判原则和标准，考察美国、英国、日本等发达国家教师队伍结构的基本状况及其主要调整优化做法，调查分析和总结归纳我国地方本科院校教师队伍结构的总体状况、存在问题、问题成因，探讨优化我国地方本科院校教师队伍结构的对策建议。

基于上述研究思路，本书相应形成了由导论、理论基础、国外考察分析、国内现状调查、存在问题概况及原因诊断分析、对策建议探讨及未来研究展望等部分构成的基本框架。

二、研究方法

萨顿指出：“在科学领域，方法至为重要。一部科学史，在很大程度上就是一部工具史，这些工具——无论有形还是无形——由一系列人物创造出来，以解决他们遇到的某些问题。每种工具和方法都是人类智慧的结晶。”本研究根据研究对象的性质、研究目标、研究条件和研究者对研究方法的熟悉状况，选择下面的研究方法。

（一）从哲学方法论看，本书主要采用了实证主义社会科学研究范式

即将发达国家高校教师队伍结构和我国地方本科院校教师队伍结构视为客观存在，可以认知的，具有内在的“真实”规律或特征；研究对象独立于研究者之外，不受研究者的具体研究操作所影响，研究结果是可以通过经验进行检验的。这和我们对现实真实存在的高校教师队伍结构的日常感知经验是一致的。

（二）从一般方法论来看，本书主要采用了以定量为主的研究方法

基于本书在哲学层面上使用了实证主义的研究范式，因此在此相应使用了以定量研究为主的方法。即选择有关高校教师队伍结构的大量乃至全部样本，对每个样本的年龄、学历、职称、学科背景、毕业高校、是否专兼职、行业实践背景等多个方面进行规范性测量，将测量的结果

进行统计分析，最后得出教师队伍结构的基本状况和主要特征。

（三）从收集材料方法来看，本书主要采用了文献法和问卷调查法

第一，通过查阅公开发表的有关著作和报刊等文献，借助其他作者的现成数据。第二，通过查阅相关权威机构（政府、行业或专业组织）公开发表的统计年鉴、年度公报、研究报告（通过官方网站或印刷物）获得有关数据。第三，通过实地调查走访，通过教师结构信息管理部门即学校人事管理部门获得教师队伍结构相关数据。第四，通过到部分高校发放、回收调查问卷，获得部分教师的结构数据尤其是教师交往状况的数据。此外，辅助方法是访谈法，即通过和部分高校有关教师和管理部门人员访谈，获得教师队伍结构变迁的有关信息和优化建议。

（四）从资料整理和数据分析方法来看，本书主要采用了描述性统计分析方法

本书在分析教师队伍结构的各个子结构时，主要采用了结构构成要素出现的百分比即频率来描述说明结构的具体形态，或在统计分析要素出现频率基础上进行事实描述。这种方法运用于现状横截面分析以及个案分析和历史分析中。即在讨论教师队伍结构变迁状况时，采用了历史研究方法。在对某一所高校或少数若干高校进行深入分析时，采用了“解剖麻雀”式的个案研究方法。

（五）从逻辑思维方法看，本书主要采用比较法、归纳综合法等具体研究方法

本书在研究高校教师队伍的总体状况时，既进行了国际比较，也进行了国内比较，前者是将发达国家的情况和我国情况进行了对比研究，后者是将地方本科院校的情况和其他类型高校(“985 工程”高校和“211 工程”高校)的情况进行了比较研究。在进行数据统计分析时采用了归纳综合法。

第四节　研究的设计与框架

一、研究设计

本书根据不同的教师队伍具体结构，采用了不同的具体分析框架，

开发使用不同的研究工具。

（一）结构分析的总体研究设计

即采用结构分析描述方法和数量统计比率方式进行收集数据、分析数据并在此基础上对结构状况进行描述和评判。比如，关于教师队伍职称结构，从未评、助教（初级）、讲师（中级）、副教授（副高级）、教授（正高级）五个维度进行数据收集，数据统计时主要统计每一级职称教师所占的比例，然后在此基础上进行结构的现状描述以及进行价值判断。其他结构也都采用这种方法。

（二）学缘结构分析的研究设计

在分析学缘结构时，在参考现有的以最高学历在本校毕业或校外毕业的教师比例来考察学缘结构方法的基础上，结合客观实际，从以下三个方面进行了细化和扩展：第一，从教师本科学历、硕士学历、博士学历在本校毕业、本市非本校毕业、本省非本校毕业、外省高校毕业、海外（含港澳台）高校等十五个变量收集材料，统计各变量占有比例，并在此基础上描述分析教师学缘结构构成的地理远近状况。第二，从教师最高学历毕业高校是专科高校、地方本科高校、“211 工程”高校和部委高校、“985 工程”高校、海外高校五个变量进行数据收集，统计各变量占有比例，并在此基础上描述分析教师队伍学缘结构构成的品质（层次）高低状况。第三，从教师最高学历毕业高校位于我国东部、西部、南部、北部、中部、海外六个变量收集数据，统计各变量所占比例，并在此基础上描述分析教师队伍学缘结构构成的地理范围和多样性程度状况。具体问卷详见书末的附录 1 和附录 2。

（三）联结结构分析的研究设计

在研究教师之间的交往互动结构状况时，分别从以下几个方面进行具体研究设计。第一，从松紧两个大维度考察教师队伍联结结构的总体状况。因为成员之间存在比较紧密的关系是组织形成真正整体性，也就是结构形成、功能形成的基础。这种情况是任何一个组织成员容易观察体验或容易验证的事实存在。本书将紧密状况划分为紧密型、中间型、松散型、疏离型、封闭型五个类型，在此基础上设计调查问卷，统计各种类型的占有比例，然后描述和评价联结结构。第二，从很乐意、比较乐意、一般、不太乐意、很不乐意五个类型设计调查问卷，考察分析评价教师学术交往的自主和意愿情况。第三，从机构设置合理性、制度安排科学性、学术活动组织数量、学术氛围状况、教师观念、教师性格和其他因素七个方面设计调查问卷，考察分析影响教师学术交往互动的因素。我们认为，前六个方面已经代表了校内影响因素的主要方面。第四，从很多、较多、一般、较少、很少五种类型设计调查问卷，分析考察了相同（相近）年龄、相同（相近）学历、相同（相近）职称、相同（相近）学科、相同（相近）学缘教师之间即同类教师之间交往互动范围及紧密度，分析考察了不同年龄、不同学历、不同职称、不同学科、不同学缘教师之间即异类教师之间交往互动范围及紧密度，分析考察了不同年龄、不同学历、不同职称、不同学科、不同学缘教师之间即异类教师之间交往互动的互补性效果状况。这类问卷测量得出的结果主要反映了教师的主观感受，有质性研究的含义，是质性研究基础上的描述性统计分析方法的运用。具体的调查问卷详见书末附录 1。

（四）访谈调研的研究设计

在访谈过程中主要采用了半结构化的访谈方式，访谈的主要主题是教师学术交往互动的基本状况、影响因素，教师队伍其他结构作用、影响因素、优化标准、优化建议，学校采取的调整做法及其效果等。具体访谈提纲详见书末附录 3。

二、研究框架

根据本书的研究思路和结构，本书基本写作框架是：除了第一章导论外，第二章是地方本科院校教师队伍结构的基本理论，第三章是发达国家高校教师队伍结构的基本状况及优化经验，第四章是我国地方本科院校教师队伍结构的现状分析，第五章是我国地方本科院校教师队伍结构优化的对策思考，第六章是结论与展望。

第五节　研究的现状及其述评

文献综述不仅是对已有研究的研究，而且是开展新研究的基础，是全面了解某一领域研究的历史脉络、主要成果、共识观点、思想争端、社会影响、存在不足、进展趋势等诸多研究状况的唯一途径。研究者只有开展文献研究之后，才有可能找到准确的、有意义的研究问题，以及找到开展此问题研究的准确的聚焦点、起始点、突破口和适当的研究方法等。本书从国外和国内两方面对相关文献进行回顾和梳理，最后作简要总结。

一、国外研究现状

发达国家虽然没有我国意义上的"地方本科院校"这一概念，从管理权限、办学层次和办学水平来看，发达国家的绝大部分高校可看成类似于我国的地方本科院校。从国外相关研究的总体情况来看，一方面，关于高校教师队伍结构专题研究的成果不多且较为分散，在系统性研究方面比较薄弱；但另一方面，国外关于高校教师队伍结构主题的研究大体涵盖了我国意义上地方本科院校教师队伍结构的主要问题。这些问题主要包括教师的年龄结构、来源问题、教师学缘问题尤其是近亲繁殖问题、高校教师学术性交往问题、高校教师招聘和退休行为问题等。其中关于学缘结构和教师学术交往问题的研究成果颇为丰富。

（一）关于高校教师队伍年龄结构、教师退休意向和退休行为特点的研究

Max Von Zur-Muehlen（1979）对加拿大大学教师队伍年龄结构进行研究，指出在1977—1978年度，30～54岁教师占84.5%，55岁以下教师占90%，60～64岁教师占3.6%。马克思进一步考察发现，虽然当时几乎所有西方发达国家的高校都存在这一类似情况，但加拿大大学教师年龄总体更为年轻得多，比如在1973—1974年度，美国大学教师队伍中，大于50岁教师比例为32.5%，而加拿大大学的这一比例仅为14.1%。加拿大大学副教授教师队伍中，接近50%的教师年龄小于40岁，而助教教师队伍中，超过75%的教师年龄不足40岁①。

发达国家终身教职制度下的高校教师退休意向和退休行为特点直接

① Max Von Zur-Muehlen. The age structure of Canadian university teachers and its implications [J]. Interchange, 1979, 10 (3): 38-52.

影响高校教师队伍年龄结构及其他结构的变化。Daniel A. Bain（2006）使用美国中学后教师队伍国家研究数据库（National Study of Postsecondary Database）1999 年的数据，抽样 3 077 名年龄 55 岁及以上的教师，对他们的退休意向进行调查研究，结果发现，大约一半受访者计划在未来三年内退休，平均而言，他们有在 63 岁离开工作岗位的打算，或者有能在 62 岁以全薪方式离岗的意愿。此外，大约有一半教师有退休后做兼职工作的计划。因此，Daniel A. Bain 认为，高校教师退休行为具有风潮性，是一种“无组织性的集体行为”。Krauss & Julius（1993）和 Schuster（1995）的研究也验证了这一观点，研究者认为，中学后机构教师队伍就是一群“老人帮”，他们几乎在同一时间走进教学行列，然后几乎在同一时期临近退休年龄。Chronister & Reed（1994）和 Huber（1998）的研究也支持这样的看法。Keller（2001）在研究中也得到相似的结论，认为大约三分之一的高校教师愿意提前退休。因此，Daniels（1999）分析指出，“越来越多的学院和大学正使用自愿退休激励方法鼓励老教师退休”①。

（二）关于高校教师招聘特点对教师队伍结构的影响研究

Gordon B. Baty，William M. Evan 和 Terry W. Rothermel 于 20 世纪 70 年代对 79 个美国商学院研究生院之间的教师流动进行研究发现，教师招聘受到教师队伍结构趋同性而不是互补性的引导，也就是说，教师流动会产生某种程度的“物以类聚，人以群分”的效应，从而强化了原有的结构，而不是稀释、互补或解构了原来的结构②。

（三）关于高校教师队伍学缘结构问题的相关研究

关于高校教师学缘问题研究，国外学者探讨较早而且成果非常丰硕。美国学者从 20 世纪 30 年代就开始在这一方面进行研究。学者们多采用

① Daniel A. Bain. Indicators and associated intentions to retire for four-year institution faculty [D]. Missouri: The University of Missouri-St. Louis, 2006: 126-127.

② Baty. Gordon B, Evan. William M, Rothermel. Terry W. Personnel flows as interorganizational relations [J]. Administrative Science Quarterly, 1971, 16 (4): 430-443, 14.

实证方法，研究成果反响很大。其中1935年埃尔斯（Walter C. Eells）等开展的“近亲繁殖”程度和效应的测量研究，1960年麦吉（Reece Mc. Gee）的“近亲繁殖”正功能研究，1980年达顿（Jeffrey E. Dutton）的“近亲繁殖”与职业流动关系研究，1984年威尔（Jean C. Wyer）等开展的学缘结构与学术产出、经济收入关系研究，2000年艾森伯格（Theodore Eisenberg）等以法学院初入职教师为考察对象的个案研究堪称此类研究的经典之作。一系列研究支持如下四个结论：第一，美国大学教师历史上出现的“近亲繁殖”现象受地域，学校（包括学校历史、性质、层次、规模），性别，职称，学科等因素的影响而呈现不同的分布状态。第二，大学教师“近亲繁殖”与学术产出大小、经济收入高低等密切相关。大多数研究结果表明，过度“近亲繁殖”将对教师个体发展与大学学术实力产生负面效应，但“近亲繁殖”教师的科研能力、教学能力并不一定就不如非“近亲繁殖”教师高。第三，不同时期、不同院校没有关于“近亲繁殖”的合理比例，但如果一所大学“近亲繁殖”教师的比例过高（如超过同期平均比例的一倍），那么管理者就应予以重视并寻求应对之策。第四，大学教师“近亲繁殖”并非一无是处，它受到学校财力、国家政策法规等因素的影响，在学校发展中也能发挥一定的正功能。从研究方法视角来看，美国学者开展的“近亲繁殖”研究经历了从个案研究到全国性样本、从一元分析到多元回归、从简化到细化的统计指标等方法性演变①。为此，长期以来美国学者对“近亲繁殖”采取了较为严厉的批评态度，将“近亲繁殖”视为导致学院效率糟糕的重要原因之一②。

（四）关于高校教师学术交往问题的相关研究

本书跟其他同类著作区别的重要地方之一，就是将教师队伍中不同教师之间的联结状况作为教师队伍结构概念的基本内涵之一，而教师基

① 林杰．中美两国大学教师“近亲繁殖”之比较［J］．高等教育研究，2009（12）：39-51.

② 王耀刚．高等学校教师资源优化配置研究［D］．天津：天津大学，2006：8.

于完成岗位职责的联结状况在很大程度上体现为教师之间的学术交往状况。因此有必要梳理有关高校教师队伍学术交往的研究文献。国外学者非常关注大学教师的学术交往问题并产生了很多高质量研究成果，虽然国外学者很少从教师队伍结构的视角探讨教师学术交往问题。在此，著名英国学者托尼·比彻（Tony Becher）和保罗·特罗勒尔（Paul R. Trowler）两人合著的力作《学术部落及其领地——知识探索与学科文化》是这方面研究成果的重要代表。该论著认为学术交流是“学术的命脉”，“学术研究最根本的就是交流。知识的提升（主要的认知因素）和声誉的树立（主要的社会因素）都必然依赖交流”①。在此著作中，两位学者讨论了“都市剧”和“田园剧”研究人员在非正式交流渠道中的不同交流模式，即虽然口头交流都是两者共同特征，但“都市剧”研究人员由于步伐较快，更依赖非正式的研究来源，其圈子内更倾向于在带头人举办的各种会议和参观实验中交流，有导致内外分割、唯我独尊、近亲繁殖的危险②。科恩（1962）和克兰曼（1983）的研究指出“田园剧”非正式交流主要采用“闲聊”模式，即一般没有特定主题、较少涉及内容细节，较多是交流研究方法而不是交流研究内容等特点③。其他学者比如加斯顿（1972）对英国高能物理学学术部落交往模式研究后指出，竞争激烈环境中热衷实验的人更倾向于口头交流，而理论家们更倾向于书面交流。特威克（1982）研究指出，美国和日本同行中的实践型研究者尤其普遍偏好“非正式闲谈”，很少注意相关学术期刊发表的观点。克兰（1972）研究也得出相似的结论④。在正式交流渠道里，“都市剧”和“田园剧”研究人员的交流模式也不相同，前者由于偏好需要持续性、

① 托尼·比彻，保罗·特罗勒尔．学术部落及其领地——知识探索与学科文化[M]．唐跃勤，蒲茂华，陈洪捷，译．北京：北京大学出版社，2008：110.

② 托尼·比彻，保罗·特罗勒尔．学术部落及其领地——知识探索与学科文化[M]．唐跃勤，蒲茂华，陈洪捷，译．北京：北京大学出版社，2008：115.

③ 托尼·比彻，保罗·特罗勒尔．学术部落及其领地——知识探索与学科文化[M]．唐跃勤，蒲茂华，陈洪捷，译．北京：北京大学出版社，2008：116.

④ 托尼·比彻，保罗·特罗勒尔．学术部落及其领地——知识探索与学科文化[M]．唐跃勤，蒲茂华，陈洪捷，译．北京：北京大学出版社，2008：116.

长时间研究的全球性话题，因此专著成为正式交流的主要模式；后者由于专注范围小、持续较短的问题，因此期刊文章是正式交流模式的主要特征[①]。此外，Barbara A. Mezeske 在其《教学界：低成本，高受影响力的教师发展》(Teaching circles: low-cost, high-impact faculty development) 中指出，不同学科教师之间结成相对稳定的教学圈子，不仅有利于教师们经常交流教学技巧，而且有利于加深相互认识，使得各自成为对方的教学资源，有利于分享那些如果没有教学圈子就可能无法分享到的新思想。更为重要的是，教学圈子里的那些还处于职业发展阶段的教师在圈子活动中找到了专业发展的新能量[②]。

学术合作是学术交往的重要方式，也是学术组织研究的重要话题，而且在不同研究领域，学者的学术合作方式存在相当大的差异。托尼·比彻和保罗·特罗勒尔指出，在一些"大科学"研究领域，学术合作几乎没有选择[③]。诺尔·赛廷纳（1999）指出，在一些相对弱小的"小科学"领域内，很容易将实质性的问题细化分成一系列相关联问题，从而有可能吸引研究者参与合作。在其他研究领域，困难问题的解决可能需要某些技术上的特殊合作。特奥雷、戈丁和兰德里（1996）对魁北克1500位科学研究者调查研究得出了这样的结论：合作更能提高研究效率[④]。

国外学者对于学术网络和社交圈子的研究，也和高校教师的学术交往存在密切关系。斯韦尔斯（1988）指出了"学术群体"的六个规定性特征，即共同的公共目标、一套公认的供成员间交流的机制、现有的信息交换过程、群体运作的特殊而明显的风格、一套共享的专门术语、在

---

① 托尼·比彻，保罗·特罗勒尔. 学术部落及其领地——知识探索与学科文化[M]. 唐跃勤，蒲茂华，陈洪捷，译. 北京：北京大学出版社，2008：118.

② Barbara A. Mezeske. Teaching circles: low-cost, high-impact faculty development [J]. Academic Reader, 2006, 22 (1): 8.

③ 托尼·比彻，保罗·特罗勒尔. 学术部落及其领地——知识探索与学科文化[M]. 唐跃勤，蒲茂华，陈洪捷，译. 北京：北京大学出版社，2008：131.

④ 托尼·比彻，保罗·特罗勒尔. 学术部落及其领地——知识探索与学科文化[M]. 唐跃勤，蒲茂华，陈洪捷，译. 北京：北京大学出版社，2008：13.

内容和学术上有大批挑剔的相关专家。关于此方面研究的文献非常丰富，并具有以下三个明显的特征：第一，主要集中在纯硬科学领域。第二，其趋势是以学术研究的上层为中心，集中研究那些积极的、主题吸引人的并且经常出现引人注目成果的领域，而忽视充满零碎研究的“日常科学”。第三，研究者通常关注的是群体而不是个体①。学者还对开放式和封闭式的学术圈子进行了比较研究，比如格里菲斯和马林考察了紧密性的学术团体后认为，紧密团体有自己紧密的内部世界（甚至具有宗教性质）、自己的风俗习惯、独具特色的生活方式、宗教仪式、奖励机制、特殊的内部角色，甚至还有偶尔的集体运动。这种紧密关系常见于创新性的环境里而不是在普通的环境中，他们团结一起试图挑战主流权威或尝试开辟新的研究方向，他们在沟通上显示出具有更高的互动性和更为紧密度的模式②。另外，美国学者罗伯茨（Sylvia M. Roberts）和普鲁伊特（Eunice Z. Pruitt）探讨了学习型学校的教师合作策略③，另一个美国学者达克沃斯（Eleanor Duckworth）则探讨了教师之间互动性交流学习的问题④。虽然后三位学者主要是分析基础教育学校中的教师交流互动问题，但对我们探讨高校教师之间的学术交往也具有一定的启发意义。

二、国内研究现状

国内相关研究成果非常丰富。由于地方本科院校是高校的下属概念，地方本科院校是我国高校系统的主体部分，因此，下文先概述高校教师队伍结构的研究状况，然后重点讨论地方本科院校教师队伍结构的研究现状。从研究历史发展来看，国内相关研究是从80年代开始，之后成果逐年增加。据CNKI数据库查询结果显示，从1981—1985年间，共有相

---

① 托尼·比彻，保罗·特罗勒尔．学术部落及其领地——知识探索与学科文化［M］．唐跃勤，蒲茂华，陈洪捷，译．北京：北京大学出版社，2008：98-99.

② 托尼·比彻，保罗·特罗勒尔．学术部落及其领地——知识探索与学科文化［M］．唐跃勤，蒲茂华，陈洪捷，译．北京：北京大学出版社，2008：100.

③ 罗伯茨，普鲁伊特．学习型学校的专业发展——合作活动和策略［M］．赵丽，刘冷馨，朱晓文，译．北京：中国轻工业出版社，2004：11-14.

④ 达克沃斯．教师互动——交流与学习［M］．卢立涛，沈文钦，王茂密，等译．北京：中国轻工业出版社，2004：原著序3-7.

关论文38篇，其中，最早以高校教师队伍结构为主题的研究成果是韩纪宗和吴贻谷在1983年发表的相关文章①②③。之后，相关研究成果不断出现，数量逐步递增，质量也不断提高。

总体而言，目前有关“地方本科院校教师队伍结构”的学术性文献总体情况如下：一是还没有发现专著类文献；二是相关学位论文有四五十篇，但几乎都是硕士学位论文，而且都只是研究某一地区和某专业类乃至某所高校的教师队伍结构，或只是研究教师队伍结构中的某一个或少数几个方面；期刊学术论文数量较大，主要是就地方高校教师队伍结构中的某一子结构或从某一视角进行研究。当然，部分以高校“教师队伍建设”、“人力资源”管理为主题的文献也或多或少地涉及高校教师队伍结构的调整和优化问题。从关注重点、主要观点和主要呈现方式来看，国内已有研究主要关注如下内容或具有如下特点。

（一）关于高校教师队伍结构概念的内涵和外延的研究

高校教师队伍结构是本书的核心概念，不少学者从不同角度对“结构”概念进行了阐释和界定。概括起来，可以大致分为以下几种互不相同又有所交叉的观点，即“构成状况说”、“排列组合说”、“数量构成及组合关系说”、“关联和作用说”、“构成比例和相互联系说”等。

陈学飞（1983）和熊吉生、黄小平（1998）的观点属于“构成说”④，前者将教师队伍结构定义为“具有不同的政治思想水平、学术水平、学历、年龄、经历、专长领域的教师的构成状态”⑤。朱光汉

---

① 韩纪宗．关于教师队伍基本结构模式的探讨——一项教师管理体制的改革意见（第1部分）[J]．西安医学院学报，1983（3）：327-330.

② 韩纪宗．关于教师队伍基本结构模式的探讨——一项教师管理体制的改革意见（第2部分）[J]．西安医学院学报，1983（4）：469-471.

③ 吴贻谷，刘花元．高等学校教师队伍结构改革初探[J]．武汉大学学报（人文科学版），1983（5）：34-38.

④ 熊吉生，黄小平．论知识经济中的师资结构[J]．江西社会科学，1998（12）：85-87.

⑤ 北京师范大学高等学校干部进修班．高等学校管理选集[G]．1983（5）：421-448.

(1992) 的观点则属于“排列组合说”，在他看来，教师队伍结构是指个体的职务、专业、年龄、学历、学缘、智能、素质等因素的排列组合方式①。有些学者则属于“数量构成及组合关系说”，其中曾绍元（1996）认为，高校教师队伍结构是指教师队伍中教师本身条件要素的数量构成比例及其组合关系②。秦晓红和马莉等则属于“关联和作用说”，其中秦晓红（2007）认为，高等学校师资队伍结构是指高等学校师资队伍内部各组成要素的关联方式和相互作用形成的相对稳定状态③。刘诚芳 (2007) 则属于“构成比例和相互联系说”，认为高校教师队伍结构是指教师队伍中教师本身条件要素的构成比例及其相互联系④。

典书中，《教育大辞典》采用“构成状况说”，将“教师结构 (teachers' structure)”界定为“各级各类学校教师队伍的构成状况。包括教师的专业构成、教育程度构成、学历构成、职称构成和年龄构成、性别构成等”⑤，将“师资结构”界定为“教师队伍的职称、年龄、专业、性别、民族、学历、工资等构成状态”，并认为师资结构和水平（层次）结构、科类（专业）结构、形式结构、地位结构、财政结构、管理结构、教学结构一样，是高等教育结构内部的一个常受注意的子结构⑥。

当然，正如前文所言，上述不同观点之间也存在一定的交叉关系。比如，“构成状况说”和“数量构成及组合关系说”都强调结构是要素的构成，但后者更加强调结构就是要素数量方面的构成，而前者所指的“构成”其内涵则可以更为宽泛。不少学者还分别对各个子结构的

---

① 朱光汉. 论高等学校师资队伍结构的优化 [J]. 华中师范大学学报（哲学社会科学版），1992 (5)：97-103.

② 曾绍元. 优化高校教师队伍结构的几个问题 [J]. 黑龙江高教研究，1996 (3)：63-67.

③ 秦晓红. 中外高校师资管理研究 [M]. 长沙：湖南教育出版社，2007：96.

④ 刘诚芳. 现代高校教师人力资源管理 [M]. 北京：民族出版社，2007：55.

⑤ 《教育大辞典》(增订合编本) 编纂委员会. 教育大辞典 [Z]. 增订合编本. 上海：上海教育出版社，1997：1 661.

⑥ 《教育大辞典》(增订合编本) 编纂委员会. 教育大辞典 [Z]. 增订合编本. 上海：上海教育出版社，1990：951.

内涵进行界定。刘诚芳（2007）以“构成情况”或“构成状况”或“分布状况”定义了职务结构、学历结构、年龄结构、学缘结构和专业结构等概念。比如，在刘诚芳看来，教师队伍的专业结构就是指教师队伍中教授公共基础课、专业基础课和各类专业课的教师的数量构成情况①。

关于高校教师队伍结构的外延或包含多少个子结构（分类）的问题，学者们的意见则比较分歧，有“五结构说”、“六结构说”、“七结构说”、“八结构说”、“九结构说”等等。不同的分类可能代表着不同学者的研究旨趣或研究重点，也可能代表着研究成果在研究深广度上的差异。陈学飞（1983）认为教师队伍结构应包括职称（学衔）、学历、年龄、经历、任务分工五个主要结构，和性别、民族、家庭社会背景、工资四个次要结构②。潘洪萱（1985）认为高校教师队伍结构应该包含职称（学衔、职务、职级）结构，年龄结构，基础课、专业基础课、专业课教师的纵向结构，横向结构（德智体方面教师、教学科研实验思政等教师）和专业结构，学历结构、专兼职结构、学科梯队师资结构等③。金光远（1992）则将教师队伍结构划分为素质、知识、智能、职称、年龄、学缘、学历、专业、性别结构九个方面④。诸丹（1992）认为高校教师队伍结构应该包括政治状况（教师政治状况，党、团员在教师中所占的比例等），职级结构、知识结构、智能结构、素质结构、年龄结构和学历结构等⑤。当前，多数学者将其划分为年龄、学历、职称、学缘、学科

---

① 刘诚芳．现代高校教师人力资源管理［M］．北京：民族出版社，2007：57-63.

② 北京师范大学高等学校干部进修班．高等学校管理选集［G］．1983（5）：421-448.

③ 潘洪萱．理工科大学师资队伍合理结构模式的探讨［J］．上海高教研究，1985（2）：48-52.

④ 金光远．谈谈高校师资队伍的合理结构［J］．浙江师范大学学报，1992（1）：87-91，95.

⑤ 诸丹．优化高校师资队伍结构之我见［J］．成都大学学报（社会科学版），1992（2）：79-81.

（或专业或知识）五大主要结构①。一般说来，子结构数量增多，代表该学者从更多的视角和侧面来考察高校教师队伍结构。

（二）关于高校教师队伍结构的优化原则和评价标准的研究

高校教师队伍结构研究之所以具有重要的实践价值，结构优化的基本原则和量化指标是推进研究成果实践化的重要环节。对此，朱九思、蔡克勇和姚启和（1983）提出了高校教师队伍结构优化的七大原则，是关于此问题的较早的代表成果之一。这七大优化原则分别为：第一，有利于教师年龄特征的正态分布，使教师队伍保持正常的新陈代谢和持续发展的能力。第二，有利于形成一个比较完整的知识体系，使各级教师既能各得其所，又能互相取长补短，互相促进，充分发挥其积极性、主动性和各自的优势。第三，有利于相关学科的交叉和技术的综合。第四，有利于高等学校全部教育活动的有效实施。第五，有利于建立学科梯队，促进科学研究的顺利发展。第六，结构内部的损耗（即内耗）要尽可能少。第七，有利于学术交流和合理的人才流动，逐步克服“近亲繁殖”的不合理结构②。其他学者对此进行相应的研究，主要代表学者和相应观点如下。

吴贻谷、刘花元（1983）提出了高校教师队伍结构优化的“四个有利于”原则：有利于发挥教师个体积极性和群体优势，提高总体效能；有利于教师在专业上相互学习、相互补充；有利于提高教学质量和学术水平；有利于多出人才、多出科学研究成果等③。孙霄兵等（1984）也提出了师资队伍结构优化的“四个条件”：第一，必须做到人尽其才，才尽其用，最大限度地发挥群体功能，降低和减少内耗。第二，必须达

① 刘诚芳. 现代高校教师人力资源管理［M］. 北京：民族出版社，2007：57-63. 张轶. 高校师资队伍结构优化对策分析［J］. 黑龙江教育（高教研究与评估），2008（4）：13-14. 刘莉莉. 高校师资队伍结构优化及其对策研究——基于世界一流大学的经验分析［J］. 东南大学学报（哲学社会科学版），2010（11）：126-129.

② 朱九思，蔡克勇，姚启和. 高等学校管理学［M］. 武汉：华中工学院出版社，1983：238.

③ 吴贻谷，刘花元. 高等学校师资队伍结构改革初探［J］. 武汉大学学报（社会科学版），1983（5）：34-38.

到老中青教师比例合理，分布均匀，总体平均年龄正处于教学、科研的最佳年龄结构。第三，必须较好地体现经济效益的原则，能以最省的人员工资额，保证教学、科研任务的完成。第四，必须具有发展潜力和活力，适应新技术革命的挑战①。1984 年受教育部委托，由北京、上海、江苏、辽宁四省市高教局主持召开的“高校师资管理研讨会”，与会代表都比较认同孙霄兵上述的“四个条件”的观点②。齐亮祖和刘敬发（1986）提出另一套关于最佳化的教师队伍结构的四个标准，即“四个基本原则”：第一，能适应教学、科研的需要，有利于各种教育活动的实施。第二，能适应学科建设的需要，有利于相关学科的相互交叉和技术综合，有利于知识更新，形成比较完善的知识体系。第三，能形成学科梯队，使教师队伍保持正常的新陈代谢和持续发展的能力。第四，尽可能降低内耗，减少磨损，提高群体的积极性，使每个成员都能充分地发挥专长③。金光远（1992）提出教师队伍结构优化另外“四条原则”，即精干原则、对应原则、互补原则和协调原则④。朱光汉（1992）提出高校师资队伍结构优化的“四个特点”，即目标性、动态性、层次性和整体性⑤。黄刚（1996）提出高校教师队伍结构优化的基本标准的“三高两低三适宜”观点，即高学历、高职称、高能级，这是提高师资力量的核心内容；低年龄构成、低学缘比率，这是增强队伍活力、增强学术活力，优化治学治教品格的迫切要求；适宜的专业结构、民族结构和性别结构，这是适应地区经济建设和社会发展需要，为地方服务。以及高

① 孙霄兵，王革．调整师资队伍结构 促进人才合理流动——1984 年高校师资管理研讨会纪实［J］．中国高等教育，1984（12）：19-20．

② 《师资管理研究论文集》编辑委员会．师资管理研究论文集［G］．北京：高等教育出版社，1984：1．

③ 齐亮祖，刘敬发．高等教育结构学［M］．哈尔滨：黑龙江教育出版社，1986：162-163．

④ 金光远．谈谈高校师资队伍的合理结构［J］．浙江师范大学学报，1992（1）：87-91，95．

⑤ 朱光汉．论高等学校师资队伍结构的优化［J］．华中师范大学学报（哲学社会科学版），1992（5）：97-103．

校教师队伍结构优化的“四优化”原则，即整体优化、层级优化、自主优化、动态优化①。曾绍元（1996）提出了“一低四高”的结构优化观点，即低年龄、高学历、高职称、高素质和高效能。张惠敬（1996）观点和曾绍元类似，认为优化的教师队伍结构应该是高职称、高学历、低年龄②。韦心援（1997）提出衡量高校师资队伍合理结构的“四个主要标准”：第一，有利于教师队伍的相对稳定性、连续性和继承性。第二，保持教师队伍有较高的创造能力和工作效率，充分发挥积极性和主动性。第三，有利于教学科研工作的合理分工，人尽其才，减少内耗，有利于学科梯队的建设，有利于原有学科的不断提高和新学科的发展。第四，有利于青年教师的培养和选拔，不断提高教师队伍的素质和教学科研水平。韦心援还提出了年龄结构、职称结构、学历结构的合理模型，具有启发意义③。叶美萍（2003）等则认为优化的高校教师队伍结构应该是“较高的学历结构、合理的职务结构、均衡的年龄结构、理想的学缘结构和相融的学科结构”④。学者们的观点既有相同或相似的地方，也存在不同的地方。此外，一些观点由于属于宏观或抽象层面上的表述，在现实中难以把握和判断。

关于高校教师队伍结构优化评价的具体数量指标，学者们也提出了各自不同的见解。卜范江（1995）认为，平均年龄以不超过 40 岁为宜，教授和副教授平均年龄分别控制在 50 岁和 45 岁以内，30 岁以下教师不宜超过 20%，31～50 岁教师约占 60%，51 岁以上教师应约占 20%。在教师职称结构优化数量指标方面，教授、副教授、讲师和助教四级职称教师之间的比例，重点高校应为 1∶3∶4∶2，一般院校应为 1∶2∶4∶3，

---

① 黄刚．结构·特点·方略——不发达地区高校师资队伍结构优化问题的思考［J］．广西高教研究，1996（4）：101-109．

② 张惠敬．调整和优化师资队伍结构是当前高校发展的关键［J］．福州大学学报（社会科学版），1996（7）：62-64．

③ 韦心援．高校师资队伍合理结构探讨［J］．广西民族学院学报（哲学社会科学版），1997（4）：126-127．

④ 叶美萍．新时期加强高校师资队伍建设的思考［J］．集美大学学报，2003（4）：55-58．

专科高校应为0.5∶2∶5.5∶2.5[①]。曾绍元(1996)认为，上述四个层级职称教师数量之比应为1∶3∶4.5∶1.5为宜，或者一般高校正高职称教师应占40%左右、重点高校正高职称教师应占45%以上[②]。张轶坤(2008)认为，在年龄结构方面，36～50岁教师应占50%，35岁以下和51岁以上教师应各占25%，教师队伍平均年龄为40岁左右为宜，其中正、副教授平均年龄分别在50岁和45岁以内为佳；在学历结构方面，教学科研型高校的研究生学历或硕士以上学位教师比例应占80%(博士比例在30%以上)，教学型高校该比例应占60%(博士比例在20%左右)，35岁以下教师具有研究生以上学历应占80%以上；在职称结构方面，教学研究型高校的教授、副教授教师比例应占45%～50%，教学型高校应占30%～40%，通常认为四级职称较为理想的比例是1∶3∶4∶2；在学缘结构方面，在校外完成某一级学历(学位)教师应占70%以上，形成跨学科、跨专业、多元合成的学缘结构[③]。张旭明(2014)认为，"橄榄球"式的师资结构更适合高校发展的需要[④]。

虽然众多学者提出不尽相同的高校教师队伍结构优化的具体数量指标(标准)，但总体而言一方面研究成果缺乏整体性和综合化，一方面有不少观点在内容上是大同小异的，另一方面很多学者都是在精英高等教育背景下讨论高校教师队伍结构的优化原则和评价标准等问题，显然不尽符合大众化和普及化的高等教育发展新阶段的现实背景。

(三)关于我国高校教师队伍结构状况的实证调查研究

为了准确把握我国高校教师队伍的结构状况，不少学者通过收集整理相关文献(权威机构的年度报告数据)或进行实地调查，在数理统计

---

① 卜范江.对优化师资队伍结构的探讨[J].黑龙江高教研究，1995(1)：37-38.

② 曾绍元.优化高校教师队伍结构的几个问题[J].黑龙江高教研究，1996(3)：63-67.

③ 张轶坤.高校师资队伍结构优化对策分析[J].黑龙江教育(高教研究与评估)，2008(4)：13-14.

④ 张旭明.地方高校师资队伍建设与优化研究[J].国家教育行政学院学报，2014(4)：38-42.

基础上分析教师队伍结构现实状况。其中，陈元魁等（2009）利用2002年教育部高等学校师资培训交流武汉中心进行的全国性问卷调查结果，分别统计分析了1999年和2001年全国总体高校、教育部院校、中央其他部委院校、地方院校教师队伍在学历结构、职称结构、学缘结构和年龄结构方面的状况①。这是一个权威性较高的研究全国性高校教师队伍结构问题的案例。闫建敏等（2010）通过数据统计法研究我国7所民族高校师资队伍的结构特点并提出相应发展策略②。胡瑞文（1985）、程诚（1985）、石锦平等（1994）、黄刚（1996）、李杰玲（2000）、朱芬菊（2005）、王为正（2007）、高洪峰（2008）等也通过选择不同的样本或视角，以数理统计法开展我国高校教师队伍结构研究。而陈学飞（1986）、方福德（1987）则通过相关数据资料研究了美国高校师资队伍的结构特点③。王爱敏（2009）在关于高校教师人力资源优化配置主题研究中从职称结构、学缘结构、学历结构、年龄结构、专兼职结构等方面对我国和国外（主要是美国）进行了比较研究，总结了国外的做法，概括了我国存在的问题，剖析了问题成因，提出了相应解决策略④。这是一本较为集中地讨论高校教师队伍结构的论著。

（四）关于国外高校教师队伍结构的基本状况和调整经验的研究

比较研究是一种比较常见和重要的研究方法，由于相对于发达国家而言，我国高等教育发展比较滞后，开展比较研究可以实现“他山之石，可以攻玉”的目标。开展高校教师队伍结构中外比较研究的学者代表主要有：薛凤德（1984）主要考察了日本高校教师队伍结构与职称晋升制度，陈学飞（1986）主要考察了美国高校师资结构和师生比，左言

---

① 陈元魁，周德义，何一成．当代高校教师素质建设的理论探索［M］．北京：高等教育出版社，2009：13-18.

② 闫建敏，宋海斌，孙晓天．民族高校师资队伍结构特点及其发展策略研究［J］．民族教育研究，2010（1）：65-72.

③ 陈学飞．美国高校的师资结构与师生比例［J］．比较教育研究，1986（4）：9-12.

④ 王爱敏．我国公立高校教师人力资源的优化配置研究［D］．北京：中国矿业大学，2009：33-34，46-47，58-59，112-113.

富和张民庆（1988）介绍了国外高校教师队伍的职称结构，辽宁省教育厅赴美高校人力资源配置与管理培训考察团（2001）考察分析了美国高校教师资源配置与管理的机制及特色①。金江熙（2006）、李子江和李子兵（2006）、孟庆东和孟令臣（2010）、张洁（2010）等都在这方面分别做出了贡献。秦晓红（2007）在其专著《中外高校师资管理研究》中运用较大篇幅分析了美国、英国、德国、日本四国的高校教师队伍结构的状况和特征②。另外，吴振球（2000）、姜远平和刘少雪（2004）、林杰（2009）等学者则主要开展了中西高校教师学缘结构的比较研究。这类成果对本书开展的研究提供了大量的、富有价值的国外参考资料。

（五）关于我国高校教师队伍结构的现存问题和调整对策的研究

不少学者在进行现状分析时，剖析了产生结构失衡的原因所在，并提出了相应的优化对策，这正体现了高校教师队伍结构研究的实践价值和现实意义。其中，张惠敬（1996）指出我国当时高校教师的年龄、职称、学历和群体结构都不合理，要建设一支高职称、高学历、低年龄的师资结构，应该积极创造条件、引进高层次人才、重点培养一批年青的学科带头人和学术骨干、创造环境稳定师资队伍。熊吉生和黄小平（1998）认为，优化队伍结构应采取如下措施：加强在职培训，提高学历结构，更新知识结构；加强产学研结合，优化能力结构；广开师源，改善学缘结构和地缘结构，因此，应面向社会招聘，广罗人才；多聘请企业界知名人士为兼职教师，实现专兼结合；多派教师出国进修，参加国际性学术活动等③。张轶坤（2008）认为，我国高校师资队伍结构存在着青年教师比例较高，过分年轻化和老龄化现象并存；学历结构不合理，高学历比例偏低；职称结构不合理，高职称比例偏低；近亲繁殖严重，学缘结构不尽合理；教师专业知识老化，知识结构不合理等问题，

---

① 辽宁省教育厅赴美高校人力资源配置与管理培训考察团. 美国高校人力资源配置及管理模式培训考察报告［J］. 辽宁教育研究，2001（8）：13-18.

② 秦晓红. 中外高校师资管理研究［M］. 长沙：湖南教育出版社，2007：101-105.

③ 熊吉生，黄小平. 论知识经济中的师资结构［J］. 江西社会科学，1998（12）：85-87.

并提出了调整教师队伍结构的六点对策，即制定科学的师资队伍建设规划，合理配置教师资源；深化人事制度改革，完善教师职务聘任制；坚持人才引进与自我培养相结合；加强学科带头人和青年骨干教师队伍建设；建立完善的师资培养体系；加大青年教师培养力度①。关云飞（2009）指出，现阶段我国高校教师人力资本存在诸多矛盾和问题，主要表现在：一是存量不足，生师比过高②；二是专业结构和年龄结构不合理，年轻化趋势明显；三是专业技术职务和学历层次结构失衡比较严重③。

（六）关于高校教师队伍结构的数学模型建构和动态预测问题的研究

在此方面，钱文斌等（1987）和白伦（1991）进行了教师队伍年龄结构的系统分析④，张序君和沙基昌（1991）开展了教师队伍稳态结构的研究，王新华（1994）对高校师资队伍的结构进行总体探讨，蒋葛夫等（1994）进行了职称最优结构的理论探究，孟辉等（1994）开展教师队伍结构预测—决策支持系统设计的研究，翟晓燕（1997）分析和设计了师资队伍结构预测与优化控制系统，张立平（2007）进行学缘结构的定量评价，高洪峰（2008）开展了师资队伍数量、结构与高校实力相关关系的实证分析，李扬裕和何东进（2010）合作的姊妹篇开展了学缘结构的评价和预测研究等。其中，翟晓燕从教师的流动、流向、流量等角度建立数学模型群，对高校教师队伍的职称结构、职龄结构、年龄结构和学历结构进行模拟、预测、调整、优化控制和分析。所有这类研究为本研究打开了一扇新的窗户。

---

① 张铁坤. 高校师资队伍结构优化对策分析［J］. 黑龙江教育（高教研究与评估），2008（4）：13-14.

② 关云飞. 高校教师人力资源管理模式创新研究［D］. 长沙：中南大学，2009：44.

③ 关云飞. 高校教师人力资源管理模式创新研究［D］. 长沙：中南大学，2009：45-46.

④ 钱文斌，恽源世，庄国强，等. 高校教师年龄结构的系统分析［J］. 控制与决策，1987（2）：27-30，43.

（七）关于高校教师队伍结构专题性研究的成果呈现形式

从现有研究成果呈现的集中度来看，虽然有大量的期刊论文，以及上文提到的30多篇相关硕士学位论文，但还没有以包括地方本科院校在内的高校教师队伍结构为主题的专著和博士论文问世。李彦奎和秦晓红是通过专著比较集中讨论高校教师队伍结构的两位学者，王爱敏在其博士论文基础上出版的专著《我国公立高校教师人力资源的优化配置研究》（2011，东北师范大学出版社）也较为集中地讨论了高校教师队伍结构问题。其中，李彦奎在《高等学校教师论》（1989，天津人民出版社）用较大篇幅讨论了高校教师队伍结构问题，较为详细地分析各个不同结构的内涵、特征，并对中国和美国、苏联、日本、西班牙、德国、加拿大等国的高校教师队伍结构状况进行了比较研究，但其分析主要从教育学视角，而且数据也比较陈旧。孟育群和宋学文（1991）在他们主编的《现代教师论》里用一章的篇幅讨论教师群体素质结构问题，该书引用了朱九思的教师群体素质结构优化原则观，分析了教师队伍的职称结构、学历结构、年龄结构、专业结构和性别结构优化的数量关系或模型特征。孟育群和宋学文指出，教师群体结构应该包括三个方面，即素质结构、组织结构和心理结构。虽然该书主要讨论基础教育教师群体结构问题，但对高校教师结构研究具有一定的启发意义①。秦晓红在其专著《中外高校师资管理比较研究》（2007，湖南教育出版社）中用了一章二十多个版面聚焦高校教师队伍结构问题，阐述了结构的概念、内涵、重要性及其影响因素，归纳了美国、英国、德国、日本等国高校教师队伍结构状况及其特征，分析了我国高校教师队伍结构的现状和问题，探讨了优化目标的量化要求、原则及其对策，研究成果对本书开展的研究具有很好的借鉴意义。王爱敏选择几个年度考察了全国高校和部分高校，分析了教师队伍的职称结构、学缘结构、学历结构和年龄结构的基本状况和特点，并分析了存在问题和问题成因，提出了相应解决策

① 孟育群，宋学文．现代教师论［M］．哈尔滨：黑龙江教育出版社，1991：197-213，309．

略。除此之外，王耀刚的博士论文《高等学校教师资源优化配置研究》(2006) 也在一定程度上探讨高校教师队伍结构问题。但上述研究总体上比较粗放。

(八) 关于高校教师学术性交往问题的研究

从可获得的文献看，国内鲜有学者对教师队伍结构和教师交往之间的关系进行探讨，同时还存在一种特别的现象，即学界对师生之间交往研究多，对中小学教师之间交往研究多，但对高校教师之间的交往研究少，特别是对高校教师学术交往的研究更少，这也许跟人们头脑中固有的高校教师应崇尚独立自主的观念有关。但是，有学者对教师集体、教师合作、教师角色交往等相关问题进行了深入探讨。陈何芳提出大学教师具有“知识人”、“社会人”、“圈中人”、“投资人”四种重要角色交往，其中，“知识人”角色交往有助于提升能力，“社会人”角色交往能够满足心理需要，“圈中人”角色交往有助于在“学术圈”中获得承认，“投资人”角色交往能够有效积累社会资本。并指出，当前我国大学教师角色交往存在的主要问题是：“知识人”学识差异导致交往深度不够，“社会人”意愿淡薄致使交往频率不足，“圈中人”自我封闭导致交往范围狭窄，“投资人”行为失当致使交往难以平等。因此，作者提出高校应加强团队建设以增强“知识人”角色交往，创设良好氛围和制度以促进“社会人”角色交往，创造各种条件以增强“圈中人”角色交往，以及大力改进教师“投资人”的角色交往。此外，王冬梅探讨了新教师和专家型教师建立良好人际关系的心理基础和交往策略①。刘思佳探讨了教师交往的现实意义和促进策略②。孙德芳、敬文正则对教师队伍中崇尚自主与集体协作之间的关系进行辨析③。王铁军、陈桂生、杨琳等则

---

① 王冬梅．新手教师如何与专家型教师建立良好的人际关系［J］．教育理论与实践，2009 (5)：36-37.

② 刘思佳．教师间交往的现实意义及促进策略［J］．教育与教学研究，2009 (10)：18-20.

③ 孙德芳，敬文正．背后的忽略：教师集体协作精神［J］．现代中小学教育，2003 (3)：36-38．敬文正．崇尚自主与教师集体协作关系辨析［J］．教学与管理，2003 (5)：3-4.

探究教师的集体问题，即如何看待教师集体和如何构建教师集体[①②]。其实，苏联教育家苏霍姆林斯基早就提出了对我国教育界产生很大影响的教师集体观，他认为，教师集体是学校的轴心，教师要有集体主义精神[③]。虽然，不少学者是探讨中小学教师的相互交往或教师集体问题的，但教师交往的合理化、教师集体的形成也就意味着教师队伍整体性的形成，即教师队伍结构化的现实形成。在高等教育系统，也存在相似的道理。换言之，高校教师队伍结构和教师交往、教师集体等概念密切相关。另外，有学者探讨了教师的人际能力、教师网络社群建设等[④]。有学者探讨了教师文化与教师交往之间的相互关系。比如，周海玲在其博士学位论文《制度化的教师文化》中，深入探讨了同班级老师、同学科老师之间的交往文化和交往状态等[⑤]。

（九）关于地方本科院校教师队伍结构的专题性研究

毋庸置疑，上述关于高校教师队伍结构的研究都内在地涉及和聚集了地方本科院校教师队伍结构问题。但关于地方本科院校教师队伍结构的专题研究，有的从教育学角度展开，在学位论文方面主要是硕士学位论文，作者有李华（2007）、王梅娇（2007）、金敏（2010）、罗求实（2006）和柳泳（2008）等。还有的从人力资源管理角度进行研究，比如，郝进仕（2010）在其博士学位论文《新建地方本科院校发展战略与战略管理研究》中指出新建地方本科院校存在着较为严重的“办学定位不明晰，同质化现象”等问题，并以湖北省新建地方本科院校为例，指出新建地方本科院校“同质化”表现之一是模仿老牌本科院校特别是高水平大学办学和发展模式，走多科性、综合化和研究型之路，或申请博点硕点，或申请更名为大学；表现之二是新建地方本科院校之间办学和

---

① 王铁军．浅谈教师集体的建设［J］．南京师大学报（社会科学版），1984（3）：29-32．

② 陈桂生．“教师集体”辨析［J］．探索与争鸣，2002（4）：33-35．

③ 李文霞．试论苏霍姆林斯基的教师集体思想及其现代启示［J］．成人教育，2010（1）：37-38．

④ 郭瞻予．论教师的人际交往能力［J］．辽宁教育研究，2004（5）：28-29．

⑤ 周海玲．制度化的教师文化［D］．上海：华东师范大学，2005：115-128．

发展模式趋同，指出 2008 年湖北全省 58 所本科院校开设最多的有计算机和英语等十大本科专业，半数以上本科院校没有独家本科专业①。该博士学位论文中虽然没有直接提到教师队伍结构概念，但高校学科布局和发展必须以相应学科师资为支撑，学校学科布局结构大体反映出教师队伍学科背景结构。此外，正如前文已提到，目前还没有其他学者以地方本科院校教师队伍结构为主题发表或出版博士学位论文或研究专著。

（十）近五年地方本科院校教师队伍结构研究新进展

第一，加大对新建本科院校教师队伍结构的总体性研究。比如，教育部高等教育教学评估中心主编出版的《全国新建本科院校教学质量监测报告》《新型大学新成就——百所新建院校合格评估绩效报告》等年度研究报告，都对新建本科院校的教师队伍结构进行了系统性统计分析。另有陈寒、顾拓宇（2016）对 37 所新建本科院校教师队伍结构进行了研究②。叶怀凡（2016）也开展了相关问题的四川省调查研究③。第二，关注应用型本科高校教师队伍建设相关研究。作者有郝翔和陈翠荣（2012）④、张淑娟（2012）⑤、高岩和陈琪（2015）⑥、李松丽（2016）⑦⑧ 等。第三，开展创新创业背景下教师队伍建设研究。相关作

---

① 郝进仕．新建地方本科院校发展战略与战略管理研究［D］．武汉：华中科技大学，2010：83-85．

② 陈寒，顾拓宇．新建本科院校教师队伍结构现状研究——基于 37 所新建本科院校教师队伍状态数据的分析［J］．高教探索，2016（10）：102-108．

③ 叶怀凡．新建本科院校青年教师队伍建设的问题与对策：基于四川省的调查［J］．高教探索，2016（4）：110-116．

④ 郝翔，陈翠荣．大众化进程中我国高校教师队伍发展与政策效果分析［J］．中国高教研究，2012（5）：63-67．

⑤ 张淑娟．应用型高校青年教师队伍建设中存在的问题及解决途径［J］．教育探索，2012（6）：110-111．

⑥ 高岩，陈琪．地方高校教师队伍建设研究——基于协同创新的视角［J］．中国高校科技，2015（4）：58-60．

⑦ 李松丽．应用型高校实践教学师资队伍建设的策略［J］．学术探索，2016（2）：127-131．

⑧ 李松丽．应用型本科高校教师队伍的建设与发展［J］．黑龙江高教研究，2016（6）：58-61．

者有杨明和耿国阶（2014）、季学军（2015）、焦振豹（2016）等①②③。第四，其他诸如学缘结构、双师型、老龄化、国际比较等相关问题研究。此类作者有汪霞和钱小龙（2013）、王占军（2013）、王洪泉（2013）、韩伏彬和董建梅（2015）、马莉（2016）等的相关国际比较研究④⑤⑥⑦⑧。桑克文（2012）、王浩乐（2012）、周卫东（2013）、宋军（2014）、赵春宇（2015）、靳亚楠（2016）等开展的“双师型”乃至“三师型”和“四师型”等实践教师队伍建设研究⑨⑩⑪⑫⑬⑭。吴丹英

① 杨明，耿国阶. 创新型国家战略下高校教师队伍建设的合理治理路径［J］. 现代教育管理，2014（4）：87-90.

② 季学军. 高校创业教育兼职教师队伍现状与对策探析［J］. 黑龙江高教研究，2015（11）：114-117.

③ 焦振豹. 创新型高校教师队伍建设机制与对策［J］. 教育与职业，2016（10）：68-69.

④ 汪霞，钱小龙. 美、英、澳大学教师队伍建设的特点［J］. 中国高教研究，2013（6）：30-33.

⑤ 王占军. 高校教师队伍老龄化问题的国际比较［J］. 中国高教研究，2013（10）：55-59.

⑥ 王洪泉. 美国高校教师队伍建设及对我国的启示［J］. 教育与职业，2013（23）：85-86.

⑦ 韩伏彬，董建梅. 德国应用科技大学教师队伍的特点及启示［J］. 当代教育科学，2015（11）：49-51.

⑧ 马莉. 塑造、聘任与发展——美国高校教师队伍建设的启示［J］. 中国成人教育，2016（11）：129-132.

⑨ 桑克文. “四师型”教师队伍亟待我们建设——论职业院校教师能力结构及培养方式［J］. 职业教育研究，2012（1）：7-8.

⑩ 王浩乐. 高校“双师型”教师队伍的现状与前景研究［J］. 中国成人教育，2012（2）：46-48.

⑪ 周卫东. 新建应用型本科院校“双师型”教师队伍建设探索［J］. 教育探索，2013（3）：83-84.

⑫ 宋军. 应用技术型本科院校双师型教师队伍建设策略探析［J］. 教育与职业，2014（36）：63-65.

⑬ 赵春宇. 工程伦理教育与高校“三师型”教师队伍建设研究［J］. 中国成人教育，2015（21）：60-62.

⑭ 靳亚楠. 新建地方本科院校“双师型”教师队伍建设研究［D］. 郑州：河南师范大学，2016.

(2013、2016)、夏纪军（2014)、蔡明山和李宝斌（2014)、顾海兵和祝瑜蔚（2015)、邓小妮（2016)、彭娟和张光磊（2016）等从不同侧面讨论高校教师学缘结构问题①②③④⑤⑥⑦。

三、研究现状述评

国外学者对高校教师队伍结构的主题研究不像我国学者一样兴趣比较浓厚，除了学缘结构之外。之所以出现这种情况可能和发达国家高校教师队伍结构通过长期的演变和调整后，处于较为优化状况的现实有一定关系，这正符合了“现实是研究的基础、问题是研究的起点”的研究问题现实来源性规律。欧美国家在20世纪初期到中期，由于亲近繁殖严重，从而引起一段时期的学缘问题研究热点，随着欧美高校学缘结构的不断优化，此类研究也就逐步失去了现实基础和实践需要。相反，处于亚洲东方的日本国则较为例外，日本高校教师队伍学缘结构还存在较为严重的近亲繁殖和学阀现象，因此一直以来引起学者关注。而在国内，由于高校教师队伍结构长期以来存在不同程度的失衡问题，结构调整步伐缓慢，因而研究成果不断涌现，同时研究还有待深入。总体而言，国内外关于高校教师队伍结构问题的研究主要具有如下特点和存在如下局限。

---

① 吴丹英. 高校教师的学缘结构与逻辑终点［J］. 教育评论，2013（3）：60-62.

② 夏纪军. 近亲繁殖与学术退化——基于中国高校经济学院系的实证研究［J］. 北京大学教育评论，2014（4）：130-140，187.

③ 蔡明山，李宝斌. 学术“近亲繁殖”的博弈论分析及其启示［J］. 湖南师范大学教育科学学报，2014（6）：116-120.

④ 顾海兵，祝瑜蔚. 高校经济专业教师的“近亲度”之国际纵横分析［J］. 中国高教研究，2015（3）：48-51.

⑤ 邓小妮. 我国高校教师队伍学缘结构成因及其发展新动向［J］. 黑龙江高教研究，2015（6）：85-89.

⑥ 吴丹英. 高校科研水平与学术近亲繁殖率结构模型研究［J］. 教育评论，2016（1）：70-73.

⑦ 彭娟，张光磊. 学缘结构对高校科研团队成员工作绩效的影响［J］. 中国高校科技，2016（11）：22-25.

（一）在研究内容上，重视要素的数量关系，忽视要素的联结方式，结构的制约性研究比较薄弱，对国外典型时期的结构问题关注不足

首先，现有研究对教师队伍结构的内涵主要从数量匹配关系上来理解，对要素之间的联结状况或相互作用关系重视不足。结构是要素量的规定性和质的规定性的辩证统一，量的规定性就是要素的数量比例关系，质的规定性就是要素的联结状况，因此，重量轻质的结构内涵理解不符合客观事实，也与结构的本质特征不相吻合。其次，教师队伍结构的形成和变化受到诸多因素的制约，应加以深入研究，但现有研究对此有所被忽视。再次，国外高校教师队伍结构的普遍性问题研究无疑具有一般性意义，但是一些典型时期的结构问题研究往往能给予更深刻的启示。当前，我国高等教育事业正处于从规模到质量的转型时期，在从精英阶段过渡到大众化阶段过程中留下了诸多后遗症，发达国家在高等教育发展历史上也许也有过相似的经历和问题。因此，研究发达国家从精英阶段到大众化阶段、从大众化阶段到普及化阶段等过渡时期的教师队伍结构状况及其结构调整经验，对我国的现行改革也许更富有借鉴意义。但关于这方面的研究成果比较少见。

（二）在研究特点上，侧重现实问题分析和理想目标设计，缺乏对评价手段的开发和对理论依据的探讨

现有研究在现实考察时，大多是在数理统计基础上分析全国层面、某个地区、某类高校、某个高校的教师队伍结构现状；在提出调整目标时不少学者提出具体的数量指标，在对策建议方面提出了较为具体的措施，具有明显的实践指向和现实意义。但是，在对队伍结构现状考虑时忽视了历史背景和时代环境分析，不够重视对评价手段的开发，对问题的原因分析深度不够，在结构调整目标的制定和措施的选择时缺乏可靠的理论支持或科学的参照坐标。比如，不少学者提出了教师队伍结构优化的数量指标，但为什么是这样的数量指标而不是别的指标，这样的指标是否适合学校的实际，这些问题值得商榷或说理性不够。如果原因分析不透、理论支持不力，那么提出的对策就难以具有可靠的科学性、合理性和针对性。

（三）在研究视角上，多元视角分析和整体论分析较少

现有研究主要从高等教育学视角分析教师队伍结构，视角比较单一和陈旧。从系统论观点来看，高校教师队伍结构只不过是整个社会大系统中的一个小系统，是社会中的一种现象而已，其构成状况不仅受到教师队伍本身、高等教育系统自身的影响，同时还受到外部经济、政治、文化、制度和社会变迁等多种因素影响，教师队伍结构的优化目标不仅追求理想性，更要强调现实性，要充分考虑高校目标使命、办学条件、调整成本和社会发展需要等问题，因此，从社会学、系统论、组织学、经济学等多学科视角综合考察，才能更好理解高校教师队伍结构的形成和变迁，才能更好制定结构调整目标，从而为改革实践提供更有意义的参考建议。秦晓红（2007）虽然在这方面有所突破，以更大视角考察教师队伍结构的影响因素，指出社会和经济发展状况、现代科学技术发展状况、我国的国情和社会主义办学方向、教育自身发展规律等方面都会对我国高校教师队伍结构产生影响①。但作者基于其研究的核心主题考虑，没有对此进行更为深入探讨，确有所遗憾。

另外，现有研究还存在拆分分析多，综合探讨少，对各个子结构研究不平衡等特点。即将高校教师队伍的整体结构划分为年龄结构、学历结构、职称结构、学科结构、学缘结构等不同的子结构，然后逐一考察。这种分析法不仅对深入了解事物整体结构的性质具有重要意义，而且是必不可少，但是，缺乏综合的分析必然影响对事物结构的整体性把握，因为，结构本身具有整体性特征。

（四）在研究成果呈现方式上，分散研究较多，专题研究较少，高校教师队伍结构问题游离于与之密切的相关著述之外

高校教师队伍结构是高等教育结构、高校教师队伍建设、高校教师管理、高校人力资源管理、高校教师学（教师论）的重要内容，但从现有相关著述来看，要么将教师队伍结构排除于此类研究主题之外，要么只进行蜻蜓点水式交代或开展粗放式探讨，对教师队伍结构研究的重视

① 秦晓红．中外高校师资管理比较研究［M］．长沙：湖南教育出版社，2007：99-100.

程度和高校教师队伍结构在现实中的重要程度不相对称，研究成果无法满足现实改革的需要，与现实诉求不相适应。比如，齐祖亮和刘敬发（1986）的《高等教育结构学》、臧乐源（1987）的《教师学》、李少元（1988）的《教育结构学》、郝克明（1988）的《中国高等教育结构研究》、孟育群和宋学文（1991）的《现代教师论》、韦茂荣（1994）的《稳定，优化与改革——教师队伍建设问题探索》、杨春茂（2000）的《世纪之末的思考——教师队伍建设热点透析》、朱卫国和王廷山的《教师队伍建设研究与实践》（2003）、胡永新（2008）的《教师人力资源管理》等著作都是与教师队伍结构密切相关的专著，但此类专著要么没有关注高校教师队伍结构问题，要么只对高校教师队伍结构问题进行粗放式探讨。此外，关于地方本科院校教师队伍结构的专题性、系统性研究成果也不多。

第二章　地方本科院校教师队伍结构优化的基本理论

理论是概念的体系化，是对事物本质和客观规律的系统性揭示和系统性阐述。科学研究重在解释事实、揭示规律和创新理论，并有效指导实践。本章是本书的理论部分，重点对地方本科院校教师队伍结构优化的相关概念进行内涵界定和关系辨析，尝试提出可为本研究提供理论指导、立论依据或分析视角的成熟理论基础，并说明选择这些理论基础的理由；或者提出有创新性和适切性的理论观点，为本研究提供合理自洽、圆融一体、有较强解释力的概念体系或话语体系，形成合理的理论分析框架，为本书后续开展国际的状况总结和经验分析、国内的现状考察和问题诊断以及对策探讨等研究奠定理论基础。

第一节　相关概念的内涵界定

科学界定概念，明确概念内涵和外延，既是建立科学理论体系的基石，也是开展有效学术交流的基础。本书的“地方本科院校教师队伍结构优化”是一个较长的词语性概念，要对其进行内涵界定，首先有必要分别分析构成这一长概念的各个子部分，即“结构”、“功能”、“优化”、“高校教师”、“高校教师队伍结构”等概念的内涵。下文先对现有观点进行梳理，然后在综合现有观点基础上明确本书观点，有些观点包含了新的见解。

一、结构和功能

结构和优化是本书最核心的两个概念，是本主题研究的逻辑起点，是本书结构大厦的基石，必须准确把握两者的内涵。结构作为一个概念，发轫于西方哲学与科学的诞生期①。结构思想开始运用于建筑学，后来逐渐扩张到工程学、地质学、社会学、美学乃至其他所有科学领域，以至于一切事物都可以理解为特定的结构。“它们（结构）构成了世界，同样也构成了我们对世界的体验。”“不论是有机物，还是无机物，不论是自然之物，还是人为之物，只有结构，才是更为缜密的概念。”②“简直可以说，我们对创造物和存在的基本观念是由它的结构决定的。”③ 包括微观、中观、宏观、宇观在内的人类迄今为止的一切科学发展史已经证明，人类认识事物虽然是从表象开始，但是必须通过结构才能获得对事物的进一步深刻认识。可以说，结构对人类认识事物如此重要，以至于如果离开了结构概念，我们就无法把握和认识任何事物。可见，结构思维或者结构分析法对我们深入认识世界具有重要意义。那么，结构的内涵是什么呢？

在西方语境里，结构在拉丁语中是 structure，直接来自 strutura，最初用来表示“一种建筑样式”，含有“具体物体的各个部分构成一个整体所采取的方式”、“把整体之部分连接成整体的持久现象”④、“指某种有序的构成部分或成分安排”等含义⑤；或者将“特指一个建筑物构成元素之间的内部安排、成分或组织”称为结构，认为结构“就是一个拥有自己独特特征的建筑或大厦，因为它的各部分是以特别的方式组合起

① 温迪·普兰. 科学与艺术的结构［M］. 曹博，译. 北京：华夏出版社，2003：1.

② 温迪·普兰. 科学与艺术的结构［M］. 曹博，译. 北京：华夏出版社，2003：1.

③ 温迪·普兰. 科学与艺术的结构［M］. 曹博，译. 北京：华夏出版社，2003：2.

④ 弗朗索瓦·多斯. 从结构到解构——法国20世纪思想主潮：上卷［M］. 季广茂，译. 北京：中央编译出版社，2004：7.

⑤ A. R. 拉德克利夫. 原始社会的结构与功能［M］. 潘蛟，王贤海，刘文远，等译. 北京：中央民族大学出版社，1999：10.

来的”[①]；或者用结构来描述“任何复杂、有组织的整体的诸多部分被组织为一个特殊模式或形式的安排”[②] 等。

在中国语境里，“结构”内涵也经过了不断的演变过程。最初，结构一词是用来描述“连结构架，以成屋舍”、“建筑物构造的样子”、“诗文书画等各部分的搭配和排列”[③] 等现象。后来，结构普遍被用来说明“事物系统的诸要素所固有的相对稳定的组织方式或联结方式，表现为要素的组织、总和、集合，诸多要素借助于结构形成系统”[④]；或被用来表述“组成整体的各部分的搭配和安排”或“各个部分的配合、组织”，或被界定为“不同类别或相同类别的不同层次按程度多少的顺序进行有机排列”。

由于结构概念具有很强的事物或系统的解释优势，从最初的建筑学不断地被运用到其他学科领域，形成了具有不同学科特点、具有不尽相同内涵的具体结构概念。比如人类学的民族结构、语言学的词语结构、社会学的社会结构三个结构概念，它们内涵不尽相同。其中，董泽芳教授基于教育社会学的学科立场，认为结构概念应包含两层意思：一是要素或成分组成；二是要素或成分按照一定的方式排列组合的，彼此之间具有相对稳定的关系。其实，社会学对社会结构内涵也有多种理解，有时被用来指社会的规定性，有时被用来指社会的组成部分或构成单位（亚体系、组织类型、制度等）的排列状况，有时被用来指社会地位与社会角色的相互关系，有时则仅被用来指群体的内部构成[⑤]。在教育学学科，教育结构（structure of education）被解释为“教育机构总体的各

---

① 杰西·洛佩兹，约翰·斯科特．社会结构［M］．允春喜，译．长春：吉林人民出版社，2007：11.

② 杰西·洛佩兹，约翰·斯科特．社会结构［M］．允春喜，译．长春：吉林人民出版社，2007：12.

③ 《现代汉语大辞典》编委会．现代汉语大辞典：下［Z］．上海：汉语大辞典出版社，2000：1927.

④ 《中国大百科全书》编辑委员会．中国大百科全书：第11册［Z］．2版．北京：中国大百科全书出版社，2009：474.

⑤ 董泽芳．教育社会学［M］．修订本．武汉：华中师范大学出版社，2009：74.

个部分的比例关系及其组合方式，即教育纵向系统的级与级之间的比例关系和相互衔接及横向系统的类与类之间的比例关系和相互联系”，它是国家整体结构的重要部分，具有多层次性、多方面性，包括层次结构、类型结构、办学形式结构等诸多方面①。其中，教师结构是指“各级各类学校教师队伍的构成状况”②。

谈及结构概念，就无法回避与之密切相关的功能概念。在社会学中，所谓功能是指“事物系统所具有的作用、能力和功效”③。日本学者富永健一认为，“所谓功能，是将系统的要素和多个作为要素集合体的子系统，或者说整个系统所负担的活动、作用、职能解释为系统实现目标和系统适应环境所必须满足的必要性条件相关时，对这些活动、作用所赋予的意义”④。王处辉认为功能具有四个基本特点：第一，功能是指某一系统对于其他系统所起的作用，离开了该系统与其作用对象的相互联系的系统，就不可能认识功能。第二，某一系统功能是“它的结构自身所内含的”，离开了该系统的结构就不可能产生功能，结构发生了变化，功能往往也跟随着发生变化。第三，功能在具有功能的事物或系统在未与其作用对象发生关系时处于潜在状态，潜在状态的功能是否能变为现实的功能还受到对象的状态及环境条件的影响，因此功能的实现是有条件的。第四，功能是直接与人的需求、社会目标相联系的。因此，功能蕴含着主体价值诉求，主体取向的多元性和层次性决定了结构功能具有多样性特征⑤。因此，对高等教育功能的探讨，就应该在“期望”的、“潜在”的和“现实”的三个不同的功能存在形态中展开，“期望”的功能存在于人们的意识和愿望之中，“潜在”的功能存在于教育的实际结

① 顾明远．教育大辞典：上［Z］．增订合编本．上海：上海教育出版社，1998：756．

② 顾明远．教育大辞典：上［Z］．增订合编本．上海：上海教育出版社，1998：702．

③ 《辞海》编委会．辞海［Z］．上海：上海辞书出版社，1989：1317．

④ 富永健一．社会学原理［M］．严立贤，陈婴婴，杨栋梁，等译．北京：社会科学文献出版社，1992：162．

⑤ 王处辉．高等教育社会学［M］．北京：高等教育出版社，2009：143．

构之中，“现实”的功能则存在于教育的实践之中，在教育实践中得以体现。上述三者形态“功能”之间可能是一致的，也可能是不一致的，甚至是相悖的①。

曾有学者对形形色色的结构定义进行归纳，得出十六种关于结构定义的类型：第一，用系统的特征来定义系统的结构。但作者认为，此类结构定义没有区分系统和结构的差别。第二，用系统内元素运动的集合定义结构。但作者认为，元素是运动的还是静止的，跟结构的本质没有多大关系，因此不能作为结构的定义。第三，把结构说成是系统内元素之间的联系和联系方式。但作者认为，联系不能反映元素之间的全部关系，联系一般指相互依存、相互依赖，是指元素之间的统一性。元素之间除了统一性，还有相互排斥和对立的一面。而联系方式和形式是指什么，也没有明确。因此此种定义也没有能说明结构的本质。第四，把系统与元素之间的联接方式，称谓结构。但笔者认为，元素之间的联系以及元素与系统的联系，不能称为结构。第五，把结构说成是元素之间的关系和关系总和。但笔者认为，把元素之间相互关系或相互关系的总和称为结构，还有待商榷。第六，把系统的元素之间和系统与环境之间的关系形式，作为结构的定义。但笔者认为，这两种“关系”的本身还不是结构，而且“关系形式”中的“形式”有待明确。第七，用元素之间的相互联系和相互关系来定义结构。但笔者认为这一定义也没有揭示结构的本质。第八，用元素和元素与元素之间的相互关系定义结构。但笔者认为，不仅关系不是结构，元素也不是结构，否则混淆了结构和元素之间的区别。第九，用元素之间的相互联系和相互作用定义结构。但笔者认为，相互作用是产生结构的原因，但其本身不是结构。第十，用元素之间相互作用的形式定义结构。但笔者认为，正如前文所说的那样，相互作用本身并不是结构。第十一，把元素的有序排列称作结构。但笔者认为，元素的有序排列只是结构的一种类型，结构不仅包括有序的结构，也存在大量的无序结构。第十二，把元素之间的相互作用和有序排列并列作为结构的内容。但作者认为，相互作用的结构可能促进元素的

① 王处辉．高等教育社会学［M］．北京：高等教育出版社，2009：144．

有序排列，但也可能使元素无序排列，因此这种定义需要改进。第十三，用系统内元素之间相互关系的总和表现为秩序来定义结构。但笔者认为，用“秩序”来定义结构，而把无序排斥在结构之外，是不全面的。第十四，把系统内的元素、元素之间的相互作用和元素的有序排列作为结构的三要素。但笔者认为，这种定义抹煞了结构和元素相互作用的区别。第十五，用元素的排列组合来定义结构。但作者认为，这类定义突出了元素的排列组合，抓住了结构的本质，但须进一步完善。第十六，用元素的排列组合和相互作用来定义结构。但作者认为，相互作用是形成结构的原因，其本身还不是结构。结构不仅有空间结构，还有时间结构。所以，这个定义还需作些修正①。本书认为，上述十六种关于“结构”概念的定义可以划分为特征论、运动论、联系论、关系论、作用论、秩序论、排列组合论、联接论和综合论九种类型。其中，前面七种类型观点和综合论过于抽象；“排列组合论”过于强调要素的静态特征，更适合于对中观自然事物结构的定义，但对动态性的社会系统结构缺乏足够的解释力；“联接论”既适合描述自然事物结构，也适合分析社会系统结构，但“联结”比“联接”更为恰当，因为“结”即“结合”，比“接”即“连接”更具有整体性意义。

虽然无论在东方语境还是在西方语境里，关于结构概念的内涵界定存在多种表述方式，但本书认为，对结构内涵的理解应注意以下几个方面的问题：第一，事物（有时被称为系统或组织）和结构之间的关系有似于内容和形式两个范畴之间的关系，世界上没有无结构的事物，也没有无事物的结构，每一事物都有自己独特的结构，而任何结构总是关于某一事物的结构。承认结构存在的前提预设是，事物就像一部机器一样，是由要素构成的，是可以拆分的（包括现实上的和观念上的），或者说事物可分为不同的构成部分，但它们之间又是以一定的方式相结合才具有整体性意义，即结构。第二，结构是关于事物的各个构成部分构成该事物整体的组合方式的总称。第三，一般来说，事物的结构在某一时期是相对稳定的，是与该事物总特质相关联、相统一的。因此，结构

① 施启良．结构定义评述［J］．系统辩证学学报，1995（2）：39-44，34．

是指事物中各个构成部分构成该事物所采取或体现出来的组合方式，包括由什么要素和有多少个（种类）要素组成，它们之间是怎么组成整体的两方面内涵，即特定要素之间的数量匹配关系和特定要素之间的相互联结方式（包括静态的联结网络方式和动态的要素互动方式）。其中，前者主要决定或体现了结构的量的方面特性，后者主要决定或体现了结构的质的方面特性；前者是结构形成的基础，后者是结构之所以最终形成并体现出如此整体性的关键。特别是在人类社会中，能动交往是个体存在的基本方式，个体交往才能形成真正的群体性，才能形成某一群体的整体性特征。也就是说，有了个体交往即个体联结才使某一群体的结构得以真正形成，并呈现出结构的整体性特征和发挥出结构的整体性功能。第四，事物结构的整体特征并不等同于各个构成要素的特征的简单加总，即结构整体特征一般不能用孤立的部分（要素）特征来简单代替，结构整体特征与其构成要素特征相比，有了新的内容。从哲学角度来说，本书的结构分析方法主要是还原论的，但又不全是还原论，是以还原论为主的还原论和整体论的适度结合。此外，任何事物都不能离开一定的环境，事物结构的形成和变迁以及事物潜在功能的现实化都受到环境的影响。事物（系统或组织）、要素、结构、功能、环境之间的关系可以用以下简图 2-1 进行说明。

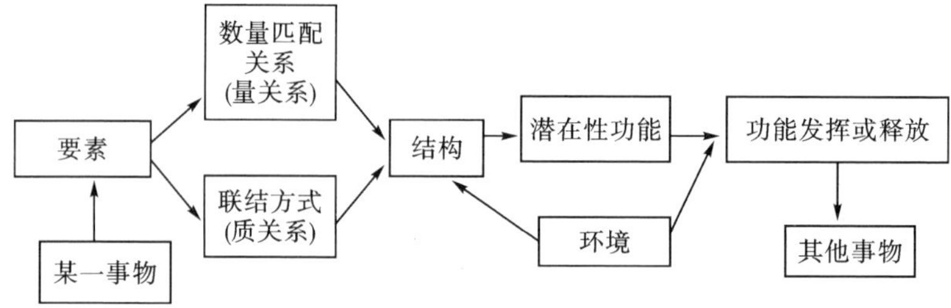

图 2-1　事物（系统或组织）、要素、结构、功能、环境之间的关系图

此外，分析汉字“结构”的词义也有助于对结构概念内涵的理解，“结构”即“联结构成”或“结合构成”之意，或者如有学者所言的“排列组合”，都含有“成”、“合”之意，即“成为一体”、“合而为一”，也就是说，结构是要素之间的相互联结而形成。因此，结构内在包含要素数量匹配关系和要素联结方式（包括静态的联结网络方式和动态的要素互动方式）两层含义。前者是事物或系统整体性功能形成的基础，后者是事物或系统整体性功能形成的关键。

还有两点值得注意的是：第一，人们对客观事物结构的认识不可能一蹴而就，人在认识客观事物时所获得的结构认识（客观事物结构的主观反映）并非总和客观结构完全一致，而是要经历一个由浅入深、由简到繁的历程，甚至有时会出现谬误或倒退现象。比如，随着人类认识的不断深化，未来人类对夸克粒子结构的认识也许跟我们现在的认识不一样。第二，在当今的信息社会和智能社会中，存在各种不断翻新的虚拟体（场景）和移动体。在这样的社会中，出现各种新形式的系统结构，不仅结构更加复杂，而且结构动态变化更加迅速，结构功能更加强大，结构的虚拟和真实边界日趋模糊。因此，有关人类社会系统结构和功能的内涵以及观念也许需要更新和拓展，需要赋予新的理解和新的解释。

二、优化和失衡

“优化”一词有形容词、动词两种词性，形容词的含义是用来描述系统所处的一种状态，动词是用来描述系统状态的变化这一事实。“优化”概念的对立概念是“失衡”，后者含有“失去平衡之义”，即匹配不当、关系失调，其后果是结构或系统功能不全和系统作用不佳。

优化和失衡是人们对结构事实的一种价值判断，即两者都是价值性概念。结构优化总是与一定的目的相联系，具体的优化和具体的目的相联系，离开目的性这一价值参照点，就无法确认系统是否优劣。从动态过程来说，系统的目的性就是系统结构优化的目的，也是系统结构实现优化的结果，同时，结构的优化又正是系统实现目的的过程，是系统实现目的的手段①。

从系统观点来看，优化是指系统（结构）演进的进步方面，是在一定条件下对于系统的组织、结构和功能的改进，从而实现系统耗散最小而效率最高、效益最大的过程。系统的优化是在系统演化中实现的，没有离开演化的优化。离开演化就没有优化可言，没有演化，系统的组

① 魏宏森，曾国屏．系统论——系统科学哲学［M］．北京：中国出版集团，2009：353.

织、结构和功能就不会有任何新的变化，因此就谈不上优化。当然，演化不等于优化。任何一个系统的演化都具有两种趋势，一种是向上发展的趋势，另一种是向下变化的趋势，而且向上发展之中也可以含有下降的方面，反之亦然。因此，系统的优化，应在过程之中把握①。同时，还应该注意的是，系统的优和劣是相对的。世界上没有绝对的优，也没有绝对的劣。一定的优总是以一定的劣为对比而言的。没有劣就没有优，没有优也就没有劣。一定的组织、结构和功能，在一定条件下是优，但在另一种条件下不一定为优。优和劣，只能在辩证统一之中来加以把握和理解②。

从经济学角度上看，优化就是指收益“最大化”。实际上，“经济学已经被定义为最优地利用稀缺资源的研究，即，在约束条件下最大化的研究”③。经济学理论中研究最优化的方法强调，“除了内部逻辑的一致性之外，最优化的方法并不依赖于任何关于这些目标的特定的假定。这些方法只不过向我们显示了如何最好地追求我们的目标，而不论这些目标具体是什么”④。这种最优化方法研究就是寻求“所有约束条件下的最大化问题”的“一个共同的数学结构，这一数学结构反过来为分析这些问题提供了一个共同的经济学直觉”⑤。

从工程设计学角度上看，优化就是通过建立实际问题的数学模型，分析优化对象、探讨相关参数、确定和构造约束条件，然后规范数学模型，选用适当的分析方法和计算程序运算求解，并运用到实践的操作设计中，从而起到缩短设计周期、提高设计效率、降低产品成本、提升产品质量效用的一系

---

① 魏宏森，曾国屏．系统论——系统科学哲学［M］．北京：中国出版集团，2009：353.

② 魏宏森，曾国屏．系统论——系统科学哲学［M］．北京：中国出版集团，2009：353.

③ 阿维纳什·K．迪克斯特．经济理论中的最优化方法［M］．冯曲，吴桂英，译．2版．上海：上海人民出版社，2008：1.

④ 阿维纳什·K．迪克斯特．经济理论中的最优化方法［M］．冯曲，吴桂英，译．2版．上海：上海人民出版社，2008：1.

⑤ 阿维纳什·K．迪克斯特．经济理论中的最优化方法［M］．冯曲，吴桂英，译．2版．上海：上海人民出版社，2008：1.

列方法和过程。工程设计学中的优化方法主要有：一是人类智能优化，比如黄金分割法、穷举法、运筹学等；二是数学描述分析，比如单纯形法、动态规划、线性规划、非线性规划、随机规划、非光滑规划、多目标规划、几何规划、整数规划等；三是工程优化，比如准则设计法、工程结构拓扑优化，连续体结构的形状优化、设计灵敏度分析、离散变量优化、多目标优化、模糊优化、大系统的分解优化、复杂结构的动力优化等；四是结构优化，比如铰链平面桁架结构优化；五是现代优化方法，比如经典优化方法、遗传算法、蚂蚁算法、模拟退火、神经网络、专家系统、广义优化等；六是有效探测法，比如盲人探路优化法等①。上述这些优化方法又可以划分为一维优化方法、多维优化方法、线性规划优化方法、多目标优化方法、离散变量优化方法和现代优化方法等几大类型②。优化方法在工程设计领域上均得到广泛应用。

从“优化”的词义上看，优，即优良、优秀、良好，“化”用在名词或形容词后，表示转变成为某种性质或状态。综上分析，本书的观点认为，所谓优化，是指事物（结构）从不良好的状态转变为良好状态的过程（动词）或正处于良好的状态（名词）。“优化”一词一般和结构、系统等词语搭配，结构优化就是指事物或系统中各个要素的构成达到了令人满意的状态，不仅各个构成要素均能发挥各自良好的功能，而且事物或系统的整体功能既符合事物或系统的内在本质要求，也适应事物或系统与外部环境关系的需要，即既最大化地满足事物或系统整体发展的需要，也最大化地满足事物或系统中各要素各自发展的需要，也就是说，事物或系统结构优化可以同时提升个体适应性和整体适应性。总之，优化既是一个表示程度的变化（状态）的概念，又是一个价值判断，因此，判断结构是否优化一般要以一定的价值标准为参照，并通常通过比较来加以鉴别。此外，“优化”还有基本优化、比较优化、十分优化和当前条件下的最优化等不同程度之分。结构优化、价值标准、结构要素、系统功能、系统环境之间的关系如下简图2-2。

---

① 李春明. 优化方法［M］. 南京：东南大学出版社，2009：2-3.

② 李春明. 优化方法［M］. 南京：东南大学出版社，2009：11.

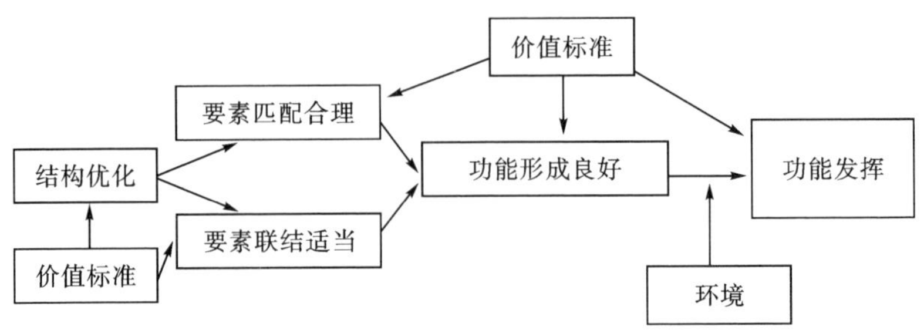

图 2-2　结构优化、价值标准、结构要素、系统功能、系统环境之间的关系图

三、地方本科院校教师队伍结构

（一）高校和地方本科院校

“高校”概念是新中国成立后首创，随后被广泛运用，并逐渐成为我国高等教育领域内乃至全社会耳熟能详的概念。高校就是高等学校的简称，是对所有实施高等教育（中学后教育）机构的统称。在西方，一般没有“高校”这个概念，只有大学、学院等称谓。在日本，被称为“高等学校”的机构并不是真正意义的高等教育机构，而是相当于我国高级中学的中等教育机构。现代高等教育产生以来，随着社会和自身的不断发展，高等教育及其机构的内涵和形式也在不断拓展和变化。在一些发达国家，高等教育（机构）有时还被称为中学后教育（机构）、第三级教育（机构）等，但一般不外乎大学、学院、高等专科（专门）学校三类称谓。我国已约定成俗，将从事中学后专业教育的各式各类专门教育机构泛指高等学校，简称高校，主要包括专科高校（院校）和本科院校（高校）。前者目前主要包括高等专科学校、高等职业院校，后者主要包括大学、本科学院。在我国，高校还有很多分类或分层方法。第一，普通高校和成人高校。前者主要招收高中毕业生，实施全日制学校教育；后者面向所有公民，学制和办学形式很灵活，主要实施非全日制学校教育，师生面对面时间短，多采取函授、网络完成教育任务。第二，公立高校和民办高校。前者指由各级政府举办，以政府财政拨款为主要办学经费来源的高等学校（当然还包括学费和社会捐赠，下文私立高校同），主要承担着高等教育公共性责任；民办高校也称私立高校，即由私人举办，以筹集民间资金为主要办学经费的高等学校。第三，学术型高校和

应用型高校。前者主要承担知识发现和理论创新职责，后者主要承担知识和理论的传播以及实践性推广应用。前者有时也被称为研究型高校，后者有时被称为教学型高校，兼而有之的高校有时被称为教学研究型高校。应用型高校既有本科层次高校，也有专科层次高校。第四，部属院校和地方院校。前者指由中央政府有关单位直接管辖、办学经费主要由中央政府财政拨款的高校，部分“211工程”高校和“985工程”高校（除共管共建高校外）是部属院校（有时也被称为中央直属院校）；后者指由省市一级政府直接管理、办学经费主要由地方财政拨款的高校。本书主要研究地方普通本科院校，有时被简称为地方本科院校（高校）甚至简称为地方院校、地方高校。地方本科院校主要从事本科层次的应用型高等教育。

（二）高校教师和地方本科院校教师

教师是社会中一种特殊的职业。《中国百科大辞典》对教师作了如下界定：所谓教师，就是指“向学生传递文化科学知识与技能和进行思想品德教育的专业人员。在教育过程中，教师处于教育者和组织者的地位，对学生的学习和发展起主导作用。教师是人类文化科学知识的继承者和传播者，在社会的延续和发展中起桥梁和纽带作用”①。教师有时也被称为教员。由于高等教育功能的不断拓展，现代高等学校具有培养人才、科学研究、社会服务、文化传承创新四大职能。因此，高校教师经常会同时承担其中两种、三种甚至四种任务。当然，这些任务之间是相互密切相关甚至重叠交叉的。本书的高校教师就是指在高等学校从事教学活动的专业人员。其实，现实中的绝大部分高校教师除了从事教学活动外，还承担着不同工作量的科研、管理、社会服务等工作，即承担着“双肩挑”甚至是“多肩挑”角色。按照不同标准，可以对高校教师进行不同分类。比如，按专兼职情况分，可分为专职（我国官方一般称为专任）和兼职（兼任）教师；按不同职称（学衔）级别分，可分为教授（正高）、副教授（副高）、讲师（中级）、助教（初级）、无职称教师等；按不同学历（学位）分，可分为博士学历（学位）、硕士学历（学位）、本科学历（学士学位）、专科学历教师和专

---

① 中国百科大辞典委员会编．中国百科大辞典：八［Z］．北京：中国大百科全书出版社，2009：8-32.

科以下学历教师等；按一级学科门类背景分，可分为哲学、经济学、法学、教育学、文学、历史学、理学、工学、农学、医学、管理学、军事学、艺术学教师十三类。当然，还可以从性别、年龄、民族、个性、特质、毕业来源、职业背景等标准进行分类。对高校教师进行分类是我们分析和认识高校教师队伍尤其是高校教师队伍结构的基础。

所谓队伍，就是成队为伍，即由若干人类个体构成的社会系统或组织。高校教师队伍就是指由一定数量的高等学校教师个体构成的组织或系统。高校教师队伍既有规模大小，也有层次高低，也可按不同标准划分为不同的类型。比如，按照地理空间覆盖状况或所属机构，可分为全国、省（自治区、直辖市）、市、学校和院系的高校教师队伍。某一学院或某一个学科专业的教学团队也可被视为一种特别的高校教师队伍。按照高校类型标准可将高校教师队伍分为研究型高校教师队伍、教学研究型高校教师队伍、教学型高校教师队伍，或者部属院校教师队伍、地方高校教师队伍，或者地方本科院校教师队伍等等。总之，高校类型和层次的多样性、教师队伍人员来源的复杂性决定了高校教师队伍类型和层次的多样性和复杂性。本书主要研究地方本科院校教师队伍的结构。

（三）高校教师队伍结构

高校教师队伍结构的上层概念是教师队伍结构。关于教师队伍结构内涵，不同的学者提出不同的观点。王清德教授在《现代管理学原理》（1998）认为，教师结构就是指“教师队伍中教师本身条件要素的数量构成比例及其组合关系，如教师的年龄、学历、职务、性别等各种数量比例，以及教师群体内相互之间的配合关系等”。秦晓红认为，高校教师队伍结构是指高校师资队伍内部各组成要素的关联方式和相互作用形式的相对稳定状态[①]。《中国大百科全书》关于结构的定义：“事物系统的诸要素所固有的相对稳定的组织方式或联结方式，表现为要素的组织、总和、集合，诸多要素借助于结构形成系统。”[②] 按照这一理解，教

① 秦晓红．中外高校师资管理研究［M］．长沙：湖南教育出版社，2007：96．

② 《中国大百科全书》编辑委员会．中国大百科全书：11 册［Z］．2 版．北京：中国大百科全书出版社，2009：474．

师队伍结构就是教师队伍中诸教师之间的数量构成关系以及形成的相对稳定的组织方式或联结方式的整体规定性。

根据前文对“结构”概念内涵的梳理和分析，本书认为，高校教师队伍结构就是指高校教师队伍内部各组成要素之间相对稳定的数量关系和联结方式（包括静态的联结网络方式和动态的要素互动方式，下同）的整体规定性。对高校教师队伍结构概念内涵的理解要抓住以下四个相互联系又层层递进的要点：一是教师个体要素的基本特质。事物是客观存在的，人们要理解事物由什么构成的，这取决于认识者的认识偏好、认识需要、认识水平以及采用什么样的认识视角和认识标准。认识者如果不了解构成要素的基本特征，就无法认识是什么要素构成了该事物，也就无法认识构成事物的这些要素之间的数量关系以及这些要素采取了什么样的联结方式构成了该事物。二是不同教师之间的数量比例关系。这是对教师队伍结构认识的量的把握。三是不同教师之间的联结方式。这是对教师队伍结构认识的质的把握。如果只有要素之间的数量构成关系，而没有要素之间的联结关系，那么，要素之间并没有产生实质性的稳定结合关系，这时，只有无关联的要素，但既没有真正的物体（事物），也就没有事物的结构。因此，要素之间的相互联结、相互作用的关系才是结构之所以成为结构、物体（事物）之所以成为物体（事物）并发挥该物体（事物）特定性功能的关键因素。四是基于不同教师数量比例关系和联结方式状况下的教师队伍的整体性特征或整体性面貌，也就是说认识结构既要通过拆分进入事物内部来考察要素个体状况、要素数量关系状况以及要素之间的联结状况，但最后还要从整体上综合上述三种状况而得出其总体特征或面貌，即结构状况。

换言之，结构是对事物内部关系的整体性审视和理解，而不是仅限于理解事物内部要素的具体构成状况。即既要具有进得去的“局部观”，更要有出得来的“整体观”。如果将这四者相互割裂开来，就无法得到关于高校教师队伍结构的全面、准确的认识，特别要避免将教师队伍结构仅仅等同于队伍中不同教师之间的数量比例关系。

不难理解，教师数量和教师所有个体特质都完全一样的两个高校教师队伍，采取不同的联结方式就会形成不同的结构，进而体现出不同的整体特性，具有不同的整体功能。因此，既反对将“结构”仅仅看成“数量比例”的观点，也反对将“结构”等同于“联结方式”的看法，上述两者相互统一才能形成完整的结构观。据此，我们可以得出如下推论，良好的高校教师队伍结构应该同时具有以下两个条件：一是构成要素个体良好，匹配合理；二是教师联结方式适当，紧密有度。其中，前者是基础，后者是关键。在此，还有一个需要厘清的问题就是，事物内部要素之间的联结方式属于结构范畴，而要素之间的相互作用属于机制范畴。两者相关，但不完全等同。总之，虽然事物结构和事物一样是动态的，随事物的发展而演变，但在某一个特定时期和特定环境中，某一特定事物的结构是相对稳定的。

根据结构特征和教师角色特点，高校教师队伍结构具有如下几个基本特征：

第一，整体性和可分性的相互统一。其中，整体性是结构的基本内涵，结构是一个整体性概念，考察高校教师队伍结构就是要以全局观念、整体思维去分析、去把握，特别是要关注要素联结方式的不同而引起的结构整体面貌的不同以及结构整体功能的不同。可分性是结构分析法这一基本思维方法的基本特性，结构分析法的基本操作逻辑就是先将事物或系统进行要素拆分，逐一研究各个要素或局部的性质以及它们之间的构成关系，然后再以全局观念去考察这些要素或局部是如何形成整体的，以及如何形塑或体现整体结构的面貌特征的。

第二，稳定性和动态性的相互统一。稳定性是指任何事物结构总具有一定稳定性，变化无常的结构是无法认识的，甚至是无法得以确定性存在的。动态性是指高校教师队伍结构不是静止不变的，而是不断变化的，有时甚至是快速变化的。结构要素的变化、结构要素比例的变化以及要素之间联结状况的变化都会引起事物结构的相应变化。因此，某一高校教师队伍结构在某一个时期是相对稳定的，但也随着外部环境变化、内部因素调整不断发生动态性变迁。

第三，层次性和多样性的普遍存在。高校教师队伍结构层次性是对应于不同层次的高等教育系统（机构）而言的。比如，一所高校内部一个二级学院的教师队伍结构、一所高校的教师队伍结构、一个地区所有高校的教师队伍结构、一个国家全体高校的教师队伍结构四者呈现出某种层次性。还比如，质量一流大学对应的教师队伍结构和质量较低下高校对应的教师队伍结构，两者也呈现出某种层次性。高校教师队伍结构多样性一是指高校教师队伍结构下级子结构的多样性，有性别结构、民族结构、年龄结构、学科结构等等；二是指因高校类型层次的多样性、高校内部系统具体情况的多样性而形成的教师队伍结构的多样性。现代高等教育系统的高度分化使得高校教师队伍结构的多样性更加明显。

第四，复杂性和不平衡性的明显趋势。高校教师队伍结构的复杂性跟其层次性和多样性密切相关，跟现代高等教育系统的复杂性、学术职业的复杂性、教师队伍结构内部关系的复杂性、外部影响因素的复杂性密切相关，还体现为功能形成的复杂性和功能发挥的复杂性等。高校教师队伍结构的不平衡性包含三种理解：一是指教师队伍结构与外部环境、学校使命不相适应，即存在结构与功能的不平衡问题；二是指高校教师队伍结构的下一级不同子结构或不同侧面，即年龄结构、学历结构、职称结构、学科结构、学缘结构、专兼职结构、素质结构和联结结构等等，它们在整体结构中所处地位和发挥作用不尽相同，即存在子结构作用的不平衡问题；三是不同高校甚至是同层次、同类型、地处相近的高校，它们的教师队伍结构也存在较大差异，即出现校际结构的不平衡问题。

事物结构都由一定要素构成。高校教师队伍结构的最小构成要素是一个个教师个体。但是，由于不同教师的特质往往不同，他们在队伍结构中所处地位和所能发挥的作用不尽相同，他们在结构要素联结网络中的位置也不尽相同。因此，不同高校教师的不同数量匹配关系和不同联结方式形成了复杂的、多样的高校教师队伍结构。为便于分析，也基于结构分析的基本思维方法，本书将高校教师队伍整体结构划分为密切相关、相互影响的年龄结构、学历（学位）结构、职称结构、学科结构、学缘结构、专兼职结构、素质结构（本书主要讨论理论型和实践型教师结构，也可称知行素质结构，行业背景结构与之密切相关）七个方面或七个下一级子结构。对于上述七个方面，既要考察其构成要素之间的数量匹配关系，也要考察构成要素之间的联结状况。

1. 高校教师队伍的年龄结构。高校教师队伍的年龄结构就是指教师队伍中相同或不同年龄教师之间数量匹配关系以及联结方式（包括静态的网络联结方式和动态的要素互动方式两个方面，有时称为联结状况，下同）的整体规定性。一般通过考察相同或不同年龄段教师的数量比例关系状况、平均年龄高低来分析和理解高校教师队伍年龄结构中的量的方面，通过考察相同或不同年龄段教师在学术（包括知识的发现、传播、整合、运用四个方面的学术）交往过程中的联结网络方式、联结紧密度、互动频率等联结状况来分析和理解高校教师队伍年龄结构中的质的方面，年龄结构主要是影响高校教师队伍的生物学活力、组织机体的新陈代谢和队伍的可持续生长和发展能力等。根据生态学原理，年龄结构在数量比例关系方面一般存在四种类型：增长型、稳定型、衰退型、畸异型。其中，年轻教师比例较大的年龄结构属于增长型结构，中年教师比例较大则是稳定型结构，老年教师比例较大是衰退型结构，各种年龄段教师比例差异过大则是畸异型结构，也可以将这四者分别称为右（正）偏态分布、正态分布、左（负）偏态分布、无规则分布等结构，或划分为金字塔型、橄榄型、倒金字塔型等结构。

2. 高校教师队伍的学历（学位）结构。学历结构有时通过分析学位结构来解释。高校教师队伍的学历结构就是指教师队伍中相同或不同学历教师之间数量匹配关系以及联结方式的整体规定性。一般通过考察拥有相同或不同学历教师的数量比例关系来分析和理解高校教师队伍学历结构中的量的方面，通过考察拥有相同或不同学历教师在学术交往过程中的联结网络方式、联结紧密度、互动频率等联结状况来分析和理解高校教师队伍学历结构中的质的方面。高等学校是“学历”产出的场所，是“生产”和“鉴定”学位的专业机构。学历结构主要影响或体现了高校教师队伍的学术潜力、学术基础、学术能力、学术产量、学术实力等方面。一般说来，高校教师的不同学历结构在数量比例关系上存在着类金字塔型、橄榄型、圆柱型、倒金字塔型和哑铃型等基本类型。

3. 高校教师队伍的职称结构。高校教师队伍的职称结构就是指教师队伍中相同或不同职称教师之间数量匹配关系以及联结方式的整体规定性。一般通过考察拥有相同或不同职称教师的数量比例关系来分析和理解高校教师队伍职称结构中的量的方面，一般通过考察拥有相同或不同职称教师在学术交往过程中的联结网络方式、联结紧密度、互动频率等联结状况来分析和理解高校教师队伍职称结构中的质的方面。职称结构主要影响或体现了高校教师队伍的学术阅历、学术经验、学术能力、学术产量、学术贡献等方面。和学历结构类型相似，高校教师队伍的职称（有时也被称为职务、学衔）结构在数量比例关系上也存在着类金字塔型、橄榄型、圆柱型、倒金字塔型、哑铃型等基本类型。

4. 高校教师队伍的学科结构。高校教师队伍的学科结构就是指队伍中拥有相同或不同学科背景教师之间数量关系以及联结方式的整体规定性。一般通过考察拥有相同或不同学科背景教师的数量比例关系来分析和理解高校教师队伍学科结构中的量的方面，通过考察拥有相同或不同学科背景教师在教学和学术交往过程中的联结网络方式、联结紧密度、互动频率等联结状况来分析和理解高校教师队伍学科结构中的质的方面。由于现代学科分类较多，教师队伍学科结构比较复杂，考察分析比较困难。秦晓红曾撰文指出，良好的学科结构应符合以下几条原则：一是学科结构必须与国家或地区的经济社会发展相适应；二是学科结构的调整必须与现代科学技术迅速发展相适应；三是学科结构调整必须遵循教育自身和科学事业发展规律；四是我国学科结构调整必须与我国国情、发展战略和社会主义办学方向相适应①。虽然作者对结构的分析没有涉及要素“联结方式”这一方面，但所提出的评判标准有启示意义。

5. 高校教师队伍的学缘结构。高校教师队伍的学缘结构就是指教师队伍中相同或不同学缘教师之间数量匹配关系以及联结方式的整体规定性。一般通过考察相同或不同学缘教师的数量比例关系来分析和理解高校教师队伍的学缘结构中的量的方面，通过考察拥有相同或不同学缘教师在教学和学术交往过程中的联结网络方式、联结紧密度、互动频率等联结状况来分析和理解高校教师队伍学缘结构中的质的方面。相对于年龄、学历、职称而言，学缘结构内涵更为丰富和复杂，需要从不同视角

① 秦晓红. 中外高校师资管理比较研究［M］. 长沙：湖南教育出版社，2007：99-100.

加以考察分析。为此，首先要准确理解学缘概念的内涵。

学界和社会对高校学缘问题的关注和讨论由来已久，但包括相关典书在内，都还没有对学缘内涵作出令人满意的界定。本书认为，学缘是学缘关系的简称，是基于学术上的“师传徒承”关系而建立起来的教师与学生之间的学术源流关系或学术渊源关系。基于这一理解，可以进一步分析学缘内涵。首先，学缘是一种主体间关系概念，是一种特殊的社会人际关系（即师生在学术上的交往、授受关系）。其次，学缘的显著特征是类别性、空间性和层次性，这三者是相互交叉重叠的。学缘类别性是指不同学缘代表不同的学术流派，表现为毕业于不同高校，起到识别教师所属学派或所毕业高校的作用；学缘空间性是指每一种学术流派、每一所高校都有相对固定的地理位置，因此每一种学缘都与某一个地理空间位置相对应；学缘层次性是指某一学缘代表的学术流派或教师毕业的某一高校在整个高等教育体系中的地位和声望。正如任何商品的商标都具有商品标识、商家总部所在地和商品声誉高低三重意义一样，学缘具有类型流派（毕业高校）识别、地理位置（毕业高校所处地域）识别和层次（毕业高校声誉）高低识别三重意义①。

由于高校教师队伍学缘结构是由不同教师的学缘关系构成，因此，学缘结构就是一个“关系网络丛”，其亦呈现出学缘的类别多寡性、空间宽窄性和层次高低性三重特征。其中，学缘类别多寡性是指教师队伍学缘构成的丰富状况，即学缘是单一的还是多样性的；学缘空间宽窄性是指教师队伍的毕业高校在空间地理上的覆盖面大小，即学缘是本土性的、省域性的、全国性的还是全球性的；学缘层次高低性是指教师队伍毕业高校或某学缘代表的学术流派在高等教育体系中所处的地位和具有的学术声望的总体状况，即学缘代表的学术流派是前沿的还是守旧的，学缘所对应的毕业高校是著名大学的或是一般院校的，以及教师队伍中毕业于名牌大学比例是高的还是低的等。学缘结构的上述三重特征为我

① 黄建雄，卢晓梅．高校教师队伍学缘结构的三重特征及其优化［J］．江苏高教，2011（5）：41-43．

们提供了考察、认识和评价学缘结构的三个重要视角①。

另外，从社会资本理论视角来看，因为学缘或称学缘关系是一种社会人际关系，因此学缘结构是一个社会人际关系网络丛。又因为某一种学缘总和某一类学术思想、学术观点、学术流派、学术风格等学术资源分不开甚至是同体异名，所以，学缘和学缘结构又具有资源性、生产性和增值性，即具有社会资本的本质特征，是高校社会资本尤其是学术性社会资本的重要组成部分和一种重要表现形式。根据社会资本理论有关观点，高校教师队伍学缘结构涉及高校整体学缘关系网络的网络规模大小、网络顶端高低、网络落差大小、网络结构洞状况和网络关系强弱五个命题。从社会资本视角考察高校教师队伍学缘结构，有助于加深对学缘及其学缘结构的认识②。

长期以来人们对高校教师队伍学缘结构的主要关注点是近亲繁殖。根据不同特点可以将近亲繁殖大体划分为两种类型、三种情况。前者指本地（校）近亲繁殖和异地近亲繁殖，后者指同门近亲繁殖、同校近亲繁殖和同城近亲繁殖。

6. 高校教师队伍的专兼职结构。高校教师队伍的专兼职结构就是指教师队伍中专职教师和兼职教师之间的数量匹配关系及其专职教师之间、兼职教师之间、专兼职教师之间的学术联结方式的整体规定性。一般通过考察兼职教师占教师队伍总规模的数量比例来分析和理解高校教师队伍专兼职结构中的量的方面，通过考察专职教师之间、兼职教师之间、专兼职教师之间在学术交往过程中的联结网络方式、联结紧密度、互动频率等联结状况来分析和理解高校教师队伍专兼职结构中的质的方面。需要特别说明的是，从某一特定高校来看，兼职教师包括两类：一类是“进入型”兼职教师，另一类是“外出型”兼职教师。前者指校外人员（可以是高校同行）进入某一特定高校从事“兼职”（即以此为副业，而不是主业）的兼职教师，后者指高校专职教师到校外机构（可以

① 黄建雄，卢晓梅. 高校教师队伍学缘结构的三重特征及其优化［J］. 江苏高教，2011（5）：41-43.

② 黄建雄. 高校教师学缘的社会资本特征及其优化［J］. 江苏高教，2012（2）：64-65.

是高校同行，也可以是企业行业等其他组织）从事兼职工作（即以此为副业，而不是主业）的兼任教师。这两类兼职教师状况影响着某特定高校教师队伍的总体素质结构、社会资本结构等状况。

7. 高校教师队伍的素质结构。高校教师队伍的素质结构就是指教师队伍中相同（相近）或不同素质教师之间数量匹配关系以及联结方式的整体规定性。一般通过考察拥有相同或不同类型素质教师的数量比例关系来分析和理解高校教师队伍素质结构中量的方面，通过考察拥有相同或不同类型素质教师在学术交往过程中的联结网络方式、联结紧密度、互动频率等联结状况来考察和分析教师队伍素质结构中质的方面。教师个体素质不像其年龄、学历、职称、学科、学缘那样，是一个具有明确边界和共识外在符号的认识对象，而是一个结构复杂、不易测量、可多视角考察的事物。《教育大辞典》将教师素质定义为“教师为完成教育教学任务所应具备的心理和行为品质的基本条件”①。谢安邦则认为，教师素质应包括职业道德和专业精神、文化修养、能力结构、身心素质四个方面②。洪早清、吴伦敦将教师职业素质划分为教师职业信念、知识结构、能力体系、教育理念、职业道德五个部分③。朱仁宝认为教师素质应包括师德素质、业务素质、心理素质、审美素质、人格追求这五个方面④。孟万的观点是，教师素质包括专业理念、专业智能、专业情怀、专业规范四个方面⑤。由于教师素质本身不易考察和测量，地方本科院校的主要使命是培养应用型人才和从事实用型科研，因此，本书主要从“理论型—实践型”维度将高校教师素质简单划分为理论素质和实践素质两大类，从而将高校教师简单划分为理论型教师、实践型教师、理论实践型教师三种类型。理论实践型教师一般也被称为“双师型”或“双师

---

① 顾明远．教育大辞典：卷 2［Z］．上海：上海教育出版社，1990：16.

② 谢安邦．师范教育论［M］．北京：中国建材工业出版社，1997：4.

③ 洪早清，吴伦敦．教师职业素养导论——师范生读本［M］．武汉：华中师范大学出版社，2011：1-161.

④ 朱仁宝．现代教师素质导论［M］．杭州：浙江大学出版社，2004：79.

⑤ 孟万．教师的专业素质及其立体架构：校长的视角［J］．高等教育研究，2004（6）：57-62.

双能型”教师。本书主要考察和分析高校教师队伍中的理论素质和实践素质结构，有时简称为知行素质结构。同时，有时通过分析教师队伍的不同行业履职经历或行业背景结构来说明知行素质结构。

8. 高校教师队伍的联结结构。高校教师队伍联结结构就是指教师队伍中不同教师之间依托某种媒介相互作用所体现出来的整体规定性。其实，上述七个结构都既包含了要素的数量匹配关系，也包含了要素之间的联结关系。由于要素之间联结状况决定着结构之真正整体性形成和结构之现实功能性形成，是本书分析结构的一个重要新视角。为了深入分析结构要素联结关系，突出要素联结状况，本书将要素联结状况作单独分析。事物或系统的联结结构有时呈现出某种典型意义的模式或方式，它是结构内涵的一个重要方面，是对系统诸要素相互联系的总体看法。系统或事物内部要素之间的联结媒介可以是有形的，也可以是无形的但是是可感知或可认识的，并发生着实际的作用。前者比如一栋房子里联结不同房间的墙壁或楼梯，后者比如宇宙中联结各个不同星体形成某种结构的万有引力，或者比如社会群体中联结人与人之间的情感关系和其他社会关系等。学界对高校组织结构进行了大量研究，形成了不同的认识概念，比如科恩和马奇的“有组织的无序状态”、韦克的“松散耦合的系统”，托尼·布什等人从“专业”角度得出的“分割与断裂”状态等[①]。虽然高校教师队伍联结结构是高校组织结构的一个重要方面，后者为本书研究提供了有益启示，但后者主要关注组织和机构的特点，而非教师队伍本身。因此，本书尝试将教师队伍的联结结构或联结状况划分为如下几种类型：联结空间上的单一直线型、平面多样型、立体网络型，联结时间上的偶尔型、经常型和中间型，联结强度上的紧密型、松散型（极端是隔离型与封闭型）和中间型，联结动力上的外律型、自主型和综合型，联结方向上的平等双向型、等级单向型和混合型，联结方式上的灵活型和固定型等。如果仅从效果上看，还可以将其划分为低效型、高效型和中间型。

高校教师队伍上述多种结构是密切相关的，前七个结构中的要素数

① 阎光才. 大学组织的管理特征探析 [J]. 高等教育研究，2000 (4)：53-57.

量匹配关系（数量结构）是整体结构形成的基础，联结状况（联结结构）是整体结构之所以成为整体结构的关键，也是整体结构的潜在性功能形成并转变为现实性功能以及现实性功能得到正常发挥的重要支撑和保证。在前面七个结构中，它们各自在教师队伍的整体结构中的地位也不尽相同。其中，年龄结构主要影响着队伍的生物学活力，学历（学位）结构主要影响着队伍的素质基础、潜力和发展持续性，职称结构主要影响着队伍的学术实力和学术贡献，学科结构主要影响着队伍的学科视野、学科特色和学术发展方向，学缘结构主要影响着队伍的学术视界和创新活力，专兼职结构主要影响着队伍中的内外资源的优势互补状况以及社会资源丰富度，知行素质结构主要影响着教师队伍的行业适应性及专业实践实力等。

总之，构成要素是事物结构形成的前提和事物功能形成的基本条件，要素之间的联结方式和持续互动（联结状况）是事物真正形成（同时也是事物结构真正形成）和功能真正具备的基础条件。在客观物质世界里，要素之间的联结和互动一般是通过特定的客观媒介（比如可见的木板或不可见但可以测量的客观“场”）来实现；而在人类社会里，要素（人）之间的联结和互动是通过社会交往来实现的，一般依赖于语言、行为、情感、思想等人类特有的工具或媒介。

（四）地方本科院校教师队伍结构

前文已提到，地方本科院校是一个管理权限和培养层次相交叉的高校概念，是指由地方政府管理以从事本科层次教育为主的一类院校的总称，一般既不包括成人高校，也不包括民办高校①。目前，我国地方本科院校大多是教学研究型和教学型高校。截至 2015 年 8 月，我国普通高校共 2 560 所（含独立学院 275 所），其中普通本科高校 1 219 所②，扣

① 左兵．西部地方高校学科建设的制度分析［M］．青岛：中国海洋大学出版社，2008：6.

② 教育部．2015 年全国教育事业发展统计公报［EB/OL］．（2016-07-06）［2016-12-01］．http://www.moe.edu.cn/srcsite/A03/s180/moe_633/201607/t20160706_270976.html.

除“211工程”、“985工程”高校112所，那么，地方普通本科院校数量超过了1 000所，达到1 107所。潘懋元指出，地方本科院校是本科院校的主要组成部分，是高等教育强国的中坚力量。地方本科院校，情况复杂，强弱悬殊，高低不一；既有办学历史悠久的老大学或学院（有时也被称为老牌地方本科院校），又有新建本科院校。有的长期受到传统大学影响，重理论轻应用；有的从专科升格为本科时间不长，旧的模式不适用，新的模式还未建立起来①。

根据上文关于“结构”、“高校教师队伍结构”等概念内涵的分析，不难得出以下结论：地方本科院校教师队伍结构就是指地方本科院校教师队伍内部各组成要素之间相对稳定的数量关系和联结状况的整体规定性，它是地方本科院校系统结构（比如空间布局结构、层次结构等）的重要组成部分。一般说来，地方本科院校教师队伍结构主要包括（或者人们主要关注的是）年龄结构、学历（学位）结构、职称结构、学科结构、学缘结构、专兼职结构、知行素质结构（理论型教师—实践型教师结构）七个类型，每一种结构中的要素数量匹配关系体现着地方本科院校的教师队伍结构中量方面的基本面貌，要素联结状况规定着地方本科院校的教师队伍结构中质方面的总体状况。

第二节　地方本科院校教师队伍结构优化的标准及意义

开展地方本科院校教师队伍结构研究，根本目的就在于准确把握和科学评价结构之“优化”问题，即讨论什么样的地方本科院校教师队伍结构才是适应高校自身目标使命和战略定位、适应外部环境的多重变化和社会需要、促进高校组织的健康发展和质量提升、促进学生个体的职业发展和个性成长的结构，以及如何才能获得这样的结构。本节重点探讨地方本科院校教师队伍结构优化的评价标准和优化的现实意义。

---

①　潘懋元．做强地方本科院校，建设高等教育强国［EB/OL］．（2010-05-29）［2011-12-03］．http：//wenku.baidu.com/view/0d39c10d4a7302768e9939cb.html.

一、地方本科院校教师队伍结构优化的基本内涵

教师队伍结构优化具有两层内涵，其一是表示处于某种状态（名词意义），其二是表示正趋向某种状态的变化过程（动词意义）。地方本科院校教师队伍结构优化在名词上的意义是指其处于这样一种状态：教师队伍中的每一个教师个体都能最大程度发挥各自特长，教师个体之间能最大程度实现差异互利、优势互补，教师队伍的整体性功能能最大程度地大于所有教师个体性功能之和，表现在不同教师之间数量匹配合理、联结方式适当以及教师队伍整体功能强大三个方面。地方本科院校教师队伍结构优化在动词上的意义是指教师队伍结构从不优化向优化或从不太优化到优化的演变过程。要素匹配合理、联结方式得当、整体功能强大既是地方本科院校教师队伍结构优化的基本特征，也是衡量地方本科院校教师队伍结构优化的根本原则和价值标尺。关于要素数量匹配之“合理”、联结方式之“适当”和整体功能之“强大”的度量和判断，根据不同高等院校或不同分析维度其具体的数量比例、具体的联结方式、具体的功能状况标准会有所不同，而且，标准也不是固定不变的，标准使用方式也是多样的，有时需要借助比较（比如同自身过去的结构状况比较或同其他同类高校的教师队伍结构相比较）进行说明，有时通过反证进行解释，有时采用逆向推断进行评价，即通过分析结构功能的发挥状况，再通过逆向推断，进而理解系统结构的优化状况。

二、关于地方本科院校教师队伍结构优化标准的讨论

所谓评价标准就是度量事物好坏性质及其好坏程度的尺度。对地方本科院校教师队伍结构优化的认识是一个客观与主观相互统一的过程，是一种基于客观事实认识之上的主观价值判断。由于不同的地方本科院校之间存在发展目标、特色、资源等方面的差异性，用一个精确的具体标准去衡量和评价所有地方本科院校的教师队伍结构是否优化，显然是不恰当的，既缺乏科学性，也失去合理性。但这并不意味着地方本科院校教师队伍结构优化的评价标准具有“不可知性”。

从结构与功能关系上看，地方本科院校教师队伍结构优化的评价标准就是地方本科院校教师队伍中不同教师之间的数量匹配和联结方式有

利于地方高校发挥人才培养、科学研究、社会服务和文化传承创新等基本功能。从结构的整体与构成要素之间的关系看，地方本科院校教师队伍结构优化的评价标准就是地方本科院校教师队伍中不同教师之间的数量匹配和联结方式不仅有利于教师发挥个体的专业素质等特长，而且有利于不同教师之间在专业素质上的差异互利、优势互补，有利于提升地方高校教师队伍的整体功能和优势。从结构与系统之间的关系看，地方本科院校教师队伍结构优化的评价标准就是高校教师队伍中不同教师之间的数量匹配和联结方式不仅适合于系统的内在目标要求，而且有利于系统有效适应外部环境变化，有利于高校组织系统的正向演进和向前发展。

由于地方本科院校教师队伍的整体结构可以划分为常见的年龄结构、学历结构、职称结构、学科结构、学缘结构、专兼职结构、知行素质结构（理论素质和实践素质结构）七个下一级子结构。只有子结构优化了，整体结构才可能优化。因此，下文首先分别讨论七个地方本科院校教师队伍结构优化的“量方面（要素的数量匹配关系）标准”，再对“质方面（要素的联结状况）标准”进行统一讨论。

（一）关于教师队伍年龄结构优化标准的讨论

根据地方本科院校的职责使命要求，优化的教师队伍龄结构在量的方面应具有如下特点：30 岁以下年轻教师比例较小，60 岁以上老龄教师占有一定比例，40～55 岁中青年教师比例最大，30～60 岁主要职业年龄区间内各年龄段教师比例相差不大，总体呈正态型分布，各年龄段分布相对稳定。因为，根据生态学种群成长特征理论，这类年龄结构属于稳定型结构和成熟型结构，在较长时期内队伍新陈代谢、更新换代比较自然和顺畅，既不会导致目前的人才断层或年轻化、年龄老化问题，也不易引起往后新的年龄断层或年轻化、年龄老化现象。因此，优化的地方本科院校教师队伍年龄结构应该是稳定型、成熟型的，不宜是增长型，更不应是衰退型和畸异型的。至于为什么以此为标准，下文将做进一步分析。

正和其他生物一样，人的生长过程具有周期性，从出生、幼小、成熟，再到衰老、死亡的过程，在不同成长阶段，个体身心成熟度不同，精力旺盛程度不同。个体的知识技能、生活和职业阅历、履职经验、思维方式等多个方面和个体年龄有较大相关性，因此年龄因素影响个体的观念理念，以及学习、履职、合作等行为方式以及行为效果。我国将个体年龄划分为五个大阶段：其中，18～40周岁是青年期；41～65周岁是中年期；66周岁以后是老年期。每个大年龄段中又可分几个小年龄段，比如，在青年期中18～28岁是青春期、29～40岁是成熟期；在中年期中41～48岁是壮实期、49～55岁是稳健期、56～65岁是调整期；在老年期中66～72岁是初老期、73～84岁是中老期、85岁以后是年老期。随着社会发展，人类的物质生活、医疗卫生、保健休闲等条件都得到不断改善，人类平均寿命不断增长，体质不断增强。据此，联合国世界卫生组织于2013年提出了人的新的年龄分段标准，其中将44岁以下称为青年人，45岁至59岁为中年人，60岁至74岁为年轻老年人，75岁至89岁为老年人，90岁以上为长寿老人，这种新的年龄阶段划分法，将人的衰老期往后推迟了10年。从个体身心成熟方面看，鉴于高校教师面对的教育对象，绝大多数是处于身心变化较快的成长期，是一个由不完全独立、不完全成熟的社会人（或称为学校人），向完全独立、更加成熟的社会人转变的关键期、奠基期①，在我国更是一个从严格封闭、严格管教、依赖性强的中学阶段到开放（开始接触广大社会）、相对宽松、要求独立的大学阶段的转变时期，高校教师只有在身心上比学生更为成熟，才更有利于在各个方面给予学生以指导、引领、熏陶和感召。

从岗位职责要求上看，地方本科院校教师从事的是高深知识和高深技能的传承传授、生产创新、转化应用尤其是知识技术的推广应用，这客观上要求高校教师在学识、视野、阅历、经验、技能等方面应有较长时期的积累。为此，一般来讲，高校教师28岁左右（博士学位获得的一般年龄）开始入职最为合适（当然之前可有几年适应期），只要个体愿意和拥有足够精力可以工作到70岁左右，即高校教师退休期应在中国年龄分段的初老期、世界卫生组织年龄分段的年轻老年期，而最佳工作年龄段为40岁（中国标准的成熟末期）到60岁（59岁为国际标准的中年

① 王处辉．高等教育社会学［M］．北京：高等教育出版社，2009：153．

末期）之间，年龄峰值是50岁左右，即中国年龄分段法的壮实期或世界卫生组织年龄分段法的中年期。因此，优化的高校教师队伍年龄结构在数量匹配上应该是年轻教师（身心欠成熟、学养积累较少）比例要小些，老龄教师（身心成熟、阅历广泛、经验丰富、积淀深厚，还拥有相应精力，是宝贵的人力财富）要多些，中年教师（中坚部分，正处于事业高峰期）比例最大，主要职业年龄区间各年龄段教师比例差异不大，否则会出现当下的年龄断层或引起往后的人才断层。当然，每一所高校应有不同的具体数量优化标准。

（二）关于教师队伍学历结构优化标准的讨论

高等学校是一个国家中学历（学位）过程获得以及学历（学位）结果审核、认定和授予的专业权威场所和专业权威机构。因此，按照“师傅强于徒弟”的一般常理，有资质和权力认定和授予别人学历（学位）的人应具有高于被认定和被授予于人的学历（学位），或者两者共同拥有某学科领域的最高学历（学位）。比如，从事高等专科教育的教师应具有本科及以上的学历（学位）。照此类推，地方本科院校（此类院校中有的还拥有授予硕士乃至博士学位的资格）教师一般应拥有硕士/博士研究生学历（硕士/博士学位）。

从理论上讲，教师队伍整体学历（学位）层次越高，队伍整体发展潜力和专业能力越强，越有利于提高教学质量和办学水平。在这种情况下，教师队伍学历（学位）结构越优。首先，根据高等教育功能理论，高等教育具有促进个体能力提升、奠定职业发展基础的重要作用。其次，高校是否授予学生某一学历（学位），完全取决于被授予者的学业成绩和能力表现。因此，高学历（学位）教师一般受到更正规和更高级的系统专业训练，因而具有更强专业能力、更快职业成长、更高学术高度的可能。正如有学者所言，教师学历（学位）结构是衡量教师群体理论水平、研究能力和以后发展可能的重要指标[①]。

基于高深知识发展的无止境性以及地方本科院校办学竞争的剧烈性，优化的地方本科院校教师队伍学历（学位）结构在要素匹配上应该是高

① 刘诚芳．现代高校教师人力资源管理［M］．北京：民族出版社，2007：58．

学历（学位）教师比例高、低学历（学位）教师比例低，有越多教师拥有越高学历（学位）其学历（学位）结构就越优化。从具体要素数量匹配关系来看，参照国外总体状况以及我国实际，当前我国地方本科院校教师队伍中拥有博士研究生学历（学位）的教师比例不应低于三成，拥有研究生学历（学位）的教师比例不应低于六成（具有硕士和博士学位授予资格的地方老牌高校，这一比例应适度提高）。随着我国高等教育事业的快速发展和地方本科院校的转型改革，尤其是基于建设一流地方本科院校的战略需要，地方本科院校教师队伍学历（学位）结构的总体层次还应不断提升。当然，每一所高校应有不同的具体优化数量标准。

（三）关于教师队伍职称结构优化标准的讨论

职称是实力和竞争力的重要体现和衡量标尺，教授特别是著名教授就是学校的品牌，具有引领、聚才、吸财和辐射作用。高校教师队伍职称结构在一定程度上反映了教师队伍的学术水平和能力层次，也是衡量高校学科层次和人才培养层次的重要尺度①。一所高校教师队伍总体职称层次较低，不仅当下办学质量难以保证，而且影响学校未来发展。一般来说，一所高校发展需要一批高质量学术带头人乃至大师级人物（此类人才一般都具有最高级别专业技术资格），并由带头人组建各种教学科研团队或成立各样教学科研机构（研究所、工作室等），如果缺乏此类高职称带头人，高校就难以提升核心竞争力，甚至达不到基本办学标准，因此也就谈不上拥有优化的教师队伍结构。所以，地方本科院校教师队伍职称结构优化在量方面（即要素数量匹配关系）的基本标准是：高职称教师比例较多、低职称教师比例较少。和学历（学位）结构优化评价标准相类似，从理论上讲教师队伍整体职称水平越高职称结构越优化。从具体的要素数量匹配关系来看，参照国外总体状况以及我国实际，现阶段我国地方本科院校教师队伍中拥有正教授（正高级）职称的教师比例不应低于三成，拥有高级职称教师比例不应低于六成（具有硕士和博士学位授予资格的老牌地方高校，这一比例应该更高）。随着高等教育事业的快速发展和地方本科院校的转型改革，尤其是基于争创一

① 刘诚芳．现代高校教师人力资源管理［M］．北京：民族出版社，2007：57.

流地方本科院校的战略需要，地方本科院校教师队伍职称层次还应不断提升。当然，每一所高校应有不同的具体数量标准。

值得提出的是，地方本科院校高职称教师队伍不应限于高等学校的“教授”系列，还应该有更多的高级实验师、研究员、高级工程师、高级经济师、高级会计师、高级审计师、高级统计师、高级农艺（兽医、畜牧）师、主任医师（药师、护师、技师）、高级记者（编辑）、一级律师、研究馆员、国家级教练等各个系列的高级专业技术职称人员。这是地方本科院校教师队伍职称结构在构成人员职称类型上的显著特点。

（四）关于教师队伍学科结构优化标准的讨论

高校教师队伍学科结构优化在量的方面（要素数量匹配关系）的评判标准需从两个层面来分析。

从国家层面来看，全国高校教师队伍学科结构应跟国家宏观经济社会发展需求相适应，跟国家科学文化教育事业的发展战略规划相适应，跟世界科学体系总体发展趋势相适应。即各学科门类教师配备较为齐全，重点学科、优势学科教师得到保证，各类学科教师比例符合科学事业发展、本国社会实际、时代发展趋势和人才成长需求等，前沿学科、特色学科、交叉学科、新兴学科教师占有适当比例。简言之，高校教师队伍学科结构应契合教育发展规律、人才成长规律、科技发展规律、社会发展趋势和本国本地现实，表现出重点突出、协调兼顾、特色鲜明、优势明显、因时而变、适应性高的特点。

从高校层面来看，一所学校的学科布局既要尊重科学发展内在逻辑，也要尊重地方社会发展的现实需要；既要基于学校现有的学科资源实际，也要考虑学校未来的学科发展规划。因此，高校教师学科结构调整应紧紧围绕学科布局和建设来展开，符合学科群生态化发展需要，既要有利于单一学科纵向深化发展，也要有利于学科间的横向综合和交叉融合；既要符合人才培养和地方经济社会发展需求，也要符合高校所承担的独特学术使命。基础学科厚实，重点学科、特色学科、前沿学科、新兴学科教师应有一定且相对合理配置比例，不同学科教师之间有良好交流合作渠道。

由于学科门类的多样性和发展性、不同高校实际情况的多样性和动态性、现实环境的复杂性和可变性、未来趋势的不确定性，相对于年龄结构、学历（学位）结构、职称结构、学缘结构等其他队伍结构而言，教师队伍学科结构优化的评判标准较为复杂。对于地方本科院校，评判教师队伍学科结构是否优化有三个关键点：一是学科发展要密切关切和主动适应地方经济社会发展需要和公众对高等教育多样性需求，主动合理配置相应学科背景的教师；二是学科布局不要追求“大而全”，应坚持适度发展原则，注重应用型学科专业发展或学科专业链的应用端发展，注重培育发展少而精、特和新的小型化、应用型、特色化的学科专业，建设相应学科背景的教师团队；三是注重学科群整体关联性和整体优势的培育和打造，注重整合相关学科背景的教师资源，建成与之相适应并能起到相互支撑的学科教师队伍结构。

（五）关于教师队伍学缘结构优化标准的讨论

学缘结构是一个长期倍受中外高校乃至社会关注的教师队伍结构之一。对学缘结构内涵的不同理解就有不同的学缘结构优化评判标准。本书关于学缘结构优化在量的方面（要素数量匹配关系）的主要标准是：学缘类别多、学缘地理空间范围广、优质学缘比例大。其中，学缘类别的多样性是指教师队伍学缘来源不是少数几所学校，而是来自很多所不同高校。学缘地理空间范围广是指教师队伍学缘来源不是本地化，更不是本校化，而是来自全国乃至世界各个地区的高校。优质学缘比例大是指教师队伍中毕业于重点大学乃至一流或顶尖大学的教师比例较大。从社会资本视角来看，学缘类别多样性和地理覆盖大范围意味着学缘关系网络规模大、蕴藏资源多，意味着一所高校因学缘而拥有的社会资本总量大、类型多。学缘优质性意味着教师学缘关系网络的网顶高，教师接近或占据网络结构洞尤其是重要结构洞的机会多，一般还意味着网差大。一所高校教师队伍的学缘类型多、范围广和品质高，意味着该高校拥有的社会资本总量大、类型多、质量高，对某类社会资本系统尤其是教育性、学术性社会资本系统的控制力强。当然，学缘多样性并不是刻意追求学缘的零碎化，但大力招聘高层次学缘，克服近亲繁殖倾向，把学校建成百家齐放、百家争鸣的学术大花园或大乐园，已成为多方共识。

对于地方本科院校，学缘复合性、间接性和学缘再造也是评价教师队伍学缘结构是否优化的一个重要视角。学缘复合性指一个教师同时拥有多个高校的学缘；学缘间接性指教师毕业后并非直接进入某所高校任教，而是到其他行业履职一段时间后再回到高校任教；学缘再造是指高校专职教师通过到国内外其他大学访学进修达到了某一类型的学缘改造，或到其他行业挂职锻炼实现了另一种类型的学缘改造。教师学缘复合性、间接性和学缘再造的情况越多（涉及教师越多、频率越多），地方本科院校教师队伍的学缘结构一般越趋于优化。因为这种学缘构成更有利于地方本科院校理解行业企业状况、服务社会需求。

（六）关于教师队伍专兼职结构优化标准的讨论

首先，地方本科院校以承担应用型高等教育为主要职责使命。应用型高等教育是一种跟地方经济社会发展紧密联系、紧密对接、互动互利、融合发展的现代高等教育类型。要实现地方本科院校和地方行业企业的上述办学和运行关系，就必须有一批人员在两者之间实现短期乃至稳定流动、短期乃至稳定合作。如果这些人员在流动和合作过程中没有改变自身原有的专职岗位性质，那么他们属于兼职人员，包括从行业企业进入高校兼职的“进入型”兼职教师和高校专职教师外出到相应行业企业兼职的“外出型”兼职教师。因此，基于地方本科院校的目标定位和社会使命的内容和特点，较大比例的“进入型”和“外出型”兼职教师是评价地方本科院校教师队伍专兼职结构优化的重要标准。

其次，地方本科院校外部行业和现实社会的急剧变化（科学理论的推广应用总是比基础理论的原始创新变化快得多）、地方本科院校发展面临的激烈竞争、地方本科院校改革建设的自主创新，必然要求地方高校要主动挖掘、整合和利用外部办学资源。比如，高校要举办一个急需专业或开展一项旨在解决地方迫切现实问题的应用研究。但是地方高校常常面临这样一种处境：一方面，地方高校暂时没有这方面的足够人才(因为高校教师培养需要一个过程，而且教师培养速度总比不上现实需求的变化快)；另一方面，这个专业和这项研究必须进行，因为这既可以解决地方迫切的现实问题又可以提升高校办学实力；与此同时，校外有关行业企业有着此类人才。这时，地方本科院校主动招聘合适的兼职教师、支持鼓励乃至选派有关专职教师到相关行业企业兼职，是成功举办相关专业，进而推动高校自身快速发展的重要举措。

总之，主动招聘“进入型”兼职教师和支持鼓励“外出型”兼职教师，是地方本科院校及时了解、理解、回应外部社会经济发展变化，尤其是企业转型发展、科技管理改革创新、设备技术更新换代、人才市场变化动态、学科专业改革趋势（比如教师在不同高校之间、在高校和专门研究机构之间的兼职流动）的重要手段，是提升校企、校社合作办学水平的重要举措，是优化教师队伍能力结构、提升教师队伍总体实力的重要途径。因此，从具体要素数量匹配关系来看，参照国外总体状况以及我国实际，评价我国地方本科院校教师队伍专兼职结构优化的基本标准是：长期稳定的“进入型”兼职教师规模不应低于专职教师总数的30%，具有明显行业背景的地方本科院校，此比例应有所提高；教龄在两年以上的专职教师，都应有外出兼职的经历，教师每三年到本学科相关行业兼职时间累积不少于30天（按每天8个小时计）。当然，每一所高校应有不同的具体数量标准。随着今后高等教育事业的快速发展和地方本科院校的转型改革，尤其是基于建设一流地方本科院校的战略需要，地方本科院校教师队伍兼职教师比例要有所提升，并更加注重“进入型”兼职教师的水平和适切性，“外出型”兼职机构的声誉和权威性以及兼职活动的有效性。

（七）关于教师队伍知行素质结构优化标准的讨论

教师素质是教师特质最有意义的综合性表现，也是影响教学质量和办学水平的直接性因素。教师的年龄、学历（学位）、职称、学科、学缘等特征只有最后归结为素质才对教育具有真正的意义。可见，不管是教师个体还是教师队伍整体，教师素质越高越有利于学生和学校的发展。但是，教师素质是多样化的，全才型教师是极少数的。所以，在一所地方本科院校中，评判教师队伍素质结构时还要考虑到教师个体素质之间是否具有互补互进关系。综合上述分析，参照发达国家的发展状况，结合我国地方本科院校的办学使命和发展实际，地方本科院校教师队伍素质结构优化在量方面的一般评判标准是：第一，教师队伍专业素质呈现多样化。第二，在学校布局的每一个学科或专业领域里，都有若干位高素质名师（充当学科带头人角色），教师队伍中每位教师个体的主业素质总体较高、潜力较好。第三，教师队伍中不同教师之间的专业素质具有很高的差异互补性，具有很高的互利、互促可能性。第四，相同或相近学科或专业领域背景的教师之间，专业素质具有很高的集聚性和整体性，具有很高的集群优势和规模优势可能性。第五，教师素质类型状况及水平状况与地方经济社会发展、本校学科专业发展以及学生成长发展需求相契合。其中，实践型教师（教学实践指导型、实践应用科研型、双师双能型等）有较高比例，一般不低于三成，应用技术型高校不应低于五成。本书主要从理论型教师、实践型教师、理论与实践型教师之间的构成状况来考察和分析地方本科院校教师队伍的素质结构状况，所以也称知行素质结构。

教师在某个实践行业从事过相关工作，具有相关行业背景和职业履历，必然有助于提升该教师的专业实践能力和实践教学指导能力，所以，本书在分析教师队伍知行素质结构时会涉及专兼职结构、行业来源结构或行业背景结构。本书将教师来源（行业背景）主要划分为：高等学校（又包括应届生的毕业高校、高校教师的任职高校）、企业部门、科研机构、政府部门、行业协会、其他（包括中小学等其他教育机构、医疗服务机构、自由职业者等）。由于地方本科院校承担着一个地区应用型本科教育的重要使命，校企合作、产教融合是基本办学模式，这就决定了地方本科院校教师来源结构（行业背景结构）应不同于研究型大学，总体上更具多样化和本地化。具体来说，优化的地方本科院校教师队伍知行素质结构（行业来源结构、行业背景结构）在量方面应改变过去理论型和高校来源的单一化，应从社会各个行业领域识别、吸引能为我所用的潜在实践型甚至理论型师资。因此，来源于企业部门、科研机构、政府部门、行业协会以及其他渠道的教师（或拥有上述行业背景的教师）在地方本科院校教师队伍中应占有一定比例。而且，教师的行业背景应跟地方本科院校的学科专业发展以及社会服务面向密切关联乃至高度契合，以便于地方本科院校更好立足地方、依托地方和融合地方，更好履行服务地方和引领地方的职责使命。

（八）关于教师队伍联结结构优化标准的讨论

事物构成要素之间的联结方式（包括联结的网络方式和要素的互动

联结方式两个方面）是事物结构之所以成为结构的关键支撑，是事物结构根本特征、结构功能形成和功能释放的质的规定性。正如石墨和金刚石一样，虽然两者都由相同的碳元素构成，但由于石墨和金刚石内部碳原子联结方式的不同，从而在结构上进而在性能上产生了巨大差异。那么，地方本科院校教师队伍联结结构优化的一般评判标准是什么呢？根据高校组织和高校教师的职业特性、职责使命以及根据地方本科院校的实际特点，地方本科院校教师队伍结构优化的质的方面（联结方式、联结状况、联结结构）的基本评判标准是：教师队伍中不同教师之间的学术（包括知识的发现、传授、整合和应用四种学术形态）交往联结渠道多样、方式灵活、紧密有度、自主平等、互动频繁、差异互补、成效明显。即相同年龄教师之间和不同年龄教师之间，相同学历（学位）教师之间和不同学历（学位）教师之间，相同职称教师之间和不同职称教师之间，相同学科背景教师之间和不同学科背景教师之间，相同学缘教师之间和不同学缘教师之间，相同或相似素质教师之间和不同素质教师之间，相同行业背景教师之间和不同行业背景教师之间，专职教师之间、兼职教师之间以及专职和兼职教师之间在学术交往上表现出渠道多样、方式灵活、关系紧密、自主平等、时间经常、差异互补、结果高效等特征。因为只有这样，才能充分实现教师个体之间的相互学习、交流互助和合作共进，实现教师个体发展和队伍整体发展的相互协调和相互促进，最终达到增强教师队伍整体功能的目的。

根据结构概念内涵，要素没有联结，就不可能存在现实性和实质性结构。但是，要素联结状况要符合事物内在要求和外部需求才能形成优化的结构。如果要素联结过于松散或过于紧密或联结方式不当，都有可能制约结构构成要素的个体发展和整体结构功能的正常发挥，这时的结构是不合理的、不优化的。基于高校教师学术职业的特征，教师之间的学术交往是教师相互联结从而形成整体结构的基本途径或基本方式。高校教师队伍联结结构优化的基本考察视角、基本评价标准及其主要内涵如下。

高校教师学术交往的渠道多样化侧重从结构要素联结的空间关系视角来考察。因为不难理解，教师学术交往空间渠道（平台、路径、场所等）越多，信息交流机会就会越多，个体相互学习借鉴或相互合作帮助的机会越多，也就越有利于教师个体的专业发展和教师队伍的总体发展，此时要素联结状况越良好，联结结构越优化。

高校教师学术交往的方式灵活性侧重从结构要素联结的形式视角来考察。从现实来看，教师学术交往可选择的形式、方式多种多样。比如，可以在学术报告（讲座）会、学术培训会、学术研讨会、项目推进会、学术事务评议会、学术座谈（交流）会、学术辩论会等常见学术活动中，实现教师之间（包括主讲人和听众之间、不同听众之间）的学术交往；可以通过参加主题式或开放式的学术沙龙、学术茶话会、读书学习会等，实现教师之间的学术交往；可以在日常的工作生活中，通过面对面、书信电话、电子邮件等方式，实现灵活多样的学术交往。可以看出，教师学术交往形式越多样、越灵活，教师参与的机会越多，就越有利于教师个体的专业发展和教师队伍的整体发展，此时的要素联结状况越好，联结结构越优。

高校教师学术交往的关系紧密性侧重从结构要素联结的强度视角来考察。同样不难理解，教师之间交往越密切，接触越紧密，合作越深入，必然更有利于教师之间的相互促进和相互成长，从而越有利于教师个体的专业发展和教师队伍的整体发展，增强教师队伍结构的整体功能，此时，教师学术交往联结越密切，队伍联结结构越优化。否则，如果教师学术交往是松散的、表面化的，甚至是相互断裂的、相互封闭的、独来独往的，那么，教师之间的交流学习必定是肤浅和低效的，也就是说，这时教师队伍要素联结状况不佳，队伍联结结构不优。

高校教师学术交往的自主平等性侧重从结构要素即教师之间交往联结的能动性视角来考察。因为，高校教师队伍结构与客观物质结构不同，它是由具有高度能动性的社会人构成，高校教师具有高深知识和技能，具有高度能动性和创造性，他们所从事的学术职业本身也需要很强的自主性。此外，自主平等、尊重差异是学术健康发展的内在要求。因此，教师学术交往过程中的个体自主和相互平等是实现不同教师之间思想有效交锋、创新相互激发的基本条件，进而有利于促进教师个体的专业发展和教师队伍的总体发展。即教师队伍结构要素在交往联结过程中的自主和平等是教师队伍联结结构优化的具体体现之一。

高校教师学术交往的时间经常性侧重从结构要素互动频率或互动时间的视角来考察，即优化的教师队伍结构（尤其是联结结构），其教师之间学术交往联结不是偶尔发生的，而是经常出现的，乃至形成了一种习惯性常态。一般来说，教师之间开展学术交往活动越频繁，教师获得的学术信息乃至发展帮助的机会越多，对教师个体学术发展越有利，对整个队伍专业发展和实力提升越有利，因而联结结构越优化。

高校教师学术交往的差异互补性侧重从结构联结要素之间的差别且互益可能性视角来考察，即优化的教师队伍结构（尤其是联结结构），一方面不同教师个体的素质、特质和优势不相同甚至差异很大，但另一方面，教师的学术交往联结对联结双方或多方都是有益的（而且最终对整体结构也是有益的），在学术交往过程中存在差异互利、优势互补、共同促进、共同发展的趋势和效果。

高校教师学术交往的结果高效化侧重从教师之间因交往联结而最终获得的受益状况即交往效果视角来考察，即优化的教师队伍结构（尤其是联结结构）不仅使所有结构构成要素在交往联结过程中都实现了个体学术进展的最大化，也实现了教师队伍整体功能形成和作用发挥的最大化。这是教师学术交往联结实现渠道多样化、方式灵活性、关系密切性、自主平等性、时间经常性、差异互补性后的自然结果。

三、优化地方本科院校教师队伍结构的现实意义

教师是高校办学的关键性资源，是影响一所高校教书育人状况和办学质量的最直接和最关键的因素。高校教师队伍结构是高校系统整体结构的核心部分。优化地方本科院校教师队伍结构对于地方本科院校自身健康快速发展具有重要现实意义。

（一）优化的教师队伍结构有利于地方本科院校提高人才培养质量

人才培养是高校的基本职能，是高校内涵的重要边界。教育是教师和学生两个主体互动生成的独特活动过程，是知之较多、知之先者的前者以实现知之较少、知之后者的后者发展为根本目的，对后者给予激发、引导、培育、帮助和其他各方面影响，促进后者全面健康发展的智

力技能和精神文化活动过程。因此，教书育人，培养人才，目的为了学生，关键在于教师。尤其是地方本科院校大多属于教学型、应用型高校，生源理论性学业基础较低，学生学习积极主动性偏弱。在这种情况下，要提高人才培养质量，就要建设结构合理、实力高强的教师队伍或教学团队，要充分发挥教师队伍或教学团队的功能作用。结构决定着功能，也体现着质量。因此，优化教师队伍结构对提高地方本科院校的人才培养质量至关重要。

首先，高学历、高职称、年龄较大的教师拥有更宽的知识视野、更深的专业知识、更强的专业能力、更厚的人生阅历、更多的育人经验，这无疑更有利于对青年学生知识技能学习、思想观念形成、人生职业发展等各方面的引导和指导。其次，不同学科、不同学缘尤其是高品质学缘教师之间的交流互动并共同对学生给予指导和影响，可更好扩大学生学科视野和思想视野，有助于优化学生的知识结构，激发新灵感，提升思维力。再次，有一定数量的兼职教师、有行业背景丰富的教师、有着较强实践能力的教师参与应用型人才培养活动，有助于学生更好了解经济变革、行业发展、科技进步、人才需求和其他市场信息等校外社会的变化和要求，有助于提高学生的专业实践能力，从而有助于他们毕业后更快更好融入社会。最后，不同教师个体之间在专业交往上具有渠道多样、方式灵活、关系密切、自主平等、差异互补，有利于教师切磋教学技艺、交流教学经验、提升教学水平，进而促进人才培养质量的提高。

总之，对于地方本科院校，由于物质性资源的长期相对缺乏，通过优化教师队伍结构以挖掘和整合现有人力资源，充分发挥教师队伍的整体功能，对提高应用型人才培养质量具有特殊和重要的意义。

（二）优化的教师队伍结构有利于地方本科院校提升科学研究水平

开展应用型研究是地方本科院校的重要使命。科学研究是现代高校的一项重要的基本职能，地方本科院校并不是不要科研，而是侧重于知识理论的开发转移和推广应用，即以开展应用开发研究为重点，这是地方本科院校举办“本科层次应用型高等教育”并保证其办学质量的内在需求。

开展以应用型研究为重点的科研活动是地方本科院校履行人才培养、

服务社会和文化传承创新的智力支撑、实力源头和后劲基础。因为，一是高质量的人才培养需要相应高质量科研成果的教学化，比如，将科研成果转化成诸如课程、教学方法等教学资源。二是高质量的社会服务需要相应高质量科研成果的实践化，比如，结合地方社会发展需要积极开展应用开发研究，不断产出新成果、高成果。三是高质量的文化传承创新需要相应高质量科研成果的文化形式，比如，采用受众更乐于接受的文化形式呈现科研新成果，传播学术新思想，推广改革新理念。

教师的年龄、学历、职称、学科、学缘、专兼职、素质类型及高低等状况以及相互形成的结构，既在一定程度上体现着教师个体和教师队伍的现有科研能力，也在一定程度上影响着教师个体和教师队伍的未来科研状况。因此，优化的地方本科院校教师队伍结构总是通过这种或那种形式，直接或间接方式，在这样或那样程度上表现出教师队伍科研基础好、创新能力高、代际传递畅、科研氛围佳、互动渠道多、优势互补强等状态，这无疑有利于地方本科院校科研队伍的可持续发展和科研成果的不断涌现。

（三）优化的教师队伍结构有利于地方本科院校增强社会服务能力

经过第二次“学院革命”，服务社会成了高等教育机构的重要职能，因而也成了高校教师角色内涵的重要组成部分。地方本科院校因身处地方，其办学定位与部属院校明显不同，成为我国主要从事应用型高等教育、以服务地方经济社会发展为基本宗旨的办学机构。此种类型高等教育机构，一方面因地方经济社会发展不断向它提出新需求而不断迎来新的发展空间，另一方面因不断满足地方经济社会发展需要而不断获得外部的道义支持和办学资源。因此，我国地方本科院校当前改革创新和推进转型的重点，就是如何更加主动适应和引领地方经济社会发展，如何更高质量满足地方经济社会发展需要。而要实现这一改革目的和转型目标，关键是建设一支结构优化的教师队伍。

其中，提高地方高校服务地方社会能力，重点是要建设高质量、结构优化的专兼职教师队伍以及“双师型”教师队伍，因为此类教师是紧密连接高校和地方的重要纽带。正如有学者指出，“那些最优秀的教授，往往是在不同的角色之间转换自如并将各种不同的知识和经验融会贯通之人，他们可将政府或产业界的经验融入课堂，带给学生生动的体验，又可利用大学内部生产的知识创造出更大的社会价值”①。

随着地方本科院校与地方经济社会发展的紧密对接乃至高度融合，地方本科院校服务社会的方式呈现出复杂化、项目化和团队化特征，服务内容涉及多方面的学科领域，需要教师队伍具有较高的、多样的知识能力并处于良好的相互协调合作之中，这就要求地方本科院校的教师队伍建设要充分考量教师的年龄、学历（学位）、职称、学科背景、学缘、专兼职岗位、行业背景、知识素质类型等各个方面，形成合理的数量比例关系和紧密的学术交往关系。只有这样，地方本科院校才能在服务社会中更好地提高项目攻关质量、咨询报告水平、技术开发能力和产学研合作的效果，不断增强地方本科院校的社会服务功能。

（四）优化的教师队伍结构有利于地方本科院校履行文化传承创新使命

首先，文化传承创新成为现代高等教育机构的重要职能。人类步入全球化时代，文化对于人类个体、民族和国家的发展越来越重要。同时，高等教育机构已经走进现代社会的中心，成为现代社会的轴心机构，成为其他任何社会机构无法替代，具有保存整理、传承传播、推广交流、创新创造人类文化功能的专业性的非营利组织。虽然社会上有宗教、文化研究机构、文化演出机构等其他专业性文化组织，但它们在文化的积累积淀、文化人的规模和质量、文化研究的综合和交融等方面都无法跟现代高等教育机构相比拟。“大学本质上是文化组织。”② 因此，一个民族、一个国家的文化传承创新职责落到了高等教育机构肩上，也就是落到了高等学校广大师生尤其是教师肩上。另外，我国地方本科院校数量众多，规模庞大，是民族地区、西部地区的主要高等教育机构，在挖掘发现、整理保护、传承传播、弘扬创新优秀的地方文化、地域文

① 马永斌，刘帆，王孙禺．大学、政府和企业合作视野下高校教师的角色转变——基于美英日中四国的比较［J］．高等工程教育研究，2010（3）：93-96，117.

② 许杰．彰显大学的文化特质：高等教育政策的旨归［J］．高等教育研究，2012（6）：19-24.

化和民族文化方面具有独特优势，承担特殊使命。

其次，优化的教师队伍结构是地方本科院校更好履行文化传承创新使命的重要保证。地方本科院校要高质量完成文化传承创新使命，必须依靠具有多样和高水平的文化传承创新敏锐力和创造力、不同类型教师数量匹配合理、不同教师文化交往联结方式适当的教师队伍结构。不同学科背景教师、不同学缘背景教师共同讨论研究文化现象和文化问题，一般更容易得到关于某一文化问题更科学的结论，以及容易产出高质量的文化研究成果（文化创新）。兼职教师以及拥有地方行业背景的专职教师由于目前或过去长期生活在基层或长期深入基层，拥有接触地方地域特色文化的多样机会和丰富阅历，他们可能对地方文化有着更真实的看法，他们参与地方文化的传承创新活动，有利于选择更恰当的文化传承创新方式，从而提高地方文化传承创新效果等。

总之，优化的地方本科教师队伍结构有利于提高地方本科院校的文化力，有利于大力传承和弘扬地方民族特色文化、中华民族优秀文化以及世界优秀文化成果。

第三节　地方本科院校教师队伍结构优化的理论基础

理论基础是分析问题的理论指导，是展开论证的理论依据，是支撑研究结论成立的理论根据。本研究的主要理论基础包括结构功能理论、系统优化理论、互利共生理论和社会资本理论。其中，结构功能理论从系统构成要素数量关系和联结方式探讨系统的整体性特征及其功能，侧重从整体的、稳定的、静态的视角分析结构的构成状况和功能之间的关系，进而评判结构的优化状况；系统优化理论侧重从宏观的、演进的、动态的视角分析结构的变迁状况，以纵向比较的视角评判结构的优化状况；互利共生理论侧重从微观的、个体的、互动的视角分析结构的要素相互利损状况，进而评判结构的优化状况；社会资本理论侧重从结构要素具有的社会资本动员能力视角分析结构的功能状况，进而通过反向推理方式来评价结构的优化度。

一、结构功能理论

结构功能理论是关于事物要素之间的构成状况与事物整体功能状况之间的关系理论。结构功能理论的主要代表人物是美国社会学家帕森斯（T. Parsons）和默顿（R. Merton），该理论来源于对社会系统的研究，但其研究方法和主要观点对分析自然事物和精神现象同样具有启发意义。后来学者对帕森斯和默顿的理论进行了扩展和补充。综合起来，结构功能理论的主要观点如下。

（一）结构是事物的基本存在方式

人类科学发展史已经证明，万事万物都存在一定的结构，一定的事物和一定的结构是相互对应存在的，任何事物都以某一既定的结构得以形成、展现和得到整体性的自我存在，既没有无结构的事物，也没有无事物的结构。无论是宏观的宇宙星体、中观的平常可见之物，还是微观的科学至今发现的最小粒子——夸克，也无论是自然世界中的万物、社会世界的人类组织，还是精神世界的语言和思维，无一不是结构的存在物。结构无所不在，与事物形影不离。从动态角度看，结构的变化必然引起事物的变化，事物的发展有赖于结构的优化。可见，事物与结构这个一一对应的关系是世界普遍存在的客观现象。

（二）结构分析是认识事物的根本途径

结构分析法是人类认识世界的基本方法，它和分析综合法存在内在一致性。人类要取得对事物的全面性认识，就不能仅考察事物的表层现象，必须深入事物的内部。分析事物内部最常用的方法就是先把事物拆分成多个部分，再仔细考察每一个部分的特点、各个部分之间关联状况、各个部分构成事物整体的方式，最后在综合这些认识基础上得出对事物整体的内在的、本质的认识，这就是典型的结构分析法（思维上的分析综合法），即包括构成要素分析、要素组合和联系分析、这种组合和联系的方式和规则分析等三个步骤[①]。显而易见，不打开事物的内部

① 贾怀勤．管理研究方法（第1版）［M］．北京：机械工业出版社，2006：173．

(结构)，也就无法真正认识事物。可见，结构是如此之重要以至于离开了结构，我们就无法真正地了解、认识、把握甚至是考察和表述世界万物，尤其是探索事物的本质。

（三）结构和功能具有相互依存性

结构是事物的构成方式，功能是事物具有的功用、作用、效用、效能。结构功能理论认为，事物的结构和功能密切相关，一定的结构对应一定的功能，在其他条件相同的情况下，结构决定功能。即一定的结构决定一定的功能，需要发挥一定的功能，必须要求有一定的结构与之相对应。当然，结构决定功能中的功能是一种潜在性功能，而要使这种功能得到真正释放、发挥作用，还依赖于事物的外部条件，通过事物与其他事物之间的相互作用才得以呈现或验证。关于事物的结构和功能之间的关系，学者宋一夫做过深入的讨论。他认为，结构是功能的基础，功能是结构的表现。结构决定功能，功能对结构又有反作用。结构和功能的联系是复杂的，往往具有同构同功、异构同功、同构异功等多种形式①。宋一夫进而提出了二重结构理论，其主要观点是，物质（结构各构成要素）之间具有相生、相克、相制衡、相转化、相中和的相互作用，这一系列相互作用的不同使事物产生不同的功能②。

结构功能理论给予我们的启示或具有的理论指导意义是：首先，高校教师队伍是一个结构化系统，不同的高校（或高校系统）或者同一高校（或高校系统）在不同时期的教师队伍结构不同，甚至差异巨大。其次，结构分析是认识事物最根本的方法，我们认识高校教师队伍，离不开对其结构的深入分析。再次，高校教师队伍结构和其功能具有相互依存性，结构决定功能，高校教师队伍成员的不同数量组合和不同联结方式，成员之间会产生不同性质的相生、相克、相制衡、相转化、相中和的作用，从而使高校教师队伍在整体上具有性质不同、大小不一的功能和作用，进而影响人才培养和办学质量。可见，结构功能理论不仅在理论上奠定并提升了本研究的意义，而且为本研究特别是结构优化标准的

① 宋一夫. 二重结构理论［M］. 北京：中国社会科学出版社，2006：42.

② 宋一夫. 二重结构理论［M］. 北京：中国社会科学出版社，2006：17-18.

探讨提供了方法论指导。所以，本书选用结构功能理论作为分析论证的重要理论依据。

二、系统优化理论

系统优化是一般系统科学的一个重要分支，是系统论、进化论交叉渗透的结晶，它侧重探讨和揭示系统变迁和发展的一般规律。学者魏宏森、曾国屏指出，系统具有优化演化的发展规律，即“优化演化律”，这和“系统优化论”是同一内涵。他们认为，“系统处于不断的演化之中，优化在演化之中得到实现，从而展现了系统的发展进化，这就是优化演化论”①。系统的优化演化是一种普遍现象，具有普遍意义。魏宏森、曾国屏还指出，系统优化并非是某种质点式的优化，其核心是整体优化，系统的整体性决定了系统的优化只能是系统整体的优化，即作为系统整体取得最好的结构和功能。从系统与要素或整体与部分的关系看，系统优化可划分为三种基本情况：一是要素或子系统的效益都很好，组合起来的整体系统也最优；二是部分要素或局部子系统的效益好，但整体系统并非最优；三是从部分要素或子系统看并非最好，但全局看却是好的②。因此，系统优化最可贵的地方，不仅在于局部优化的情况下追求整体优化，而更在于即使局部存在缺陷，也能通过局部的相互协调而实现整体优化，使得局部的劣势的程度降低甚至能转化为整体的全局的优势③。系统优化论在结构学、工程学、运筹学中都得到广泛的运用。概言之，系统优化论的主要观点如下。

（一）任何系统都是一个不断持续演化的系统

系统是由要素构成，要素自身性质的不断变化以及要素之间关系的不断变化，引起系统结构、功能、特征等多方面的不断变化。根据辩证

① 魏宏森，曾国屏．系统论——系统科学哲学［M］．北京：中国出版集团，2009：349.

② 魏宏森，曾国屏．系统论——系统科学哲学［M］．北京：中国出版集团，2009：358.

③ 魏宏森，曾国屏．系统论——系统科学哲学［M］．北京：中国出版集团，2009：358-359.

唯物主义观点，任何系统都是一个客观存在的事物，事物处于不断变化运动中，运动是永恒的、绝对的，静止是暂时的、相对的，任何事物都要走过产生、发展和消亡的历程。因此，任何系统都是一个不断的持续变化的系统，这种变化有可能是正向的、有可能是负向的，也有可能是表现为另一种形式的停滞不前。其中，正向演进的系统就是我们所谓优化的系统。

（二）系统演化是内外两因素综合作用的结果

系统的演化不是无因的，也不是完全自在自为的，而是有条件的，不同原因会引起系统演化的不同结果。影响系统演进的因素包括系统内因素和系统外因素两个方面，也分为关键因素和一般因素或主要因素和次要因素两大类，或分为直接因素和间接因素等不同的类型。因为，任何一个具体的系统不仅是由不同的小系统构成，它本身也构成更大系统的一个要素，系统之间信息和能量的流动、交换、聚集、互化是系统演进的方式和动力。

（三）系统优化是系统演进中的一种表现状态

系统在长期演进中会表现出不同的状态，有优化和不优化之分，优化的系统就是处于正向演进、要素之间互动良好、部分与整体之间协调，进而拥有良好能量和潜力、功能和作用状态下的系统。可见，系统的发展壮大就是系统不断优化的过程，如果系统不优化甚至失衡，那么系统就无法得到健康发展，甚至会面临灭顶之灾。优化是系统演变过程中的一种存在状况，系统优化有赖于系统结构的优化，系统结构的优化推动系统其他方面和系统整体的优化。

（四）系统结构优化是系统优化的根据和表现

系统优化是通过系统的要素组织也就是结构及其功能的改进来实现的，其中结构优化是重要方面和关键环节。因为结构是连接系统整体和系统功能的中间环节。没有结构，系统不能成为系统；没有结构，系统功能无法形成。所以，系统优化必然包括而且一般首先意指系统的结构优化。反过来，系统结构优化是系统整体优化的基础。任何系统都是一个构成性系统，即任何系统都是由特定的要素构成，要素之间形成某种特定的结构。如果这种构成要素之间的组合及其关联不合理，也就是结构不优化，整个系统也就难以以某种良好的状态存在（系统的优化）。因此，系统整体的优化离不开系统结构的优化，正是由于结构的不断正向调整才带来系统的不断优化。一个结构失衡又是整体优化的系统是不可想象的。从很大意义上说，系统优化主要指系统结构的优化，结构优化是系统优化的具体表现。由于“优化”概念内在包含着价值蕴义，系统优化是客观事实和主观价值的相互统一，是系统演化和主观诉求的相互统一。我们提到“优化”概念，其本身就含有符合社会需要的价值判断。

系统优化理论给予我们的启示或具有的理论指导意义是：首先，它为本研究提供了一个动态论的认识视角，即系统的结构随同系统是不断变化和演进的，通过结构的有效调整可以实现系统向着我们需要的目标方向进化。其次，它为本研究提供了一个系统论的认识视角，即结构和系统变迁受到诸多因素影响，对影响因素要全面认识、分清主次、通盘考虑和协调兼顾。再次，它为本研究提供了一种价值论指导意义，即所谓系统优化就是系统处于符合人类主体需要的状态，结构优化是系统优化的基础和体现。研究高校教师队伍结构，就要注重研究高校教师队伍结构优化的特征、条件、标准，引起不优化的原因以及实现优化的对策等一系列问题。

三、互利共生理论

如果说结构功能论、系统优化论侧重从总体来认识和把握事物，那么互利共生论则侧重从个体要素之间的彼此影响来理解群体存在和系统演变的根据。互利共生思想首先出现在生物学领域，原生动物学家戴维斯（Dale. S. Weis）指出：“共生被定义为几对合作者之间的稳定、持久、亲密的组合关系”，即所谓的普通生物学原理——细胞或个体外生物之间共生组合（symbiotic association）的普通法则①。随着平等思想、和谐理念的发展和传播，互利共生理论在社会学、民族学、教育学、文化学等其他学科领域内得到运用和发展。洪黎民教授指出：“普通生物学

① 胡守钧．社会共生论［M］．上海：复旦大学出版社，2006：序1．

者深刻体会到群落中生物相互关系的复杂性，鲜明地揭示了个体或群体胜利或成功的奥秘，在于它们在这个群体中密切联合的能力，而不是强者压倒一切的‘本领’，自然界如此，人文科学中的生物哲学亦可如此理解。”①胡守钧教授认为，互利共生，也就是和谐共生，古人说是“太上之境”，即老子所言的“有无相生，难易相成，长短相形，高下相倾，音声相和，前后相随”。上与下是相对的。所谓太上之境，乃是指在一定条件下的最佳之境，可以达到，也可以超越②。从群体（系统）角度来看，也就是只有各个个体（要素）互利，才能共生，进而才有群体（系统）的发展和繁荣。群体的繁荣又反过来为个体互利共生创造更好的环境。概言之，互利共生论的主要观点包括以下几个方面。

（一）互利共生是个体存在的基本方式

互利共生是生物界和人类社会的普遍现象，是个体生存和发展的基本方式。这种互利共生的个体之间可以是同类的、似类的，也可以是异类的。在社会组织，只有个人之间的相互协调、相互帮助、互惠互利，个人才能得到充分发展，组织的功能作用才能得到扩展和增强。在真正的市场经济社会里，每一个人只有通过为别人作出贡献自己才能取得收益，也只有通过互利共生才能促进市场的繁荣、财富的增长、社会的进步，市场机制就是一种典型的互利共生机制。这里的个体既包括独立的个人，也包括由一定数量的人构成的组织或系统。因此，互利共生的“共生”，既指不同个人的共同生长，也蕴含着由众多个人构成的组织或系统的协调“生长”。

（二）互利共生是群体生存的重要法则

群体中的个体之间如果不互利共生，个体就会不断衰亡或变异，群体也就随着变为衰落、畸形乃至消亡。所以，互利共生从个体角度上看是个体之生，从群体或系统上看是整体之生，因为个体和群体相互依存，个体之生支撑着群体或系统之生，群体或系统之生为个体之生提供了空间和机会。因此，互利共生是任何生物群体和社会群体生存发展的

① 胡守钧．社会共生论［M］．上海：复旦大学出版社，2006：序2.

② 胡守钧．社会共生论［M］．上海：复旦大学出版社，2006：68.

重要法则。

（三）互利共生就是信息交换、取长补短、优势互补、双赢发展

互利共生包括“互利”和“共生”两个方面。首先，个体之间的你有我无和你有我需是两者可能形成互利共生关系的前提条件。如果个体之间没有差异性，你所有的也是我所有的，你有多少也是我有多少，你所急需的也是我所急需的，那么，你给予我的结果是我获利而你受损，这样就不可能产生互利关系而是竞争关系。如果你所有的并不是我所需的，我所有的也不是你所需的，那么双方交换的结果既有害于给予一方又无益于获取一方，因此也不会存在互利共生关系。其次，个体之间的相互开放、相互交换、相互支持、相互支撑，是实现、形成和保持持续互利共生的关键。在这个时候，我给予你和你给予我的结果，使双方都获利（也许是即时性受益，也许是长远性受益），或能使双方发挥出各自的最大能量，完成单独个体无法完成的使命。即基础是差异互需，关键是交换有无，目的是互利共生，也就是共同发展。因此，互利共生就是信息或能量的相互交换、取长补短、优势互补、双赢发展乃至多赢发展。

（四）互利共生和结构优化具有内在一致性

互利共生理论侧重从要素之间的相互联结、优势互补关系揭示结构优化的基本特征。系统内部个体之间的互利共生是有条件的，其互利共生的效应大小受到系统要素构成和系统要素关系，即系统的整体结构所制约。如果系统构成的个体功能雷同，那么只会产生功能累加而不能产生互利共生；如果系统中个体之间我需你无，或需之过多而有之过少，或者有之过多而需之过少，那么也不会产生互利共生或者互利共生效应不高；如果系统中个体之间松散隔离、相互封闭、联结方式单一甚至联结关系断裂，那么互利共生作用也难以产生。以上的一系列“如果”都涉及系统的结构问题。所以，互利共生和结构优化存在内在一致性，结构优化促进互利共生，互利共生体现结构优化。从系统个体之间的互利共生状况可以从一定程度上判断系统结构的优化状况。

互利共生理论给予我们的启示或具有的理论指导意义是：它为本研

究提供了微观分析的新视角，是认识系统结构优化的新维度。即通过考察教师之间的互利共生状况可以在一定程度上判断教师队伍结构的优化状况。高校教师队伍是一个人类社会系统，只有教师之间实现差异互补，个体才能得到充分发展，整个教师队伍建设才处于最佳状态；只有充分发挥每位教师的聪明才智，才能充分发展整个教师队伍的智力资源效应。从互利共生观点看，优化教师队伍结构就是选择适当的、具有互补性的教师组成合理的结构，使他们在组织活动过程中，既能发挥自身的特点和特长，又能做到在知识、思想、观念、精神、技能、经验、阅历等各方面的交流、互补、传承、借鉴，实现教师个体之间的专业发展上的互利共生，最后实现教师队伍整体和教师个体共同的互利共生。

比如，在一个具有合理年龄结构的教学团队或科研团队，老教师可以对年轻教师起到传帮带的作用，将成熟的制度文化、研究方法、经验技巧传给青年人，使年轻教师少走弯路、快上路。反过来，青年教师一方面可以作为老教师的助手，为老教师分担一些日常工作，让老教师集中精力研究解决重点问题；另一方面青年教师可以延续和深化老教师开创的学科门派风格，促进教学科研观点、方法和风格的百家争鸣格局；此外，年轻教师一般精力旺盛、思维敏锐、接受力强、敢于质疑等特点，老教师在跟年轻教师交流合作时，也会得到后者观点和做法的启发。可见，老教师和青年教师组成结构合理的团队，可以实现两者之间的互利共生。不同学缘和不同学科教师之间、不同学历和不同职称教师之间、专兼职教师之间、理论型和实践型教师之间、不同行业背景教师之间乃至不同教师个体之间，由于具有相互差异性从而产生交流互鉴的需求性。如果教师队伍或教师团队结构合理，相互交流互动良好，就能更大程度地发挥出互利共生作用。

四、社会资本理论

社会资本概念由经济学家洛瑞（G. Loury）首创于1977年，后由法国当代著名社会学家皮埃尔·布迪厄（Pierre Bourdiea）率先进行系统性研究并成为社会资本理论的奠基人。随着1980年其名作《社会资本随笔》的问世，社会资本理论开始成为一门显学，后经科尔曼（Coleman）、罗纳德·伯特（Ronald Burt）、普特南（Putnam）、波茨

(Portes)、林南(Lin Nan)等学者的研究得到进一步完善①。社会资本理论由于在讨论社会关系网络、社会结构、社会组织特征和个体(个人或组织,下同)的行动、目标、效率之间的关系上有较强解释力,多年来不仅成为社会学研究中的一个热点话题,也成为包括教育学在内的其他人文社会学科重要的分析视角。社会资本概念是对传统资本概念的进一步深化与拓展。所谓社会资本,就是指能为个体行动提供便利、有助于提高个体行动效率和促进个体目标实现,从而体现出价值增值效应的社会人际关系网络、社会结构和社会组织特征。其中,社会组织特征和社会结构的社会资本分别是宏观层面和中观层面的社会资本概念,社会人际关系网络属于微观层面的社会资本概念,后者是社会资本理论的基石。正如布迪厄所言,社会资本就是指个人或群体,凭借拥有一个比较稳定又在一定程度上制度化的相互交往、彼此熟悉的关系网,从而积累起来的实际或潜在资源的总和②。基于本书研究主题的需要,这里侧重阐述微观层面的社会资本理论的主要观点。

(一)社会关系网络就是社会资本

社会资本理论认为,社会关系网络如同经济资本那样,有助于提高社会关系拥有者个体行动效率,促进个体目标实现,具有如黄金、矿产、货币等一般物质资源的基本特征。社会关系网络的构建是可以通过投资实现,网络中个体可以交换这种“便利”,并在交换过程中获得更大的“便利”,从而表现出类似于物质资本的投入、产出、交换、增值的特性。由于社会关系网络具有非物质性,是在人们的社会活动中形成和变化的,因此可以将社会关系网络称为社会资本。

(二)社会资本对于个体发展意义重大

社会资本理论认为,个体的社会关系网络即社会资本影响着个体对信息和资源的获取、交换、分配、控制、消费,影响个体拥有资源的数

① 张广利. 社会资本理论的几个命题的解析 [J]. 华东理工大学学报(社会科学版), 2007 (3): 1-5.

② 刘敏, 奂平清. 论社会资本理论研究的拓展及问题 [J]. 甘肃社会科学, 2003 (5): 96-100.

量、质量、丰富度、增值性，进而影响个体的行动效率、目标实现、事业成败以及随之而来的财富、权力、地位、声望等各个方面。社会资本的最直接的作用是“效率问题”，也就是说拥有较好的社会资本可以提高行动效率，更容易获得更大的成功。正如科尔曼所言，社会资本为社会结构内部的个人行动提供了便利，有助于行动者特定目标的实现①。甚至可以说，离开了社会资本，个体就无法生存，更谈不上发展，即社会资本对个体发展意义重大。

（三）社会资本具有五个重要特征

社会资本理论认为，社会关系网络式的社会资本具有五个重要的特征②，或者说包括五个考察维度或五个运行规律。一是网络规模（简称网模），它是指社会资本网络涉及的个体数量的多少，涉及个体数量多，网络规模就大。二是网络顶端（简称网顶），它是指在社会资本网络中拥有地位、身份、声望和资源最多的那个人所拥有的社会资本的状况。每个社会资本网络的顶端高度是不同的，顶部越高，这个社会资本网络的蕴藏量就越大，因此，网络顶端也可以称为网络绝对高度。三是网络位差（简称网差），它是指社会关系网络顶端与底部之间的落差大小。如果两个社会资本网络的顶端高度不同，或者社会资本网络的底部位置不同，或者两者兼而有之，它们的网差也就往往不同。不同网差的社会资本网络也就拥有了不同的社会资本总量。四是结构洞状况。所谓结构洞，就是指某一网络中存在着某些个体与另外个体联系出现断裂的现象，这就像网络结构中出现了洞穴一样，故称为“结构洞”。美国社会学家罗纳德·伯特（Ronald Burt）的“结构洞”（structural holes）理论认为，在社会网络中存在两种情况，一种是网络中的个体与其他任何个体都存在着联系，另一种是网络中的个体仅与部分个体存在着直接联系，而与其他个体都不存在直接联系。在现实中，第二种情况更为常见。同时，罗纳德·伯特通过深入考察和研究后指出，在第二种形态中，如果某一个体占据了网络中的结构洞，即联系着相互之间本来没有

① 任亮．社会资本理论的五个命题［J］．探索，2007（3）：109-113．

② 任亮．社会资本理论的五个命题［J］．探索，2007（3）：109-113．

直接联系的两个个体，该个体就成为连接网络中不同个体的“中间人”，成为可以控制他们相互联系的“把门人”，那么该个体就获得了因其特殊地位而获得的对某些信息和资源的控制机会和优势，从而拥有更多的信息、更好的机会以及拥有更强的资源控制能力。社会资本网络也具有同样的属性，占据或接近结构洞的个体由于处于社会资本流动和交换的某些中间环节，有利于个体工具性行为（为某一功利性目的而采取的行动）的实现，有利于个体获得更多更优的社会资本。五是关系强度。社会资本理论认为，强关系有利于表达性行为（指带有同情、认可、支持、理解和信任等浓厚感情色彩的一系列行为）的实现，弱关系有利于信息资源尤其是新信息资源的获得。由关系密切、互动频繁、互益良多群体构成的人际网络关系属于强关系网络，反之就是弱关系网络。显然，个体在由亲属和朋友以及熟识程度高的个体构成的强关系网络中容易实现自己的表达性行为，进而有利于自己从其他个体获得其他社会资本和实物资源的支持和帮助。但是，弱关系网络并非可有可无，弱关系虽然联结松散、互动较少，但由于开放灵活，更有利于个体从中获得新的信息和社会资本。因为，一方面，强关系往往具有一定的封闭性，对新信息或新社会资本的进入具有一定排斥性，因此弱关系对改善个体社会资本的整体结构是一种有益的补充。另一方面，强关系网络和弱关系网络是相对而言的，两者并非一成不变，缺乏互动的强关系网络久而久之会变成弱关系网络甚至导致网络关系瓦解，进而导致社会资本的流失和贬值，而不断强化互动的弱关系网络也会逐渐变成强关系网络。所以，个体应正确处理社会资本网络的强关系和弱关系，善于构建、维护、经营，使强关系网路和弱关系网络相互补充、相得益彰①②。

（四）社会资本随社会关系的变化而变化

社会资本理论认为，社会关系网络是社会资本的存在形式、表现方式甚至可以说就是社会资本本身，因此，社会关系网络的变化必然导致

① 任亮．社会资本理论的五个命题［J］．探索，2007（3）：109-113.

② 张文宏．社会资本：理论争辩和经验研究［J］．社会学研究，2003（4）：23-35.

社会资本的变化。具体表现在，一是网模越大，意味着社会关系网络涉及人数越多，覆盖地理范围越广，该网络蕴藏的社会资本总量和异质性可能就越大。二是网顶越高，处于网顶位置的个体拥有的权力越大、声望越高，发展社会关系就越容易，摄取各种珍贵和稀缺资源的能力也就越强，因而整个网络蕴涵的社会资本就越多越优。三是网差越大，关系网络中个体之间的地位差异性越大，各自拥有资源的差异性就越大，网络关系中的资源重复性就越小，社会资本类型就越丰富多样。四是个体接近或占据结构洞机会越多，个体拥有的资源控制和调配机会越多越优，拥有的资源处置力越强，因而拥有的社会资本就越多越优。五是社会网络关系越强，个体获得的“表达性”支持越多，摄取社会资本的可能性越大；网络弱关系越多，信息嗅觉越灵敏，摄取新资源的渠道越多，因而获得新的社会资本的可能性越大。

（五）社会资本是一个结构化系统

由于社会关系网络本身就是一个由不同个体通过不同方式联结而成的动态系统，因而都具有一定的结构形式，同时社会关系网络的结构又决定了社会资本网络的结构（或简称为社会资本结构），社会关系网络中个体身份状况的变化、个体自身品质的变化、个体联结方式的变化、个体互动状况的变化都会不同程度地影响社会资本结构的网模、网顶、网差、结构洞占有状况以及结构紧密度等情况的变化，从而影响社会资本的流动、交换、增值以及数量增减和质量优劣。也就是说，优化社会关系网络结构可以促进社会资本结构的优化，进而可以提升社会资本的总价值。

社会资本理论给予我们的启示或具有的理论指导意义是：首先，它为学缘结构的研究提供一个新的分析框架，即学缘具有社会资本特征，学缘结构就是社会资本结构，优化学缘结构就是优化社会资本结构。其次，它为研究高校教师队伍学缘结构优化提供了一种新的评价维度，即运用社会资本的五个运行规律可以评价学缘结构的优化程度。再次，它为分析高校教师内部的联结关系和内外部关系（学缘网络中的师生关系和同门关系）提供了一种新的思路。不同的学缘结构既影响高校内部教师之间的交流，也影响高校教师与外校（包括导师、同门以及导师同门所拥有的各种社会关系网络）人员之间的交流，影响社会资本的流动和交换、保值和增值。社会资本理论还可以解释高校教师行业背景结构和专兼职结构对高校发展的影响。因为，专职教师从教前的职业经历、“进入型”兼职教师来源部门、“外出型”兼职教师的兼职部门的不同，会对高校教师队伍结构状况和教师社会资本拥有状况产生不同的影响，从而影响一所高校社会资本的拥有总量。

从社会资本理论的视角来看，不仅教师的学缘代表社会资本，兼职教师（包括校外人员进校兼职和校内教师外出兼职）因为在校外建立另一个社会网络也代表某种社会资本。因此，不仅可以用社会资本理论分析教师队伍学缘结构问题，也可以用之分析教师队伍的学科结构、专兼职结构、行业背景结构（理论型和实践型教师结构），甚至可以用来分析教师队伍的学历结构和职称结构。

第四节　影响地方本科院校教师队伍结构优化的主要因素

地方本科院校教师队伍是一个有着自身特征的社会系统。根据系统论基本原理，系统的存在和发展既受到系统内部因素的影响，也受到外部环境的制约。所以，地方本科院校教师队伍结构的形成和变迁是教师队伍系统（有时称为组织）内外部各种因素综合影响的结果。内因是主要因素，外因是重要条件，外因通过内因而起作用。有时候外因的影响力也非常巨大。其中，内部因素是指不同教师个体的品质状况和他们之间的联结关系状况，它们是构成教师队伍结构及引起结构动态变迁的直接因素，本书将此类因素称为本体因素。外部因素指教师队伍结构（系统）外部的各种影响因素的总称。本节先探讨外部因素，再分析本体因素，其中外部因素又分两大类，一类是地方本科院校的外部因素，另一类是地方本科院校的内部因素（但不包括教师队伍结构的本体因素）。

一、影响地方本科院校教师队伍结构的校外因素

现代高等教育机构已经不再是过去的“象牙之塔”，而是现代社会中

的重要机构之一。随着社会的发展，高等教育系统和外部环境之间的相互依赖、相互作用越来越深。外部社会的重大变革和转型都会对高等教育系统产生深刻影响，进而影响其核心结构——教师队伍结构。对于不同层次、不同类型的高等教育机构，这种外部影响既是无法回避的，也是不尽相同的。地方本科院校以举办应用型高等教育为主要使命，决定了这种影响常常更为直接，甚至两者相互融合。此种校外影响因素包括经济发展水平、政府调控政策和民族文化传统等因素。

（一）经济发展水平

经济条件是社会发展的基础，它决定着社会生活的基本面貌，塑造着高等教育的基本结构，包括高校教师队伍结构。首先，经济发展水平形塑高校教师队伍结构的总体特征。任何一个高校教师队伍总是由一定数量、不同类型的教师个体构成，其数量是否充裕、类型是否齐备、匹配是否合理、质量是否合格受到经济发展水平的影响。比如，一个国家如果没有雄厚的经济实力，不可能持续支撑一个庞大的、高质量的研究生教育体系，这时高校教师学历（学位）层次也就无法得到全面提高，这就直接影响了教师队伍的学历（学位）结构。同时，研究生教育落后，教师学历（学位）低，教师素质能力低，就会影响教师队伍的素质结构和职称结构。此外，研究生教育落后，还会影响高校教师队伍的年龄结构（因为以硕士学历、学士学历入职的教师比例更大，他们年龄一般比博士学历入职者更小），甚至从一定程度上影响到学科结构和学缘结构。又比如，在经济困难时期，由于办学资源投入减少和学生报名率的降低，冷门学科会更加冷门，进而影响高校教师队伍学科结构。总之，国家经济发展水平低下，就会导致高校办学经费不足，进而直接或间接影响高校教师队伍的各种结构。比如，教师待遇低下，高校就无法吸引高水平、多类型的人才从事学术职业；办学经费缺乏，国家或高校就无法派送更多专职教师（或未来教师）到国内外著名大学留学（针对到国外大学）访学、进修学习、考察交流，就无法经常开展丰富多样的、高级别的学术交流和合作研究，所有这些都影响教师队伍结构的各个方面。因此，一个地方经济发展水平影响着地方本科院校办学资源的可获得程度，影响着地方本科院校教师队伍各个方面的改革和建设，决定了教师队伍结构调整的可能程度和结构优化的可能高度。经济发展落后，经费短缺，地方本科院校（包括其他类型高校）教师队伍结构的调整和优化就会步履维艰。

其次，经济的波动变化和转型升级引起高校教师队伍结构的变迁。这种波动变化或转型升级包括全球性的、国家层面的和地区性的。其中，区域性的经济波动或转型升级对地方本科院校教师队伍结构产生更为直接的影响。比如，2008年的美国信贷危机引发的金融危机对美国学术职业产生了不少冲击，进而影响了教师队伍结构变化。具体表现在：一是调整招聘计划、暂停招聘乃至解聘教职工。比如乔治亚学院决定聘任更多讲师而不是聘任更多的教授和副教授，使讲师所占比例从原来的10%上升到20%。二是调整院系、学科和专业，开设更符合市场需求的学科专业。这意味着一些学科教师被调整，改变了教师队伍学科结构和其他结构。三是削减教师职业发展经费。一般说来，各院校都要拿出一定经费用于教师职业发展，为教师提供工作坊、参加国际会议等各种机会，但金融危机造成经费困难，这些活动经费被迫削减。四是影响教师队伍自然新旧更替。许多教师由于受到金融危机影响推迟了退休时间，影响了教师流动；招聘教师给予的工资过低，影响高素质人才引进。但是从另一个角度来讲，金融危机造成的社会就业压力增大，也使许多人选择进入高校求职或继续留在高校任职，有些优秀毕业生将目光转向较为稳定的学术职业，使学术职业准入标准不断攀升，提升了大学教师的总体水平，推动高校教师队伍结构的调整①。

另外，宏观经济发展变化会倒逼或推动地方本科院校深化改革建设，从而引起教师队伍结构各方面的变化。比如，经济变化引起人才需求结构变化，对新人才、新科技、新知识、新文化服务提出更新要求。地方本科院校为了迎接这种新挑战，采取调整学科专业布局等措施，进而引起教师队伍学科结构的变化。还有一个不可忽视的情况是，地方经济繁荣，意味着地方相关企业和行业发达，地方本科院校在深化校企合作办

① 耿益群. 金融危机对美国学术职业的影响及其启示 [J]. 高教探索，2009 (6)：85-89.

学方面就拥有更大的空间和更好的环境，地方本科院校更容易招聘到高水平的、有行业背景的专兼职教师，更利于开展双师型教师队伍建设，进而有利于推动教师队伍结构调整和优化。

（二）政府调控政策

政府、市场、学术是影响高等教育发展的三大力量，政府通过法律法规、财税制度、评估问责等手段对高等教育各个方面施加作用，从而影响高校教师队伍结构的形成和变迁。

首先，政府的政策取向规制着高校教师队伍结构变迁的基本方向。比如，工具取向或经济取向的高等教育政策，往往形成全国范围内的重理工、轻人文的学科布局，从而引起高校教师队伍学科结构的变化；GDP取向的高等教育管理模式，往往容易导致各高校选择重规模扩张、轻质量提升的发展路径，从而制约高校教师队伍结构优化步伐。政府对待知识分子的态度和取向深刻影响着高校教师队伍的各种结构。当国家知识分子政策理念正确、内容开明时，大量优秀人才就会进入高校从教乐教，高校教师队伍结构就向优化方向变迁；相反，当政府的知识分子观念落后，甚至将知识分子作为专政对象时，高校教师队伍就会衰败凋零，大量人才外流，教师队伍结构就会失衡。

其次，政府的政策内容引起了高校教师队伍结构的相应变化。政府是教育政策的制定者、实施者和监督者，政府相关政策直接或者间接影响高校教师队伍结构的相应变化。其中，国家颁布的高校教师的入职资格制度、职称晋升制度、人才流动制度、教师退休制度以及国家学位制度等政策直接推动教师队伍结构的变迁。另外，政府颁布的高校设置标准中的师资质量条款、高校评估政策中有关师资队伍质量和结构的评价指标体系，也都会直接影响到教师队伍结构的演变。

据了解，21世纪以来我国每一轮教育部本科教学评估的实施，都会引起受评高校的高学历、高职称教师的引入风潮，以较优化的教师队伍结构迎接评估。这种行为就是政府力量直接引导或深度影响高校教师队伍结构演变或调整的具体体现。

改革开放以来，我国政府颁布了多个相关政策，从不同方面以不同程度影响着包括地方本科院校在内的我国高校教师队伍结构的方方面面。1999 年，教育部颁布《关于新时期加强高等学校教师队伍建设的意见》（教人〔1999〕10 号），该文件明确要求，到 2005 年各高校具有研究生学历教师的比例，教学科研型高校达到 80%以上（其中具有博士学位教师比例达到 30%以上）；教学为主的本科院校达到 60%以上；高职高专达到 30%以上；教授、副教授岗位占专任教师编制总数的比例，教学科研型高校一般为 45%～55%，少数高校可达到 60%左右，教学为主的本科高校一般为 30%～40%，职业技术学院和高等专科学校一般为 15%～25%；在学缘结构方面，在校外完成某一级学历（学位）教育或在校内完成其他学科学历（学位）教育的教师应占 70%以上。2015 年，教育部、国家发展和改革委员会、财政部联合印发了《关于引导部分地方普通本科高校向应用型转变的指导意见》（教发〔2015〕7 号）是国家少有的针对地方本科院校颁布的一项重大政策，这一政策引导地方本科院校大力培养应用型师资，这将对地方本科院校教师队伍的专兼职结构、理论型和实践型结构特别是双师型结构等产生重大而深远的影响。此外，在国家发布的以高等教育、高等学校、普通高校为主题的教育政策法规中，有关政策条文也对地方本科院校的教师队伍结构产生直接或间接、或多或少的影响。

（三）民族文化传统

文化是一个民族和一个国家的鲜明符号，一个国家发展之所以走这样的道路具有这样的特征而不是走那样的道路具有那样的特征，文化是一个重要影响因素。高校教师是文化的守护者、传承者和创新者，一国高校的教师队伍结构必然受到该国传统文化的深刻影响。对于我国地方本科院校而言，文化的影响因素主要包括两个层面：一是国家的主流文化、核心文化和普世文化；二是地域文化和地方民族文化。比如，我国沿海地区的开放文化会促进教师队伍构成的多样化等。

首先，文化传统影响教师队伍结构的基本特征。不同国度文化塑造了不同的高校教师队伍结构特征。比如，美国的开放、竞争和个性文化形成了美国高校“近亲回避”的招聘习惯、“非升即走”的职称制度体系、注重特色的学科发展模式，从而形成了美国高校教师队伍在学缘结构、职称结构和学科结构上的自身特点；中国和日本的家族文化在两国高校学缘结构上打下鲜明的近亲繁殖烙印；欧美国家大学悠久的学术自由、大学自治、追求真理、追求卓越的传统文化以及近现代以来形成的平等合作文化形成了教师队伍来源渠道多样、网络连接紧密等特色。有学者指出我国高校教师学术交往生态欠佳，原因是受到了个人主义盛行、学科主义盛行、学派主义盛行等不良文化的影响①，导致教师之间缺乏交流合作、学术联结，存在不同程度的相互隔离、相互保密的状况。这是文化因素影响教师队伍结构的具体体现之一。

其次，文化变迁推动教师队伍结构特色产生新变化。当文化处于稳定延续时，塑造了教师队伍结构相对稳定的特色；当文化发生变迁时，比如在文化转型、文化冲击、文化断裂时期教师队伍结构也会发生相应的变化从而形成那个时期的特色。当然，文化因素对地方本科院校教师队伍结构的影响是内隐性的，既不是单独起作用，一般也不具有直接和决定性因素，它是跟经济、政治、社会和高校自身等其他因素“纠缠”在一起而发挥其软实力作用，但它又是在更深层次上影响着高校教师队伍结构变化的方向和可能性。

（四）高教改革发展

首先，高等教育规模影响着地方本科院校教师队伍结构的调整。当高教规模很小时，高校数量少、教师规模小，教师流动机会就少。在这种情况下，整个高等教育系统难以形成动态的人才流动环境，调整和优化队伍结构必会受到很多限制。尤其是当一个国家的研究生规模过小时，师资来源过少或师资储备不足就成为制约高校尤其是地方本科院校教师队伍结构优化的重大障碍。同样的道理，由于师资培养具有周期长的特点，在高等教育规模大扩张时期，经常出现优质师资需求旺盛和供给不足的突出矛盾，调整和优化队伍结构既存在诸多有利环境，也存在诸多制约因素。

其次，高等教育质量影响着地方本科院校教师队伍结构的优化。尤其是研究生培养质量对高校教师队伍结构产生很大影响。因为，一般情

---

① 任伟伟．高校教师合作文化的缺失与重塑［J］．河南社会科学，2011（7）：167-169．

况下，高校是毕业研究生的主要就业市场，毕业研究生是高校教师队伍的主要师资来源。当前，研究生学历（学位）已普遍成为我国包括地方本科院校在内高校教师职业的基本入职条件。只有研究生培养质量有了保证，师资总体能力才得以提升，教师职称晋升才有更多机会，调整和优化职称结构就拥有更加有利的条件。

再次，高等教育体制尤其是人才培养模式影响着教师队伍结构优化的进程。中国高校教师队伍呈现年轻化而发达国家大都体现为大龄化，其中一个原因就是中外有着不同的教育体制，在西方高等教育系统内部，学制灵活，“宽进严出”，大龄的非传统学生比例很大，学工轮换制度完善，学位标准相对较高，学位评价要求严格，研究生毕业时的总体年龄比我国大得多，高校教师初入职的年龄比较大，从而形成了中年教师比例最大、年轻教师比例较小的年龄结构。

最后，其他层次高校系统的发展状况会对地方本科院校教师队伍结构产生影响。我国的普通高等教育系统内部除了地方本科院校系统之外，上有部属院校系统，下有高职高专院校系统，三者之间既存在相互合作、相互补充的客观需要，也存在资源上的相互竞争关系。任何国家的办学资源都是有限的，如果上述三个高校系统相互协调、竞争有序，则就有利于促进地方本科院校教师队伍结构的优化，否则就可能给地方本科院校的教师队伍结构调整带来不利影响。

二、影响地方本科院校教师队伍结构的校内因素

高校是高校教师队伍的直接管理者、直接构建者，政府指令只有通过高校的现实行动才最终得以落实。尤其是随着我国高校自主权的逐步扩大，包括地方本科院校在内的各层次各类型高校对自身微观事务拥有越来越多的处置权。不难理解，高校是影响高校自身教师队伍结构最直接、最全面的因素。高校教师队伍结构的变化主要体现在数量构成、联结调整和功能提升上，因此，高校调整教师队伍结构主要是通过人才的进出调整、培训帮扶、提能升级、交流合作等措施来实现。高校内部影响因素主要包括以下几个方面。

（一）地方本科院校的办学理念

在现实中，高校书记、校长的办学理念影响着一所高校的办学定位、

办学思路、办学方向、办学目标，深刻影响着高校的管理模式、教学模式、学科发展模式等诸多方面，广泛影响整个高校的运行，因此必然影响教师队伍的构成状况和活动状态。比如，前些年我国地方本科院校普遍存在着“求大求全”办学理念导致教师队伍学科结构向着趋同化和分散化布局结构变化。又比如，“服务地方，特色取胜”的办学理念会推动教师队伍学科结构向着特色化结构变化，行政化管理模式就有可能导致教师队伍形成连接渠道单一、交往等级单向的联结结构等。办学理念对教师队伍结构的影响虽然是以间接的形式，但它通过影响学校的人才管理模式进而对队伍结构产生深刻影响。

（二）地方本科院校的目标定位

教师队伍建设是为学校办学目标服务的，高校发展目标决定着教师队伍结构的调整方向，教师队伍建设（包括队伍结构调整）目标是一所高校发展目标的重要内容。以理工科为发展重点的高校和以人文学科为发展重点的高校其教师队伍的学科结构显然不同，研究型高校和教学型高校对教师队伍学历（学位）结构和职称结构的要求标准也会有较大差异，即使是在同属地方本科院校，由于不同的具体发展目标也会影响教师队伍结构朝向不同的方向调整。当前，我国高等教育系统正处于转型时期，部分尤其是新建地方本科院校正处于办学目标转型过程中，教师队伍结构调整也处于“进行时”。比如，在当前国家“转型发展”和“深化创新创业教育改革”的宏观政策背景下，地方本科院校要从传统的理论型转向实用型，一些高校从单科型转向多科型，学科专业布局从学科发展逻辑型转向服务社会型等。总之，地方本科院校办学目标定位的新调整必将带动教师队伍结构的新调整。

（三）地方本科院校的机构设置

高校机构设置和管理构架会影响教师之间的交流和交往状况，从而影响教师队伍结构尤其是学科结构和联结结构。首先，综合化和简洁化的机构设置有利于不同学科、不同学缘教师之间的交流交往，而分散化、细致化院系分设往往适得其反。其次，院系内部设置多样化的培训、咨询、服务机构也有利于教师之间交往和交流。再次，合理设置多学科教学研究中心及其他学术交流机构与平台有利于教师之间的交往和交流。就像有的学者所言，高校之教学科研机构的设置及学科专业划分普遍过细，导致原本具有整体性的学科专业体系和知识体系支离破碎①，也使原本具有整体性的教师队伍变得四分五裂，甚至可能导致老死不相往来现象的出现。

（四）地方本科院校的管理制度

高校制度机制体系直接或间接影响教师队伍结构的形成和变化。教师的聘用制度、岗位制度、薪酬制度、评价制度、晋升制度、退休制度、培训进修，以及其他的激励制度机制直接影响教师队伍的年龄机构、学历结构、职称结构、学科结构、学缘结构、专兼职结构、知行素质结构、联结结构等。其他诸如高校的学术管理制度、教学管理制度、会议制度等制度体系会在一定程度上影响教师之间的学术交往与联结。因此，不同的制度机制体系会影响教师队伍不同结构的形成。比如，制定实施大力度的高层次人才引进和培养政策，就会提高教师高学历（学位）和高职称教师比例，从而优化教师队伍的学历（学位）结构和职称结构；制定实施有关实践教学指导教师和创新创业教育指导教师的奖励制度，就会促进教师队伍实践型教师或者说双师双能型教师队伍的结构调整。可以说，有关人才引进、人事管理、教师培训进修制度机制是优化教师队伍结构的有力保障。

（五）地方本科院校的文化氛围

高校学术氛围对教师队伍联结结构产生重大影响。自由、民主、平等、自律、崇尚学术、追求卓越的氛围有利于促进教师之间学术交往的多样化、密切化、自主性和互补性。很难想象，在一个行政化、官僚化、等级化、学阀控制、物欲横流的氛围里，教师会有纯正的学术旨趣，教师之间会有学术交流合作的激情，教师能用最纯粹的学术语言表达出自身思维里最深邃的观点。另外，学术氛围还影响着教师队伍的其他结构。比如，有利于优化学历结构、职称结构、学科结构、学缘结构和年龄结构等。在我国，不管地方本科院校规模大小，都必须根据现有

① 眭依凡．组织缺陷对大学发展的制约［J］．教育发展研究，2010（19）：1-7.

的制度体系设置与政府机构一一对接的各类职能部门，形成五脏俱全、层级化严密的制度体系，可能“孕育”和萌生各种有损于学术组织和学术激情的氛围，影响教师之间的学术性交往，制约教师队伍整体结构的调整优化和功能的形成与发挥。

（六）地方本科院校的办学资源

办教育是一项巨大的投资活动，尤其是依靠高质量的教师队伍来举办高质量的高等教育。首先，一所高校的办学总体资源决定了一所高校在吸引人才、留住人才、激励人才干事业所能采取的措施力度，而这些力度直接影响着包括教师队伍结构的教师队伍建设质量。其次，高校是一个人才密集型、智力密集型组织，从全球高等教育办学经验来看，人头费占据着高校办学经费很大份额。这些费用和其他办学资源的多寡及其配置都影响着教师队伍人员构成及其内外流动状况，也就影响着教师队伍的总体结构。再次，地方本科院校的办学资源特点影响着教师队伍结构。比如，拥有不同资源类型的学校实施着不同的学科专业布局，培育着不同的学科专业特色，据此引进或培训相应的学科师资，进而形成不同的教师队伍学科结构。在我国，由于部分地方政府对本地辖区的本科院校长期投入不足，以及由于地方本科院校与部属院校的资源差异，这些地方本科院校长期处于办学资源相对短缺的困境，因而在教师队伍结构优化上面临较为严峻的挑战。

三、影响地方本科院校教师队伍结构的本体因素

一所地方本科院校的教师队伍为什么形成这样的结构而不形成那样的结构，受到高校外部社会因素、高校内部各种因素以及教师队伍结构本体因素的影响，其中本体因素就是内因。教师队伍本体因素包括两个方面：

（一）地方本科院校教师队伍的个体因素

教师个体是高校教师队伍结构具体的、直接的、现实的构成要素。如果将结构视为大厦，那么教师则是砖瓦。每一个教师个体的具体状况、不同教师个体之间的差异互补关系以及联结交往状况是决定教师队伍结构的直接因素。虽然，一个教师个体的自身状况以及该个体跟其他

教师个体之间的联结交往状况对整个教师队伍结构的影响可能是很小的，但是所有个体的这种影响因素的总和即统计学意义上的存在就决定了整个教师队伍的总体结构状况。当前，我国地方本科高校教师队伍规模都较大，少则几百人，多则上千人，如果从省级层面或国家层面来看，系统规模则非常庞大，每一位教师的特点（包括年龄、学历、职称、学科专业背景、毕业高校、素质类型、潜力和能力、流动偏好、交往特性、个性特征等）千差万别，每一位教师跟其他教师进行学术交往的意愿、取向、采取方式、风格等也不一样。因此，每一位教师个体对教师队伍总体结构的影响是具体的、直接的，又是复杂的、多样的和动态变化的。也正是因为这种关系是高度复杂和动态变化的，所以，本书选择了统计学方法，从教师的年龄、学历、职称、学科、学缘、专兼职、行业背景和素质类型等维度考察和分析教师队伍结构之要素匹配的总体状况，从教师个体之间学术交往的密度、渠道、方式、频率、自主平等性、差异互补性等方面考察和分析教师队伍结构之要素互动联结的总体状况。面对如此特殊的研究对象，采用统计学分析法具有合理性。

（二）地方本科院校教师队伍的群体因素

影响教师队伍结构本体因素还包括教师队伍的群体因素。这种群体因素主要包括两个方面：第一，群体要素的数量维度状况。系统是由多个要素构成的，否则就不能构成一个系统。同样的，结构是由多个要素构成的，否则就不存在结构概念。因此，教师队伍本身是一个由多位教师构成的群体性范畴，要素数量规模的不同往往决定了结构整体性质的不同，进而决定了系统功能的不同。第二，群体要素之间的关系维度状况。即两个由相同数量要素、每个要素性质都相同的要素构成的系统，如果要素之间的时空关系、心理关系、互动关系等不同，那么，两个系统结构也不相同，其结构的整体性内涵、所呈现出来的整体性特征和可能发挥的整体性功能也就不同。比如，高校教师队伍群体性精神风貌、文化取向、行为习惯，会影响教师队伍中个体之间的互动交往状况，从而影响队伍结构的整体性特征。我们可以将这种因群体存在而产生的个体关系视为某种形式的“场”关系。

当然，每一时期的地方本科院校教师队伍结构都要受到自身发展历史的影响。虽说具有一定规模数量的教师群体一旦成为某一特定高校的教师队伍，就自然形成了这一特定高校在特定时期的特定教师队伍结构，但是任何一个高校教师队伍结构的当下状况（不管是概貌、特点、问题，还是特色、优势、趋向）总是在过去结构的基础上变迁而来。因此，也要从时间维度即历史视角分析地方本科院校教师队伍的影响因素。

第三章　发达国家高校教师队伍结构的基本状况及优化经验

现代高等教育发轫于欧洲中世纪大学，已有900多年的历史，随后向世界各国移植和传播，于16世纪中期、17世纪前叶、19世纪前叶分别传入南美、北美和南非，19世纪中后期传入日本、中国等亚洲国家和澳大利亚。纵观全球整个近现代高等教育发展史，根据美国学者约瑟夫·本·戴维（Joseph Ben Davis）的观点，世界高等教育中心转移的大致路径是：1540—1610年在意大利，1600—1730年在英国，1770—1830年在法国，1830—1920年在德国，之后开始转移到美国①。世界高等教育中心转移的过程，就是高等教育国际经验传播借鉴和世俗民族国家高等教育本土化创新之间的互动过程。换言之，借鉴国外经验和本土化创新的相互结合是后发展国家实现高等教育中心逐步向本国转移的根本途径。教师是办教育的第一资源，一国高校教师队伍结构优化既是一国高校教师队伍整体实力雄厚和高等教育地位增强的重要体现，也是后者的重要基础和根本保障。从某种程度上讲，系统结构优化意味着组织有着很强的生命力和良好的核心竞争力。一国高等教育系统是如此，一所高校的情况亦如此。本章根据高等教育发达国家的地理分布、办学模式和资料文献的可获得状况主要选择美洲的美国、欧洲的英国和亚洲的日本作为研究对象，总结分析三国高校教师队伍结构的基本状况和调整经验，以期从中得到某些启示。在分析过程中，有时采取总体分析方式，有时采用个案分析方法。

① 汤浅光朝. 科学活动中心的转移［J］. 科学与哲学，1979（2）：20-26.

第一节　主要发达国家高等教育体系概况

发达国家高等教育管理体制和我国存在较大差异。在发达国家，大学自治、高等教育事业宏观管理的地方化以及高等教育机构的多样化等特征非常明显。在美国，没有国立大学（除军校外），只有州立大学和私立高校。在英国，也没有国立大学，只有一所私立大学即白金汉大学，其余为公立自治法人机构。在日本，国立大学基础雄厚，总体实力最强，2016 年有 86 所，其余为公立高校和私立高校。但日本在 21 世纪初实施了国立大学法人化改革，将全国国立大学的原国立身份改变为新身份，即非国立、非民间，介于政府与民间之间的特殊办学机构①。因此，如果从管理权限来看，发达国家中的非国立四年制高校类似于我国的“地方本科院校”；如果从是否属于研究型大学来看，发达国家中的非研究型高校类似于我国的“地方本科院校”；如果从高校群体在一国所处的质量排名和地位声誉来看，发达国家中有一批高校与我国的“地方本科院校”属于基本对等项。下文将做进一步分析②。

2016 年我国共有普通高校 2 595 所（含独立学院 266 所、民办高校 482 所，两者共 748 所），其中普通本科院校 1 236 所（含独立学院和民办高校 434 所），国家部委直属院校 113 所，国家部委直属院校数占全国普通高校总数的比例为 4.4%，占全国普通本科院校总数的比例为 9.1%。因此，从一国的质量排名和办学地位来看，在各发达国家中排名位于所有高校 5%左右之后的四年制高校，或排名位于所有四年制高校 10%左右之后的高校类似于我国的“地方本科院校”。比如，美国目前有各类高等院校 4 600 所左右（其中四年制高校 3000 所左右），那么，美国国内排名 300 位左右及之后的四年制高校在美国的地位声誉类似于

① 赵洪伟．日本国立大学法人化改革对我国高校发展的启示［J］．学校党建与思想教育，2011（9）（中）：67-68.

② 本书中数据繁多，且多为原文引用数据，计算过程也较复杂，作者与编辑已核对、改正多次，但碍于水平有限，错漏难免，敬请各位专家、读者批评、指正。——编辑注

我国“地方本科院校”在国内的地位声誉。

鉴于国外相关资料可获得的有限性，本章在考察发达国家高校教师队伍结构时，有时直接分析上述三国全部四年制高校或部分排名中下游的四年制高校教师队伍结构，有时分析若干所或某所高校教师队伍结构的某些侧面，有时通过分析所有高校（含二年制高校）教师队伍结构来说明相关问题。

美国、英国、日本虽然都是发达国家，拥有全球公认的高质量高等教育系统，但三国高等教育系统在发展历史、系统状况、规模数量、结构特征等方面存在诸多差异。下文分别就三国的高等教育体系作简要介绍。

一、美国高等教育体系概况

美国是典型的以各联邦州自治为主的分权制国家。正如上文提到，除一些军校外，美国没有类似我国由中央政府有关部委直属的院校或类似日本的国立大学，只有公立和私立高等院校。据美国国家教育统计中心（NCES）公布的数据，2015 年全美国共有学位授予权的高等院校 4 627所（含分校，下同）。其中，四年制高等院校 3 011 所，二年制高校 1 616 所；公立高校 1 621 所（四年制 701 所、二年制 920 所），私立高校 3 006 所（四年制 2 310 所、二年制 696 所）。在私立高校 3 006 所中，非营利高校 1 672 所（四年制 1 584 所、二年制 88 所），营利高校 1 334 所（四年制 726 所、二年制 608 所）①。可见，美国私立高校数量多于公立高校，前者是后者的 1.85 倍；四年制高校数量多于二年制高校，前者是后者的 1.86 倍。

美国是世界上目前拥有高等教育机构数量最多、办学总体实力最强、办学形式和特色最具多样性的国家。根据 2015—2016 年英国“泰晤士报高等教育副刊”世界大学排名榜公布结果，世界排名前 100 所大学中，美国高校有 45 所，几乎占了半壁江山。美国既有规模庞大的公立和私立巨型大学，也有大量以私立为主的小规模本科高校，这类高校学生规模绝大多数只有两三千人，有的只有上千人、几百人甚至几十人。不

① U. S. Department of Education. Digest of Education Statistics 2015 51st edition [M]. 2016: 596.

管是巨型大学还是小型高校，它们当中既有办学质量一般的大众型高校，也有办学声誉很高的高水平大学乃至世界一流大学。

从类型来看，美国高等院校大致可分为四大类：大学或理工学院（University or Institute of Technology）、四年制学院（College）、初级或社区学院（Junior or Community College）、职业或技术院校（Vocational or Technical Institute）。前两类高校学制一般为四年，学生毕业后可获得学士学位；随后修业一年或两年研究生教育可获得硕士学位，再修业三到五年更高一级研究生课程可获得博士学位。后两类高校学制一般两年到三年，一般授予副学士学位，主要培养职业型人才，同时为四年制高校输送人才①。

从管理权限来看，美国公立高校都是地方高校，由州政府管理。从这一个角度讲，美国所有的四年制学院、大学或理工学院都是地方本科院校。从办学层次来看，美国的非研究型大学和理工学院以及其他四年制学院类似我国的地方本科院校，或者大体来说，美国国内大学排行榜中位于300位左右之后的四年制高校相当于我国的地方本科院校。但美国还有一种独特情况，美国国内以从事本科层次教育为主的、以私立办学为主、大多数为规模较小的文理学院（此类高校在中国是地地道道的地方本科院校）总体办学质量很高，文理学院系统的领先者是另一种类型的世界一流大学，其在国内外声誉不逊于耶鲁、普林斯顿等世界一流研究型大学。

如果从应用型和学术型两种不同类型高校比较角度来看，美国综合性大学系统中独立设置的文理学院，侧重实施通识教育并为硕士、博士学位升学作准备；综合性大学内设置的应用科学和技术学院，比如应用数学学院、电子工程学院（自然科学学院）和统计学院、社会发展与政策研究院（社会科学学院），以及综合性大学内设置的职业性（professional）学院，如教师教育学院、商学院、法学院、医学院等，主要实施本科层次及以上的应用型教育。此外，在美国理工学院系列中，

① 教育部留学服务中心．美国高等教育体系及其学位制度介绍［EB/OL］．（2013-10-25）［2016-05-30］．http://www.cscse.edu.cn/publish/portal0/tab118/info3684.htm.

除了少数属于研究型理工学院外，比如麻省理工学院、加州理工学院、佐治亚理工学院、斯蒂文森理工学院四大理工学院，大部分理工学院属于应用技术型理工学院。可见，美国综合性大学内设置的应用科学和技术学院、职业性学院以及绝大多数理工学院、社区学院或初级学院、职业或技术学院都属于应用型高等教育①。

综上所述，在美国高等教育系统中，除了社区学院或初级学院以及职业或技术学院外，还有美国国内实力排名前 300 名左右高校（包括部分排名靠前的文理学院）之外，其余 2 700 所左右的四年制高校，在美国国内的发展定位和地位声望类似于我国地方本科院校在中国的发展定位和地位声誉。

二、英国高等教育体系概况

英国（the United Kingdom）包括英格兰、威尔士、苏格兰、北爱尔兰四个部分。英国高等教育系统以英格兰的高等教育体系为主体，其他三个部分的高等教育制度和体系深受英格兰高等教育制度和体系的影响。据英国高等教育统计局（HESA）公布数据，2015—2016 学年度，整个英联邦四国共有四年制高等院校 166 所（不含无全日制学生、无专职教师的开放大学），其中英格兰有 132 所、威尔士有 10 所、苏格兰有 19 所、北爱尔兰有 5 所②。

英国高等教育机构根据其性质、特点和学位授予情况的不同可将其划分为大学、学院、高等教育学院或继续教育学院等不同类型。英国大学都是独立的法人实体，均有学位授予权，可自主设置不同水平和不同专业的课程，并根据开设课程授予相应各级学位。除白金汉大学为私立外，其他大学均为公立大学。在上述高等教育学院中，一部分学院可自

① 黄藤. 国外高层次应用型人才培养模式研究［M］. 上海：华东师范大学出版社，2015：55.

② Higher Education Statistics Agency (HESA). Higher Education Statistics for the UK [EB/OL]. [2016-11-20]. https://www.hesa.ac.uk/data-and-analysis/publications/higher-education-2015-16.

行颁发学位，但更多的学院由其所属大学、学院或国家认证机构颁发学位证书。除了本科课程外，这类高校还设置许多专业性课程或为有一定工作经验的学生设计特殊课程①。英国还有一类高等院校叫作多科技术学院，相当于我国高职高专院校。因此，综合管理权限、人才培养定位、办学层次等情况来看，英国高等教育系统中除了研究型大学和其他高度精英型高校外，大部分四年制高等教育机构以其在英国的发展定位和影响力状况，可看成类似于我国的地方本科院校，或者可将英国高等教育机构排名榜 50 名左右之后的高等教育机构看成类似于我国的地方本科院校。

三、日本高等教育体系概况

日本的高等教育系统包括大学教育和专科教育两大部分，其中，大学教育又分为本科、硕士和博士三个阶段的教育，专科教育机构包括短期大学、高等专门学校和开设有专门课程的专修学校。专科教育机构中的短期大学招收高中毕业生或具有同等以上学力者，学制为 2 年到 3 年，毕业生可获得“准学士”称号。短期大学的毕业生可以进入大学学习，在短期大学取得的学分可以累计，成为获得学士学位的一部分学分。高等专门学校招收初中毕业生，学制 5 年（与商船有关的专业为 5 年半），毕业生可获得“准学士”称号。高等专门学校的毕业生有资格申请大学插班。设有专门课程的专修学校称为“专门学校”，招收高中毕业生或具有同等学力者，学习年限从 1 年到 3 年不等，一般以 2 年为主，修满课程者可获得由文部省大臣授予的“专门士”称号。日本的大学分为国立、公立和私立。无论哪一类大学都必须经过日本文部省认可，才能成为正规大学，因此各类大学的入学、毕业、授予学位条件大致相同。大学可以设有学部、大学院两类机构。其中，从事本科阶段教育机构称为“学部”，学制四年；从事研究生阶段教育机构称为“大学院”，包括硕士、博士、研修生三个阶段或类型的教育②。

---

① 教育部留学服务中心. 英国高等教育体系及其学位制度介绍 [EB/OL]. (2013-10-25) [2016-10-20]. http://www.cscse.edu.cn/publish/portal0/tab118/info3683.htm.

② 教育部留学服务中心. 日本高等教育体系及其学位制度介绍 [EB/OL]. (2013-10-25) [2016-10-23]. http://www.cscse.edu.cn/publish/portal0/tab118/info3689.htm.

据日本总务省统计局公布的数据，2016 年（平成 28 年）全日本共有高等教育机构 1 175 所，其中大学 777 所、短期大学 341 所、高等专科学校 57 所。在日本 777 所大学中，国立大学占 86 所、公立大学占 91 所（其中法人化公立大学 75 所）、私立大学 600 所①。大学部门共有专职教师 184 248 人，兼职教师 196 476 人②。综合管理权限、实力等因素，日本大学中除了 86 所国立大学以及少数研究型私立大学外，大部分日本大学在国内的发展定位和声誉地位相当于我国的地方本科院校。日本的专科教育机构即短期大学、高等专门学校、专修学校相当于我国的高职高专院校。

第二节　发达国家高校教师队伍结构的基本状况

本节根据有关资料所获得的情况从横、纵两个维度展开分析，有些地方还会采用点面结合的分析方法。横的维度指总分或类型维度，目的是从总体到部分或从不同类型高校分析教师队伍结构的相似性或差异性；纵的维度指历史发展维度，即比较不同发展阶段教师队伍结构的不同特点，目的是了解发达国家高校教师队伍结构的变迁状况，特别是试图了解发达国家在高等教育大众化阶段和普及化初期高校教师队伍结构状况，是否存在相似于我国高校目前存在的问题。但需要说明的是，由于资料缺乏，纵向分析相对薄弱。本节首先从结构构成要素的数量匹配视角分析发达国家高校教师队伍的年龄结构、学历结构、职称结构、学科结构、学缘结构、专兼职结构、知行素质结构，最后从构成要素即教师之间的学术交往互动视角探讨高校教师队伍的联结结构。

---

① 日本総務省統計局．学校基本調査（平成 28 年度）[EB/OL]．(2016-12-22) [2017-01-20]．http://www.e-stat.go.jp/SG1/estat/List.do?bid=000001079878&cycode=0．

② 日本総務省統計局．学校基本調査（平成 28 年度）[EB/OL]．(2016-12-22) [2017-01-20]．http://www.e-stat.go.jp/SG1/estat/List.do?bid=000001079879&cycode=0．

一、中年教师的比例占优，成熟稳定型的年龄结构

虽然某一特定个体的年龄是一个不可控的自然现象，但群体的总体年龄结构可以通过调整进出口实现人为调控。我国将个体年龄从18～40周岁称为青年期，41～65周岁为中年期，66周岁以上为老年期。其中29～40岁又称为成熟期，41～48岁为壮实期，49～55岁为稳健期，56～65岁为调整期，67～72岁为初老期。联合国世界卫生组织的最新年龄分段标准是：44岁以下为青年人，45～59岁为中年人，60～74岁为年轻老年人，75～89岁为老年人，90岁以上为长寿老人。下文将按此标准考察发达国家高校教师队伍年龄结构的总体特点。

总体而言，发达国家高校教师队伍年龄结构呈现出中年教师比例最大、成熟稳定的特点，具体表现在以下几个方面：第一，50岁左右的中年教师占据最大比例，并以这一年龄段为对称轴左右两边分布基本对称。第二，在35～60岁这一职业主体年龄区间，各小年龄段教师比例变化较平缓，整体呈现正态分布，极少存在年轻化现象，相反，部分国家出现老龄化端倪。此外，从历史维度来讲，年龄结构相对稳定，波动幅度较小。下面主要对美国、英国、日本三国的高校教师队伍年龄结构状况分别进行数量化分析。

（一）美国高校教师队伍的年龄结构

首先，美国高校年轻教师比例较小甚至很小，老龄教师比例较大，中年教师比例最大。以2003年为例，全美学位授予高校的专职教师(faculty and instructional staff) 共有68.18万人，其中30岁以下教师比例仅占1.8%，31～40岁以下占20.0%，41～50岁占9.2%，50岁以上占51.1%（即占了五成），而60岁（这是我国目前男性教师退休年龄）以上教师比例仍达17.9%（其中65岁以上教师还占6.4%）。其中，40～54岁的中年教师比例占45.8%①。

其次，美国高校教师队伍年龄分布呈类正态型。比如，2003年全美

① U. S. Department of Education. Digest of Educational Statistics 2015 51st edition [M]. 2016: 577.

学位授予高校教师队伍中，30 岁以下、30～34 岁、35～39 岁、40～44 岁、45～49 岁、50～54 岁、55～59 岁、60～64 岁、65 岁及以上等各年龄段教师比例分别为：1.8%、6.9%、11.3%、13.6%、15.4%、16.8%、16.4%、11.5%、6.4%①。可见，这是一条以 50 岁左右为峰值的类正态分布曲线，同时，年龄大的教师比年龄小的教师更多。详见表 3-1、图 3-1 所示。

再次，在主要职业年龄区间即在 35～60 岁之间，各年龄段教师比例在 11%～17%内波动，各小年龄段的教师比例落差不大。此外，兼职教师队伍年龄构成也和专职教师类似。比如，2003 年全美学位授予高校兼职教师共有 53.0 万人，上述九个小年龄段的教师比例分别是：4.3%、8.2%、10.3%、11.5%、14.4%、15.6%、14.5%、9.7%、11.4%②。因此，全体教师（含专兼职）队伍年龄结构与上述类似。详见表 3-1、图 3-1 所示。

表 3-1　2003 年美国学位授予高校教师队伍年龄结构状况（千人、%、岁）

类别	人数	比例计	<30	30～34	35～39	40～44	45～49	50～54	55～59	60～64	≥65
专职	681.8	100.0	1.8	6.9	11.3	13.6	15.4	16.8	16.4	11.5	6.4
兼职	530.0	100.0	4.3	8.2	10.3	11.5	14.4	15.6	14.5	9.7	11.4
总计	1 211.8	100.0	2.9	7.5	10.9	12.7	15.0	16.3	15.6	10.7	8.5

说明：1. 由于数据既包含了研究型、世界一流水平高校，也包含了副学士学位授予高校，属全国高校平均水平，因此与我国地方本科院校有一定可比性，下文如无特殊说明，美国教师全国数据都包含副学士学位授予高校的数据。2. 因采用四舍五入计数法，各小项比例之和有可能不等于 100.0，而是等于其近似值，比如 99.9 或 100.1 等，属于正常计算误差。后文出现此类情况时，不再作说明。

资料来源：U. S. Department Education. Digest of Educational Statistics 2015 51st edition [M]. 2016：577-578.

① U. S. Department of Education. Digest of Educational Statistics 2015 51st edition [M]. 2016：577.

② U. S. Department of Education. Digest of Educational Statistics 2015 51st edition [M]. 2016：578.

从专兼职教师队伍之间比较来看，兼职教师队伍中的年轻教师比例比专职教师队伍中的年轻教师比例稍高，但兼职教师队伍中的老龄教师比例比专职教师队伍中老年教师比例更高。详见表 3-1、图 3-1 所示。

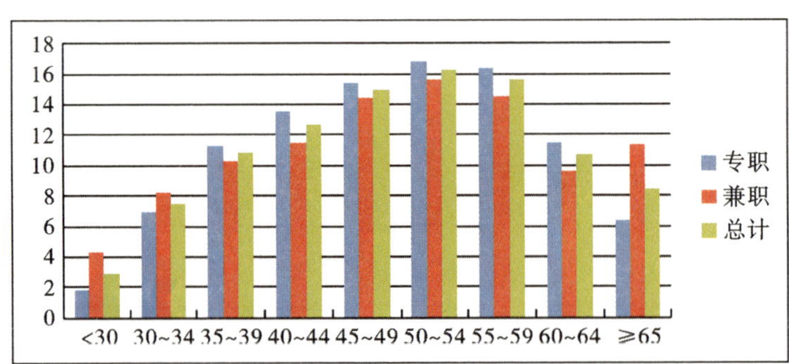

图 3-1　2003 年美国学位授予高校教师队伍年龄结构状况（%、岁）

从历史变迁或纵向比较来看，以 1969 年、1987 年、1998 年、2003 年四年为例，美国高校年轻教师比例有下降趋势，而老龄教师比例有上升趋势。详见表 3-2、图 3-2 所示。

表 3-2　1969—2003 年美国学位授予高校教师队伍年龄结构状况（千人、%、岁）

年	人数	比例计	＜30	30～39	40～49	50～59	≥60	其中≥65	备 注
1969 年	—	100.0	16.0	33.9	26.7	15.7	7.7	—	大众化后期
1987 年	489.0	100.0	1.6	23.0	35.6	27.1	12.7	—	普及化阶段
1998 年	560.4	100.0	1.6	16.5	31.9	34.8	15.3	5.5	普及化阶段
2003 年	681.8	100.0	1.8	18.2	29.0	33.2	17.9	6.4	新千年之后

说明：1. 1969 年教师年龄段划分为≤30 岁、31～40 岁、41～50 岁、51～60 岁、≥61 岁，跟其他年度稍有不同；1987 年教师为专职教学性人员（full-time regular instructional faculty），1998 年和 2003 年教师指专职教师（full-time faculty and instructional staff）。2. 1969 年各比例系卡耐基未来高等教育委员会和美国教育理事会共同组织开展的一次抽样调查结果，具体人数未知。3. 表中“—”表示未知，下面各表同。

资料来源：1969 年数据来源于 U. S. Department Education. Digest of Educational Statistics 1971 edition [M]. 1972：81；1987 年数据来源于 U. S. Department Education. Digest of Educational Statistics 1990 [M]. 1991：220；1998、2003 年数据来源于 U. S. Department Education. Digest of Educational Statistics 2009 [M]. 2010：370.

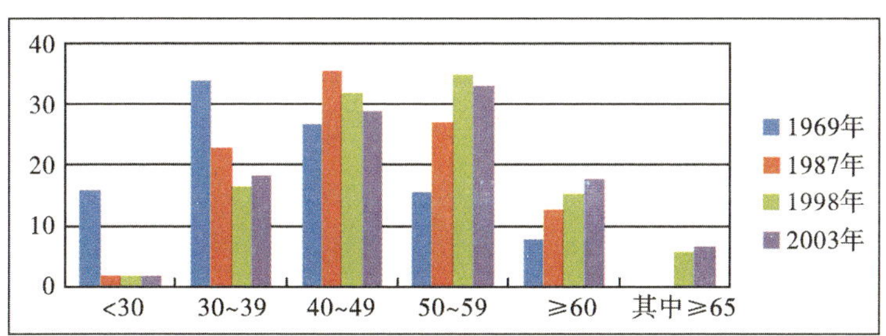

图 3-2　1969—2003 年美国学位授予高校教师队伍年龄结构状况（%、岁）

从不同层次学校来看，以 1969 年为例，当年美国大学、四年制学院、二年制副学士授予高校三者之间教师队伍年龄结构差异也不大。美国四年制学院跟我国地方本科院校基本等同，美国高等教育在 20 世纪六七十年代处于大众化后期，和我国高等教育目前所处的发展阶段基本相似。当年美国四年制学院教师队伍中 30 岁及以下教师占 17.0%，31～40 岁教师占 33.1%，41～50 岁教师占 25.7%，51～60 岁教师占 15.6%，60 岁及以上教师占 8.5%①。详见表 3-3、图 3-3 所示。

表 3-3　1969 年美国不同类型学位授予高校教师队伍年龄结构状况（%、岁）

高校类型	比例计	≤30	31～40	41～50	51～60	≥60
大学	100.0	14.6	35.1	27.1	15.7	7.4
四年制学院	100.0	17.0	33.0	25.7	15.6	8.5
二年制学院	100.0	18.0	31.4	28.0	16.1	6.6
所有高校	100.0	16.0	33.9	26.7	15.7	7.7

说明：1. 二年制学院即副学士学位授予高校。2. 表中数据系抽样调查结果。

资料来源：U. S. Department Education. Digest of Educational Statistics 1971 edition [M]. 1972：81.

以上是全美高校教师队伍年龄结构的总体状况。下文以俄勒冈大学系统为例，分析不同规模、不同层次的高校个案或少数样本高校的教师队伍年龄结构状况。俄勒冈大学系统由本州的 7 所大学组成，在这一大

① U. S. Department Education. Digest of Educational Statistics 1971 edition [M]. 1972：81.

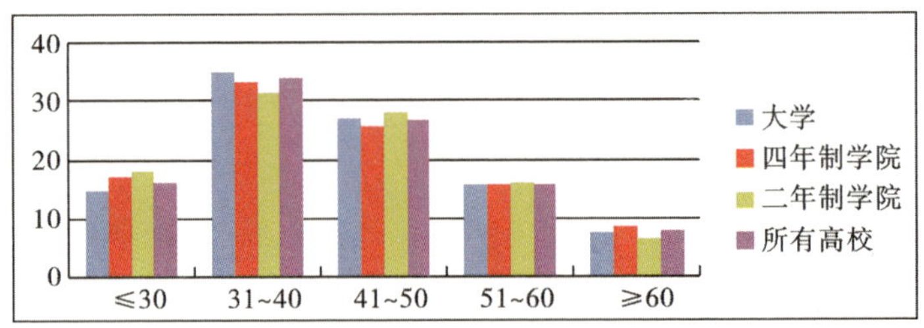

图 3-3 1969 年美国不同类型学位授予高校教师队伍年龄结构状况（%、岁）

学系统中，既有规模较大的俄勒冈州立大学（Oregon State University）和市立大学俄勒冈大学（University of Oregon），也有小规模高校。数据表明，在该高校系统中，绝大多数高校中 30 岁以下教师比例都在 3%左右；相反，61 岁以上教师比例在 1997—1998 年度普遍小于 7%，但在 2009—2010 年度都超过 10%。另外，绝大多数高校中的 41～55 岁中年教师比例都在五成以上。从 7 所大学教师队伍的总体年龄分布来看，2009—2010 年度的<31 岁、31～35 岁、36～40 岁、41～45 岁、46～50 岁、51～55 岁、56～60 岁、61～65 岁、>65 岁等各年龄段教师比例依次是：2.9%、8.8%、13.8%、13.9%、14.3%、16.4%、16.3%、10.1%、3.6%①②。总体呈类正态分布结构，左右基本对称，中间几个主要年龄段教师比例相差不大。详见表 3-4、图 3-4 所示。

表 3-4 1997—1998、2009—2010 年度俄勒冈大学系统有职称的教师队伍年龄构成状况（人、%、岁）

校名	年度	人数	<31	31～35	36～40	41～45	46～50	51～55	56～60	61～65	>65
EOU	97/98	68	2.9	8.8	13.2	27.9	16.2	17.6	11.8	1.5	0
	09/10	94	2.1	2.1	11.7	12.8	14.9	19.1	26.6	9.6	1.1
OIT	97/98	100	1.0	6.0	12.0	21.0	23.0	20.0	15.0	2.0	0
	09/10	134	5.2	4.5	9.0	14.2	12.7	20.9	18.7	10.4	4.5

① Oregon University System Office of Institutional Research. Oregon University system fact book 1998 [M]. 1999: 108.

② Oregon University System Office of Institutional Research. Oregon University system fact book 2010 [M]. 2011: 87.

续表

校名	年度	人数	<31	31～35	36～40	41～45	46～50	51～55	56～60	61～65	>65
OSU	97/98	745	1.3	6.0	11.3	19.9	22.3	20.0	14.1	4.6	0.5
	09/10	717	3.9	10.6	13.7	14.1	15.2	14.9	14.5	9.9	3.2
PSU	97/98	466	0.9	6.2	10.7	17.2	19.1	19.3	14.8	9.4	2.4
	09/10	667	1.8	7.4	13.9	13.6	13.9	15.0	18.7	10.6	5.0
SOU	97/98	169	1.8	8.3	14.8	19.5	16.6	21.9	12.4	3.0	1.8
	09/10	196	1.5	4.1	7.7	11.2	18.9	18.9	18.9	14.8	4.1
UO	97/98	651	3.7	9.5	11.7	21.5	18.7	17.7	10.4	5.8	0.9
	09/10	760	2.8	11.1	16.4	14.9	12.1	16.4	14.9	8.9	2.5
WOU	97/98	158	3.8	9.5	16.5	20.3	16.5	18.4	13.3	1.3	0.6
	09/10	195	3.6	9.2	13.8	13.3	16.4	19.5	10.3	8.7	5.1
OUS Total	97/98	2 357	2.1	7.5	12.0	20.1	19.7	19.2	13.0	5.3	1.1
	09/10	2 763	2.9	8.8	13.8	13.9	14.3	16.4	16.3	10.1	3.6

说明：1. 教师指有职称的专职教师（full-time ranked instructional faculty）；2. EOU指 Eastern Oregon University，OIT 指 Oregon Institute of Technology，OSU 指 Oregon State University，PSU 指 Portland State University，SOU 指 Southern Oregon University，UO 指 University of Oregon，WOU 指 Western Oregon University。3. 97/98 表示 1997—1998 年度，其他年度数据含义同理。下文同。

资料来源：1997—1998 年度数据来源于 Oregon University System Office of Institutional Research. Oregon University system fact book 1998 [M]. 1999：108；2009—2010 年度数据来源于 Oregon University System Office of Institutional Research. Oregon University system fact book 2010 [M]. 2011：87.

（二）英国高校教师队伍的年龄结构

英国高校教师队伍年龄构成和美国相类似，但英国高校教师总体比美国年轻一些。以 2015—2016 年度为例，全英国 163 所高校（大学和四年制学院）共有专职教师 135 015 人，在≤25 岁、26～30 岁、31～35 岁、36～40 岁、41～45 岁、46～50 岁、51～55 岁、56～60 岁、61～65 岁、≥66 岁等各年龄段教师比例分别为 1.5%、11.5%、17.5%、

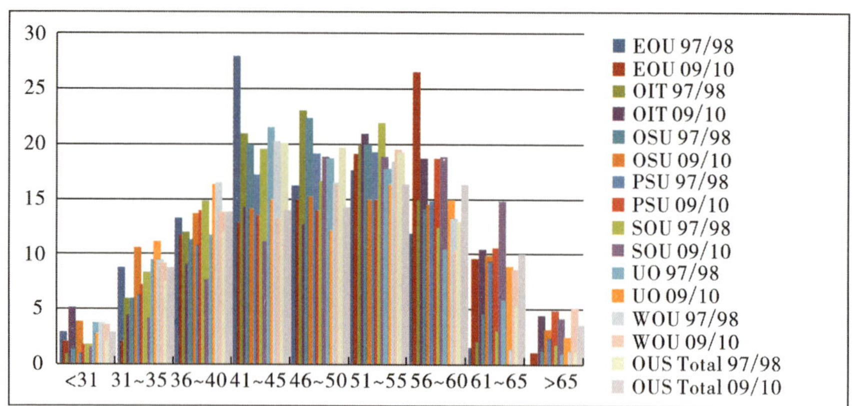

图 3-4 1997—1998、2009—2010 年度俄勒冈大学系统有职称的教师队伍年龄构成状况（%、岁）

15.2%、13.6%、13.7%、12.7%、9.1%、4.3%、1.0%①。可见，30 岁以下教师占 13.0%（我国的这个数据一直为百分之二十几甚至达到百分之三十），60 岁以上教师占 5.3%（我国的这一比例长期是 2.5% 左右），分布图的最高峰值为 31～35 岁，36～55 岁各年龄段教师数量相差不大。详见表 3-5、图 3-5 所示。

表 3-5 2015—2016 年度英国高校专职教师队伍年龄结构状况（人、%、岁）

人数	比例计	≤25	26～30	31～35	36～40	41～45	46～50	51～55	56～60	61～65	≥66
135 015	100.0	1.5	11.5	17.5	15.2	13.6	13.7	12.7	9.1	4.3	1.0

说明：表中教师为专职学术人员，即 Full-time academic staff (excluding atypical).

资料来源：Higher Education Statistics Agency (HESA). Staff in Higher Education 2015/16 [EB/OL]. [2017-02-20]. https://www.hesa.ac.uk/data-and-analysis/publications/staff-2015-16/introduction.

从结构纵向变化来看，据英国高等教育拨款委员会 2010 年公布的统计分析数据，从 1995—1996 年度到 2008—2009 年度的 14 年时间里，

① Higher Education Statistics Agency (HESA). Staff in Higher Education 2015/16 [EB/OL]. [2017-02-20]. https://www.hesa.ac.uk/data-and-analysis/publications/staff-2015-16/introduction.

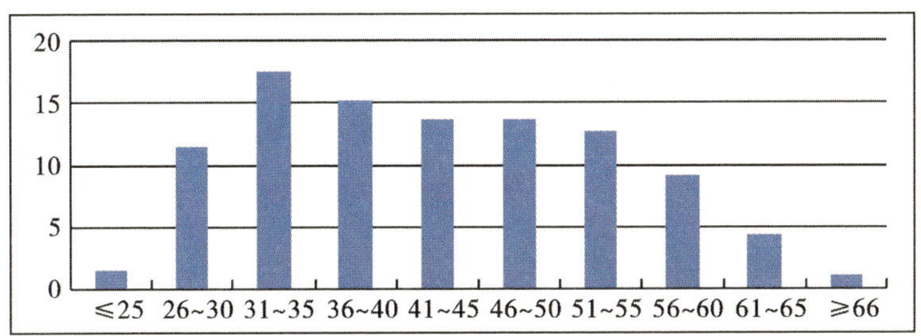

图 3-5　2015—2016 年度英国高校专职教师队伍年龄结构状况（%、岁）

英国高校专职教师队伍中，40 岁以下教师比例一直低于三分之一，40～60 岁教师比例一直占据四分之三，60 岁以上教师比例提高了 2%（在 2005—2006 年度），平均年龄在 2005—2006 年度为 43.4 岁，在 2008—2009 年度为 43.9 岁（当年全英在职人员平均年龄为 40.9 岁），55 岁以上教师比例一直占据三分之一，在 2008—2009 年度的前四年里，55 岁教师比例仅提高了 1%，并没有出现退休高峰的迹象①。详见图 3-6 所示，其中，从 2003 到 2008 年，英国高校专职教师队伍中 30 岁以下比例都是 2%左右，30～39 岁教师比例都在 21%左右，40～49 岁教师比例都在 35%左右，50～59 岁教师比例在 31%～35%，大于 60 岁教师比例从 6.5%提升到 10.0%，即 60 岁以下各年龄段教师比例在 5 个年度中没有明显变化②③。如果把继续教育学院学术人员都统计在内，那么在 2012—2013 年度和 2013—2014 年度中，小于 30 岁教师比例约为 10%，大于 60 岁教师比例约为 11%④，详见表 3-6、图 3-7 所示。

① Higher Education Funding Council for England (HEFCE). The higher education workforce framework [M]. 2010: 28-29.

② Higher Education Funding Council for England (HEFCE). Staff employed at HEFCE-funded HEIs: update-trends and profiles [M]. 2008: 24.

③ Higher Education Funding Council for England (HEFCE). Staff employed at HEFCE-funded HEIs: update-trends and profiles 1995-96 to 2008-09 [M]. 2010: 25.

④ Higher Education Funding Council for England (HEFCE). Higher education staff equalities by age [EB/OL]. (2015-05-19) [2017-06-02]. http://www.hefce.ac.uk/data/year/2015/eddata/.

综上所述，英国高校专职教师主要年龄段是在40～60岁区间，30岁乃至40岁以下的年轻教师比例较少，老龄教师还占据一定比例，呈类正态分布，平均年龄比较大，没有年轻化现象，队伍比较成熟，年龄结构多年来非常稳定。有些高校的兼职教师总体年轻于专职教师，有些高校的情况则相反。

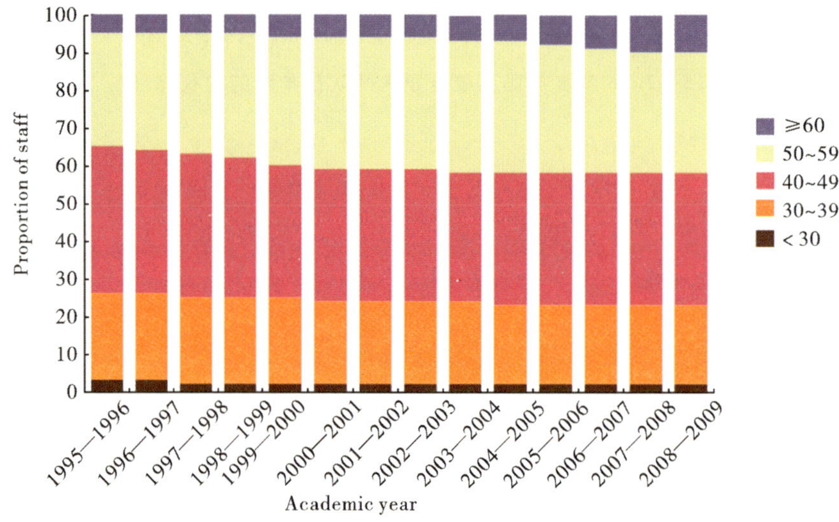

图 3-6　1995—2008 年英国高校专职教师队伍年龄结构状况（%、岁）

表 3-6　2003—2013 年英国高校专职教师队伍年龄结构状况（人、%、岁）

年度	人数	比例计	＜30	30～39	40～49	50～59	≥60	备注
2003—2004	60 470	100.0	2.0	21.8	34.4	35.2	6.5	仅指英格兰地区，不含苏格兰、威尔士和北爱尔兰地区，不含继续教育学院(further education colleges)教师
2005—2006	66 884	100.0	2.2	21.3	35.4	33.8	7.4	
2008—2009	75 185	100.0	2.2	20.9	35.2	31.7	10.0	
2012—2013	155 525	100.0	10.1	28.5	27.5	22.9	11.1	仅指英格兰地区，不含苏格兰、威尔士和北爱尔兰地区，含继续教育学院(further education colleges)教师
2013—2014	161 755	100.0	10.2	28.9	27.0	22.6	11.4	

资料来源：2008—2009 年度数据来源于 Higher Education Funding Council for England (HEFCE). Staff employed at HEFCE-funded HEIs: update-trends and profiles 1995-96 to 2008-09 [M]. 2010：25；2012—2013、2013—2014 年度数据来源于 Higher Education Funding Council for England (HEFCE). Higher education staff equalities by age [EB/OL]. (2015-05-19) [2017-06-02]. http://www.hefce.ac.uk/data/year/2015/eddata/；其他年度数据来源于 Higher Education Funding Council for England (HEFCE). Staff employed at HEFCE-funded HEIs: update-trends and profiles [M]. 2008：24.

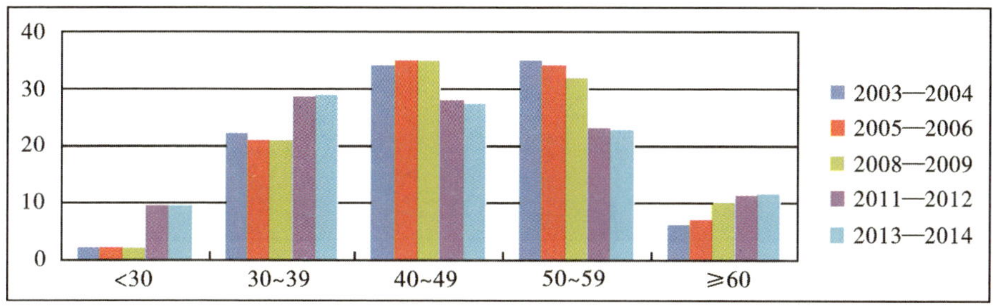

图 3-7　2003—2013 年英国高校专职教师队伍年龄结构状况（%、岁）

（三）日本高校教师队伍的年龄结构

日本高校教师队伍年龄结构总体跟美国、英国相似，且其对称均衡特点更为突出。2013 年，日本全国所有四年制高等教育机构即大学部门共有专职教师 177 263 人，教师队伍中小于及等于 29 岁、30～34 岁、35～39 岁、40～44 岁、45～49 岁、50～54 岁、55～59 岁、60～64 岁、65 岁及以上教师比例分别为 2.5%、8.4%、13.8%、15.3%、14.0%、14.2%、12.6%、12.3%、6.9%，平均年龄为 48.9 岁。兼职教师总数为 206 202 人，上述几个年龄段教师比例分别为 1.5%、5.4%、9.5%、12.5%、13.7%、15.3%、14.0%、12.6%、15.4%，平均年龄为 52.2 岁。可见，不管是专职还是兼职教师队伍，30 岁甚至 34 岁以下教师比例都很少，60 岁甚至 65 岁以上教师比例还较多，专职教师队伍以 45 岁左右为峰值、兼职教师队伍以 50 到 55 岁为峰值，形成类正态分布结构。其中，兼职教师比专职教师总体年龄更大。如果将大学部门和短期大学（图、表中将其简称为“短大”）比较，那么，后者教师队伍总体年龄更大①②。详见表 3-7、图 3-8 所示。

表 3-7　2013 年日本高等教育机构教师队伍年龄结构状况（人、%、岁）

高校类型	人数	比例计	≤29	30～34	35～39	40～44	45～49	50～54	55～59	60～64	≥65	均龄
大学专职	177 263	100.0	2.5	8.4	13.8	15.3	14.0	14.2	12.6	12.3	6.9	48.9
大学兼职	206 202	100.0	1.5	5.4	9.5	12.5	13.7	15.3	14.0	12.6	15.4	52.2
大学总体	383 465	100.0	2.0	6.8	11.5	13.8	13.9	14.8	13.4	12.5	11.5	50.7
短大专职	8 570	100.0	3.6	5.8	9.7	11.2	11.7	13.6	13.4	17.6	13.5	52.0
短大兼职	18 065	100.0	2.0	4.9	8.5	11.5	12.4	14.2	13.5	14.7	18.3	53.3
短大总体	26 635	100.0	2.5	5.2	8.9	11.5	12.2	14.0	13.5	15.6	16.7	52.9

资料来源：大学教员数据来源于日本総務省統計局．学校教員統計調査（平成 25 年度）[EB/OL]．(2015-03-27) [2017-04-20]．http://www.e-stat.go.jp/SG1/estat/List.do?bid=000001058821&cycode=0；短期大学教员数据来源于日本総務省統計局．学校教員統計調査（平成 25 年度）[EB/OL]．(2015-03-27) [2017-04-20]．http://www.e-stat.go.jp/SG1/estat/List.do?bid=000001058822&cycode=0．

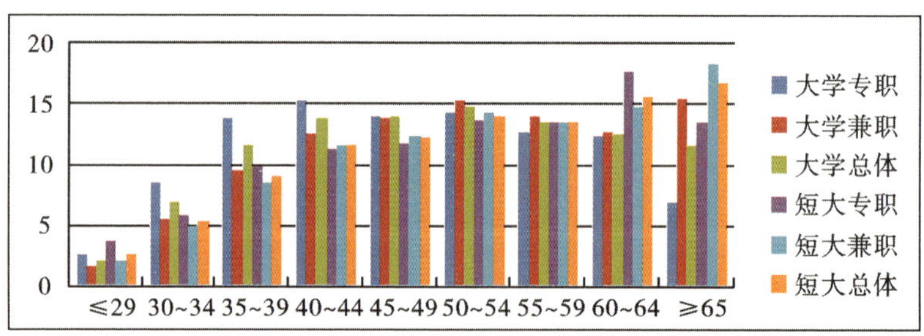

图 3-8　2013 年日本高等教育机构教师队伍年龄结构状况（%、岁）

① 日本総務省統計局．学校教員統計調査（平成 25 年度）[EB/OL]．(2015-03-27) [2017-04-20]．http://www.e-stat.go.jp/SG1/estat/List.do?bid=000001058821&cycode=0．

② 日本総務省統計局．学校教員統計調査（平成 25 年度）[EB/OL]．(2015-03-27) [2017-04-20]．http://www.e-stat.go.jp/SG1/estat/List.do?bid=000001058822&cycode=0．

从结构纵向变迁角度看，以 1998 年、2007 年、2010 年、2013 年四年度大学部门教师队伍年龄状况为例，上述四年度教师队伍平均年龄分别是 47.2 岁、48.3 岁、48.7 岁、48.9 岁，有增高趋势，40 岁以下教师比例都分别有所下降，60～64 岁年龄段教师比例有所增长，其他年龄段的教师比例基本保持不变，从 35 到 60 岁（2010 年、2013 年到 64 岁）各小年龄段教师比例相差很小①②③④。可见，日本大学部门教师队伍年龄结构从纵向来讲比较稳定，中间年龄段较为均衡，同时存在老龄化端倪。详见表 3-8、图 3-9 所示。

表 3-8　1998—2013 年日本大学部门专职教师队伍年龄结构状况（人、%、岁）

年	人数	比例计	≤29	30～34	35～39	40～44	45～49	50～54	55～59	60～64	≥65	均龄
1998 年	146 153	100.0	4.2	11.7	15.7	14.3	13.5	13.4	12.0	8.5	6.7	47.2
2007 年	167 971	100.0	3.1	9.8	14.3	14.4	14.4	12.6	13.8	11.6	6.1	48.3
2010 年	172 728	100.0	2.8	9.1	14.2	14.3	14.3	13.4	12.3	13.2	6.4	48.7
2013 年	177 263	100.0	2.5	8.4	13.8	15.3	14.0	14.2	12.6	12.3	6.9	48.9

资料来源：日本総務省統計局．学校教員統計調査（平成 10 年度）[EB/OL]．(2007-12-21) [2017-04-23]．http://www.e-stat.go.jp/SG1/estat/NewList.do?tid=000001016172；日本総務省統計局．学校教員統計調査（平成 19 年度）[EB/OL]．(2009-04-06) [2017-04-23]．http://www.e-stat.go.jp/SG1/estat/NewList.do?tid=

① 日本総務省統計局．学校教員統計調査（平成 10 年度）[EB/OL]．(2007-12-21) [2017-04-23]．http://www.e-stat.go.jp/SG1/estat/NewList.do?bid=000001016172.

② 日本総務省統計局．学校教員統計調査（平成 19 年度）[EB/OL]．(2009-04-06) [2017-04-23]．http://www.e-stat.go.jp/SG1/estat/NewList.do?tid=000001016172.

③ 日本総務省統計局．学校教員統計調査（平成 22 年度）[EB/OL]．(2012-03-27) [2017-04-23]．http://www.e-stat.go.jp/SG1/estat/NewList.do?tid=000001016172.

④ 日本総務省統計局．学校教員統計調査（平成 25 年度）[EB/OL]．(2015-03-27) [2017-04-23]．http://www.e-stat.go.jp/SG1/estat/NewList.do?tid=000001016172.

000001016172;日本総務省統計局．学校教員統計調査（平成22年度）[EB/OL].（2012-03-27）[2017-04-23]. http://www.e-stat.go.jp/SG1/estat/NewList.do?tid=000001016172;日本総務省統計局．学校教員統計調査（平成25年度）[EB/OL].（2015-03-27）[2017-04-23]. http://www.e-stat.go.jp/SG1/estat/NewList.do?tid=000001016172.

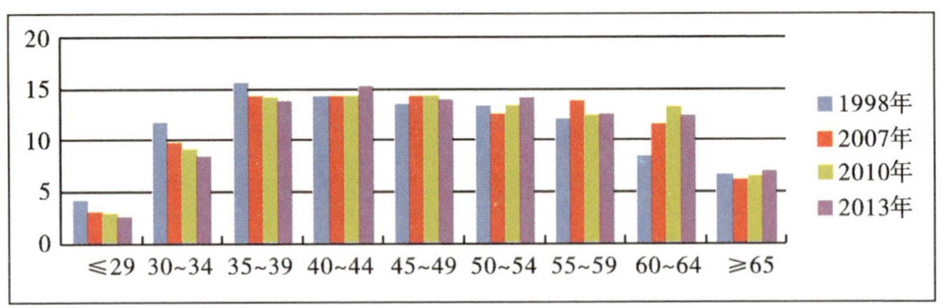

图3-9 1998—2013年日本大学部门专职教师队伍年龄结构状况（%、岁）

从高校个案来看，2008年新创建的长崎县立大学是一所公立大学，相当于我国的新建地方本科院校，该校设置3个学部和3个研究科，2010年专职教师数为142人，其中29岁及以下、30～39岁、40～49岁、50～59岁、60岁及以上教师比例分别是2.1%、19.7%、28.2%、33.1%、16.9%，65岁以上教师比例仍占5.6%①；2016年，专职教师数为160人，上述各年龄段教师比例分别为1.3%、13.8%、33.1%、31.3%、20.6%；两年度中60岁以上教师比例占16.9%以上，有老龄化迹象，但2016年情况更明显一些②。详见表3-9、图3-10所示。

表3-9 2010、2016年日本长崎县立大学教师队伍年龄结构状况（人、%、岁）

年	人数	比例计	≤29	30～39	40～49	50～59	≥60	其中≥65
2010年	142	100.0	2.1	19.7	28.2	33.1	16.9	5.6
2016年	160	100.0	1.3	13.8	33.1	31.3	20.6	—

① 长崎县立大学官方网站．教育情報の公表—教員情報—教員数—大学全体[EB/OL].（2012-01-20）[2017-04-30]. http://sun.ac.jp/disclosure/teacher/number/#container.

② 长崎县立大学官方网站．教育情報の公表—教員情報—教員数—大学全体[EB/OL].（2016-05-01）[2017-04-30]. http://sun.ac.jp/disclosure/teacher/number/.

资料来源：2010年数据来源于长崎县立大学官方网站．教育情報の公表—教員情報—教員数—大学全体［EB/OL］.（2012-01-20）［2017-04-30］. http://sun. ac. jp/disclosure/teacher/number/#container；2016年数据来源于长崎县立大学官方网站．教育情報の公表—教員情報—教員数—大学全体［EB/OL］.（2016-05-01）［2017-04-30］. http://sun. ac. jp/disclosure/teacher/number/.

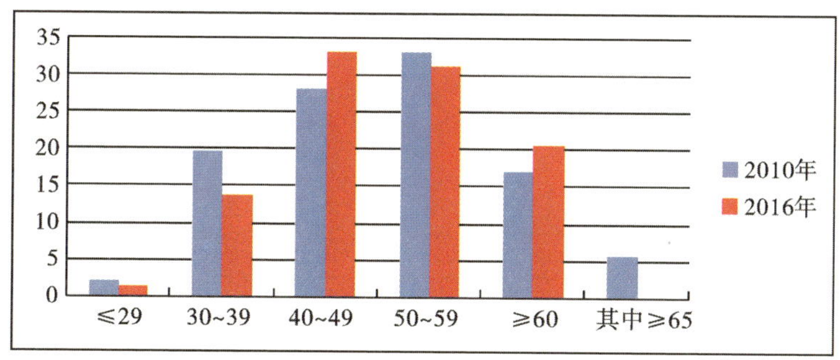

图3-10　2010、2016年日本长崎县立大学教师队伍年龄结构状况（%、岁）

除了美国、英国、日本三国外，考察世界经济前20位其他发达国家2008年中学后教育机构的教师队伍年龄结构，结果发现，除了卢森堡、爱尔兰、比利时、荷兰等国的教师队伍中小于30岁教师比例超过10%之外，其他国家都在10%以下，绝大多数国家60岁以上教师比例还较大①。详见表3-10所示。

表3-10　2008年部分发达国家中学后教育机构教师队伍年龄结构状况（%、岁）

编号	国家	比例计	<30	30～39	40～49	50～59	≥60	未知
1	卢森堡	100.0	20.0	25.4	25.8	25.9	2.9	0
2	挪威	100.0	5.1	19.7	24.9	33.8	16.5	0
3	瑞士	100.0	7.2	25.5	30.4	29.4	7.4	0
4	爱尔兰	100.0	12.9	28.3	24.1	25.3	5.6	3.8
5	冰岛	100.0	7.0	17.5	29.3	31.8	14.3	0

① United Nations Educational, Scientific and Cultural Organization (UNESCO). Statistics on teachers [EB/OL]. [2011-10-20]. http://www.uis.unesco.org/Education/Pages/teachers-statistics.aspx.

续表

编号	国家	比例计	<30	30～39	40～49	50～59	≥60	未知
6	瑞典	100.0	7.1	22.0	24.4	28.7	17.8	0
7	奥地利	100.0	5.7	21.5	37.1	32.8	2.9	0
8	荷兰	100.0	11.5	18.1	25.7	37.3	7.3	0
9	芬兰	100.0	5.8	21.7	30.8	31.3	10.4	0
10	比利时	100.0	15.7	23.8	27.5	29.7	3.3	0
11	法国	100.0	6.6	28.1	29.6	32.3	3.4	0
12	德国	100.0	2.4	22.3	28.7	38.3	8.1	0.2
13	意大利	100.0	1.0	9.6	28.6	35.2	7.0	18.6
14	西班牙	100.0	6.8	29.6	35.1	24.4	4.2	0
15	新西兰	100.0	8.4	15.3	17.9	20.6	7.6	30.3
16	希腊	100.0	5.4	23.9	40.9	27.4	2.4	0
17	丹麦	—	—	—	—	—	—	—
18	加拿大	—	—	—	—	—	—	—
19	澳大利亚	—	—	—	—	—	—	—
20	新加坡	—	—	—	—	—	—	—

资料来源：United Nations Educational, Scientific and Cultural Organization (UNESCO). Statistics on teachers [EB/OL]. [2011-10-20]. http://www.uis.unesco.org/Education/Pages/teachers-statistics.aspx.

综上所述，西方发达国家高校教师队伍年龄结构的总体特征是中年教师最多、类似正态分布，主要职业年龄区间内各小年龄段的教师分布差异不大，主要职业生涯年龄区间是在30～60岁甚至在40～60岁，即入职年龄较迟、退休年龄较晚、总体结构长期保持较为稳定。发达国家高校教师队伍年龄结构状况总体上符合系统结构优化的特征。根据高层次人才成长和使用的“长积累、高起点、长发挥”的基本规律，整体年龄较大显示出队伍更为成熟，一般也更有实力，老龄教师较多还意味着高层人才资源得到充分利用，中年教师最多意味着骨干团队强、整体实力强、后劲发展足，呈类正态分布同时主体部分分布较均衡意味着队伍没有人才断层，形成了自然新陈代谢较顺畅的良好格局，队伍结构的相对稳定（在动态中取得稳定）符合高等教育和高科技创新活动的重继承、重积累、周期长等特点，意味着队伍能力、实力和适应力的相对稳定，具有持续健康发展的良好态势。简言之，发达国家高校教师队伍年龄结构较为合理。

发达国家之所以形成这样的年龄结构，有着诸多影响因素。首先，发达国家高校教师入职标准的高学位、高学位获得的高难度、学位攻读制度的高灵活性使得发达国家博士毕业生年龄总体较大，因此教师入职时年龄较大。其次，发达国家基于人们健康体质水平的提高，以及基于尊重教师个人退休意愿等，采取了灵活的学术职业退休制度，高校教师退休年龄一般都延长到 65 岁左右甚至更长时间以延长学者学术生命周期，充分发挥高层次人才资源的独特作用等。关于发达国家高校优化教师队伍年龄结构的做法和经验，后文将有专题论述。

二、博士教师的数量最多，倒金字塔型的学位结构

美国著名国际高等教育比较专家菲利普·G. 阿特巴赫曾进行大范围的国际调查后发现，在北半球，高等教育学术任职的标准之一就是应聘者必须具有博士学位，或获得相当于博士学位——国内尽可能最高的学位。在德国、俄罗斯和其他沿用德国学术模式的国家中，获得正教授职位还要具有第二博士学位，或者同等资质[①]。因此，发达国家高校教师队伍学历（学位）结构最显著的特点就是高学历（学位）化，形成总体上以博士教师为主、倒金字型的学历（学位）结构，尤其是专任教师队伍更是如此。这种结构有利于高校形成学术优势、增强实力、提高竞争力，在激烈竞争中立于有利地位。本节将分别分析美国、英国、日本三国高校教师队伍的学历结构状况，有时用学位结构代替学历结构。

（一）美国高校教师队伍的学位结构

美国高校教师队伍总体学历层次很高。目前，全美学位授予高校专职教师的博士学位拥有率达到了六成以上，学士学位及以下教师比例非常小，形成倒金字塔型学历结构。以 1969 年、1972 年、1987 年、1992 年、1998 年、2003 年六个年度为例，在全美学位授予高校的专职教师队伍中，拥有博士（含专业学位，即 professional degree）、硕士、学士及

---

① 菲利普·G. 阿特巴赫. 高等教育变革的国际趋势［M］. 蒋凯，译. 北京：北京大学出版社，2009：123.

其他学位的教师比例分别是：1969 年为 53.8%、34.5%、11.6%；1972 年为 40.8%、44.9%、6.2%；1987 年为 67.4%、27.9%、4.6%；1992 年为 64.8%、29.5%、5.2%；1998 年为 66.9%、27.8%、5.2%；2003 年为 67.8%、26.4%、5.8%①②③④。

从变迁趋势来看，从 20 世纪六七十年代（高等教育普及化初期）至 21 世纪初，美国高校教师博士学位拥有率缓慢上升，从 20 世纪六七十年代的五六成提升到 21 世纪初的接近七成。从大学、四年制高校等两种类型高校之间比较来看，大学部门教师队伍的博士率最高，四年制高校稍低，但也有四成以上。其中，美国四年制学院和公立综合性大学（博士学位授予数量少）对应于我国地方本科院校，此类高校的博士教师比例也非常高，1969 年为 52.7%、1972 年为 41.8%（普及化初期）、1987 年为 68.9%、2003 年为 74.1%，一般高于全美高校平均水平。详见表 3-11、图 3-11、表 3-12、图 3-12 所示。

表 3-11　1969—2003 年美国学位授予高校教师队伍学位结构状况（千人、%）

年份及高校类型	人数	比例计	博士	硕士	学士	其他	其中专业学位	备注
1969 年全体	—	100.0	53.8	34.5	6.7	4.9	8.8	抽样调查
1969 年四年制学院	—	100.0	52.7	40.2	6.2	0.9	9.9	1. 抽校调查 2. 基本相当我国地方本科院校
1972 年全体	386.0	100.0	40.8	44.9	4.9	1.3	5.0	8.1%未知
1972 年四年制学院	—	100.0	41.8	47.0	3.2	8.0	4.7	基本相当我国地方本科院校

① U. S. Department Education. Digest of Educational Statistics 1971 edition [M]. 1972：82.

② U. S. Department Education. Digest of Educational Statistics 1980 [M]. 1981：104.

③ U. S. Department Education. Digest of Educational Statistics 1990 [M]. 1991：220.

④ U. S. Department Education. Digest of Educational Statistics 2015 51st edition [M]. 2016：577.

续表

年份及高校类型	人数	比例计	博士	硕士	学士	其他	其中专业学位	备注
1987 年全体	489.0	100.0	67.4	27.9	2.2	2.4	12.7	
1987 年公立综合大学	93.0	100.0	68.9	29.9	0.6	0.6	6.2	基本相当我国地方本科院校
1992 年全体	528.3	100.0	64.8	29.5	4.0	1.2	11.0	0.6%未知
1998 年全体	560.4	100.0	66.9	27.8	4.0	1.2	9.2	
2003 年全体	681.8	100.0	67.8	26.4	4.3	1.5	8.2	
2003 年公立综合大学	107.3	100.0	74.1	22.7	3.1	0.1	2.0	基本相当我国地方本科院校

说明：1. 博士比例含专业学位数，因为美国高校教师的此类学位多为最终学位。2. 1969 年的“学士”栏指学士及以下的数据；“其他”栏指医学类学位的数据；1972 年及以后的“其他”栏指学士以下及无学位的数据；1992 年及以后三个年度的“专业学位”栏指第一级专业学位（first-professional degree）的数据。

资料来源：1969 年数据来源于 U. S. Department Education. Digest of Educational Statistics 1971 Edition [M]. 1972：82；1972 年数据来源于 U. S. Department Education. Digest of Educational Statistics 1980 [M]. 1981：104；1987 年数据来源于 U. S. Department Education. Digest of Educational Statistics 1990 [M]. 1991：220；1992、1998、2003 年数据来源于 U. S. Department Education. Digest of Educational Statistics 2015 51st edition [M]. 2016：577.

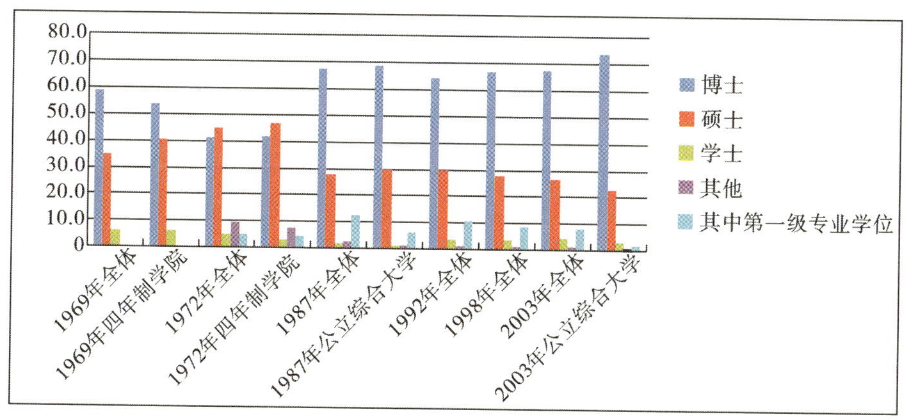

图 3-11　1969—2003 年美国学位授予高校教师队伍学位结构状况（%）

表 3-12　1969、1972 年美国不同类型高校专职教师队伍学位结构状况（%）

类型	年	比例计	博士	硕士（不含职业类）	学士及以下和未知
全体高校	1969 年	100.0	53.8	34.5	11.6
全体高校	1972 年	100.0	40.8	44.9	14.3
大学	1969 年	100.0	72.5	22.9	4.5
大学	1972 年	100.0	52.9	30.8	16.4
四年制学院	1969 年	100.0	52.7	40.2	7.1
四年制学院	1972 年	100.0	41.8	47.0	11.1

说明：1. 博士教师含哲学博士和专业博士。2. 1972 年全体高校有 8.1%未知。3. 数据为抽样调查结果。

资料来源：1969 年数据来源于 U. S. Department Education. Digest of Educational Statistics 1971edition［M］. 1972：82；1972 年数据来源于 U. S. Department Education. Digest of Educational Statistics 1980［M］. 1981：104.

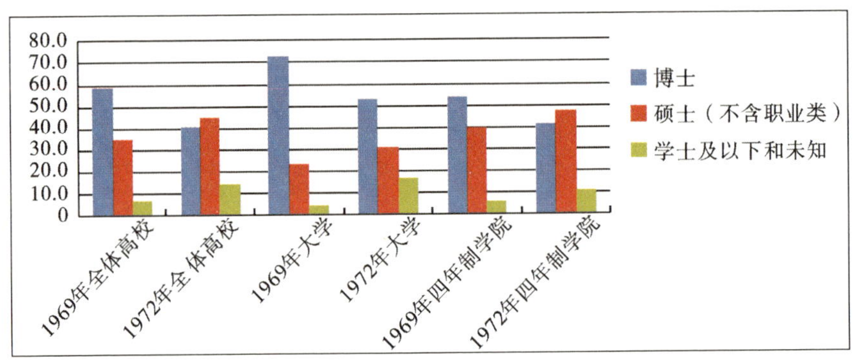

图 3-12　1969、1972 年美国不同类型高校专职教师队伍学位结构状况（%）

下文分析高校层面教师队伍学位结构状况。本书以 2004—2005 年度数据为例，分别从美国东部、南部、西部、北部、中部五个地区中任选三所高校共 15 所，对它们教师队伍学位结构分别进行分析，结果发现，拥有博士（含最终学位）教师比例超过 80%的学校有 7 所，比例最高的高校为北德克萨斯大学（University of North Texas）和圣本笃学院(College of Saint Benedict)，两所高校教师队伍博士率并列为 86%；比例最低高校为中部一所小规模大学（教师数仅有 125 人），即洛赫斯特大学（Rockhurst University)，其教师队伍博士率为 55.0%。分析还发现，

15 所样本高校中既有公立高校，也有私立高校；既有教师队伍规模很大的大学，也有规模较小甚至很小的专业学院；既有拥有博士学位授予权的大学，也有仅拥有硕士学位甚至仅有学士学位授予权的高校，其中部分高校尤其是仅有硕士学位授予权的高校与我国办学历史较长的老牌地方本科院校具有较大可比性。详见表 3-13、图 3-13 所示。可见，美国各级各类高校教师队伍整体学位层次普遍较高。

表 3-13 2004—2005 年度美国不同地区、类型、规模四年制高校教师队伍学位结构状况（人、%）

地区	校名	类型	人数	比例计	博士	专业学位	硕士	学士	其中获最终学位
东部宾夕法尼亚州	IUP	州立博士	714	100.0	83.0	—	9.0	8.0	83.0
	SRUP	州立博士	407	100.0	69.0	0	30.0	1.0	73.0
	KC	私立硕士	116	100.0	73.0	—	25.0	2.0	85.0
西部犹他州	USU	州立博士	821	100.0	—	—	—	—	78.1
	BYU	私立博士	1 300	100.0	79.7	0	17.3	3.0	81.9
	WCSLC	私立硕士	119	100.0	69.0	15.0	16.0	0	84.0
南部田纳西州	UNT	州立博士	913	100.0	80.0	1.0	17.0	2.0	86.0
	TTUHSC	州立博士	524	100.0	35.7	28.8	29.3	6.2	53.9
	WBU	私立硕士	107	100.0	70.0	0	30.0	0	75.0
北部明尼苏达州	UMD	州立硕士	376	100.0	75.0	2.0	21.0	2.0	81.0
	MSU	州立硕士	128	100.0	69.0	3.0	27.0	1.0	74.0
	CSB	私立学士	150	100.0	76.0	3.0	20.0	1.0	86.0
中部	UMC	州立博士	1 062	100.0	62.0	26.0	11.5	1.0	—
	MSSU	州立硕士	200	100.0	59.0	1.0	36.0	1.0	62.0
	RU	私立博士	125	100.0	81.0	0	17.0	2.0	55.0

说明：1. 教师指专职教员（full-time instructional faculty）。2. IUP 指 India University of Pennsylvania，SRUP 指 Shippenshurg Rock University of Pennsylvania，KC 指 King's College，USU 指 Utach State University，BYU 指 Brigham Young University，WCSLC 指 Westminster College of Salt Lake City，UNT 是指 University of North Texas，TTUHSC 指 Texas Tech University Health Science Center，WBU 指 Wayland Bbaptist University，UMD 指 University of Minnesota Duluth，MSU 指 Metropolitan State

University，CSB 指 College of Saint Benedict，UMC 指 University of Missouri-columbia，MSSU 指 Missouri Southern State University，RU 指 Rockhurst University。

资料来源：Praeger Publisher. American universities and colleges (eighteenth edition) [M]. Westport，Connecticut. Greenwood Publishing Group，2008.

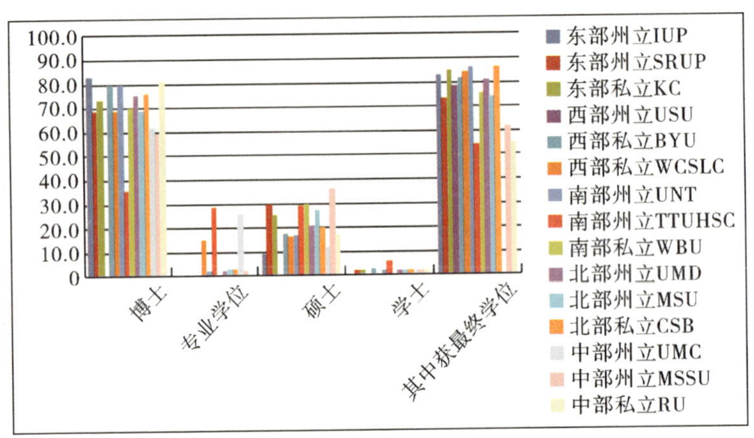

图 3-13　2004—2005 年度美国不同地区、类型、规模四年制高校教师队伍学位结构状况（%）

（二）英国高校教师队伍的学位结构

总体说来，英国高校教师队伍（academic staff）平均博士化程度很高，约有一半拥有博士学位，其中拥有学士及以下学位教师比例仅约占 15%。如果仅指英格兰地区高校专职教师队伍，其高学位教师比例还要高一些。比如，2011—2012 学年度英国高校共有学术人员 181 390 人（其中 117 850 人为专职），拥有博士（doctorate）、其他高级学位（other higher degree）、其他研究生文凭（other postgrad diploma）、第一学位（first degree）、其他（other qualification）、未知学历（not known）等教员比例分别是 46.8%、20.7%、7.6%、11.5%、3.8%、9.6%。如果仅统计专职教师，那么上述六个比例分别为 59.8%、17.8%、5.8%、9.4%、2.5%、4.9%①。详见表 3-14、图 3-14 所示。

① Staff in Higher Education 2011/12[EB/OL]. [2017-03-06]. https://www.hesa.ac.uk/data-and-analysis/publications/staff-2011-12.

表 3-14 2011—2012 年度英国高校教师队伍学位结构状况（人、%）

类别	人数	比例计	博士	其他高级学位	其他研究生学历	第一学位	其他	未知
专职教师	117 850	100.0	59.75	17.81	5.77	9.36	2.46	4.85
兼职教师	63 540	100.0	22.77	25.95	10.92	15.56	6.27	18.52
全体教师	181 390	100.0	46.79	20.66	7.57	11.54	3.80	9.64

说明：英国高等教育统计局（HESA）公布的本表有关专职教师数据有笔误，即各类教师之和实为 117 850，但表中数据合计项却写成 117 845，在此取 117 850，特此说明。

资料来源：Staff in Higher Education 2011/12［EB/OL］.［2017-03-06］. https://www.hesa.ac.uk/data-and-analysis/publications/staff-2011-12.

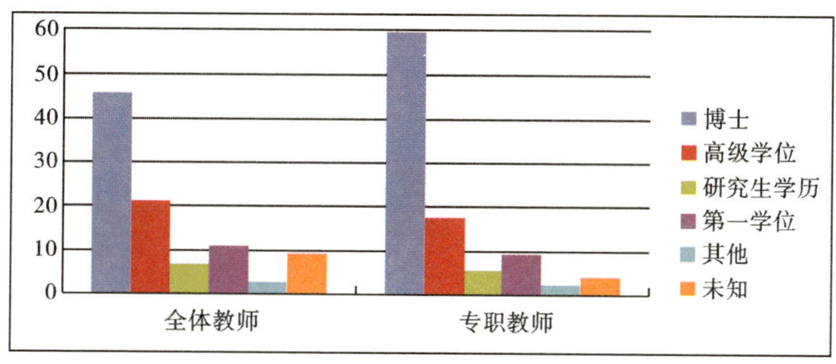

图 3-14 2011—2012 年度英国高校教师队伍学位结构状况（%）

（三）日本高校教师队伍的学位结构

日本高校教师的学位层级体系跟中国、美国相似，由学士、修士、博士三级构成，修士相当于中国、美国、英国的硕士，除此之外，日本还有被称为专门职课程的学位（professional degree courses），是属于研究生教育阶段，和美国的第一级专业学位（first-professional degree）相类似，有些专门职学位就是该学科领域的最终学位。

总体而言，日本高校教师队伍的平均博士率（含专业博士）在五成左右，其中硕士占三成左右，学士等其他学位占两至三成之间。2013 年日本大学部门共有专职教师 177 263 人，其中拥有博士学位教师达 51.7%，修士学位教师比例为 23.0%（含专门职学位 0.3%），其他学历教师比例为25.3%（大学学历19.7%、短期大学和其他学历1.0%，国外高校学历教师4.6%）。如果将大学、短期大学、高等专门学校三类高校综合计算，那么，平均的博士教师比例为50.5%，修士教师比例为23.7%，其他学历教师比例为25.7%，另有外国学历教师比例为4.4%①。从结构变迁的角度看，从1998、2007、2013年共三年度变化情况来看，获得博士学位和从国外获得学历教师的比例不断上升，其他低学历教师比例逐步下降②③④。详见表3-15、图3-15所示。

表3-15　1998—2013年日本高校专职教师队伍学位结构状况（人、%）

年	分类	人数	比例计	博士	修士	其他学历	其中国外学历
1998年	大学	146 153	100.0	40.1	26.1	33.8	3.7
1998年	全体高校	169 449	100.0	37.1	26.6	36.3	3.7
2007年	大学	167 971	100.0	45.5	25.9	28.6	4.3
2007年	全体高校	183 329	100.0	43.9	26.5	29.6	4.2
2013年	大学	177 263	100.0	51.7	23.0	25.3	4.6
2013年	全体高校	190 199	100.0	50.5	23.7	25.7	4.4

说明：1. 全体高校指大学、短期大学和高等专门学校。2. 日本的专门职学位属于专业学位，和修士学位平行，有些是博士学位，合并于修士学位项统计，比如法学没有硕士而仅有博士专门职学位；2007年的修士学位含专门职学位，其他年度的其他学位包括专门职学位、学士学位和在短期大学获得的学位等。3. 国外学历具

① 日本総務省統計局. 学校教員統計調査（平成25年度）[EB/OL].（2015-03-27）[2017-02-20]. http://www.e-stat.go.jp/SG1/estat/NewList.do?tid=000001016172.

② 日本総務省統計局. 学校教員統計調査（平成10年度）[EB/OL].（2007-12-21）[2017-04-23]. http://www.e-stat.go.jp/SG1/estat/NewList.do?tid=000001016172.

③ 日本総務省統計局. 学校教員統計調査（平成19年度）[EB/OL].（2009-04-06）[2017-04-23]. http://www.e-stat.go.jp/SG1/estat/NewList.do?tid=000001016172.

④ 日本総務省統計局. 学校教員統計調査（平成25年度）[EB/OL].（2015-03-27）[2017-04-23]. http://www.e-stat.go.jp/SG1/estat/NewList.do?tid=000001016172.

体层次不详，合并于其他学历栏中。

资料来源：日本総務省統計局. 学校教員統計調査（平成 10 年度）［EB/OL］.（2007-12-21）［2017-04-23］. http://www.e-stat.go.jp/SG1/estat/NewList.do?tid=000001016172；日本総務省統計局. 学校教員統計調査（平成 19 年度）［EB/OL］.（2009-04-06）［2017-04-23］. http://www.e-stat.go.jp/SG1/estat/NewList.do?tid=000001016172；日本総務省統計局. 学校教員統計調査（平成 25 年度）［EB/OL］.（2015-03-27）［2017-04-23］. http://www.e-stat.go.jp/SG1/estat/NewList.do?tid=000001016172.

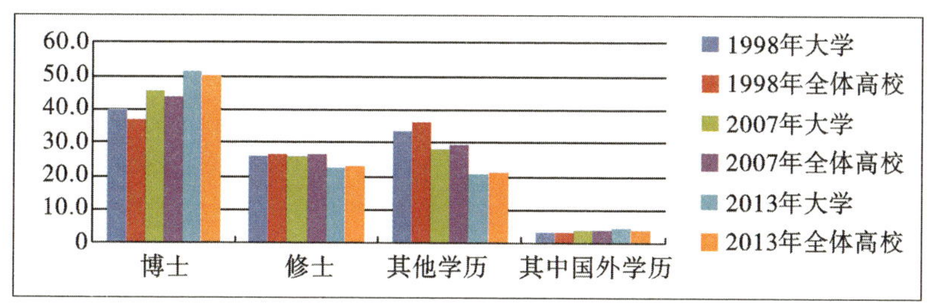

图 3-15　1998—2013 年日本高校专职教师队伍学位结构状况（%）

综上所述，美国、英国、日本等发达国家高校教师队伍整体学历（学位）较高，四年制高校拥有博士和本学科最终学位的教师比例普遍达到甚至超过五成。即使是副学士或相当于副学士高校，教师的博士学位率也有两三成，研究生学位率达 80%左右。从美国、英国、日本三国比较而言，美国高校教师队伍中总体学位层次更高，这是美国成为世界高等教育中心的重要原因之一。此外，发达国家高校中博士、硕士、学士三级学位教师的具体比例，即使是在同类型、同层次、同声望的高校之间，有时差距也较大，这可能跟这些国家高校拥有较完善的研究生助研助教制度、教师兼职制度或配置较多的教学研究辅助人员有关，因为这类人员可以为高学历教师提供各种辅助服务。可见，发达国家高校教师队伍总体学历（学位）层次较高，结构比较优化。

发达国家高校之所以形成高学位化的教师队伍结构，一个方面是发达国家雄厚的经济实力为高校调整教师队伍结构提供了充裕资源；另一方面是发达国家快速经济社会发展形势对高校不断提出新要求，推动高校不断提升教师学历层次；此外，发达国家高校之间公平、有序、激烈竞争促使各高校争抢高学位师资，进而不断全面提升全国高校教师队伍的学位层次，形成了目前高学位化的教师队伍结构。关于发达国家高校优化教师队伍学历结构的做法和经验，后文将有更详实的分析。

三、正副教授各占约三成，高职务为主的职称结构

素质高、能力强的高校教师队伍是高等教育强国的重要支撑和重要体现，职称是能力、实力、贡献的重要体现，拥有高职称的教师队伍也是高校进一步汇聚各路精英和财源的重要条件。发达国家高校教师队伍的总体职称水平都较高，在专职教师队伍中教授在各级职称中所占的比例一般都是最高的。较高的教授比例为发达国家高校立于世界学术体系中心奠定了坚实的人力资源基础。

（一）美国高校教师队伍的职称结构

美国高校教师职称分为教授、副教授、助教授、教员、讲师等基本层级，除了助教授外，其他职称层级和我国相似，但美国的“助教授”与我国的“助教”有较大的差别。在美国，助教授和教授、副教授一样，拥有申请终身教职、指导博士研究生的资格。美国的助教授职称比讲师职称高，我国的讲师职称则比助教高。可见，美国助教授的含金量和学术水平比我国助教要高得多。

目前，全美高校专职教师队伍教授职称的平均比例在20%以上。以2013年为例，全美学位授予高校的专职教师（full-time instructional faculty）共有79.1万人，其中拥有教授、副教授、助教授、教员、讲师职称及“其他”（含未知职称信息的教师）教师的比例分别是22.9%、19.6%、21.0%、12.5%、4.6%和19.3%[①]。详见表3-16、图3-16所示。

从纵向发展来看，从1969年到2013年的若干年数据显示，全美学位授予高校专职教师职称结构总体比较稳定，教授、副教授、助教授职称教师平均比例一直保持在二成到三成之间。美国四年制学院和公立综

① U. S. Department Education. Digest of Educational Statistics 2015 51st edition [M]. 2016: 572.

合大学基本等同于我国的地方本科院校，1969 年美国四年制学院教授、副教授、助教授、教员、讲师和其他教师比例分别为 19.6%、21.9%、31.0%、19.0%、5.5%和 3.1%①；2003 年美国公立综合大学，上述六级职称教师比例分别为 29.8%、23.2%、28.3%、7.6%、5.4%和 5.8%②。鉴于美国高校的副教授和助教授都有申请指导博士生和终身教职的资格，所以，美国高校教师队伍职称层次较高，结构较为优化。详见表 3-16、图 3-16 所示。

表 3-16 1969—2013 年美国学位授予高校专职教师队伍职称结构状况（千人、%）

年份及高校类型	教师数	比例计	教授	副教授	助教授	教员	讲师	其他
1969 年全体高校	—	100.0	21.6	20.7	28.3	19.9	3.6	5.9
1969 年四年制学院	—	100.0	19.6	21.9	31.0	19.0	5.5	3.1
1981 年全体高校	451.6	100.0	25.5	23.4	24.6	18.0	1.9	6.7
1992 年全体高校	528.3	100.0	30.4	23.4	23.5	14.0	2.3	6.4
2003 年全体高校	681.8	100.0	28.5	21.9	23.2	12.17	3.2	11.0
2003 年公立综合大学	107.3	100.0	29.8	23.2	28.3	7.6	5.4	5.8
2009 年全体高校	729.2	100.0	24.4	20.4	23.5	14.3	4.6	12.8
2011 年全体高校	762.1	100.0	23.8	20.4	22.8	14.3	4.5	14.1
2013 年全体高校	791.4	100.0	22.9	19.6	21.0	12.5	4.6	19.3

说明：1. 教师数均为专职教师（full-time instructional faculty，full-time regular instructional faculty，full-time faculty and instructional staff）。2. 教员指 instructor，一般排在讲师（lecturer）之前。3. 1969 年数据系抽样调查所得。

资料来源：1969 年数据来源于 U. S. Department Education. Digest of Education Statistics 1971 edition [M]. 1972：82；1981 年数据来源于 U. S. Department

① U. S. Department Education. Digest of Education Statistics 1971 Edition [M]. 1972：82.

② U. S. Department Education. Digest of Education Statistics 2009 [M]. 2010：370.

Education. Digest of Education Statistics 1985-86 [M]. 1986：113；1992、2003 年数据来源于 U. S. Department Education. Digest of Educational Statistics 2009 [M]. 2010：370；2009、2011、2013 年数据来源于 U. S. Department Education. Digest of Educational Statistics 2015 51st edition [M]. 2016：572.

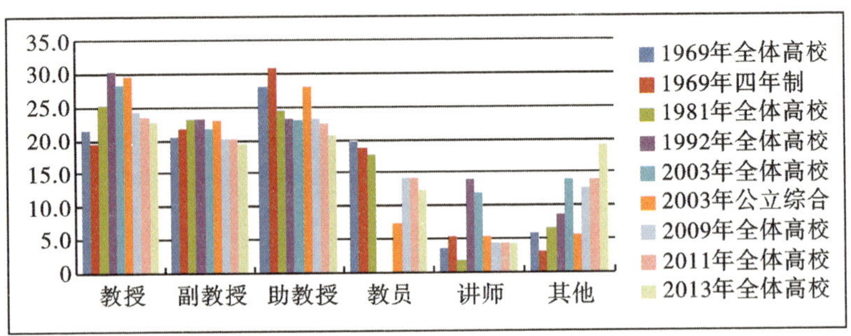

图 3-16 1969—2013 年美国学位授予高校专职教师队伍职称结构状况（%）

为了更聚焦考察美国高等教育系统中类似于我国地方本科院校的高校群体，本书选择部分年度美国私立文理学院（private liberal arts）、四年制学院（four-year college）、大学（university）、公立博士学位授予高校（public doctoral institution）等类型高校的教师队伍职称结构分别进行分析，并将它们与研究型大学、全体高校总体平均水平进行比较。从1969、1972、2003 年度的相关数据来看，四年制学院教师队伍职称结构与全体高校平均水平相差不大，大学教师队伍职称结构则稍优于四年制学院和全体高校平均水平。在 2003 年，私立文理学院、四年制学院、大学、公立博士学位授予高校三类高校的教师职称结构相差无几，跟全国高校平均水平很相近，但公立研究型大学教师队伍职称结构明显优于前面三类高校。详见表 3-17、图 3-17 所示。另有数据表明，2003 年，在高校教师队伍职称结构方面，公立研究型大学和私立研究型大学几乎没有差异，私立博士学位授予高校明显优于公立博士学位授予高校，公立综合性高校又优于私立综合性高校，私立文理学院跟公立综合性高校相近①。

① U. S. Department Education. Digest of Education Statistics 2009 [M]. 2010：370.

表 3-17　1969、1972、2003 年美国部分类型高校教师队伍职称结构状况（%）

年	高校类型	比例计	教授	副教授	助教授	教员	讲师	其他和无职称
1969 年	四年制学院	100.0	19.6	21.9	31.0	19.0	5.5	3.1
	大学	100.0	27.2	22.5	29.6	15.1	2.9	2.7
	全体高校	100.0	21.6	20.7	28.3	19.9	3.6	5.9
1972 年	四年制学院	100.0	24.3	27.2	32.2	10.8	2.8	2.7
	大学	100.0	36.2	25.4	24.4	8.7	3.2	2.2
	全体高校	100.0	26.4	24.3	25.3	13.2	2.5	8.3
2003 年	私立文理学院	100.0	28.5	24.6	30.3	6.6	1.0	9.0
	四年制学院	100.0	29.8	23.2	28.3	7.6	5.4	5.8
	公立博士授予高校	100.0	27.3	25.9	23.5	9.0	5.4	9.0
	公立研究型大学	100.0	33.8	23.3	22.5	4.3	4.6	11.4
	全体高校	100.0	28.5	21.9	23.2	12.1	3.2	11.0

说明：1969 年、1972 年数据系抽样调查所得。

资料来源：1969 年数据来源于 U. S. Department Education. Digest of Education Statistics 1971 edition [M]. 1972：82；1972 年数据来源于 U. S. Department Education. Digest of Education Statistics 1980 [M]. 1980：105；2003 年数据来源于 U. S. Department Education. Digest of Education Statistics 2009 [M]. 2010：370.

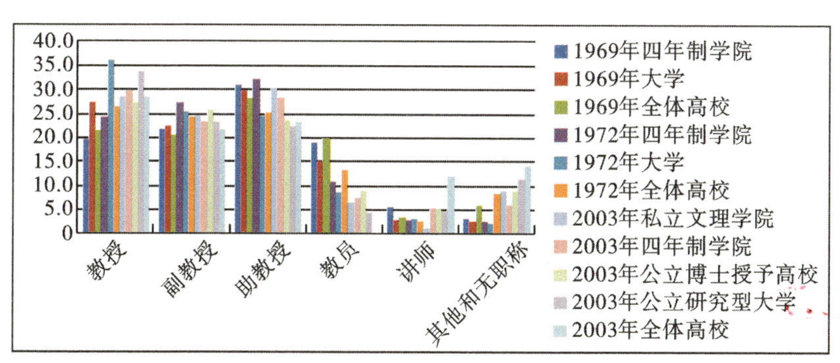

图 3-17　1969、1972、2003 年美国部分类型高校教师队伍职称结构状况（%）

从 2009—2010 年度俄勒冈大学系统七所大学的专职教师队伍（无职称者不计在内）职称结构来看，在四级职称教师比例中，教授职称拥有率最高的高校为36.7%、最低的高校为27.3%、平均为30.6%，副教授职称拥有率最高的高校为37.2%、最低的高校为24.3%、平均为29.0%，总体职称层级较高①。详见表3-18、图3-18所示。

表3-18　2009—2010年度俄勒冈大学系统专职教师队伍职称结构状况（人、%）

学校	人数	比例计	教授	副教授	助教授	教员/讲师
EOU	94	100.0	31.9	37.2	25.5	5.3
OIT	134	100.0	27.6	31.3	25.4	15.7
OSU	717	100.0	27.3	30.0	23.6	19.1
PSU	667	100.0	31.8	24.3	27.1	16.8
SOU	196	100.0	36.7	33.2	10.7	19.4
UO	760	100.0	30.1	29.9	21.3	18.7
WOU	195	100.0	35.9	28.2	22.1	13.8
OUS Total	2 763	100.0	30.6	29.0	22.9	17.4

说明：1. 无职称人员不统计在内。2. EOU指Eastern Oregon University，OIT指Oregon Institute of Technology，OSU指Oregon State University，PSU指Portland State University，SOU指Southern Oregon University，UO指University of Oregon，WOU指Western Oregon University。

资料来源：Oregon University System Office of Institutional Research. Oregon University System Fact Book 2010 [M]. 2011：88.

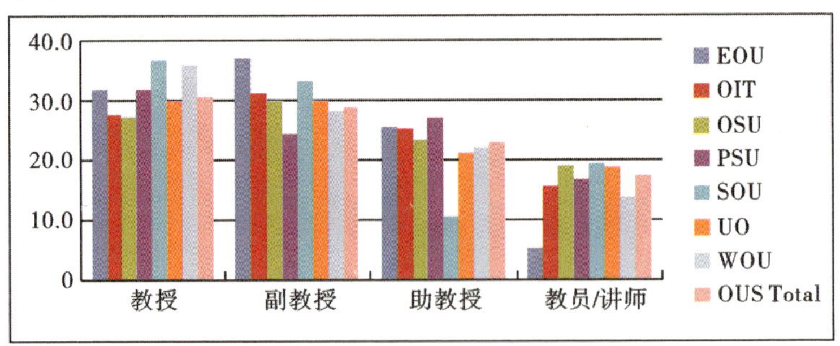

图3-18　2009—2010年度俄勒冈大学系统专职教师队伍职称结构状况（%）

① Oregon University System Office of Institutional Research. Oregon University System Fact Book 2010 [M]. 2011：88.

另外，从教师队伍中拥有终身教职比例状况也能部分说明教师职称含金量和智能结构。从美国处于普及化阶段初期的1980—1981、1982—1983、1984—1985、1985—1986、1987—1988年度等几个年度各级职称教师中拥有终身教职比例来看，95%左右的教授、82%左右的副教授、25%左右的助教授拥有终身教职，终身教职的总体比例在65%左右①②。详见表3-19、图3-19所示。

表3-19　20世纪80年代美国高校各级职称教师拥有终身教职比例状况（%）

年	总体平均	教授	副教授	助教授	教员	讲师	未知职称
1980—1981	64.8	95.8	82.9	27.9	9.2	11.9	77.4
1982—1983	65.4	95.6	82.1	26.8	9.0	11.0	77.2
1984—1985	66.0	95.8	82.3	25.6	14.9	10.7	76.4
1985—1986	66.0	95.8	82.2	25.1	10.7	9.3	75.3
1987—1988	64.9	95.7	81.5	22.2	7.1	8.8	73.2

资料来源：前四个年度数据来源于 U. S. Department Education. Digest of Education Statistics 1987 [M]. 1987：163；后一个年度数据来源于 U. S. Department Education. Digest of Education Statistics 1990 [M]. 1991：227.

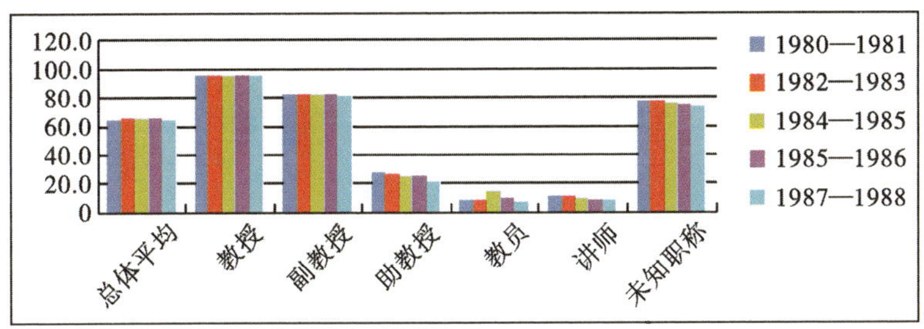

图3-19　20世纪80年代美国高校各级职称教师拥有终身教职比例状况（%）

① U. S. Department Education. Digest of Education Statistics 1987 [M]. 1987：163.

② U. S. Department Education. Digest of Education Satistics 1980 [M]. 1991：227.

（二）英国高校教师队伍的职称结构

英国学术职称制度与美国、日本、中国不同，学衔的名称不一样，新大学和传统大学有着两种不同的职称系统。老牌大学教师分为四等，lecturer 讲师（内分 A 级和 B 级，B 级比 A 级高）、senior lecturer 高级讲师、reader 相当于副教授、professor 教授，没有美国的所谓 assistant professor 助教授和 associate professor 副教授等称呼。在一些新大学（即 1992 年以后从理工技术学院升格的大学）里，lecturer 相当于助教，senior lecturer 相当于老牌大学的讲师，principle lecturer 相当于老牌大学的高级讲师。professor 教授是英国大学最高学术职称，往往附有具体学科名称，如 professor of human geography（即人文地理学教授）等。这是因为英国大学传统上每一学科只有一位教授，以保障其最高学术权威地位①。为了简化，有时也可以化分为三级，即讲师（lecturer）、高级讲师（senior lecturer 或 reader）和教授（professor），基本对应于美国大学教师的三级职称即助理教授（assistant professor）、副教授（associate professor）、教授（professor）②。中国、美国、英国大学教师各级职称之间基本对应关系如表 3-20 所示。

表 3-20　中国、美国、英国大学教师职称级别基本对应表

国别大学	正高	正高	副高	副高	中级	初级
中国大学	教授和博导	教授	副教授	高级讲师	讲师	助教
美国大学	chair professor	full professor	associate professor	assistant professor	assistant professor	teaching assistant
英国新大学	professor	reader	principal lecturer	senior lecturer	lecturer	demonstrator
英国老大学	professor	reader	senior lecturer	lecturer（B）	lecturer（A）	demonstrator

① 人民网．英国大学体制、职称、学位的汉译需要正规化［EB/OL］．（2003-08-25）［2017-03-20］．http://www.people.com.cn/GB/paper39/9994/917210.html.

② 沈红．大学职能与教师职称［EB/OL］．（2011-10-14）［2017-04-20］．http://roll.sohu.com/20111014/n322145837.shtml.

从近几年情况来看，英国高校教师队伍中各职称教师（含专兼职）比例关系分别是，教授占12%左右（含学术领导者），相当于美国副教授的高级讲师占15%左右，相当于美国讲师的A、B级讲师占60%左右，其余12%左右为助理研究员。以2013—2014年度为例，当年全英高校共有专兼职教师161 755人，其中，教授占10.6%、学术领导占2.5%、高级讲师占14.5%、A级和B级讲师共占60.0%、助理研究员占12.5%①。详见表3-21、图3-20所示。

表3-21　2012—2014年英国高校学术人员职称结构状况（人、%）

年度	人数	资深讲师/高级讲师	学术领导	教授	B级讲师/高级讲师	A级讲师/讲师	助理研究员
2012—2013	155 525	14.2	2.3	9.8	28.3	33.5	11.9
2013—2014	161 755	14.5	2.5	10.6	27.3	32.7	12.5
备注		senior lecturer (pre 92) / principal lecturer (post92)	academic leadership	professor	lecturer B (pre 92) / senior lecturer (post 92)	lecturer A (pre 92) / lecturer (post 92)	research assistant

说明：教师指全英高校所有学术职业人员（all academic staff），含兼职人员，但不含学术行政人员（administrative），2012—2013年度和2013—2014年度都有3 440人，含继续教育学院教师数据。

资料来源：Higher Education Funding Council for England（HEFCE）. Equality and diversity data tables: staff and student profiles [EB/OL].（2015-05-15）[2017-05-01]. http://www.hefce.ac.uk/data/year/2015/eddata/.

从发展趋势看，从20世纪90年代中期到21世纪初，英国高校教师队伍中教授比例是缓慢提升的。据英国高等教育拨款委员会报告，从

① Higher Education Funding Council for England（HEFCE）. Equality and diversity data tables: staff and student profiles [EB/OL].（2015-05-15）[2017-05-01]. http://www.hefce.ac.uk/data/year/2015/eddata/.

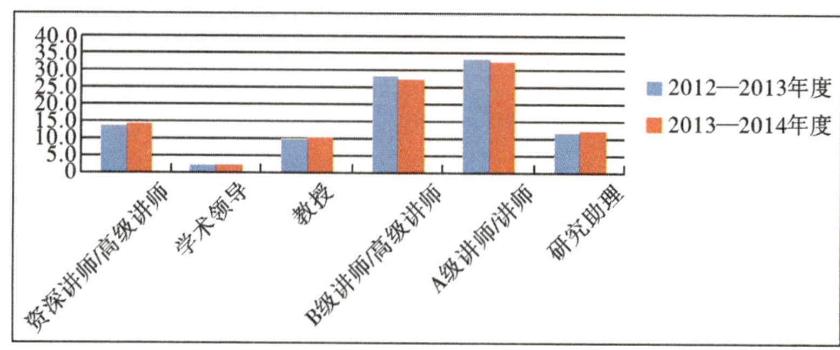

图 3-20　2012—2014 年英国高校学术人员职称结构状况（%）

1995—1996 年度到 2006—2007 年度的 11 年间，英格兰 60 岁以上学术人员比例逐步提高，在这一人群中教授职称约提高了 17%，讲师提高了 2%，高级讲师或研究员提高了 5%①。从 2003—2004 年度至 2008—2009 年度有关数据变化也显示，高校高职称教师比例缓慢提升、低级职称教师比例逐步下落。其中教授比例从 2003—2004 年度的 10.3%提高到 2008—2009 年度的 14.5%，讲师比例从 41.4%下降到 38.4%②③。详见表 3-22、图 3-21 所示。

表 3-22　2003—2008 年英格兰高校有职称教师队伍职称结构状况（人、%）

年度	人数	比例计	教授	高级讲师/研究员	讲师	研究员
2003—2004	103 905	100.0	10.3	22.3	41.4	25.9
2005—2006	109 410	100.0	11.8	22.4	41.1	24.7
2006—2007	112 221	100.0	13.7	22.1	39.2	25.0
2008—2009	117 995	100.0	14.5	23.5	38.4	23.6

说明：教师含兼职，仅指英格兰高校学术人员（Staff with academic roles by grade excluding very low activity and inactive contracts）。

① Higher Education Funding Council for England (HEFCE). Staff employed at HEFCE-funded HEIs: update-trends and profiles [M]. 2008: 9.

② Higher Education Funding Council for England (HEFCE). Staff employed at HEFCE-funded HEIs: update-trends and profiles [M]. 2008: 9.

③ Higher Education Funding Council for England (HEFCE). Staff employed at HEFCE-funded HEIs: update-trends and profiles 1995-96 to 2008-09 [M]. 2010: 9.

资料来源：2003—2004、2006—2007 年度数据来源于 Higher Education Funding Council for England（HEFCE）. Staff employed at HEFCE-funded HEIs：update-trends and profiles［M］. 2008：9；2005—2006、2008—2009 年度数据来源于 Higher Education Funding Council for England（HEFCE）. Staff employed at HEFCE-funded HEIs：update-trends and profiles 1995-96 to 2008-09［M］. 2010：9.

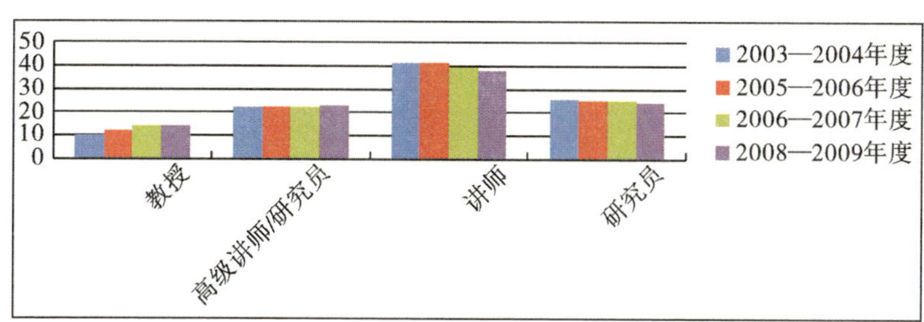

图 3-21　2003—2008 年英格兰高校有职称教师队伍职称结构状况（%）

（三）日本高校教师队伍的职称结构

日本高校学术职业职称体系在 2007 年之前由教授、助教授、讲师和助手构成，之后改革为由教授、准教授、讲师、助教和助手等层级构成，助教授、准教授相当于中国、美国的副教授职称。改革前后的主要区别是改革前讲师、助手主要充当教授的助手而一般不独立从事教学科研活动，改革后规定讲师、助教、助手具有独立开展教学科研活动的资格并必须具有这种能力，其改革设计的目的是削弱讲座教授的传统“霸主”地位①，同时提升其他职称教师独立开展教学科研活动的能力。

目前，日本高校教师队伍中各职称教师比例关系分别是，教授约占 40%、准教授约占 25%、讲师约占 10%、助教和助手约占 25%。以 2016 年日本大学部门的数据为例，当年共有专职教师 184 248 人，其中教授、准教授、讲师、助教、助手教师比例分别为 38.8%、23.6%、11.7%、22.7%、3.2%，其中学长和副学长（即校长和副校长）比例为 1.1%。如果考察 2016 年全日本所有高等教育机构（含大学、短期大学和高等专门学校三类机构）的教师队伍，那么，当年拥有教授、准教

① 叶芬梅. 当代中国高校教师职称制度改革研究［M］. 北京：中国社会科学出版社，2009：184.

授、讲师、助教、助手职称的教师比例分别为38.9%、24.0%、12.1%、21.8%、3.2%，其中学长和副学长比例为1.2%①。可见，加入短期大学和高等专门学校后，教师队伍总体职称层次有所提升，说明日本三类高等教育机构教师队伍的职称层次都比较高。详见表3-23、图3-22所示。

表3-23　2016年日本高等教育机构专职教师队伍职称结构状况（人、%）

类型	人数	比例计	教授	准教授	讲师	助教	助手	其中学长和副学长
大学部门	184 248	100.0	38.8	23.6	11.7	22.7	3.2	1.1
所有高校	196 672	100.0	38.9	24.0	12.1	21.8	3.2	1.2

说明：1. 包括外国教师。2. 所有高校指大学、短期大学和高等专门学校三类高等教育机构。3. 教授项含学长和副学长数据。

资料来源：日本総務省統計局．学校基本調查（平成28年度）[EB/OL]．(2016-12-22)[2017-04-20]．http://www.e-stat.go.jp/SG1/estat/NewList.do?tid=000001011528.

从纵向发展趋势来看，从20世纪80年代末至今近30年间，日本大学部门专职教师队伍的职称结构非常稳定，即教授比例总体都保持在40%左右，助教授或准教授比例接近25%。表3-24、图3-23所示的是1989、1998、2007、2010、2013、2016年各年度大学部门教师队伍职称结构状况。

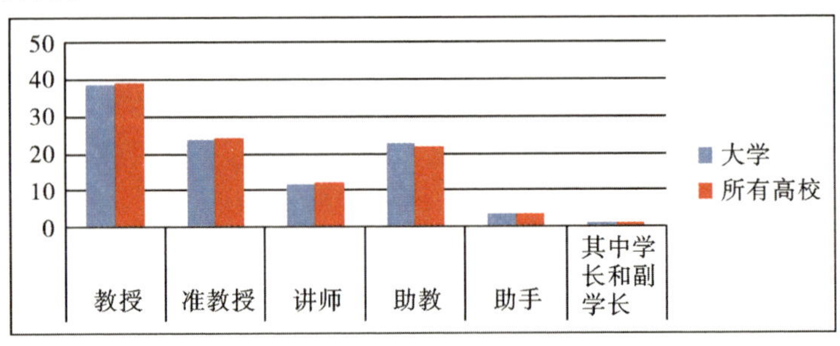

图3-22　2016年日本高等教育机构专职教师队伍职称结构状况（%）

① 日本総務省統計局．学校基本調查（平成28年度）[EB/OL]．(2016-12-22)[2017-04-20]．http://www.e-stat.go.jp/SG1/estat/NewList.do?tid=000001011528.

表 3-24 1989—2016 年日本大学部门专职教师队伍职称结构状况（人、%）

年	人数	比例计	教授	助教授/准教授	讲师	助教	助手	其中学长和副学长
1989 年	120 520	100.0	35.2	23.3	13.3	—	28.1	—
1998 年	146 153	100.0	38.7	22.9	12.6	—	25.8	0.6
2007 年	167 971	100.0	41.2	23.8	12.0	19.5	3.5	0.8
2010 年	172 728	100.0	40.4	23.6	11.3	21.3	3.4	0.9
2013 年	177 263	100.0	40.1	24.0	11.4	20.9	3.6	0.9
2016 年	184 248	100.0	38.8	23.6	11.7	22.7	3.2	1.1

说明：1. 教授项含学长和副学长数据。2. 1989 年数据包括非大学部门的高等教育机构数据。

资料来源：1989 年数据来源于弗兰斯·F. 范富格特. 国际高等教育政策比较研究［M］. 王承绪，徐辉，徐小洲，译. 杭州：浙江教育出版社，2001：214；其他年度数据来源于日本総務省統計局. 学校基本調査（平成 10 年度）［EB/OL］. (1998-12-21)［2017-04-20］. http://www.e-stat.go.jp/SG1/estat/NewList.do?tid=000001011528. 日本総務省統計局. 学校基本調査（平成 19 年度）［EB/OL］. (2007-12-21)［2017-04-20］. http://www.e-stat.go.jp/SG1/estat/NewList.do?tid=000001011528. 日本総務省統計局. 学校基本調査（平成 22 年度）［EB/OL］. (2010-12-20)［2017-04-20］. http://www.e-stat.go.jp/SG1/estat/NewList.do?tid=000001011528. 日本総務省統計局. 学校基本調査（平成 25 年度）［EB/OL］. (2013-12-20)［2017-04-20］. http://www.e-stat.go.jp/SG1/estat/NewList.do?tid=000001011528. 日本総務省統計局. 学校基本調査（平成 28 年度）［EB/OL］. (2016-12-22)［2017-04-20］. http://www.e-stat.go.jp/SG1/estat/NewList.do?tid=000001011528.

如果考察日本整个高等教育系统教师队伍职称结构在近 30 年来的变迁情况，1989、1998、2008、2010、2016 年等几个年度统计数据显示，队伍结构状况变化不大，跟大学部门变迁状况相类似。详见表 3-25、图 3-24 所示。

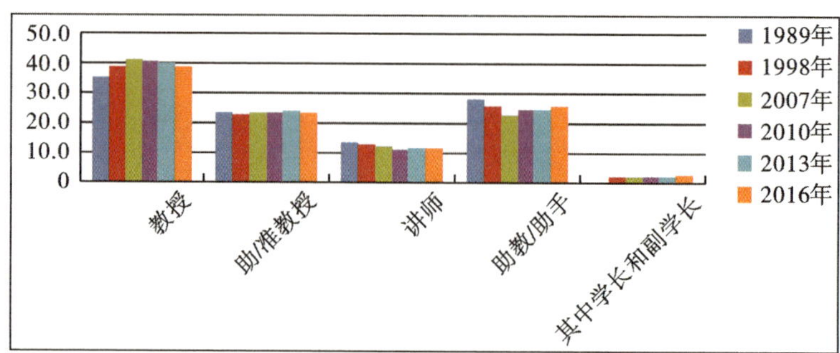

图 3-23　1989—2016 年日本大学部门专职教师队伍职称结构状况（%）

表 3-25　1989—2016 年日本全体高校专职教师队伍职称结构状况（人、%）

年	人数	比例计	教授	助/准教授	讲师	助教/助手	其他
1989 年	120 520	100.0	35.2	23.3	13.3	28.1	—
1998 年	169 449	100.0	38.3	23.8	13.5	23.6	0.8
2008 年	184 867	100.0	39.7	24.3	12.2	22.7	1.0
2010 年	188 433	100.0	40.4	24.1	11.8	23.7	—
2016 年	196 672	100.0	37.7	24.0	12.1	25.0	1.2

说明：“其他”指学长和副学长。

资料来源：1989 年数据来源于弗兰斯·F. 范富格特. 国际高等教育政策比较研究 [M]. 王承绪，徐辉，徐小洲，译. 杭州：浙江教育出版社，2001：214；其他年度数据来源于日本総務省統計局. 学校基本調査（平成 10 年度）［EB/OL］.（1998-12-21）［2017-04-20］. http://www.e-stat.go.jp/SG1/estat/NewList.do?tid=000001011528. 日本総務省統計局. 学校基本調査（平成 20 年度）［EB/OL］.（2008-12-22）［2017-04-20］. http://www.e-stat.go.jp/SG1/estat/NewList.do?tid=000001011528. 日本総務省統計局. 学校基本調査（平成 22 年度）［EB/OL］.（2010-12-20）［2017-04-20］. http://www.e-stat.go.jp/SG1/estat/NewList.do?tid=000001011528. 日本総務省統計局. 学校基本調査（平成 28 年度）［EB/OL］.（2016-12-22）［2017-04-20］. http://www.e-stat.go.jp/SG1/estat/NewList.do?tid=000001011528.

从高校个案看，日本不同高校教师队伍职称结构有所不同，但教授、准教授等高级职称教师比例总体都较高。比如，2008 年新建的长崎县立大学共有五个学部，是一所小规模大学，2010 年的 142 名教师队伍中，拥有教授、准教师、讲师、助教等职称教师比例分别是 51.4%、

22.5%、10.6%、5.6%，另有9.9%为特任教员①。2016年有教师160人，对应于上述的五个比例分别是49.4%、22.5%、15.6%、3.8%和8.8%②。详见表3-26、图3-25所示。

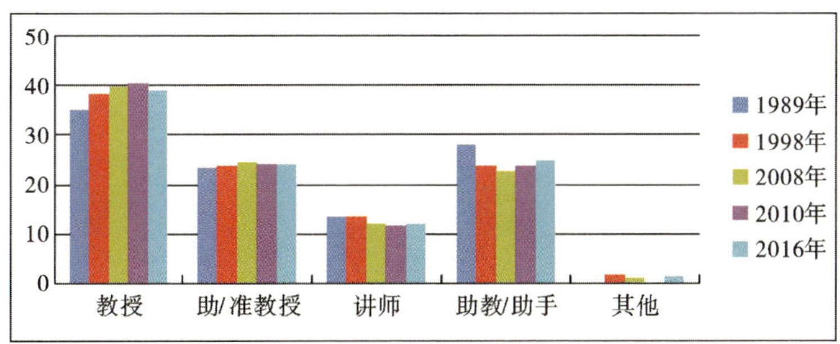

图3-24 1989—2016年日本全体高校专职教师队伍职称结构状况（%）

表3-26 2010、2016年长崎县立大学教师队伍职称结构状况（人、%）

年	人数	比例计	教授	准教授	讲师	助教	特任教员
2010年	142	100.0	51.4	22.5	10.6	5.6	9.9
2016年	160	100.0	49.4	22.5	15.6	3.8	8.8

资料来源：2010年数据来源于长崎县立大学官方网站. 教育情報の公表—教員情報—教員数—大学全体［EB/OL］.［2012-01-20］. http://sun.ac.jp/disclosure/teacher/number/#container;2016年数据来源于长崎县立大学官方网站. 教育情報の公表—教員情報—教員数—大学全体［EB/OL］.（2016-05-01）［2017-04-30］. http://sun.ac.jp/disclosure/teacher/number/.

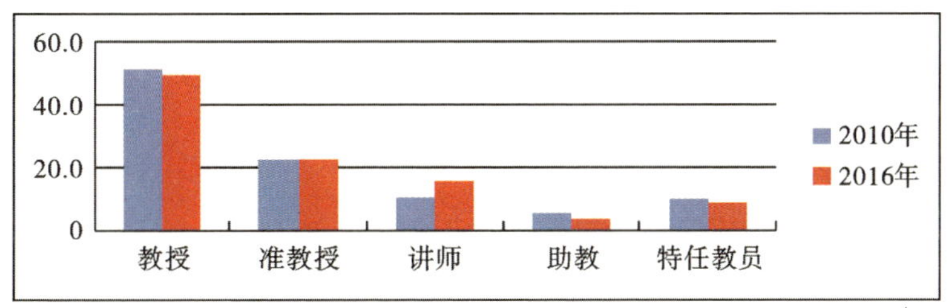

图3-25 2010、2016年长崎县立大学教师队伍职称结构状况（%）

① 长崎县立大学官方网站. 教育情報の公表—教員情報—教員数—大学全体［EB/OL］.［2012-01-20］. http://sun.ac.jp/disclosure/teacher/number/#container.

② 长崎县立大学官方网站. 教育情報の公表—教員情報—教員数—大学全体［EB/OL］.（2016-05-01）［2017-04-30］. http://sun.ac.jp/disclosure/teacher/number/.

综合上述分析，美国、英国、日本等国高校教师队伍职称结构中，日本高校教授职称比例总体达40%，为三国最高，美国高校教授比例为25%左右，英国仅为15%左右，英国最低。之所以英国高校教授职称比例相对较低，一是数据统计包含兼职教师，二是英国高校具有严格控制教授职务数量的传统（教授职称一般附上特定学科名称，以表示本学科的最高权威），三是英国还有reader职称，水平跟中国、美国、日本的一般教授职称相当。因此，虽英国、美国、日本三国高校职称制度不尽相同，统计口径也不完全一致，但总体说来，三国高校教师队伍职称层次较高。此外，发达国家高校教师职称评审非常严格，含金量很高。如果从高校个案看，各高校教师队伍职称结构差异很大，且一般来说高校办学质量越高、声望越高，其教师队伍总体职称层次越高。另外，发达国家高校教师队伍中拥有不同职称的教师之间数量匹配关系，即使是在同类型、同层次、同声望的高校之间，情况也往往不同甚至差异较大，这可能跟这些国家高校拥有较为完善的研究生助研助教制度、教师兼职制度以及雇佣较多教学研究辅助人员有关，因为这类人员可以为高职称教师提供各种教研辅助工作，让高职称资深教师专心攻关重大专业问题。这种状况与上文的学历（学位）结构状况较为相似。

四、回应需求，交叉渗透，特色较鲜明的学科结构

学科建设是高校内涵建设的重中之重。发达国家高校非常重视学科建设，通过优化教师队伍学科结构，科学配置学科教师资源，促进学科健康发展，提升科学研究实力和人才培养质量。发达国家高校教师队伍学科结构所呈现出的总体特点是回应需求、与时俱进、统筹兼顾、特色发展、交叉融合，即在尊重学科发展规律、现代科技发展规律、现代社会发展规律和本国国情基础上首先是积极回应地方和国家的经济社会发展需求以及公众接受高等教育的需求，强调整体发展，注重统筹兼顾，特别是在国家层面上，强调科学事业的整体性发展，同时强调学科特色打造，通过特色建设培育优势学科和高竞争力学科。其次，重视学科交叉融合，通过制度建制和平台搭建促进学科交叉渗透，注重学科群发展，注重培育新兴学科，并根据时代发展趋势适时

调整学科布局，通过优化教师队伍学科背景结构来调整和优化学校学科结构。

（一）美国高校教师队伍的学科结构

美国将高校教师的学科领域背景划分为自然科学（natural sciences）、社会科学（social sciences）、人文学科（humanities）、教育（education）、法学（law）、商贸（business）、健康科学（health sciences）、艺术（fine arts）、农学和家政（agriculture and home economics）、工程（engineering）、通信和交通（communications）11个学科门类，另有一个特别职业课程（specific occupationally programs），还另有一些不宜划到上述12个学科门类的其他学科（all other programs），因此可通过分析不同学科领域背景教师数量关系来了解教师队伍学科结构。

新世纪初，美国高校专职教师队伍学科结构基本状况是：自然、健康、人文、社会学科的教师数量最多，工程、农学和家政、通信和交通、法学教师数量最少。比如，2003年美国高校专职教师队伍中，自然学科背景教师比例占22.1%、健康占13.8%、人文占13.2%、社会占10.3%、教育占7.5%、艺术占6.3%、商贸占6.3%、工程占4.8%、特别职业课程占4.0%、农学和家政占2.5%、通信和交通占2.3%、法学占1.5%，另有其他学科教师比例为4.3%①。可见，属于一个“自然—健康—人文—社会为主型”的学科结构。

从变化趋势来看，2003年与1998年相比，美国高校中的自然、通信和交通、艺术、农学和家政、教育、工程、法学、特别职业课程的教师比重有所增加，其他学科教师比例有所微降。详见表3-27、图3-26所示。从三大学科分类来看，自然学科教师队伍最大。2003年自然学科教师比例占49.5%、社会学科教师占25.6%、人文学科教师占19.5%，另有其他学科教师比例占4.3%。详见图3-27所示。

① U. S. Department Education. Digest of Educational Statistics 2009 [M]. 2010：376.

表 3-27　1998、2003 年美国高校专职教师队伍学科结构状况（千人、%）

	1998 年	排序	2003 年	排序	2003 年比 1998 年变化数
人数	560		682		122
比例计	100.0		100.0		
自然学科	19.8	1	22.1	1	2.3
健康学科	15.0	2	13.8	2	−1.2
人文学科	14.5	3	13.2	3	−1.3
社会学科	10.4	4	10.3	4	−0.1
教育	7.1	6	7.5	5	0.4
艺术	5.9	8	6.3	并列 6	0.4
商贸	7.0	7	6.3	并列 6	−0.7
工程	4.5	9	4.8	8	0.3
特别职业课程	2.9	10	4.0	10	1.1
农学和家政	1.8	并列 11	2.5	11	0.7
通信和交通	1.8	并列 11	2.3	12	0.5
法学	1.4	13	1.5	13	0.1
其他学科	7.9	5	4.3	9	−3.6

说明：1. 教师指专职教师（full-time faculty and instructional staff）；最后一列数据中，前面有负号表示下降，否则表示提高。2. 2003 年数据缺失率为 1.2%。

资料来源：U. S. Department Education. Digest of Educational Statistics 2015 51st edtion［M］. 2016：583.

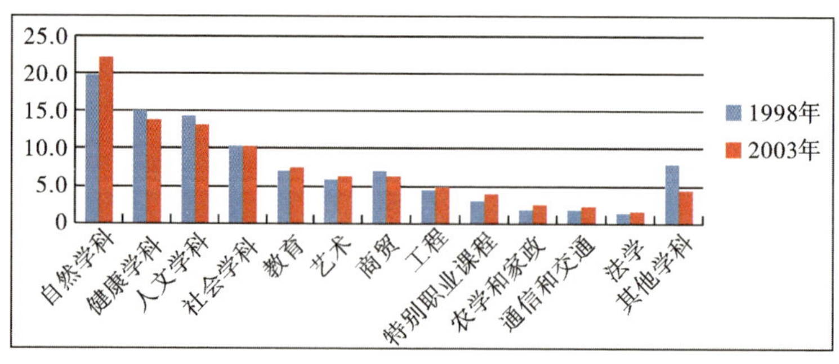

图 3-26　1998、2003 年美国高校专职教师队伍学科结构状况（%）

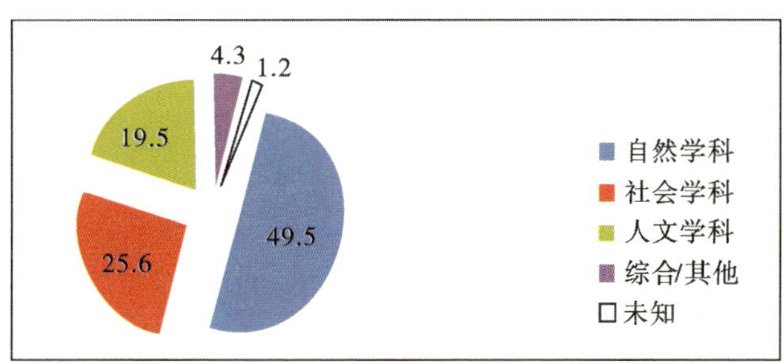

图 3-27 2003 年美国高校教师队伍三大学科和其他学科的分布状况（%）

美国高校在大众化后期和我国高校目前所处的高等教育发展阶段相类似。以 1969 年数据为例，当时美国高校教师队伍学科结构基本情况是：教师比例最大的前三个学科领域是人文、社会和物理学科，三者比例分别占 16.4%、11.3%和 11.1%。详见表 3-28、图 3-28 所示。从不同类型高校来看，1969 年美国大学部门在人文、社会、物理、生物等学科领域的教师比例最大，四年制高校在人文、物理、教育、社会等学科的教师比例最高，二年制高校则重点发展教育、人文、物理、社会等学科领域，其中教育学科是重中之重。可见，美国高校非常重视人文通识教育，所以此类学科背景教师规模最大。特别是美国四年制学院，跟我国地方本科院校地位相当，但美国四年制学院一般是文理学院，专注于通识教育，所以规模排在前五位的学科教师都是人文和理学教师，分别是人文学科教师占 20.6%、数学物理教师占 12.1%、教育学科（含体育）教师占 11.9%、社会科学（含心理和地理）教师占 11.7%、艺术教师占 8.0%。详见表 3-28、图 3-28 所示。

表 3-28 1969 年美国不同类型高校专职教师队伍学科结构状况（%）

学科领域	所有高校	排序	大学	排序	四年制高校	排序	二年制高校	排序
商贸和管理	3.8	9	3.3	10	4.0	8	5.4	6
教育（含体育）	10.9	4	8.5	6	11.9	3	17.0	1
生物科学（含农学）	7.7	5	10.8	4	4.7	7	4.1	7
物理科学（含数学）	11.1	3	11.2	3	12.1	2	8.3	3
工程学（含建筑）	6.2	6	8.2	7	5.0	6	2.4	8

续表

学科领域	所有高校	排序	大学	排序	四年制高校	排序	二年制高校	排序
社会科学（含心理和地理）	11.3	2	12.1	2	11.7	4	6.9	4
艺术	6.3	7	5.1	8	8.0	5	6.5	5
人文	16.4	1	13.3	1	20.6	1	16.3	2
健康领域	5.2	8	9.0	5	1.3	11	1.8	10
其他专业（含社会工作、法律、期刊、图书馆学）	3.2	10	3.8	9	2.8	9	1.9	9
其他领域（含家政、工艺美术）	1.7	11	2.1	11	1.4	10	1.6	11
无研究生学历（包括未知）	16.0		12.6		16.4		27.8	
比例计	100.0		100.0		100.0		100.0	

说明：数据为抽样调查所得。

资料来源：U. S. Department Education. Digest of Educational Statistics 1971 edition [M]. 1972：82.

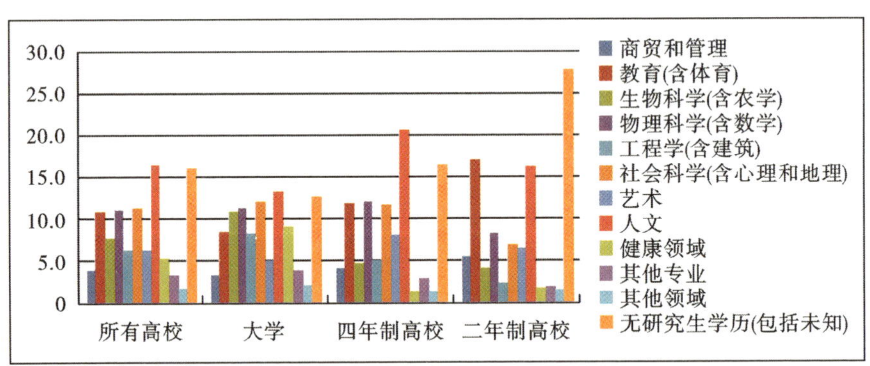

说明：其他专业含社会工作、法律、期刊、图书馆学，其他领域含家政、工艺美术。

图 3-28　1969 年美国不同类型高校专职教师队伍学科结构状况（%）

在高校层面，美国高教系统注重教师学科背景配置的社会适应性、学科综合化以及交叉性，学院设置以综合学科为主，不提倡分化和细化管理，注重成立综合学科学院，设置综合学科专业，建立综合学科研究机构。比如，位于阿拉巴马州的私立大学塔斯基吉大学（Tuskegee

University)，在校生 3 000 人左右，教职工 900 人左右，拥有学士、硕士、博士学位授予权，该校仅设置有 8 个学院（college，school）[①]；南阿拉巴马大学（University of South Alabama）是一所公立大学，在校生超过 16 000 人，专职教师超过 800 人，拥有博士学位授予权，该校设置有 9 个学院（schools，colleges，departments）[②]。三佛大学（Samford University）是一所私立大学，在校生 5 000 人左右，拥有博士学位授予权，共设置艺术学院、霍华德文理学院、布洛克商学院、比森神学院、奥尔良比森教育学院、坎伯兰法学院、艾达莫菲特护理学院、麦克沃特医药学院、健康专业学院、公共卫生学院共 10 个学院（school）[③]。即使是哈佛帝国（即哈佛大学）除文理学院外也只设置 10 个专业学院，斯坦福大学也仅有 7 个专业学院。除了哈佛和斯坦福大学外，前面列举的几所高校相当于我国的地方本科院校。虽然美国名校在质量上和我国地方本科院校没有可比性，但从中可以看出美国高校学科和学院设置的综合化、简洁化的基本取向。

从上述美国高校教师队伍的学科背景构成来看，其结构具有较高适应性，结构较为优化。首先，美国是一个具有浓厚实用主义传统的国度，自然学科一直受到高度重视，自然学科教师规模最大，成为美国传统学科、重点学科和优势学科。此外，美国的健康学科、商贸学科、艺术学科教师比例很高，这与美国医学、贸易、文化产业非常发达相适应，也适应现代社会第三产业蓬勃发展的基本趋势。其次，美国教育学科教师比例较高，和美国教育事业高度发达的国情相协调。再次，美国还有一类学科是特别职业课程，这类领域课程以就业为取向，不划分到其他学科里，比例也不小，这与美国市场化程度高、重实用的理念相吻合。从高校层面来看，美国高校学院设置综合化、建立多样的综合学科

① 塔斯基吉大学官方网站. Welcome to Tuskegee University [EB/OL]. [2017-05-10]. https://www.tuskegee.edu/discover-tu/why-choose-tu.

② 南阿拉巴马大学官方网站. Schools, Colleges, Departments [EB/OL]. [2017-05-02]. http://southalabama.edu/colleges/index.html.

③ 三佛大学官方网站. Schools & Academic Departments [EB/OL]. [2017-05-02]. https://www.samford.edu/programs/schools.

机构、设置多学科课程专业，有利于促进不同学科背景教师之间的交流交往，促进教师队伍学科结构中的联结结构优化。

（二）英国高校教师队伍的学科结构

英国对高校教师学科背景分类比美国更细，总共划分为生物科学（biological sciences）、商贸和行政管理（business/administrative studies）、电脑和图书以及信息科学（computer science/ librarianship/info science）、创意艺术和设计（creative arts/design）、教育（education）、工程技术和制造建筑（engineering/technology/building/architecture）、人文（humanities）、语言（languages）、法律（law）、数学科学（mathematical sciences）、医学和牙科（medicine and dentistry）、物理科学（physical sciences）、药学相关专业（subjects allied to medicine）、社会政治经济研究（social/political/economic studies）、兽医农业科学等（veterinary sciences/agriculture/related subjects）、未知和综合学科（unknown and combined subjects）16类，一些学科还可以再细分。由于医药牙科和药学交叉相近，本书将两者合为医学牙科一类统计，这样共有15个学科门类。

总体来说，英国高校教师队伍是一个“生物—医牙—农兽—政经社”型的学科结构。以2008—2009年度为例，英国高校教师学科背景比例从大到小依次是：生物科学教师占14.4%，农兽、医学牙科并列为12.0%，政治经济社会占9.5%，物理占9.3%，这五类学科是大学科；工程建筑占7.5%，艺术设计、语言学并列为5.1%，商贸行政管理、教育学并列为4.9%、人文学科占4.8%，这六类学科是中间学科；电脑图书信息学科占4.4%，数学科学占2.9%，法学占2.1%，未知和综合学科占0.9%，后面四个学科是小学科①。详见表3-29、图3-29所示。

从纵向比较视角看，比较2008—2009年度和2003—2004年度数据发现，学科教师规模增长最大的三门学科领域分别是：兽医/农业及相关学科，从原来的0.9%增长到12.0%；创意艺术/设计学科领域，从原来的4.5%增长到5.1%；教育学科，从原来的4.4%增长到4.9%。下降幅度最大的三门学科领域分别是：未知和综合学科，从原来的13.5%

① Higher Education Funding Council for England (HEFCE). Staff employed at HEFCE-funded HEIs: update-trends and profiles 1995-96 to 2008-09 [M]. 2010: 10.

下降到0.9%；工程/技术/制造/建筑，从原来的7.9%下降到7.5%；法学，从原来的2.2%下降到2.1%①②。其中，调整幅度最显著的是农兽学科、未知和综合学科。这可能跟两个年度的分类标准和统计口径差异有关。但这一变化基本体现出英国高校学科调整的变化。详见表3-29、图3-29所示。

表3-29　2003—2004、2008—2009年度英国高校教师队伍学科结构状况（人、%）

	2003—2004年度	排序	2008—2009年度	排序	2008—2009年度比2003—2004年度变化数
人数	103 905		117 995		14 090
比例计	100.0		100.0		
生物科学	13.7	1	14.4	1	0.7
医学/药科/牙科等	11.8	3	12.0	并列2	0.2
兽医/农业及相关学科	0.9	15	12.0	并列2	11.1
社会/政治/经济学科	9.6	4	9.5	4	−0.1
物理科学	9.3	5	9.3	5	0
工程/技术/制造/建筑	7.9	6	7.5	6	−0.4
创意艺术/设计	4.5	并列10	5.1	并列7	0.6
语言	5.2	7	5.1	并列7	−0.1
商贸/行政管理	4.8	8	4.9	并列9	0.1
教育	4.4	12	4.9	并列9	0.5
人文学科	4.6	9	4.8	11	0.2
电脑/图书馆/信息科学	4.5	并列10	4.4	12	−0.1
数学科学	3.0	13	2.9	13	−0.1
法学	2.2	14	2.1	14	−0.1
未知和综合学科	13.5	2	0.9	15	−12.6

说明：1. 数据仅指英国高等教育机构（English HEIs）学术人员，不包括低参与度和短期合同学术人员（staff with academic roles excluding very low activity and inactive contracts），含兼职。2. 最后一列数据前面有负号表示下降，否则表示提高。

资料来源：2003—2004年度数据来源于Higher Education Funding Council for

① Higher Education Funding Council for England (HEFCE). Staff employed at HEFCE-funded HEIs: update-trends and profiles [M]. 2008: 10.

② Higher Education Funding Council for England (HEFCE). Staff employed at HEFCE-funded HEIs: update-trends and profiles 1995-96 to 2008-09 [M]. 2010: 10.

England（HEFCE）. Staff employed at HEFCE-funded HEIs：update-trends and profiles [M]. 2008：10；2008—2009 年度数据来源于 Higher Education Funding Council for England（HEFCE）. Staff employed at HEFCE-funded HEIs：update-trends and profiles 1995-96 to 2008-09 [M]. 2010：10.

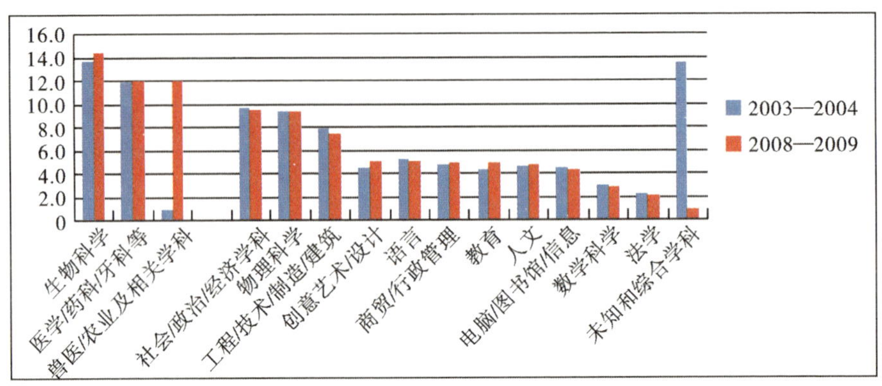

图 3-29　2003—2004、2008—2009 年度英国高校教师队伍学科结构状况（%）

如果以自然学科、社会学科、人文学科三大类划分，则 2003—2004 年度的三大学科教师比例分别为 51.1%、21.0%、14.3%，另有 13.5%的教师为综合学科或未知学科背景；2008—2009 年度三大学科教师比例分别为 62.5%、21.4%、15.0%，另有综合学科或未知学科教师占 0.9%①②。详见表 3-30、图 3-30 所示。

表 3-30　2003—2004、2008—2009 年度英国高校教师队伍三大学科分布状况（%）

年度	2003—2004	2008—2009
自然学科	51.1	62.5
社会学科	21.0	21.4
人文学科	14.3	15.0
综合学科或未知学科	13.5	0.9
比例计	100.0	100.0

① Higher Education Funding Council for England（HEFCE）. Staff employed at HEFCE-funded HEIs：update-trends and profiles [M]. 2008：10.

② Higher Education Funding Council for England（HEFCE）. Staff employed at HEFCE-funded HEIs：update-trends and profiles 1995-96 to 2008-09 [M]. 2010：10.

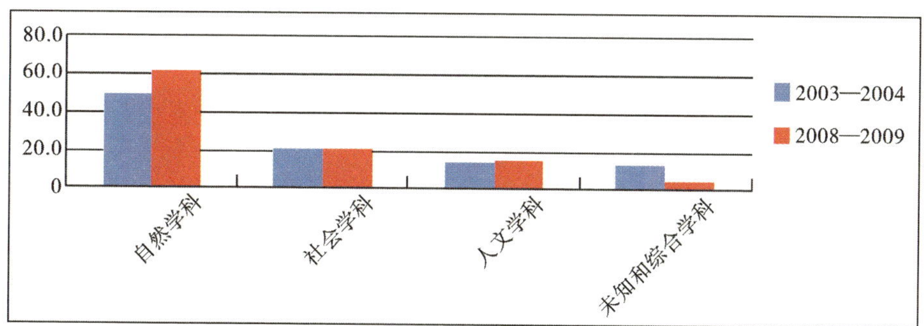

图 3-30　2003—2004、2008—2009 年度英国高校教师队伍三大学科分布状况（%）

在高校层面上，英国高校也重视学科的综合、交叉和融合，以及重视特色优势学科的发展。英国从 20 世纪 60 年代发表的《罗宾斯报告》就开始引导高校改变以往僵化的学科分类法，创建新的“学群制度”，建立了 10 所以“学群制”作为学科新建制的新大学（The New Universities），开创了跨学科和多学科学院的改革方向。其后，被其他高校所效仿，二级学院设置趋向综合化，不追求学科设置的“多、全、细”。比如，伯恩茅斯大学（Bournemouth University）是一所于 1976 年建校于 1992 年升格为大学的公立大学，目前有学生 17 000 人①，学术人员（academic staff）1 150 人②，主要以提供学士和硕士课程教育为主，只提供少数博士教育课程，跟我国很多省属老牌大学相当。该大学 2012 年有学生 14 000 人左右，仅设置有 6 个学院（school），但随着学生人数增长到目前的 17 000 人，其二级学院设置不但没有增加，反而更加综合化，将原来 6 个学院压缩到目前的 4 个学院（faculty），即健康与社会科学学院（Faculty of Health & Social Sciences）、管理学院（Faculty of Management）、传媒传播学院（Faculty of Media & Communication）、理工学院（Faculty of Science & Technology）③，二级学院和课程设置模式

① 伯恩茅斯大学官方网站. Bournemouth University. Welcome to BU [EB/OL]. [2017-03-01]. https://www.bournemouth.ac.uk/about/welcome-bu.

② 伯恩茅斯大学官方网站. Bournemouth University. Our people [EB/OL]. [2017-03-01]. https://www.bournemouth.ac.uk/about/our-people.

③ 伯恩茅斯大学官方网站. Our faculties [EB/OL]. [2017-05-02]. https://www.bournemouth.ac.uk/about/our-faculties.

更加综合化，体现出少而精的特点。

英国是老牌的经济发达国家，也是老牌的政治、文化、社会发达国家，在分析英国高校教师队伍学科背景结构时，有以下几点值得关注：

首先，英国高校的生物、农兽、医类、政治、经济、社会学科教师规模最大，而不像我国一直以来以工学为大，其中，英国高校的前三大学科，即生物、农兽、医学，都跟新世纪以来全球关注的资源、环境、健康等重大现实问题密切相关，说明英国高校师资学科布局重视跟踪全球发展趋势。另外，英国高校政治、经济、社会学科背景的教师比例较大，说明了英国注重发展自身的传统优势学科。此外，英国人多地少，农牧业人口少，但其高校农兽学科教师比例仍占到 12.0％（2008—2009 年度），这是英国高校教师队伍学科结构的一大特色，这可能是因为英国注重通过培养这方面的人才，提高该学科的科研水平，以服务农牧业产业不断转型升级的战略目的。

其次，英国高校从事艺术设计、电脑图书信息学科的教师比例也比较高，2008—2009 年度上述两个学科教师比例分别为 5.1％和 4.4％，这是英国高校重视创新应用、文化产业、信息产业以提高文化软实力和主动应对信息社会的一种体现。

再次，英国是一个制度较为完善的法制社会，社会需要大量的法律专业人才，但英国高校的法学教师比例很小，2008—2009 年度仅为 2.1％，不像我国法律学科起步很晚但发展迅猛，2009 年我国高校具有法学背景教师比例达到 4.4％。这可以说明英国在培养法律人才方面特别注重质量而不是盲目追求数量，因为法律教师像临床医学教师一样特别需要高度的精专。

第四，英国高校的语言类教师不仅独立分类，而且比例较高，2008—2009 年度占 5.1％，这和我国外语类教师比例很高（2009 年接近 10％）的状况相似，但两国也存在差异。因我国各级教育和从业考证加上长期以来强调全民的外语学习和考核，需要大规模的外语教师队伍，即我国很大比例的外语教师主要承担着教国人学外语的教学任务，而英国语言类教师不仅教其国人学外语，可能还承担较多地教外人学国语、开展外语研究、国际交流等任务。这也是英国高校教师队伍学科结构的另一个特点。

第五，英国对其他学科的发展也有所兼顾，教育、人文、商贸教师都占有不小的比例，同时注重综合学科、新兴学科的发展。比如，在统计口径上将“未知和综合学科”（unknown and combined subjects）作为独立分类。将政治、经济、社会学科归为一类，将电脑、图书、信息归口统计，这种做法也在一定程度上体现出学科发展的综合化理念。2003—2004年度和2006—2007年度，英国高校教师队伍的未知和综合学科教师比例分别占了13.5%和11.5%①。此外，英国高校学科群建制、多学科学院设置、多学科研究中心建立都说明了英国高校不同学科教师之间有更多交流交往机会，这是学科结构优化的一种表现。

总之，英国高校教师的学科布局匹配能体现出回应社会需求，重点学科成重点、传统学科保传统、优势学科有优势、特色学科显特色、不同学科能综合、小型学科得兼顾、新兴学科有关照、学科调整与时俱进等特点，教师队伍学科结构总体较为优化。

（三）日本高校教师队伍的学科结构

日本将整个科学体系划分为10大学科门类，分别是人文科学、社会科学、理学、工学、农学、保健、商船、家政、教育、艺术，类似于我国的13个学科门类。因此，根据教师学科背景，日本高校教师相应被划分为10类教师，另有其他学科领域（比如教养等）背景教师。下文主要以日本大学部门（不包括短期大学和高等专门学校等其他高等教育机构）为例，分析日本高校教师队伍的学科结构。

首先，总体上看，日本高校教师队伍是一个“以保健—工学—人文—社会为主型”的学科结构，即保健学、工学、人文科学、社会科学背景的教师比例最高，商船、家政、艺术学科背景教师的比例最低。以2013年全日大学部门专职教师学科总体状况为例，从大学科到小学科排序是：保健教师占34.6%、工学占14.1%、社会占13.4%、人文占

① Higher Education Funding Council for England (HEFCE). Staff employed at HEFCE-funded HEIs: update-trends and profiles [M]. 2008: 10.

13.0%、理学占8.5%、教育占6.3%、农学占3.8%、艺术占2.9%、家政占1.3%、商船教师仅有45人占整个教师队伍总数的0.025%，另有其他占2.1%①。其中，保健学科教师占了整个教师队伍的三成以上，这是日本大学教师队伍结构的一个显著特点。详见表3-31、图3-31所示。

其次，从纵向维度比较来看，以1974、1983、1992、2004、2010、2013六个年度数据为例，从20世纪七八十年代到目前几十年，日本大学专职教师队伍学科结构（即学科大小排序）总体变化很小，但个别学科比例有所调整。以2013年和1983年相比，增长幅度最大的学科是其他学科，从原来的0.1%上升到2.1%；其次是社会科学，从原来的10.5%上升到13.4%；再次是保健学科，从原来的30.0%上升到34.6%；教育学科也从原来的5.6%上升到6.3%。下降幅度最大的学科是农学，从原来的5.4%下降到3.8%；其次是理学，从原来的11.7%下降到8.5%；工学和人文科学也下降了两个百分点有余②③④⑤⑥。详见表3-31、图3-31所示。

① 日本総務省統計局. 学校教員統計調査（平成25年度）[EB/OL].（2015-03-27）[2017-04-02]. http://www.e-stat.go.jp/SG1/estat/NewList.do?tid=000001016172.

② 日本総務省統計局. 学校教員統計調査（昭和49年度）[EB/OL].（2004-12-21）[2017-01-06]. http://www.e-stat.go.jp/SG1/estat/NewList.do?tid=000001016172.

③ 日本総務省統計局. 学校教員統計調査（昭和58年度）[EB/OL].（2004-12-21）[2017-01-06]. http://www.e-stat.go.jp/SG1/estat/NewList.do?tid=000001016172.

④ 日本総務省統計局. 学校教員統計調査（平成4年度）[EB/OL].（2007-12-21）[2017-01-06]. http://www.e-stat.go.jp/SG1/estat/NewList.do?tid=000001016172.

⑤ 日本総務省統計局. 学校教員統計調査（平成16年度）[EB/OL].（2012-03-27）[2017-01-06]. http://www.e-stat.go.jp/SG1/estat/NewList.do?tid=000001016172.

⑥ 日本総務省統計局. 学校教員統計調査（平成22年度）[EB/OL].（2015-03-27）[2017-01-06]. http://www.e-stat.go.jp/SG1/estat/NewList.do?tid=000001016172.

表 3-31　1974—2013 年日本大学专职教师队伍学科结构状况（人、%）

年	1974 年	1983 年	1992 年	2004 年	2010 年	2013 年	2013 年比 1983 年变化数
人数	79 776	109 601	130 854	159 724	172 728	177 263	67 662
比例计	100.0	100.0	100.0	100.0	100.0	100.0	—
保健	20.7	30.0	30.6	30.8	33.0	34.6	4.6
工学	15.6	16.7	16.2	16.7	15.1	14.1	−2.6
人文	16.8	15.3	15.9	14.7	13.4	13.0	−2.3
社会	10.4	10.5	11.4	13.6	13.8	13.4	2.9
理学	11.6	11.7	11.0	9.1	8.7	8.5	−3.2
教育	6.4	5.6	6.0	5.4	6.0	6.3	0.7
农学	5.5	5.4	4.8	4.0	3.8	3.8	−1.6
艺术	3.3	3.0	2.8	2.9	3.0	2.9	−0.1
家政	1.5	1.2	1.1	1.2	1.3	1.3	0.1
商船	0.1	0.1	0.1	0	0	0	−0.1
其他	0.2	0.1	0.2	1.6	1.9	2.1	2
未知	7.9	0.4	0	0	0	0	−0.4

说明：1. 此表数据仅指大学部门数据，不含短期大学、高等专门学校等其他高等教育机构的数据。2. 因 1974 年有较多教师学科背景不明，所以，不宜跟其他年度做总体比较。3. 后一列数据中，前面有负号表示下降，否则表示增加。

资料来源：日本総務省統計局. 学校教員統計調査（昭和 49 年度）[EB/OL]. (2004-12-21) [2017-01-06]. http://www.e-stat.go.jp/SG1/estat/NewList.do?tid=000001016172. 日本総務省統計局. 学校教員統計調査（昭和 58 年度）[EB/OL]. (2004-12-21) [2017-01-06]. http://www.e-stat.go.jp/SG1/estat/NewList.do?tid=000001016172. 日本総務省統計局. 学校教員統計調査（平成 4 年度）[EB/OL]. (2007-12-21) [2017-01-06]. http://www.e-stat.go.jp/SG1/estat/NewList.do?tid=000001016172. 日本総務省統計局. 学校教員統計調査（平成 16 年度）[EB/OL]. (2012-03-27) [2017-01-06]. http://www.e-stat.go.jp/SG1/estat/NewList.do?tid=000001016172. 日本総務省統計局. 学校教員統計調査（平成 22 年度）[EB/OL]. (2015-03-27) [2017-01-06]. http://www.e-stat.go.jp/SG1/estat/NewList.do?tid=000001016172.

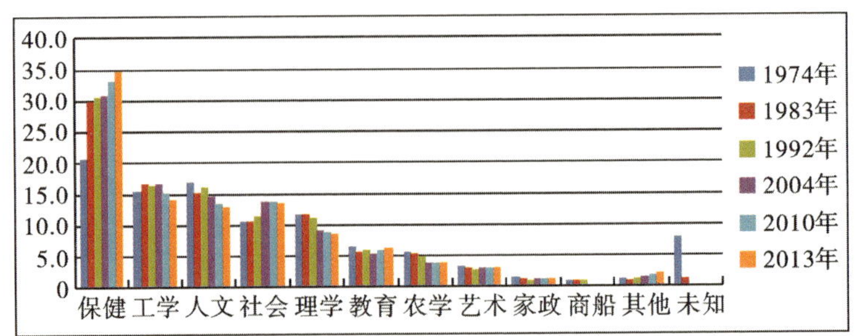

图 3-31 1974—2013 年日本大学专职教师队伍学科结构状况（%）

再次，从专职和兼职教师队伍学科结构比较视角来看，以 2013 年日本大学部门数据为例，当年兼职教师队伍有 206 202 人（比专职教师 177 263 人还多），兼职教师队伍学科顺序是：人文科学占 28.7%（专职是 13.0%）、保健科学占 20.1%（专职是 34.6%）、社会科学 14.5%（专职是 13.4%）、教育占 9.2%（专职是 6.3%）、工学占 8.3%（专职是 14.1%）、艺术学科占 7.3%（专职是 2.9%）、理学占 5.3%（专职是 8.5%）、农学占 1.7%（专职是 3.8%）、家政占 1.1%（专职是 1.3%）、商船为 0，另有其他学科占 3.8%（专职是 2.1%）①。其中，人文科学、教育学科和艺术学科的兼职教师比例比专职教师比例明显提高。

又次，以大学、短期大学、高等专门学校三类不同高等教育机构的教师队伍学科结构比较视角来看，仍以 2013 年数据为例，大学以保健、工学、人文、社会、理学教师比例最大，前四个学科教师比例都超过 10%。短期大学专职教师（共有 8 570 人）队伍中以教育、保健、人文、家政、社会、艺术学科背景的教师最多，所占比例分别是 22.8%、15.1%、14.7%、12.9%、11.9%、10.0%，都在 10%及以上；同时，在短期大学兼职教师队伍中，艺术教师最多。高等专门学校专职教师（共有 4 366 人）队伍中，前三大学科教师分别是工学占 64.1%、理学占 15.0%、人文占 12.7%。可见，大学以保健、工

① 日本総務省統計局. 学校教員統計調査（平成 25 年度）[EB/OL].（2015-03-27）[2017-01-06]. http://www.e-stat.go.jp/SG1/estat/NewList.do?tid=000001016172.

学和人文社会科学最强，短期大学以教育、保健、人文社会教师规模最大，特别是家政和艺术学科非常突出。高等专门学校以工科超强，教师比例超过六成，但其保健、艺术、社会科学教师非常少，前两个学科教师仅占 0.2%，社会科学教师仅占 1.8%，跟大学和短期大学形成显著差异①。

最后，从自然科学、社会科学、人文学科三大学科视角来看，2013 年，在大学部门专职教师队伍中，自然科学教师占 61.0%、社会科学教师占 21.0%、人文学科教师占 15.9%、其他学科教师占 2.1%；短期大学上述四个比例分别是 25.3%、47.6%、24.7%和 2.4%；高等专门学校上述四个比例分别是 81.0%、5.4%、12.9%和 0.7%；三类高等教育机构的平均状况是，自然科学教师占 59.9%、社会科学教师占 21.8%、人文学科教师占 16.2%、其他教师占 2.1%②。详见表 3-32、图 3-32 所示。

表 3-32　2013 年日本高校专职教师队伍三大学科分布状况（%）

	比例计	自然科学	社会科学	人文学科	其他
大学	100.0	61.0	21.0	15.9	2.1
短期大学	100.0	25.3	47.6	24.7	2.4
高等专门学校	100.0	81.0	5.4	12.9	0.7
总体	100.0	59.9	21.8	16.2	2.1

资料来源：日本総務省統計局. 学校教員統計調査（平成 25 年度）[EB/OL]. (2015-03-27) [2017-01-06]. http://www. e-stat. go. jp/SG1/estat/NewList. do?tid=000001016172.

① 日本総務省統計局. 学校教員統計調査（平成 25 年度）[EB/OL]. (2015-03-27) [2017-01-06]. http://www. e-stat. go. jp/SG1/estat/NewList. do?tid=000001016172.

② 日本総務省統計局. 学校教員統計調査（平成 25 年度）[EB/OL]. (2015-03-27) [2017-01-06]. http://www. e-stat. go. jp/SG1/estat/NewList. do?tid=000001016172.

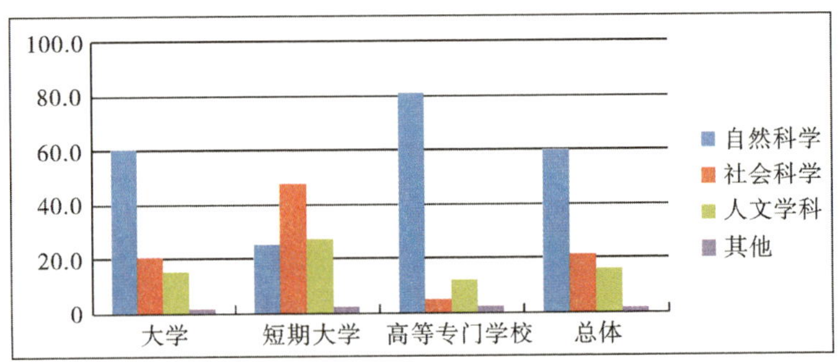

图 3-32 2013 年日本高校专职教师队伍三大学科分布状况（%）

在高校层面，日本高校教师队伍学科配置注重回应社会需求，注重综合性和交叉性。从 20 世纪 60 年代起，随着科学发展综合化趋势的增强，日本高校也开始改革传统的学科建制，建立起学科群式学院，建立了跨学科的学院建制模式，用新的学群、学类和专攻组成教学科研单位，成立综合科学部，设置新兴学科和跨学科，实现课程设置综合化，促进学科交流融合①。在筑波大学、广岛大学等国立大学开创了这一改革先河后，其他公私立高校开始学习借鉴。比如日本 1992 年建校的福冈县立大学是一所公立大学，在日本国内排名在 250 名左右，2017 年有专职教师 108 人②，其学部（本科教育阶段）只设置人间社会学部和看护学部两个学部（相当于我国的本科专业学院），大学院（即研究生院）也只设置人间社会学研究科和看护学研究科两个研究科③。2008 年新建的长崎县立大学（相当于我国的新建本科院校），2017 年有专任教师 160 人，目前仅设置有经营学部、区域创造学部、国际社会学部、信息系统学部、看护营养学部 5 个学部（二级学院、本科教育）和经济学研究科、国际情报学研究科、人间健康科学研究科共 3 个研究科（研究生

① 滕大春. 外国教育通史：第 6 卷［M］. 济南：山东教育出版社，1994：422.

② 福冈县立大学官方网站. 教育情報［EB/OL］. (2017-05-01)［2017-05-20］. http://www.fukuoka-pu.ac.jp/education_info/index.html.

③ 福冈县立大学官方网站. 大学院［EB/OL］. (2017-05-01)［2017-05-20］. http://www.fukuoka-pu.ac.jp/academics/index.html.

教育)[①]。

总体而言，日本高校教师队伍学科结构较为优化。

首先，日本是国土狭小、资源奇缺岛国，其高校教师队伍的学科布局结构注重切合本土实际，尊重科学规律，重视发展传统学科、优势学科和特色学科。比如日本根据现代社会人们对健康生活水平的不断需求、国内资源十分贫乏等特点，以保健学为学科发展龙头，大力发展医药保健、公共卫生、生命科学等相关学科，较好促进了日本医药保健产业的快速发展。为更好应对信息社会对创新的迫切需要、不断提升国家竞争力、促进文化强国建设和环境好友型国家建设，日本大力发展艺术学科，其艺术学科很早就独立分设，而且教师比例不低，大学达到3%左右，短期大学达到10%左右（2013年），这和美、英等发达国家重视文化和创新等相关学科发展有相似之处。为适应现代社会人们对提高日常生活质量的不断追求，促进第三产业发展，日本将家政学科独立分设，2013年其教师比例在大学为1.3%、在短大为12.9%。此外，日本根据岛国国情和航海业发达而将商船学科独立设置，这也是日本高校教师队伍学科分类的一个特点。

其次，日本高校教师队伍学科结构除了上述提到的保健、家政、艺术、商船等颇具特色外，各个学科有不同的具体发展侧重点。比如在大学专职教师队伍中，人文学科中以文学为重；社会学科中以商学和经济学为强；理学中以数学、物理、生物教师最多，三者规模几乎相当；工学中电气通信超强，其次是土木建筑；农学中农业、农化、兽医畜产三者教师规模最大；保健学中医学最强；家政是食物学最强等[②]。

再次，日本高校注重设置跟随时代步伐的新兴学科。比如，国家在新世纪之交，根据国际化和环境、人类等世界热点问题，新设立和支持国际文化、国际学和共生环境、地球资源、绿化大气等方面的学部和学

---

① 长崎县立大学官方网站．大学院［EB/OL］．(2017-05-01)［2017-05-20］．http://sun.ac.jp/department/.

② 日本総務省統計局．学校教員統計調查（平成25年度）［EB/OL］．(2015-03-27)［2017-04-06］．http://www.e-stat.go.jp/SG1/estat/List.do?bid=000001058828&cycode=0.

科的发展；根据情报化趋势，增设和支持情报科学、经营情报等方面的学部和学科；根据国际竞争日趋激烈形势，将学科设置向材料、宇宙等学科和其他高精尖技术研究领域拓展①。

最后，日本高校学科设置注重综合化和交叉化，比如国家倡导和高校实施的学群制改革，大学学院设置趋于综合化使不同学科背景教师更好交流，学术联结更加紧密。可见，日本高校教师队伍中不同学科教师的数量配置和构成比较合理，富有自身特色，总体较为优化。

综上所述，美、英、日三国高校都非常注重发展健康医学类、现代生物类等学科，并在人文、创意艺术等方面配置较高的教师比例，重视发展理学等自然学科和经济等社会学科，同时高校学科设置强调回应社会需求，机构设置注重综合化、简洁化，重视培育和发展学科群、交叉学科和新兴学科，充分发挥传统学科和现代学科优势，较好适应现代科技、经济和社会发展趋势，彰显学科发展特色。另外，发达国家高校重视专业学位和学科教育，相关学科教师比例较高。

五、类别多样，远缘杂交，层次性较高的学缘结构

发达国家高校教师队伍学缘结构总体上具有类别丰富、海纳百川、远缘杂交、英才汇聚、利于激发师生活力等特点，具体表现为学缘类别的多样化、学缘来源地理范围的广阔性、学缘来源高校的高层次性三个方面，即一是高校教师学缘类别比较多样，没有明显近亲繁殖或学缘仅来源于少数高校；二是教师学缘来源的地区比较多、范围比较广，甚至有较高比例的海外学缘，而且海外学缘来自不同国家或地区，不是集中来源于某个国家或地区；三是教师学缘中来源于重点大学即一流大学甚至国际顶尖大学的比例较多。高质量大学在上述三个方面表现得更为突出。

（一）美国高校教师队伍的学缘结构

美国是目前世界公认总体上办学质量最高、体制最活、活力最强、最具吸引力的全球高等教育中心，美国高校教师队伍学缘结构相对于其

① 李铁君. 大学学科建设与发展论纲［M］. 北京：中国科学社会出版社，2004：51-54.

他国家而言也最为优化。

首先，美国高校教师队伍学缘类别多样性很高，近亲繁殖率极低。虽然近亲繁殖现象目前在美国教师队伍中仍然存在，甚至在一些声誉卓著的大学也未完全绝迹①，但这只是极少特例，全美整个高校系统在20世纪后期就开始形成关于制止近亲繁殖的共识，并约定俗成，形成了不直接聘用本校毕业生任教的惯例，近亲繁殖现象在美国高校已成为不是问题的话题。

其次，美国高校教师队伍学缘毕业高校的地理范围面很广，注重花重金在全球范围的不同国家和地区招聘教师，注重通过创设良好的制度和氛围吸引全球各地优秀人才到美国大学从教。其实，教师学缘地理来源的广范围和学缘类别的多样化是正相关的，广范围必然促进多样化，多样化要通过广范围才得以实现。比如，美国高校海外高校毕业、海外国籍、海外出生的教师比例较高，教师队伍的民族成分也非常多样。根据2015年美国教育统计年鉴公布的2013年调查结果，2013年美国学位授予高校共有专职教师791 391人，除了4.9%是非居民外国人（non resident alien）、2.5%是未知民族身份外，白人占72.7%，少数民族占20.0%，其中黑人占5.5%、西班牙族裔占4.2%、亚太族裔占9.1%、美国印第安人/阿拉斯加原住民占0.5%、多民族身份占0.7%②。详见表3-33、图3-33所示。又比如，据美国2004年开展的全国性高校教师队伍调查，结果发现，除去3.1%无法统计外，5.0%的教师的最高学历是毕业于国外高校，6.3%的教师是非美国籍教员，15.5%的教师是在美国之外的国家出生的③。如果再次细分，则就更为多样化，比如亚太地区中的中国、日本、韩国、印度、新加坡等国，都有不少学者在美国大学任教。虽然国

① 林杰．中美两国大学教师“近亲繁殖”之比较［J］．高等教育研究，2009（12）：44．

② U. S. Department Education. Digest of Education Statistics 2015 51st edition［M］．2016：572．

③ National Center for Education Statistics（NCES）．National Study of Postsecondary Faculty（NSOPF）（2004）［EB/OL］．［2017-03-20］．https：//nces. ed. gov/datalab/．

籍、出生地、民族并不同等于学缘，但它们有一定的相关性，教师的国籍、出生地和民族越多样往往意味着教师来源的地理位置越多样，因而也往往使得教师队伍学缘来源的地理范围越广、学缘类别越多样。

再次，从历史纵向视角来看，20 世纪前期及其以前，美国高校教师队伍也曾出现过严重的近亲繁殖问题，即学缘的本地化、单一性和近亲性，但经过多年的批判和改进，二战后情况得到彻底改观。此外，从教师队伍民族构成来看，从 1981 年到 2013 年选择多个年度的数据比较，白人教师比例缓慢下降，其他少数民族教师比例缓慢上升，体现出人才来源趋向多样化。详见表 3-33、图 3-33 所示。

表 3-33　1981—2013 年美国学位授予高校专职教师队伍民族构成状况（人、%）

年	人数	白人	黑人	西班牙人	亚太地区居民	美国印第安人/阿拉斯加原住居民	多重民族身份的人	未知/非居民外国人
1981 年	451 558	90.9	4.1	1.5	3.2	0.3	—	—
2003 年	630 092	80.2	5.3	3.2	6.5	0.5	—	4.4
2009 年	729 152	75.6	5.5	3.8	8.2	0.5	—	6.5
2013 年	791 391	72.7	5.5	4.2	9.1	0.5	0.7	7.4

说明：1. 因统计方式不同，本表的 2003 年教师数与本书其他地方同年度教师数不同，特此说明。2. 非居民外国人未知民族背景。

资料来源：1981 年数据来源于 U. S. Department Education. Digest of Education Statistics 1985-1986 [M]. 1986：113；2003 年数据来源于 U. S. Department Education. Digest of Education Statistics 2009 [M]. 2010：365；2009、2013 年度数据来源于 U. S. Department Education. Digest of Education Statistics 2015 51st edition [M]. 2016：572.

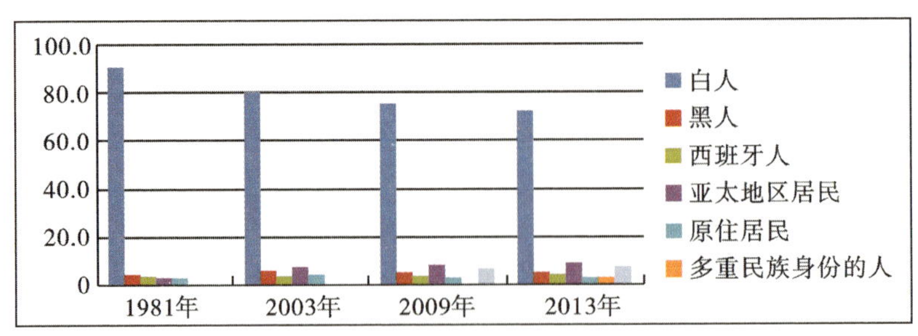

图 3-33　1981—2013 年美国学位授予高校专职教师队伍民族构成状况（%）

第四，美国高校教师队伍的学缘层次性较高。美国高校即使是一般性大学，由于存在同类高校之间的激烈竞争，高校注重提供优厚条件、创造良好环境在全国范围甚至在世界范围内招揽著名大学的名师高徒，这早已成为美国各高校师资招聘的一个基本策略。在美国开展的2004年高等教育教师全国调查中发现，除去3.1%无法统计外，5.0%的教师最高学历是毕业于国外高校，66.2%的教师毕业于美国国内博士授予高校（其中56.0%的教师毕业于卡耐基2000年分类的第一类大学，即doctoral extensive university）①，这都充分说明了美国高校教师队伍学缘的高层次。详见表3-34、图3-34所示。

表3-34　2004年美国高校教师队伍国籍、出生地和毕业高校地理分布调查（%）

	比例计	美国	海外	未知
国籍	100.0	90.6	6.3	3.1
出生地	100.0	81.4	15.5	3.1
最高学位毕业高校所在地	100.0	91.9	5.0	3.1

说明：这里的教师是指专兼职教师（all faculty and instructional staff）。

资料来源：National Center for Education Statistics（NCES）. National Study of Postsecondary Faculty（NSOPF）（2004）［EB/OL］.［2017-03-20］. https://nces.ed.gov/datalab/.

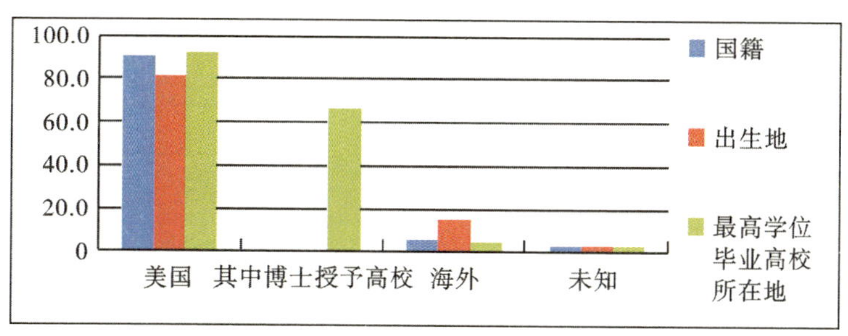

图3-34　2004年美国高校教师队伍国籍、出生地和毕业高校地理分布调查（%）

① National Center for Education Statistics（NCES）. National Study of Postsecondary Faculty（NSOPF）（2004）［EB/OL］.［2017-03-20］. https://nces.ed.gov/datalab/.

第五，从高校地位来看，质量越好、地位越高的高校，其教师队伍学缘的多样性、远域性和高质性一般也更为突出。比如，有学者曾做过学缘层次性方面的统计研究，结果表明，美国国内实力排在 101～200 位的大学，其博士教师队伍中的 77.2%毕业于排名榜前 200 位的大学；实力排在 201～400 位的大学，其博士教师队伍中的 86.6%毕业于排名榜前 300 位的大学①。其中，美国国内排名在三四百位左右的大学和我国办学历史较长的地方重点本科院校在国内的地位基本相当，两者具有一定可比性。详见表 3-35、图 3-35 所示。

表 3-35　美国排名 201～400 位大学博士学位教师毕业高校排位状况（位、人、%）

学校排位	拥有博士学位教师数	博士教师毕业高校的排名状况（%）						
		比例计	前 20	21～100	101～200	201～300	301～500	后 500
201～400 位	2 824	100.0	19.6	43.7	12.8	10.5	7.4	6.0

资料来源：姜远平，刘少雪，刘念才．美国一流大学教师学缘结构分析［EB/OL］．（2005-01-13）［2012-03-03］．http://www.dost.moe.edu.cn/outpart/literature/20050113007.doc.

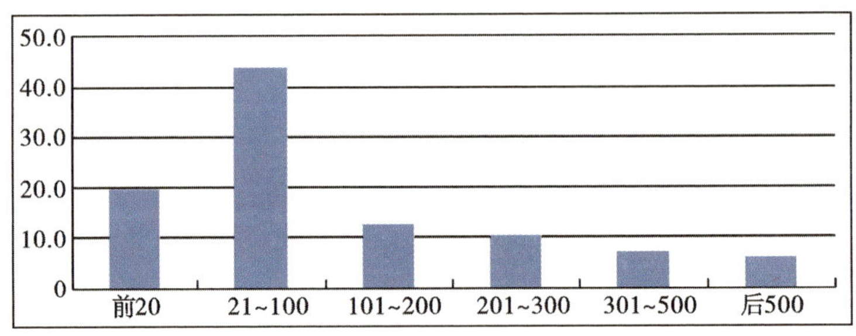

图 3-35　美国排名 201～400 位大学博士学位教师毕业高校排位状况（%、位）

（二）英国高校教师队伍的学缘结构

英国久远的海外贸易历史，促进了英国包括高等教育在内的社会多

① 姜远平，刘少雪，刘念才．美国一流大学教师学缘结构分析［EB/OL］．（2005-01-13）［2012-03-03］．http://www.dost.moe.edu.cn/outpart/literature/20050113007.doc.

领域较高的开放和国际化。英国一直以来是世界重要的学术中心，英国高校每年吸引着大量海外人士到本国求学、求职，包括进入高等教育机构从教。特别是自1999年启动的欧洲高等教育博洛尼亚计划，推进欧洲高等教育一体化进程，也为英国高校优化教师队伍学缘结构提供了更好的机遇和条件。

总体说来，英国高校教师队伍学缘结构也具有“多、广、高”特征，即学缘类别多样、学缘来源高校的地理范围较广、来源于重点大学的学缘比例较高。

首先，英国高校教师每年的流动性较大，这种情况包括几个方面：第一，常规每年高校毕业生就业；第二，高校之间教师的流动；第三，高校外各种机构人员和自由从业者流入高校任职；第四，海外各类人才流入英国各高校从教。教师流动当然也包括教师离职。这种流动引起教师队伍学缘结构的变化，尤其是海外人员到英国高校任教，促进教师队伍学缘结构的多样化和学缘来源范围的广阔性。以2011—2012年度为例，当年全英联邦高校专职教师117 845人，其中因流动变成新入职教师（academic staff starters）共有16 010人，占当年全体教师的13.6%。在新入职教师队伍中，高校之间流动者有4 435人，占整个新入职队伍的27.7%；从英国高校系统外和海外流入英国高校任职的教师共有11 575人，占整个新入职队伍的72.3%。其中，从海外流入的新入职教师数，占了英国高校外流入型新入职教师的27.3%，超过了四分之一。这些海外新入职者，有的原来是高校教师，有的是毕业不久的研究生，有的是研究机构、健康服务机构、公共部门、行业企业人员或自由职业者等①。详见表3-36、图3-36所示。这些海外人才一般会有较大比例拥有非英国高校学缘，他们进入英国高校任职无疑会促进当地高校教师队伍学缘结构的优化。

① Higher Education Statistics Agency (HESA). Staff in Higher Education 2011-12 [EB/OL]. (2013-02-28) [2017-03-20]. https://www.hesa.ac.uk/data-and-analysis/publications/staff-2011-12.

表 3-36　2011—2012 年度英国高校新入职教师来源状况（人、%）

<table>
<tr><th>类型</th><th>原来工作部门</th><th>人数</th><th>比例计</th><th>备注</th></tr>
<tr><td>英国高校间流动</td><td>高校</td><td>4 435</td><td>27.7</td><td>从一所高校流入另一所高校，成为新高校的新入职教师，其比例相对于全英新入职教师总数计算而得</td></tr>
<tr><td rowspan="3">英国非高校部门流入高校任职</td><td>学生</td><td>2 470</td><td>21.3</td><td>毕业生到高校任职占新入职教师总数的比例</td></tr>
<tr><td>其他机构</td><td>3 630</td><td>31.4</td><td>指研究机构、医疗机构、公共部门、私人部门和其他教育机构等行业人员到高校任职</td></tr>
<tr><td>英国计</td><td>6 100</td><td>52.7</td><td></td></tr>
<tr><td rowspan="7">海外机构流入英国高校任职</td><td>高校</td><td>1 630</td><td>14.1</td><td></td></tr>
<tr><td>其他教育机构</td><td>230</td><td>2.0</td><td></td></tr>
<tr><td>学生</td><td>460</td><td>4.0</td><td>指毕业生到高校任职</td></tr>
<tr><td>研究机构</td><td>485</td><td>4.2</td><td></td></tr>
<tr><td>健康服务机构</td><td>65</td><td>0.6</td><td></td></tr>
<tr><td>其他从业部门</td><td>285</td><td>2.5</td><td></td></tr>
<tr><td>海外计</td><td>3 155</td><td>27.3</td><td></td></tr>
<tr><td colspan="2">入职前无稳定职业</td><td>385</td><td>3.3</td><td></td></tr>
<tr><td colspan="2">未知原职业状况</td><td>1 935</td><td>16.7</td><td></td></tr>
<tr><td colspan="2">新入职教师合计一</td><td>11 575</td><td>100.0</td><td>不含英国高校间流动的教师数</td></tr>
<tr><td colspan="2">新入职教师合计二</td><td>16 010</td><td>100.0</td><td>含英国高校间流动而产生的新教师数</td></tr>
</table>

说明：此表数据仅指专职教师（full-time academic staff）。

资料来源：Higher Education Statistics Agency（HESA）. Staff in Higher Education 2011/12 [EB/OL].（2013-02-28）[2017-03-20]. https://www.hesa.ac.uk/data-and-analysis/publications/staff-2011-12.

其次，英国高校教师民族成分或地区来源的多样性也在一定程度上反映了学缘的多样性和学缘来源地区的广阔性。虽然教师的民族成分或来源地区并不等同于学缘，但现实中教师民族成分或来源地区的多样性和学缘类别的多样性和地理广阔性有关。以 2015—2016 年度数据为例，

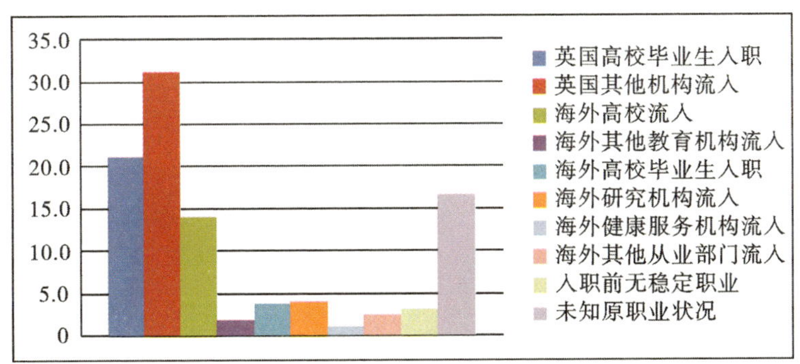

图 3-36　2011—2012 年度英国高校新入职教师来源状况（%）

英国高校专兼职教师（academic staff）共有 201 380 人（其中专职 135 015 人，兼职 66 365 人），其中已知民族背景的教师为 185 335 人（含专职 125 655 人和兼职 59 680 人），8.0%的教师的民族背景未知。在已知民族背景的教师队伍中，有 26 930 人来自少数民族，占整个教师队伍的 14.5%。在少数民族教师队伍中，加勒比海地区黑人或加勒比海黑人族裔占 3.1%、非洲地区黑人或非洲黑人族裔占 7.7%、其他地区黑人族裔背景占 1.1%、印度人或印度地区亚裔占 18.4%、巴基斯坦人或巴基斯坦亚裔占 4.7%、孟加拉人或孟加拉亚裔占 2.0%、中国人占 23.2%、其他地区亚裔背景占 13.8%、其他地区族裔（包括多重民族身份）教师占 25.9%①。详见表 3-37、图 3-37 所示。

表 3-37　2015—2016 年度英国高校教师队伍民族背景状况（人、%）

	人数	比例计	备注
全英已知民族背景教师	185 335	100.0	专职 125 655 人、兼职 59 680 人，另有 16 045 人未知民族背景
少数民族教师	26 930	100.0	占已知民族背景教师总数的 14.5%
加勒比海地区黑人	820	3.1	Black or Black British-Caribbean
非洲地区黑人	2 085	7.7	Black or Black British-African

① Higher Education Statistics Agency (HESA). Introduction-staff in Higher Education 2015-16 [EB/OL]. [2017-02-12]. https://www.hesa.ac.uk/data-and-analysis/publications/staff-2015-16/introduction.

续表

	人数	比例计	备注
其他地区黑人	295	1.1	other black background
印度人	4 960	18.4	Asian or Asian British-Indian
巴基斯坦人	1 275	4.7	Asian or Asian British-akistani
孟加拉人	540	2.0	Asian or Asian British-Bangladeshi
中国人	6 250	23.2	Chinese
亚洲其他地区民族	3 725	13.8	other Asian background
其他地区和混合民族	6 980	25.9	other (including mixed)

资料来源：Higher Education Statistics Agency (HESA). Introduction-staff in Higher Education 2015-16 [EB/OL]. [2017-02-12]. https://www.hesa.ac.uk/data-and-analysis/publications/staff-2015-16/introduction.

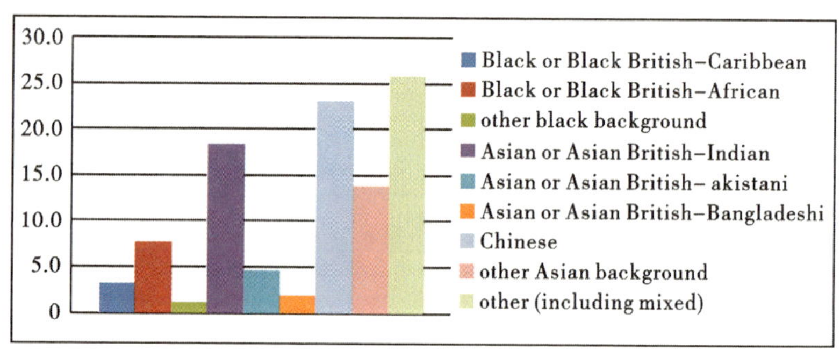

图 3-37　2015—2016 年度英国高校教师队伍民族背景状况（%）

再次，从纵向发展变化情况来看，英国高校教师队伍学缘构成的动态性、类型多样性、地理范围广阔性早已有之，同时也显示出学缘的高层次性。比如，2001—2002 年度英国高校教师（academic staff）队伍共有 110 094 人，国内教师仅占了 76%，海外教师比例高达 24%，海外教师比例接近了四分之一。其中，老大学的海外教师比例最高，占教师队伍的 27%；其次是技术学院，海外教师占 23%；再次是新大学，海外教师占19%；学院类型高校的海外教师比例最低，但也有8%①。详见表3-38、图3-38所示。2008—2009年度，英格兰（不包括苏格兰、北爱尔兰、威尔士）高校专职教师（permanent academic staff）共75 185人，其中来自英国岛内的教师占79.8%，来自西欧等国的占7.8%、美国、加拿大、澳大利亚、新西兰四国的占3.5%、中东欧的占2.0%、亚太的占1.4%、中东和中亚的占1.4%、欧洲外其他国家的占1.2%，还有3.0%是未知国籍来源，这些未知国籍教师有部分也来自国外②。可见，英国高校教师除了大部分来自英国岛外，还有约10%来自欧洲大陆其他国家。英国和欧洲其他发达国家高等教育很发达，拥有大批高质量的大学，而且英国高校教师的任职条件很严格，职务晋升非常严格，一般只有在高水平大学甚至是名牌大学毕业的教师（尤其是海外进入英国高校任职的教师）才能在英国一般大学站稳脚跟。从国外流入英国高校任教的教师，一般来说综合素质较高，学缘层次较高。因此，英国高校教师队伍学缘结构较为优化。详见表3-39、图3-39所示。

表3-38　2001—2002年度英国高校教师队伍海外高校来源状况（%）

	总计	高校类型			
		老大学	新大学	学院	技术学院
英国国籍	76	73	81	92	77
非英国国籍	24	27	19	8	23
比例计	100	100	100	100	100

说明：这里的教师指高校学术队伍（academic staff），含兼职。

资料来源：Department for education and skills recruitment and retention of academic staff in Higher Education [R]. 2005：59.

① Department for Education and Skills. Recruitment and retention of academic staff in Higher Education [R]. 2005：59.

② Higher Education Funding Council for England (HEFCE). Staff employed at HEFCE-funded HEIs：trends and profiles 1995-96 to 2008-09 [M]. 2010：36.

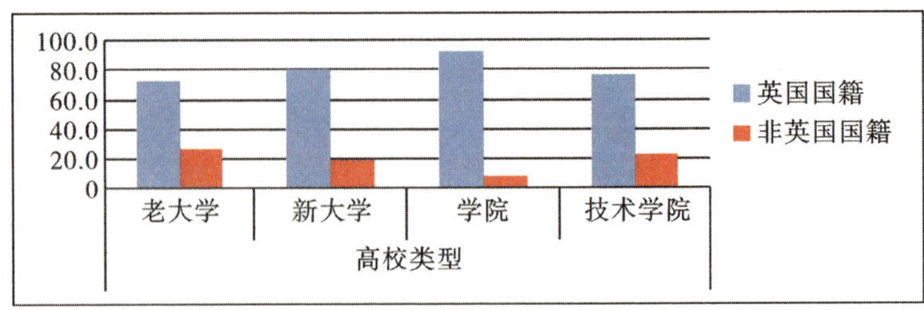

图 3-38 2001—2002 年度英国高校教师队伍海外高校来源状况（%）

表 3-39 2008—2009 年度英国高校专职教师国籍状况（人、%）

教师来源	人数	比例计
英国本土	59 990	79.8
西欧和斯堪的那维亚半岛	5 825	7.8
美国、加拿大、澳大利亚、新西兰	2 625	3.5
东欧和中欧	1 535	2.0
中、日等东亚地区	1 050	1.4
中东和中亚	1 035	1.4
其他非欧洲国	885	1.2
未知来源国	2 240	3.0
非英国本土小计	15 195	20.2
全体教师总计	75 185	100.0

说明：这里的教师指具有长期合同学术人员（permanent academic staff）。

资料来源：Higher Education Funding Council for England（HEFCE）. Staff employed at HEFCE-funded HEIs: trends and profiles 1995-96 to 2008-09［M］. 2010：36.

（三）日本高校教师队伍的学缘结构

在高校教师队伍学缘结构上，日本与欧美等国存在较大差异。由于地处东亚，深受儒家文化、家族观念影响，日本高校教师队伍学缘结构跟中国有较大相似性，即近亲繁殖较严重、学阀现象较突出。但是，日

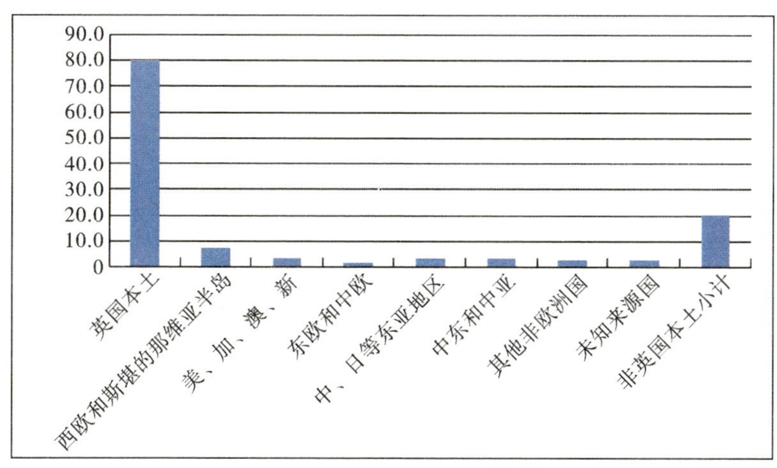

图 3-39　2008—2009 年度英国高校专职教师国籍状况（%）

本在很早时期就自觉学习和汲取西方的开放文化和竞争文化，通过其他方式努力化解近亲繁殖和学阀现象可能带来的消极影响，形成了“间断性近亲繁殖—高层次型”学缘结构，即本校毕业教师比例较高，但大多数不是应届毕业生留校，而是在其他行业或其他高校工作一段时间后再回母校任教，同时来源于较高层次高校（包含许多外国高校）的学缘比例较高。在这一层意义上，东西方文化融合在日本高校教师队伍学缘结构上得到体现。从这一角度上说，日本高校教师队伍学缘构成跟中国高校存在较大差异。

1. 日本高校教师队伍近亲繁殖较为严重

日本高校教师近亲繁重较为严重，具体表现在以下几个方面：

第一，大学应届毕业生留校任教比例较高。即大学应届毕业生（即新获得学位者）如果选择学术职业，学生倾向于留校，学校乐于留本校学生。比如，2013 年日本全国大学共录用 999 个大学应届毕业生，其中 63.5%是本校应届毕业生，而且这种应届生高比例留校任教的情况在日本大学长期如此。从 1983、1992、2004、2010、2013 年度情况来看，虽然日本大学每年录用的大学应届毕业生规模逐渐减少，但录用应届毕业生中的本校率一直居高不下，都在六成以上。详见表 3-40、图 3-40 所示。

表 3-40　1983—2013 年日本大学招聘应届毕业生的本校学缘状况

年	考察内容	人或%
1983 年	招聘应届生总数	2 346
	其中招聘本校毕业生数	1 563
	招聘本校毕业生所占比例	66.6
1992 年	招聘应届生总数	1 731
	其中招聘本校毕业生数	1 180
	招聘本校毕业生所占比例	68.2
2004 年	招聘应届生总数	1 577
	其中招聘本校毕业生数	974
	招聘本校毕业生所占比例	61.8
2010 年	招聘应届生总数	1 185
	其中招聘本校毕业生数	754
	招聘本校毕业生所占比例	63.6
2013 年	招聘应届生总数	999
	其中招聘本校毕业生数	634
	招聘本校毕业生所占比例	63.5

资料来源：日本総務省統計局．学校教員統計調査（昭和 58 年度）［EB/OL］．公布日期未知［2017-03-20］．http://www.e-stat.go.jp/SG1/estat/NewList.do?tid=000001016172.日本総務省統計局．学校教員統計調査（平成 4 年度）［EB/OL］．(2004-12-21)［2017-03-20］．http://www.e-stat.go.jp/SG1/estat/NewList.do?tid=000001016172.日本総務省統計局．学校教員統計調査（平成 16 年度）［EB/OL］．(2007-12-21)［2017-03-20］．http://www.e-stat.go.jp/SG1/estat/NewList.do?tid=000001016172.日本総務省統計局．学校教員統計調査（平成 22 年度）［EB/OL］．(2012-03-27)［2017-03-20］．http://www.e-stat.go.jp/SG1/estat/NewList.do?tid=000001016172.日本総務省統計局．学样教员统计调查（平成 25 年度）［EB/OL］．(2015-03-27)［2017-03-20］．http://www.e-stat.go.jp/SG1/estat/NewList.do?tid=000001016172.

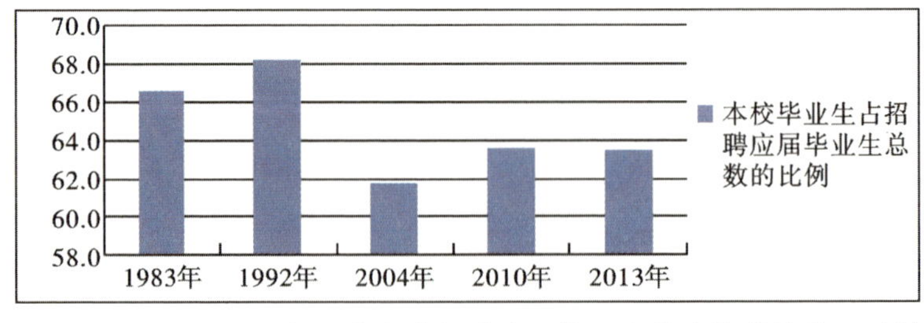

图 3-40　1983—2013 年日本大学招聘应届毕业生的本校学缘状况（%）

第二，日本大学教师队伍中的本校毕业率（含应届毕业生直接留校任教和先到其他部门工作一段时间后再回母校任教的“衣锦还乡者”两部分）较高。从 2013 年数据来看，日本全国大学专职教师的总体本校毕业率为 32.6%，其中商船、保健、农学、工学和家政学科教师的本校毕业率最高，分别为 68.9%、50.9%、38.7%、30.9%和 30.0%，都在三成及三成以上。从纵向发展来看，以 1983、1992、2004、2010、2013 年度数据为例，大学教师的本校毕业率有缓慢下降的趋势。1983 年和 2013 年，日本大学的总体本校毕业比率达到 37.4%和 32.6%①②③④⑤。详见表 3-41、图 3-41 所示。在日本，办学层次越高、质量越好的大学，教师近亲繁殖率一般也越高。

表 3-41　1983—2013 年日本大学各学科专职教师本校学缘状况（%）

年	平均计	人文	社会	理学	工学	农学	保健	商船	家政	教育	艺术	其他	未知
1983 年	37.4	20.5	21.4	29.9	42.3	46.7	53.9	55.0	38.1	21.5	29.4	13.6	0
1992 年	37.7	19.0	19.4	27.9	40.2	46.2	59.4	47.8	34.7	20.1	28.3	11.9	23.1
2004 年	33.5	16.3	16.1	24.9	34.7	41.7	54.8	40.6	28.7	17.6	23.1	20.7	0
2010 年	32.6	16.5	17.0	24.7	32.0	40.3	51.5	62.5	30.7	17.6	23.8	19.7	0
2013 年	32.6	16.6	16.7	23.7	30.9	38.7	50.9	68.9	30.0	17.7	26.7	21.6	0

① 日本総務省統計局. 学校教員統計調査（昭和 58 年度）[EB/OL]. 具体公布日期未知 [2017-03-20]. http://www.e-stat.go.jp/SG1/estat/NewList.do?tid=000001016172.

② 日本総務省統計局. 学校教員統計調査（平成 4 年度）[EB/OL].（2004-12-21）[2017-03-20]. http://www.e-stat.go.jp/SG1/estat/NewList.do?tid=000001016172.

③ 日本総務省統計局. 学校教員統計調査（平成 16 年度）[EB/OL].（2007-12-21）[2017-03-20]. http://www.e-stat.go.jp/SG1/estat/NewList.do?tid=000001016172.

④ 日本総務省統計局. 学校教員統計調査（平成 22 年度）[EB/OL].（2012-03-27）[2017-03-20]. http://www.e-stat.go.jp/SG1/estat/NewList.do?tid=000001016172.

⑤ 日本総務省統計局. 学校教員統計調査（平成 25 年度）[EB/OL].（2015-03-27）[2017-03-20]. http://www.e-stat.go.jp/SG1/estat/NewList.do?tid=000001016172.

资料来源：日本総務省統計局．学校教員統計調査（昭和 58 年度）［EB/OL］．具体公布日期未知［2017-03-20］．http://www.e-stat.go.jp/SG1/estat/NewList.do?tid=000001016172．日本総務省統計局．学校教員統計調査（平成 4 年度）［EB/OL］．（2004-12-21）［2017-03-20］．http://www.e-stat.go.jp/SG1/estat/NewList.do?tid=000001016172．日本総務省統計局．学校教員統計調査（平成 16 年度）［EB/OL］．（2007-12-21）［2017-03-20］．http://www.e-stat.go.jp/SG1/estat/NewList.do?tid=000001016172．日本総務省統計局．学校教員統計調査（平成 22 年度）［EB/OL］．（2012-03-27）［2017-03-20］．http://www.e-stat.go.jp/SG1/estat/NewList.do?tid=000001016172．日本総務省統計局．学校教員統計調査（平成 25 年度）［EB/OL］．（2015-03-27）［2017-03-20］．http://www.e-stat.go.jp/SG1/estat/NewList.do?tid=000001016172．

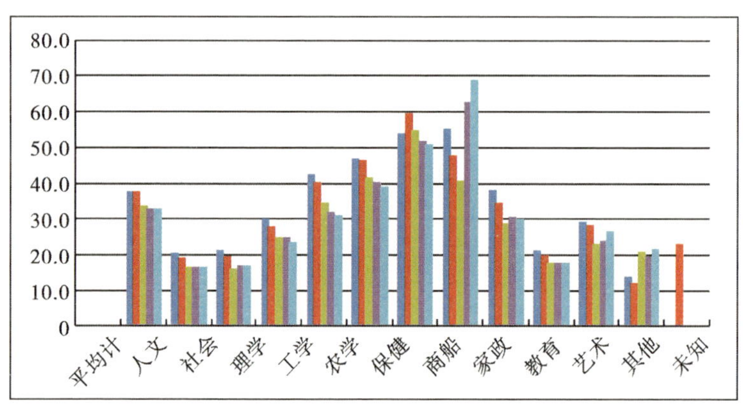

图 3-41　1983—2013 年日本大学各学科专职教师本校学缘状况（%）

2．日本高校教师队伍学阀现象较为明显

日本高校教师队伍包括整个高等教育系统的学阀现象较为明显，其具体表现为名牌大学毕业生占领全国大学教师主要市场。据统计，日本 10 所名牌大学毕业生在全国高校的“教授市场占有率”之和超过了 50%，其中东京大学毕业的教师占了 15.4%，京都大学毕业的教师占了 9.3%。其他职称级别教师在各个学科上也是名牌大学的占有率最高①，

① 陈永明，朱浩，李昱辉．大学理念、组织与人事［M］．北京：中国人民大学出版社，2007：436.

而且这种趋势一直居高不下①。虽然学阀并不完全等同于近亲繁殖，但两者有高度相关性，近亲繁殖往往容易形成学阀，学阀现象往往容易反过来强化近亲繁殖。日本大学教师队伍既有留在就读本校任教的本校近亲繁殖，也有某一大学毕业生同时到另一所高校任教的校友群现象，即外校近亲繁殖。由于存在名牌大学的学阀现象，因此日本的一般大学成为名牌大学毕业生异地近亲繁殖之所。

虽然日本高校教师队伍近亲繁殖和学阀现象长期受到日本国内的广泛关注和强烈批评，但由于传统文化根深蒂固，日本高校在改变教师队伍近亲繁殖状况的进展缓慢，名牌大学对全国教师市场的垄断行为或学阀现象始终存在。比如，1983 年日本大学教师本校毕业率平均为 37.4%，1992 年反而上升到 37.7%，2013 年降到 32.6%，三十年只降了 5.1%。可见，日本大学近亲繁殖和学阀现象改变步伐缓慢。

3. 日本高校教师队伍学缘层次总体较高

日本高校教师队伍学缘来源高校总体层次较高，即毕业于重点大学的教师比例较高。出现这一状况的主要原因或者主要表现为如下几点：第一，高层学缘的大量本校近亲繁殖和外校近亲繁殖，即重点大学毕业生不仅直接占据重点大学内部系统的教师岗位，形成显著的本校近亲繁殖现象，还大量输出到一般高校，形成一定程度的异地近亲繁殖现象。第二，高层学缘形成的学阀现象，即名牌大学资深教师垄断了全国高校系统教师资源，使重点大学毕业生进入各类大学任教的机会更为容易。第三，日本高校教师海外学缘比例跟我国相比相对较高，海外学缘一般都是高层次学缘。

日本拥有一批世界知名乃至世界一流大学，比如，东京大学、京都大学、东北大学、筑波大学、大阪大学、早稻田大学、应庆义塾大学等国内一流大学，这些大学和欧美一流大学难分伯仲。日本名牌大学对全国高校教师市场的学阀控制客观上提高了全国高校教师队伍学缘的层次性。比如，日本前 10 所名牌大学毕业生占据了全国高校“教授市场”的 50%以上，其中，东京大学占 15.4%、京都大学占 9.3%、东北大学占 4.8%、筑波大学占 4.6%、九州大学占 4.5%、大阪大学占 3.7%、早

① 孟凡丽. 日本促进大学教师专业发展的 FD 制度及其启示 [J]. 高等教育研究，2007 (3)：58-62.

稻田大学占3.5%、北海道大学占3.4%、东京外国语大学占2.8%、广岛大学占2.6%。另外，大学助手以上级别教师在教养、人文、社会、理学、工学、农学、家政、医学、药学等领域的占有率东京大学为第一，在教育领域占有率筑波大学为第一，在齿学领域占有率九州大学为第一[①]。

总之，日本名牌大学的学阀现象使高层学缘教师顺利进入一般高校(即跟我国地方本科院校基本相当的中下游水平高校)从业任教，促进了全国高校尤其是一般高校学缘层次性的提高，也在一定程度上抑制了低层次学缘的大量扩散甚至是近亲繁殖。

4. 日本高校教师队伍中的海外学缘不少

日本是东亚开放最早、国际化程度最高的国家之一。在高等教育方面，日本从明治维新开始就派遣大量的本国青年往欧美等国大学留学，很多留学生回国后在高等学校任教，并大力引进国外教师到本国任教尤其是担任外语教师，以便于日本学习欧美先进国家的科技。二战后，在美国影响下，日本对外开放更加全面和深入，进一步促进了日本高校教师的国际流动。比如，1992、2004、2010、2013、2016年，日本大学专职教师队伍中的外国教师比例分别为1.8%、3.2%、3.6%、3.8%、4.4%，比例不断提升，高于我国高校外国教师的比例。而且，日本大学兼职教师的外国籍比例更高。2016年日本大学兼职教师队伍中的外国人比例为6.8%，比专职教师队伍的同类比例更高[②③④⑤]。日本高校海

① 陈永明，朱浩，李昱辉．大学理念、组织与人事［M］．北京：中国人民大学出版社，2007：436.

② 日本総務省統計局．学校基本調査（平成4年度）［EB/OL］．(1993-03-30)［2017-04-30］．http://www.e-stat.go.jp/SG1/estat/NewList.do?tid=000001011528.

③ 日本総務省統計局．学校基本調査（平成16年度）［EB/OL］．(2004-12-22)［2017-04-30］．http://www.e-stat.go.jp/SG1/estat/NewList.do?tid=000001011528.

④ 日本総務省統計局．学校基本調査（平成22年度）［EB/OL］．(2010-12-22)［2017-04-30］．http://www.e-stat.go.jp/SG1/estat/NewList.do?tid=000001011528.

⑤ 日本総務省統計局．学校基本調査（平成25年度）［EB/OL］．(2013-12-20)［2017-04-30］．http://www.e-stat.go.jp/SG1/estat/NewList.do?tid=000001011528.

外教师比例较高从一定程度上反映了日本高校教师队伍学缘的多样性、广域性和高质性。

5. 日本高校教师近亲繁殖属于中断性而非直接性

从时间维度的角度，可将近亲繁殖划分为直接性近亲繁殖和间接性近亲繁殖（或中断性近亲繁殖），前者指大学应届毕业生直接留本校任教而产生的近亲繁殖，后者指应届毕业生先到其他机构任职若干年后再回到母校任职而产生的近亲繁殖。

中断性近亲繁殖严重是日本大学教师队伍学缘结构的显著特点之一。即日本大学教师本校毕业率很高，但近亲繁殖教师除了少部分属于直接留校外，大部分属于“衣锦还乡者”。这些“衣锦还乡者”的工作背景非常多样，有的是在其他高校任职过，更多的是在研究机构、行业企业、公职部门及其他机构工作过。以 2013 年度为例，当年全日大学共新录用了 11 314 名专职教师（当年大学教师校际流动为 4 151 人），其中，只有 8.8%是应届毕业生（应届毕业生的六成左右留本校任教），4.1%是高专、高中等教师进入大学任教，其余 87.1%是录用大学系统外人员到大学任教。这些新入职人员有政府公职人员 3.8%、行业企业人员 9.9%、研究机构研究员和博士后 18.7%、临床医生 28.3%、其他部门和自由职业者 26.4%。从 1992、2004、2010、2013 年四年度数据比较看，大学直接录用应届生的比例越来越少，从有其他行业背景招聘的教师比例越来越多①②③④。详见表 3-42、图 3-42 所示。日本大学专职教师

① 日本総務省統計局. 学校教員統計調査（平成 4 年度）[EB/OL]. (2004-12-21) [2017-03-20]. http://www.e-stat.go.jp/SG1/estat/NewList.do?tid=000001016172.

② 日本総務省統計局. 学校教員統計調査（平成 16 年度）[EB/OL]. (2007-12-21) [2017-03-20]. http://www.e-stat.go.jp/SG1/estat/NewList.do?tid=000001016172.

③ 日本総務省統計局. 学校教員統計調査（平成 22 年度）[EB/OL]. (2012-03-27) [2017-03-20]. http://www.e-stat.go.jp/SG1/estat/NewList.do?tid=000001016172.

④ 日本総務省統計局. 学校教員統計調査（平成 25 年度）[EB/OL]. (2015-03-27) [2017-03-20]. http://www.e-stat.go.jp/SG1/estat/NewList.do?tid=000001016172.

的本校毕业率（近亲繁殖）很高，但每年留校应届毕业生数又很少，主要从大学外招聘，这说明有较高比例的近亲繁殖属于中断性近亲繁殖。

表 3-42　1992—2013 年日本大学录用专职教师的机构来源状况（人、%）

年	录用数	应届生	录用非高校部门人员						录用其他类型教师	其他高校教师调入
			政府部门	企业部门	研究所	临床医生	其他	比例计		
1992 年	8 603	20.1	16.7	15.8	—	—	44.4	76.9	3.1	2 791
2004 年	10 535	15.0	11.4	17.5	10.9	—	42.6	82.4	2.6	3 881
2010 年	11 066	10.7	4.5	10.6	19.3	28.3	26.1	85.0	4.3	4 008
2013 年	11 314	8.8	3.8	9.9	18.7	28.3	26.4	87.0	4.1	4 151

说明：1. 最后一列数据指当年从一所高校调入另一所大学任教的教师总数（即高校之间的人员流动数）。2. 来源于研究所人数指研究所的研究员、博士后等人员到大学任职数。3. “—”项表示当年未进行单独统计。4. 归入“其他”项的数据包括来源于未列出的其他部门人员数和自由职业者到大学任教的教师数之和。

资料来源：日本総務省統計局. 学校教員統計調査（平成 4 年度）[EB/OL].（2004-12-21）[2017-03-20]. http://www.e-stat.go.jp/SG1/estat/NewList.do?tid=000001016172. 日本総務省統計局. 学校教員統計調査（平成 16 年度）[EB/OL].（2007-12-21）[2017-03-20]. http://www.e-stat.go.jp/SG1/estat/NewList.do?tid=000001016172. 日本総務省統計局. 学校教員統計調査（平成 22 年度）[EB/OL].（2012-03-27）[2017-03-20]. http://www.e-stat.go.jp/SG1/estat/NewList.do?tid=000001016172. 日本総務省統計局. 学校教員統計調査（平成 25 年度）[EB/OL].（2015-03-27）[2017-03-20]. http://www.e-stat.go.jp/SG1/estat/NewList.do?tid=000001016172.

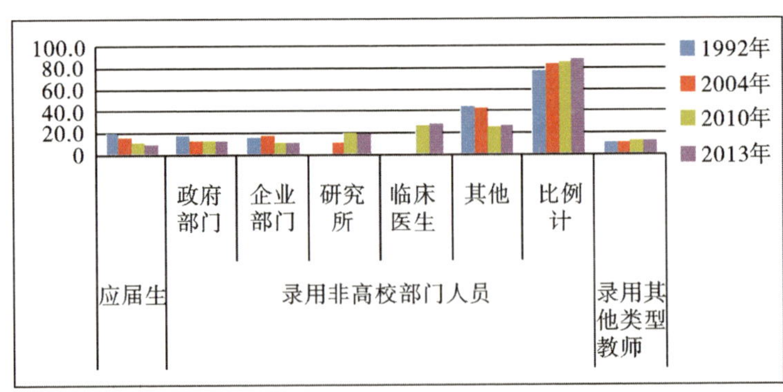

图 3-42　1992—2013 年日本大学录用专职教师的机构来源状况（%）

从上述分析我们可以发现中、日高校近亲繁殖模式的差异性。我国大学近亲繁殖具有明显的直接性和连续性，即应届毕业生直接留校任教，除了部分教师有短时间外出访学进修机会外，绝大部分教师没有其他校外单位尤其是非高校机构履职锻炼机会，毕业留校后就从一而终。同时，大学又不注重从其他行业企业部门招聘人才。日本正好相反，大学直接招聘应届生比例很少，而是向社会各行各业人才敞开大门，大力延揽有丰富行业实践经验的专家到大学任教。此外，日本大学支持本校专职教师外出兼职。比如，2013 年日本大学共有专职教师 177 263 人，外出兼职教师 49 616 人，占 28.0%，而且外出兼职的行业很多样，有的教师到大、中、小学兼职，有的到研究机构兼职，也有的到行业企业等其他部门兼职。2013 年大学外出兼职的专职教师几乎有一半是到非教育行业机构兼职，占 42.9%，其中到研究机构兼职占 10.6%、到行业企业等部门兼职占 32.3%①。这种做法既有利于加强大学与社会之间的联系，又可以消解近亲繁殖可能带来的不良影响。可见，日本大学招聘教师来源、渠道并非主要是从高校到高校，而是来源广泛、渠道多样。

综上美、英、日三国高校教师队伍学缘结构的状况分析，可以发现，美、英高校教师学缘结构总体上具有多样化、远域性和高质性特点，形成了海纳百川、精英汇聚、远缘杂交的教师构成格局，而且质量越高、实力越强的大学这一特点更为突出。这种学缘结构有利于不同观点或学派之间交流碰撞、互鉴交融、杂交创新，是一种较为优化的学缘结构。日本高校教师队伍学缘状况跟美、英有所不同，其特点是名校的学阀控制，虽存在某些消极影响，但同时有利于提高全国高校尤其是一般高校的学缘层次；间断性近亲繁殖和多机会的外出兼职有利于化解直接性近亲繁殖可能带来的视野狭隘、思维定式等问题；较多比例的海外教师有利于提高高校学缘的多样性、远域性和高质性。因此，日本高校在构建教师队伍学缘方面，能较好地将西方开放文化和东方家族文化结合起

① 日本総務省統計局．学校教員統計調査（平成 25 年度）[EB/OL]．(2015-03-27) [2017-03-20]．http://www.e-stat.go.jp/SG1/estat/NewList.do?tid=000001016172.

来，学缘结构较为优化。

六、流动型教师比例较大，优势互补的专兼职结构

高校教师兼职包括两大类型：一是进入型兼职，从高校系统来说，是系统外人员进入系统内兼职；对某一特定高校而言，是其他高校教师、其他行业人员和无固定职业者到本校兼职。二是外出型兼职，指高校专职教师到其他高校和其他行业兼职。

大学教师兼职是大学与社会、大学与市场互动交流和资源交换的重要体现。在经济社会市场化、高等教育竞争性越高的国家，大学教师兼职行为也就越频繁和越趋于正常化。大学招聘兼职教师最直接的动因就是办学资源不足，而大学之外又有着这种替代性资源。一般说来，在一国高等教育大发展时期，比如从精英向大众化转换时期，都会出现进入型兼职的高峰现象。比如大众化初期日本私立大学，我国独立学院和民办高校，它们在创办初期不得不依赖于大量的兼职教师。日本很多私立大学在建设初期，专职教师很少，几乎依靠兼职教师支撑着大学运行。即使大学进入稳定发展期乃至巅峰期，也离不开兼职教师队伍的独特贡献。现代大学和外部社会的密切关系以及大学外部环境的急剧变化使得大学急需不断调整师资结构，急需及时了解市场信息，急需关注现实重大问题并作出及时回应，急需大量具有实践经验的师资。同时，大学也急需将新知识、新科技向社会推广。总之，高等教育社会服务职能的出现和内涵扩展都需要大量进入型和外出型兼职教师。很难想象，如果没有大量进入型和外出型兼职教师在大学和市场之间的穿梭流动，美国硅谷等世界各个著名大学科技园会得以形成和繁荣起来。总体而言，发达国家高校长期存在着规模很大的兼职教师队伍，形成了专职教师与兼职教师优势互补师资结构，促进了大学与社会、大学与个人之间的协同发展。

（一）美国高校教师队伍的专兼职结构

在美国，大学兼职教师曾被称为“隐形教师”（the Invisible Faculty）或“新的美国教师”，构成一座巨大的校外师资“金库”。伴随着高等教育大众化和普及化，美国高校兼职教师力量快速增长。1989 年，美国四

年制大学兼职教师比例达到27%；副学士学位授予高校兼职教师比例更大，有的达到50%甚至60%。90年代中期，全美高校聘用兼职教师比例超过了35%。根据美国教育委员会（the American Council of Education）统计数据，1993年春美国四年制大学的兼职教师为32%。以佛罗里达州立大学为例，20世纪90年代中期，其60%的基础部本科课程都是由非任期制教师承担，这些非任期制教师中的大部分都是兼职教师。在当时，美国许多其他州立大学和私立大学，包括许多著名州立大学和私立大学，教师队伍中专兼职结构基本上属于这种情况①。

从历史变迁角度看，可获得资料显示，美国高校兼职教师比例在近半个世纪以来有不断攀升的趋势，其总体变化状况是：进入型兼职教师比例在20世纪60年代为二成以下到二成左右，1971年达到23.0%；在70年代为23.0%到三成有余，1981年达到34.6%；在80年代为三成半左右；在90年代为三成半到四成；在新世纪继续逐步提高，达到目前的五成左右，比如，2011年和2013年，美国高校兼职教师比例分别为50.0%和48.8%。其中兼职教师比例增长最快的时段是20世纪70年代和90年代，1981年和1971年相比，其比例提升了11.6个百分点；2001年和1991年相比，又提高了9.3个百分点②。详见表3-43、图3-43所示。

表3-43 1971—2013年美国学位授予高校兼职教师比例状况（千人、%）

年	1971年	1975年	1981年	1985年	1991年	1995年	2001年	2005年	2011年	2013年
教师总数	492.0	628.0	705.0	715.0	826.3	931.7	1 113.2	1 290.4	1 524.5	1 545.4
兼职比例	23.0	29.9	34.6	35.8	35.2	40.9	44.5	47.6	50.0	48.8

说明：1985年及以前的数据采用测算法而得。

资料来源：U. S. Department of Education. Digest of Education Statistics 2015 51st edition [M]. 2016：571.

① 蔡永莲. 美国大学教师队伍新来源——迅速崛起的兼职教师队伍 [J]. 外国教育资料，1995 (6)：21-24.

② U. S. Department of Education. Digest of Education Statistics 2015 51st edition [M]. 2016：571.

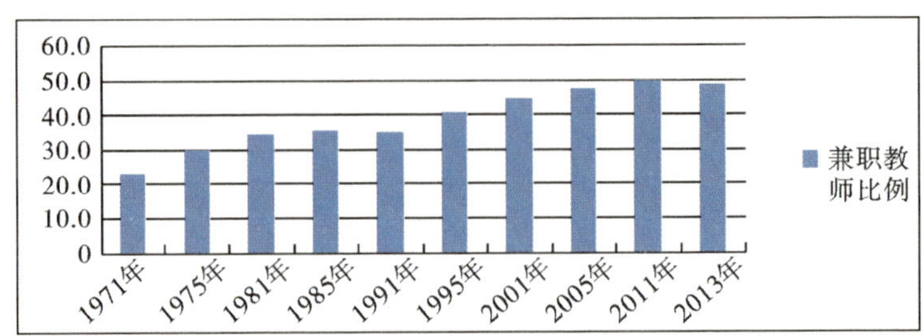

图 3-43 1971—2013 年美国学位授予高校兼职教师比例状况（%）

在 20 世纪末，美国高校兼职教师不仅比例很大，而且兼职工作满意度也很高。有学者开展调查，结果显示，美国兼职教师对自己兼职从教的满意度达到 87%。这类兼职教师的来源差异很大，他们的社会背景、工作经历、职业志趣等各方面大不相同，但主要由以下四种类型人员构成①。

第一，“兴趣驱动型”兼职教师，这类兼职教师一般都是成功成名的医科专家或其他领域的专业人员甚至专家，他们超过半数以上有着自己的专职工作。他们来到高校从事兼职教学工作是典型的兴趣使然，而非经济原因，也可能是受某一学院院长和某一学系主任的热情邀请而从事兼职工作，他们大都关心和热心教育，乐于从事一线的教育教学工作。因此，他们从事教学兼职工作比较稳定，不像有些人那样属于“三天打鱼，两天晒网”式或“临时串门”式。美国国家教育统计中心 1990 年统计结果显示，即使是在校外其他机构有着自己稳定的专职工作，这类兼职教师中仍约有 60%能在同一所高校连续兼职教学工作四年以上。

第二，“老当益壮型”兼职教师，这类兼职教师已经到达退休年龄，有着丰富的专业实践经验甚至是教学实践经验，他们把到大学兼职视为一种持续保持自身脑力活动的最佳方式。他们当中有的是退休的行业经理、大学教授乃至大学校长，有的是工程师、律师、军官等社会各界高层次专业人才。他们也是典型的“兴趣驱动型”兼职教师，只是

① 蔡永莲．美国大学教师队伍新来源——迅速崛起的兼职教师队伍［J］．外国教育资料，1995（6）：21-24.

他们的年龄较大而已。他们大多愿意将自己的余生奉献给高等教育事业。

第三，“自由骑兵型”兼职教师，这类兼职教师通常把进入高校从事兼职工作视为重新认识自己专职事业和生活目标、提高自身专业视野和发展能力的一种重要途径。他们可能是音乐家、舞蹈家、设计家、作家、顾问、其他类型艺术家或者小商业家。这类人员一般兴趣非常广泛，既不愿意局限于自己原有的专职行业，也不愿意接受单一角色的专职教师。他们既具有相当高的职业独立性和自由度，又具有多种发展潜能。

第四，“青年学者型”兼职教师，他们一般是获得博士学位不久的青年学者或在读博士研究生，他们通过从事大学兼职可以更好地认识学术职业或者以兼职作为下一步职业选择的准备期或者心理缓冲期，或者想通过从事兼职工作解决暂时面临的经济困难。

在上述四种类型兼职教师中，第一种类型兼职教师数量最大。这四类兼职教师对教学工作都比较热心和负责，他们当中的许多人还非常忠实于自己兼职的高校。有关调查数据显示，美国大学兼职教师队伍中，约有三分之一的教师在兼职的高校从事兼职工作达十年之久甚至更长的时间。

在美国，不同类型高校兼职教师比例也不尽相同。总体情况是，私立高校兼职教师比公立高校比例高，教育层次越低的高校兼职教师越多。以2003年为例，所有高校平均兼职教师比例为43.7%，其中公立、私立研究型大学比例分别为19.7%、26.8%。和我国地方本科院校类似的公立可授予博士学位大学、私立可授予博士学位大学、公立综合型大学、私立综合型大学、私立文理学院的兼职教师比例分别为28.9%、41.5%、36.0%、56.4%、36.4%①。详见表3-44、图3-44所示。

---

① U. S. Department of Education. Digest of Education Statistics 2015 51st edition [M]. 2016: 579-580.

表 3-44　2003 年美国不同类型高校兼职教师比例状况（千人、%）

专兼职教师数和高校类型	人数或比例
专职教师总数	681.8
兼职教师总数	530.0
所有高校兼职教师比例	43.7
公立研究型大学	19.7
私立研究型大学	26.8
公立可授予博士学位大学	28.9
私立可授予博士学位大学	41.5
公立综合型大学	36.0
私立综合型大学	56.4
私立文理学院	36.4
公立两年制学院	66.8
其他	45.5

资料来源：U. S. Department of Education. Digest of Education Statistics 2015 51st edition [M]. 2016：579-580.

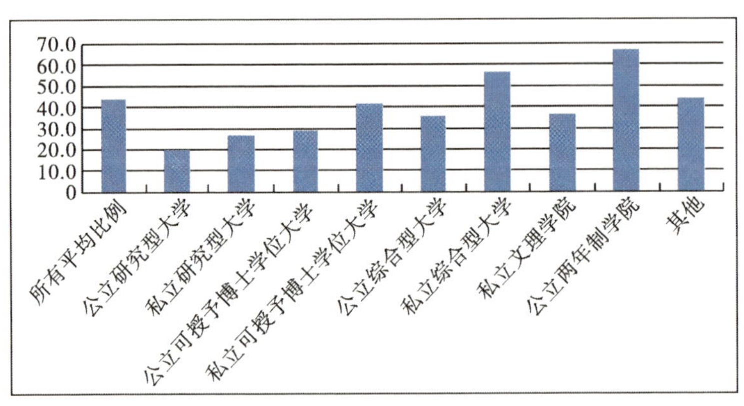

图 3-44　2003 年美国不同类型高校兼职教师比例状况（%）

在美国高校的不同学科领域，兼职教师比例也不同。以 2003 年为例，全体高校兼职教师比例为 43.7%，其中教育、艺术、商贸、人文四个学科领域的兼职教师比例最高，分别为 55.5%、52.5%、51.0%、

50.0%，都达到一半或以上，超过了平均水平；其次是健康科学、社会科学、自然科学，分别是 38.1%、37.4%和 33.4%；最少的是农业和家政学、工程学，分别为 30.2%、29.5%，仅占专兼职教师队伍总数的三成左右；另有其他学科或未知学科的兼职教师比例为 48.7%①。

美国高校兼职教师的总体学历和学位也不低，以 2003 年为例，当年全美高校共有兼职教师 53.0 万人（专职教师有 68.2 万人），其中拥有博士、第一专业学位、硕士、学士、学士以下的比例分别为 17.6%、7.3%、51.5%、15.8%、7.8%；拥有教授、副教授、助教授、教练型教师（instructor）、讲师、其他、没有职称的比例分别为 4.4%、2.8%、3.7%、35.4%、7.7%、43.6%、2.4%②。可见，美国高校兼职教师的学历和职称低于专职教师，但更注重发挥兼职教师对学生的实践性和教练型指导。

（二）英国高校教师队伍的专兼职结构

英国高校也雇佣规模较大的兼职教师。有关统计数据显示，1995—1996、2005—2006、2011—2012、2012—2013、2013—2014、2014—2015、2015—2016 年度共七个年度，在全英高校教师（academic staff）队伍中，进入型兼职教师所占比例分别为 12.0%、32.4%、35.0%、34.0%、34.0%、33.0%、33.0%③。从时间维度来看，在 20 世纪 90 年代中期，英国高校兼职教师比例还比较低。90 年代末到新世纪初，兼职教师队伍快速发展，十年内增长了二十个百分点。近几年，英国高校兼职教师比例保持在 35%左右。详见表 3-45、图 3-45 所示。

英国高等教育是在 20 世纪 70 年代开始进入大众化，1992 年废除高等教育“双轨制”后，90 年代后期开始进入高等教育普及化。可以看出，英国高校兼职教师队伍正是随着高等教育普及化而快速发展起来的。

---

① U. S. Department of Education. Digest of Education Statistics 2015 51st edition [M]. 2016：582.

② U. S. Department of Education. Digest of Education Statistics 2015 51st edition [M]. 2016：582.

③ Higher Eduction Statistics Agency (HESA). Publications [EB/OL]. [2017-04-20]. https://www.hesa.ac.uk/data-and-analysis/publications.

表 3-45　1995—2015 年英国高校专兼职教师队伍结构状况（人、%）

年度	1995—1996	2005—2006	2011—2012	2012—2013	2013—2014	2014—2015	2015—2016
专职数	111 458	111 410	117 845	122 500	128 170	132 865	135 015
兼职数	15 124	53 465	63 540	63 085	66 075	65 470	66 365
合计数	126 582	164 875	181 385	185 585	194 245	198 335	201 380
兼职比例	12.0	32.4	35.0	34.0	34.0	33.0	33.0

说明：教师指拥有学术合同教师（academic staff 或 staff with academic contract）。

资料来源：1995—1996 年度数据来源于 Higher Eduction Statistics Agency (HESA). Resources of Higher Education 1995/96 [EB/OL]. [2017-03-20]. https://www.hesa.ac.uk/data-and-analysis/publications/resources-1995-96#_NO_LINK_PROXY_.

2005—2006 年度数据来源于 Higher Eduction Statistics Agency (HESA). Resources of Higher Education 2005/06 [EB/OL]. [2017-03-01]. https://www.hesa.ac.uk/data-and-analysis/publications/resources-2005-06.

2011—2012 至 2015—2016 年度数据来源于 Higher Eduction Statistics Agency (HESA). Higher Education Statistics for the UK 2015/16 [EB/OL]. [2017-03-03]. https://www.hesa.ac.uk/data-and-analysis/publications/higher-education-2015-16.

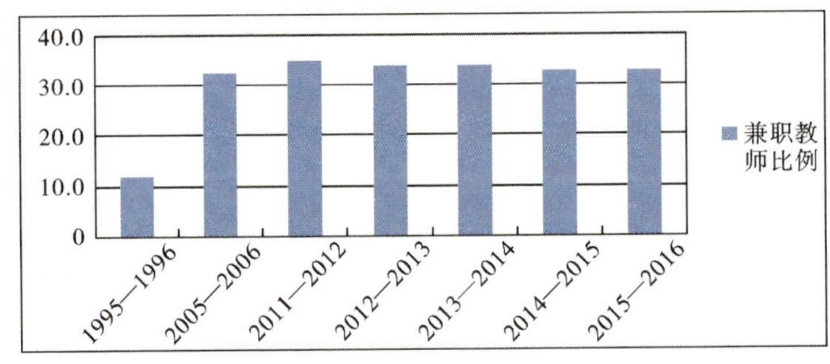

图 3-45　1995—2015 年英国高校专兼职教师队伍结构状况（%）

从兼职工作内容来看，在英国高校兼职教师队伍中，仅从事教学工作（教学型）的兼职教师数量最多，其次是教学科研型，仅从事科研型工作（科研型）的兼职教师规模最小。2015—2016 年度，全英 163 所高校共有兼职教师 66 365 人，其中，教学型兼职教师有 39 185 人，占

59.1%；教学科研型兼职教师有 18 315 人，占 27.6%；科研型兼职教师有 8 360 人，占 12.6%；另有 505 名兼职教师既不从事教学工作也不承担科研任务，占 0.8%。而在专职教师队伍 135 015 人中，教学型教师占 9.9%，教学科研型占 59.5%，科研型占 29.8%，无教学科研占 0.8%。可见，英国高校专职教师主要从事教学科研工作，兼职教师主要从事教学工作①。详见表 3-46、图 3-46 所示。

表 3-46　2015—2016 年度英国高校专兼职教师工作内容和聘用类型（人、%）

	人数	教学	教学科研	科研	其他	永久性	固定合同期
专职	135 015	9.9	59.5	29.8	0.8	74.2	25.8
兼职	66 365	59.0	27.6	12.6	0.8	48.1	51.9

资料来源：Higher Eduction Statistics Agency（HESA）. Higher education statistics for the UK 2015/16［EB/OL］.［2017-03-03］. https://www.hesa.ac.uk/data-and-analysis/publications/higher-education-2015-16.

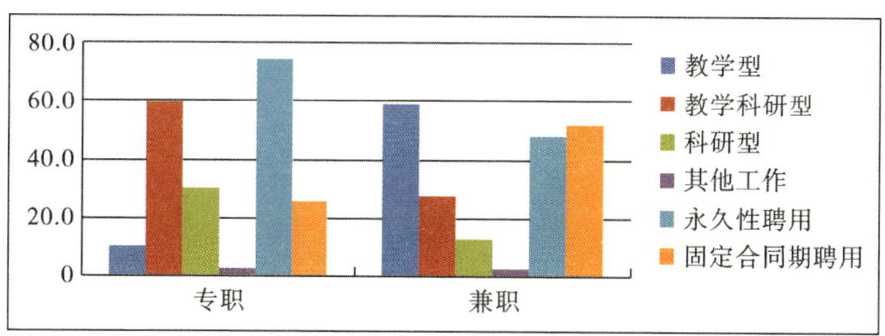

图 3-46　2015—2016 年度英国高校专兼职教师工作内容和聘用类型（%）

从兼职教师和兼职高校的聘用形式来看，2015—2016 年度，英国高校采用开放式或永久性（open-ended/permanent）聘用的兼职教师有 31 935人，占 48.1%；采用固定合同期（fixed-term contract）聘用的兼职教师有 34 430 人，占 51.9%。两类聘用教师比例基本相当。而在专

① Higher Eduction Statistics Agency（HESA）. Higher Education Statistics for the UK 2015/16［EB/OL］.［2017-03-03］. https://www.hesa.ac.uk/data-and-analysis/publications/higher-education-2015-16.

职教师队伍135 015人中，开放式或永久性聘用教师比例为74.2%，固定合同期教师比例为25.8%①。详见表3-46、图3-46所示。可见，英国高校兼职教师队伍中，有半数左右教师和所兼职的高校建立长期稳定的聘用关系。

英国不同类型高校兼职教师比例不尽相同。一般来说，专门学院的兼职教师比例最高，其次是新大学，再次是学院，最少是传统大学。2001—2002年度，英国高校教师（academic posts，不包括临床系列教师）共有110 094人，兼职教师比例为13.1%，其中专门学院、新大学、学院、老大学的兼职教师比例分别为18.5%、16.1%、14.5%和10.9%②。另有数据显示，2008—2009年度，英国专职教师117 465人、兼职教师61 575人，兼职占34.4%。在教师国籍上，兼职教师队伍中有16%来自英国之外的其他国家（专职教师这一比例为26%）。在年龄上，兼职教师有26%小于及等于35岁（专职为29%），大于55岁的兼职教师为24%（专职为15%）③。可见，兼职教师大龄和老龄居多，都富有生活阅历和实践经历。

从个案高校来看，各个大学的兼职教师队伍状况差异很大。如表3-47、图3-47所示，在15所样本高校中，市政厅音乐与戏剧学院（Guildhall School of Music and Drama）兼职教师比例达到83.2%，兼职教师超过半数以上的高校还有，伯克贝克学院（Birkbeck College）占65.0%、巴斯斯巴大学（Bath Spa University）为61.5%、戈德史密斯学院（Goldsmiths College）为57.1%、伯明翰城市大学（Birmingham City University）为52.1%。但也有兼职教师很少的大学或学院，比如，有三四千名教师的大规模帝国科技和医药学院（Imperial College of Science, Technology and

① Higher Eduction Statistics Agency (HESA). Higher Education Statistics for the UK 2015/16 [EB/OL]. [2017-03-03]. https://www.hesa.ac.uk/data-and-analysis/publications/higher-education-2015-16.

② Department for Education and Skills. Recruitment and retention of academic staff in Higher Education [R]. 2005: 44.

③ Universities UK. Higher Education in facts and figures summer 2010 [M]. London: Woburn House, 2010: 12.

Medicine)，兼职教师比例仅有 14.9%；仅有五六百名教师的小规模阿斯顿大学（Aston University），兼职教师仅占 16.3%，15 所高校平均为三成左右。这说明，英国高校聘用兼职教师数量根据各校的实际需求而定，各校之间差异很大。

表 3-47　2015—2016 年度英国部分高校兼职教师队伍比例状况（人、%）

编号	校名	总人数	兼职数	兼职比例
1	Anglia Ruskin University	805	150	18.6
2	Aston University	675	110	16.3
3	Bath Spa University	610	375	61.5
4	The University of Bath	1 345	300	22.3
5	University of Bedfordshire	635	120	18.9
6	Birkbeck College	1 270	825	65.0
7	Birmingham City University	1 700	885	52.1
8	The University of Birmingham	3 635	1 020	28.1
9	University College Birmingham	290	70	24.1
10	Bishop Grosseteste University	95	20	21.1
11	Goldsmiths College	990	565	57.1
12	Guildhall School of Music and Drama	625	520	83.2
13	Heythrop College	60	25	41.7
14	Imperial College of Science, Technology and Medicine	4 370	650	14.9
15	King's College London	4 710	1 530	32.5
16	平均	21 815	7 165	32.8

说明：1. 表中教师指学术合同教师（academic staff）。2. 表中选择的高校为英国高等教育统计局所公布高校一览表（Table 1-Staff by HE provider, academic contract marker and mode of employment 2015/16）的前十所高校，以及后续以学院（college 或 school）为校名的最前五所学院。这 15 所高校中，除了伯明翰大学类似于我国研究型大学外，其余高校大致等同于我国的地方本科院校。而且，这 15 所高校既有教师规模不到 100 人的大学或学院，也有几百名教师的中型大学或学院，也有教师数达千名以上的大规模大学或学院。因此具有一定的代表性。

资料来源：Higher Eduction Statistics Agency（HESA）. Higher Education Statistics for the UK 2015/16 [EB/OL]. [2017-03-03]. https://www.hesa.ac.uk/data-and-analysis/publications/higher-education-2015-16.

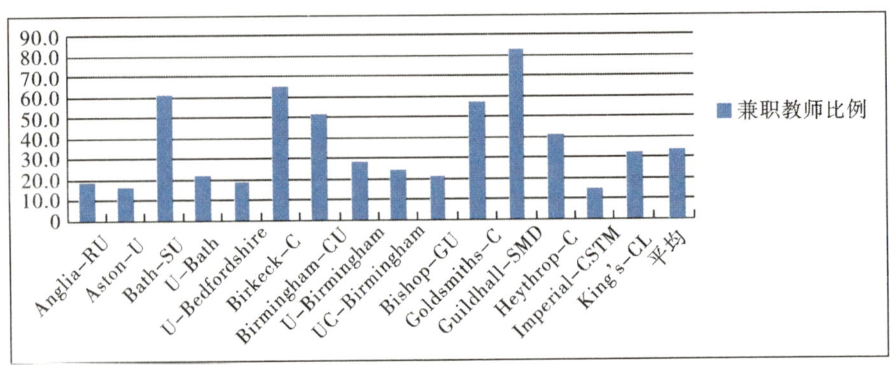

图 3-47 2015—2016 年度英国部分高校兼职教师队伍比例状况（%）

（三）日本高校教师队伍的专兼职结构

日本高校也雇用大量的兼职教师，特别是日本私立大学。日本私立高校在发展过程中尤其是在初创期都普遍雇佣了大量的兼职人员，有时候兼职教师数量超过了专职教师数量，甚至大大超过了专职教师总数。这是日本私立高校发展过程中的一个非常显著的国别特点，影响至今，从而形成了兼职教师比例较大的高校教师队伍结构的显著特点。

从 2013 年度数据来看，日本大学部门兼职教师平均比例为 53.8%，也就是说兼职教师超过一半；短期大学兼职教师比例更高，达到 67.8%；高等专门学校的兼职教师比例最低，但也达到 35.0%；三类高等教育机构兼职教师的平均比例为 54.4%①。详见表 3-48、图 3-48 所示。

从不同投资主体的高校类型比较来看，私立高校的兼职教师比例明显高于公立高校，公立高校再明显高于国立大学。以 2013 年度为例，全国大学（不含短大和高专）兼职教师平均比例为 53.8%，其中国立大学平均比例为 39.1%，公立大学平均比例为 48.3%，私立大学兼职教

① 日本総務省統計局．学校教員統計調査（平成 25 年度）[EB/OL]．(2015-03-27) [2017-03-20]. http://www.e-stat.go.jp/SG1/estat/NewList.do?tid=000001016172.

师平均比例为60.3%，后者都分别比前者多了十个左右的百分点。即使从不同层次高校来看，也是私立高校越多的高校群体，兼职教师的平均比例越高。比如，短期大学系统中私立大学数量比例最高，占94.7%；大学部门系统中私立大学数量所占的比例次之，占77.5%；高等专门学校系统中私立高校数量所占的比例最低，仅有5.3%。所以，正如上文所述，短期大学兼职教师比例最高，2013年达到67.8%；其次是大学部门，占53.8%；最后是高等专门学校，仅占35.0%①。详见表3-48、图3-48所示。

从时间轴来看，日本高等教育是在20世纪60年代开始步入大众化阶段，新世纪开始进入普及化。可见，日本高校兼职教师是随着大众化、普及化步伐快速发展的，到了新世纪初，兼职教师比例开始超过半数。2013年跟三十年前的1983年相比，大学部门的兼职教师比例提升了14.2个百分点。详见表3-48、图3-48所示。

表3-48　1974—2013年日本高校专兼职教师队伍结构状况（人、%）

	教师总数	其中兼职数	兼职比例	备注
1974年大学	128 611	48 835	38.0	
1983年大学	181 540	71 939	39.6	
1992年大学	234 246	103 392	44.1	
2004年大学	325 717	165 993	51.0	
2010年大学	375 022	202 294	53.9	
2013年大学	383 465	206 202	53.8	国立86所、公立90所（其中法人化72所）、私立606所，共782所
2013年短大	26 635	18 065	67.8	国立0所、公立19所（其中法人化10所）、私立340所，共359所
2013年高专	6 718	2 352	35.0	国立51所、公立3所、私立3所，共57所
2013年总体	416 818	226 619	54.4	国立137所、公立112所（其中法人化82所）、私立949所，共1 198所

① 日本総務省統計局．学校教員統計調査（平成25年度）[EB/OL]．(2015-03-27) [2017-03-20]．http://www.e-stat.go.jp/SG1/estat/NewList.do?tid=000001016172.

资料来源：2013 年学校类型数据来源于日本総務省統計局．学校基本調査（平成 25 年度）［EB/OL］．（2013-12-20）［2017-04-20］．http://www.e-stat.go.jp/SG1/estat/NewList.do?tid=000001011528．教师数据来源于日本総務省統計局．学校教員統計調査（昭和 49 年度）［EB/OL］．（2004-12-21）［2017-03-20］．http://www.e-stat.go.jp/SG1/estat/NewList.do?tid=000001016172．日本総務省統計局．学校教員統計調查（昭和 58 年度）［EB/OL］．（2004-12-21）［2017-03-20］．http://www.e-stat.go.jp/SG1/estat/NewList.do?tid=000001016172．日本総務省統計局．学校教員統計調查（平成 4 年度）［EB/OL］．（2004-12-21）［2017-03-20］．http://www.e-stat.go.jp/SG1/estat/NewList.do?tid=000001016172．日本総務省統計局．学校教員統計調查（平成 16 年度）［EB/OL］．（2007-12-21）［2017-03-20］．http://www.e-stat.go.jp/SG1/estat/NewList.do?tid=000001016172．日本総務省統計局．学校教員統計調查（平成 22 年度）［EB/OL］．（2012-03-27）［2017-03-20］．http://www.e-stat.go.jp/SG1/estat/NewList.do?tid=000001016172．日本総務省統計局．学校教員統計調查（平成 25 年度）［EB/OL］．（2015-03-27）［2017-03-20］．http://www.e-stat.go.jp/SG1/estat/NewList.do?tid=000001016172．

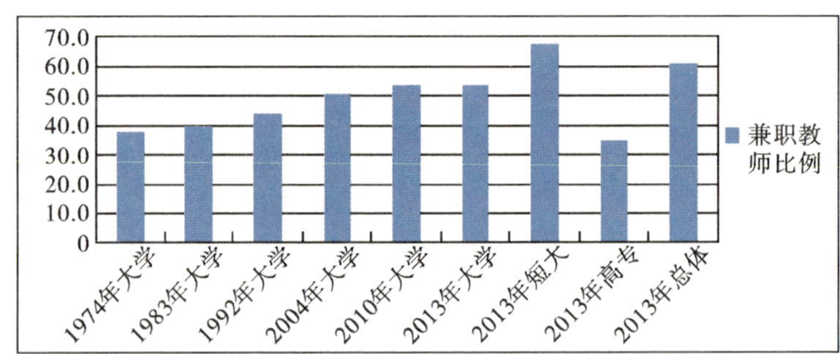

图 3-48　1974—2013 年日本高校专兼职教师队伍结构状况（%）

从教师学科背景来看，2013 年日本全体大学部门中进入型兼职教师总体比例为 53.8%，其中，兼职教师比例从大到小分别为科学、艺术教师占 74.5%、人文学科教师占 71.9%、其他学科占 68.3%、教育学科占 63.0%、社会科学占 55.8%、商船学科占 52.1%、家政学科占 49.6%、理学占 41.9%、工学占 40.6%、保健学占 40.3%、农学占 34.4%。如果从国立、公立、私立大学进行学科情况的比较，则国立大学中兼职教师比例最高前五个学科分别为艺术学科占 62.2%、人文学科占 55.5%、其他学科占 52.7%、商船学科占 55.0%、教育学科占 49.7%，都达到五成；最低学科为理学，比例为 30.0%。公立大学中兼职比例最高前五个学科分别为教育 72.6%、艺术 71.6%、人文 68.9%、其他 62.1%、社会科学 51.5%，也都超过半数；比例最低学科为农学，比例为 21.9%（商船为 0，不作比较）。私立大学中兼职教师比例最高的前五个学科分别为艺术 76.7%、人文科学 75.2%、其他 73.7%、教育 67.6%、社会科学 59.2%，都接近甚至超过六成；最低学科为商船，比例为 35.7%①。详见表 3-49、图 3-49 所示。

表 3-49　2013 年日本大学部门各学科兼职教师比例状况（%）

	均计	人文	社会	理学	工学	农学	保健	商船	家政	教育	艺术	其他
大学总体	53.8	71.9	55.8	41.9	40.6	34.4	40.3	52.1	49.6	63.0	74.5	68.3
国立兼职	39.1	55.5	39.9	30.0	30.7	31.7	37.0	55.0	42.3	49.7	62.2	52.7
公立兼职	48.3	68.9	51.5	35.8	29.6	21.9	36.7	0	45.0	72.6	71.6	62.1
私立兼职	60.3	75.2	59.2	54.9	51.3	41.5	42.4	35.7	51.0	67.6	76.7	73.7

资料来源：日本総務省統計局．学校教員統計調査（平成 25 年度）［EB/OL］．（2015-03-27）［2017-03-20］．http://www.e-stat.go.jp/SG1/estat/NewList.do?tid=000001016172.

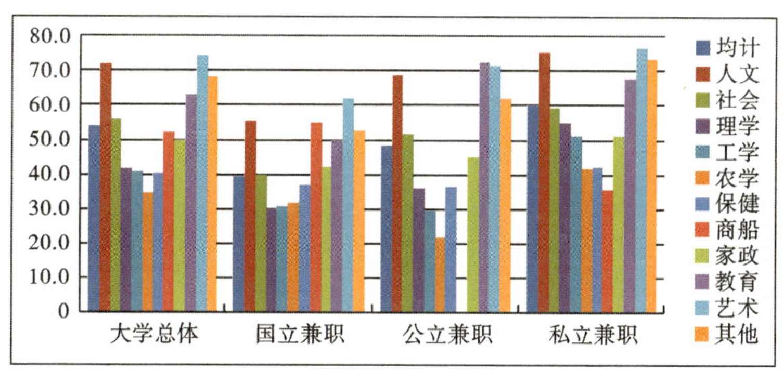

图 3-49　2013 年日本大学部门各学科兼职教师比例状况（%）

从年龄情况来看，日本兼职教师年龄总体比专职教师大，主要原因是兼职教师队伍中年轻教师相对较少、老龄教师相对较多。比如，2013 年，日本大学部门兼职教师队伍的平均年龄为 52.2 岁、专职教师队伍的平均年龄为 48.9 岁；在小于 45 岁年龄段，兼职教师比例为 29.0%、

① 日本総務省統計局．学校教員統計調査（平成 25 年度）［EB/OL］．（2015-03-27）［2017-03-20］．http://www.e-stat.go.jp/SG1/estat/NewList.do?tid=000001016172.

专职教师比例为40.0%；在大于65岁年龄段，兼职教师比例为15.4%、专职教师比例为6.9%；在其他年龄段，专兼职教师比例相差不到3个百分点甚至几乎相同。另外，2013年日本大学兼职教师队伍中，外国人占6.7%①，比专职教师队伍中的外国教师比例还要高。

日本高校的进入型兼职教师的行业背景非常多样。既有来自其他高校的教师，也有来自其他教育机构的人才，还有研究机构的研究人员和在研博士后，也有非教育系统的行政部门、行业企业、其他各种社会组织和机构人员，还有没有专职工作的人员（比如自由职业者、未就业大学毕业生或在读研究生），而且无专职工作和非教育系统的兼职教师数量更多；既有国立、公立部门人员，也有私营、民营机构人员，而且来源于私营和民营机构的人员更多。以2013年为例，当年全口大学部门共聘用兼职教师206 202人，来自其他大学（不含短大、高专等）的兼职教师有49 371人，占整个兼职教师队伍的23.9%；来自其他教育机构（短大、高专、专修学校、中小学校等）的兼职教师有6 445人，占3.1%；来自研究机构的兼职教师有8 690人，占4.2%；来自行政、行业、企业和其他组织机构的兼职人员有52 406人，占25.4%；另有89 290名兼职教师没有专职的工作单位（比如退休离职者、自由职业者、未就业大学毕业生、在读研究生等），占43.3%。另外，从兼职教师来源部门的管理性质来看，来自国立公立部门（比如国立公立高校、国立公立中小学、国立公立研究机构、行政和公检法部门以及其他公职部门）的兼职教师有35 473人，占整个兼职教师队伍的17.2%；来自私营民营（比如私立大学、私立短期大学、私立高等专门学校、私立专修学校和中小学、私立研究机构、私营民企和其他机构部门等）的兼职教师81 439人，占整个大学兼职教师队伍的39.5%②。可见，日本大学兼职教师队伍中有较大比例来源于非固定职业者，或来源于非教育系统及私营民营机构（含各类私立学校）。

---

① 日本総務省統計局．学校教員統計調査（平成25年度）[EB/OL]．(2015-03-27)[2017-03-20]．http://www.e-stat.go.jp/SG1/estat/NewList.do?tid=000001016 172.

② 日本総務省統計局．学校教員統計調査（平成25年度）[EB/OL]．(2015-03-27)[2017-03-20]．http://www.e-stat.go.jp/SG1/estat/NewList.do?tid=000001016172.

兼职教师在日本一般被称为“非常勤”教员。有学者研究指出，兼职教师是日本高等教育不可缺少的一支重要力量，特别是在私立高等教育机构，如果没有兼职教师队伍的存在，运行就难以为继。日本高校兼职教师除了外国人之外，其他人一般都有或曾经有过固定的职业，其基本生活得到保障①。还有学者研究指出，在日本高校教师队伍中，无论是国立、公立还是私立，无论是大学、短大还是高专，聘用兼职教师的比例都相当高。在短期大学，兼职教师反客为主；在私立大学，兼职教师制度更是成为不可缺少的一项制度，而且一般来说，随着办学规模的扩大，兼职教师比例有增加的趋势，对于本校尚未开设的课程，无论学校大小，都要请外校或外单位的专家来讲学②。

日本私立大学有着雇佣大量兼职教员的传统。主要原因是经费紧缺，以及规模扩大过快后专职教员培养跟不上大学自身发展的需要。私立大学在发展初期，对兼职教师有着高度依赖性。20 世纪上半叶，各所私立专门学校教员的大部分都是兼职教员。比如，明治大学在 1908 年的大学部及专门部的 49 名教员全部是兼职教员，其中来自帝国大学教授9 人，来自东京高等商业学校教授 13 人，来自高等师范和外国学校教授各 1 人，来自司法官 18 人、行政官 5 人、律师和公司职员各 1 人。兼职教师来自各种行业背景。说得极端一些的话，当时除了庆应义塾和早稻田大学等部分私立大学之外，大多数私立大学都不具备足够的资金雇用专职教员③。

日本高校聘用大量兼职教师既是应对资源缺乏的一种手段，也是自主发展改革的一种策略。兼职教师既可以促进学校和社会之间互动交流，又可以压缩人头经费支出（兼职教师酬薪一般比专职教师酬薪低），还有利于学校为适应新变化而进行的教师队伍调整（即便于适应性裁员、招聘临时课程教员和便于吐旧纳新）。同时，很多兼职教师还是行

---

① 教育部外事司综合处．兼职教师在高等教育中的地位与作用［J］．世界教育信息，1998（5）：17-18.

② 廖宗明．日本高校为何大量聘用兼职教师［J］．上海高教研究，1992（2）：105-107.

③ 天野郁夫．大学的诞生［M］．黄丹青，窦心浩，黄新天，等译．南京：南京大学出版社，2011：366.

业专家，聘用这类教师还可以促进产学研合作，提升社会服务能力，提高办学水平①。有学者指出，“在日本，非正式教师很多是日本最富才华的医生、律师、科学家和社会名流，他们的参与提高了日本高校教师的总体水平”②。

日本高校不仅招聘大学的兼职教师，也支持本校专职教师外出兼职。比如，2013 年，日本大学共有专职教师 177 263 人，其中外出兼职的专职教师有 49 616 人，占整个专职教师队伍的 28.0%，接近三成，而且有的专职教师同时到两个甚至两个以上不同机构兼职。在外出兼职队伍 49 616 人中，其中到其他大学兼职占 58.4%、到短期大学兼职占 4.9%、到高等专门学校兼职占 1.7%、到其他教育机构兼职占 13.0%、到研究机构兼职占 10.6%、到公职部门或行业企业部门兼职占 32.3%。由于有的教师同时到多个不同部门兼职，所以，上述六个比例之和大于 100%③。

综上分析，美、英、日高校都注重招聘数量较多的兼职教师。一般来说，私立高校兼职教师比例高于国立公立高校，教育层次低的高校的兼职教师比例高于教育层次高的高校。在美国和日本，私立高校是该国高等教育系统的主体部分（2014—2015 年度美国公立高校数量仅占全国高校数量的 35.0%，2013—2014 年度日本国立公立高校数量仅占全国高校数量的 20.8%），所以美国和日本两国高校进入大众化之后，兼职教师比例都不断增加。目前，美国和日本高校兼职教师在总体上约占全体教师一半左右甚至达到六成，2013 年美国高校兼职教师占 48.8%、日本高校兼职教师占 54.4%。在不同类型或层次的高校，美国私立两年制学院、私立综合大学、私立博士授予高校、私立文理学院、公立综合性大学、公立博士授予大学、私立研究型大学、公立研究型大学在 2003

① 常军胜，黄建雄. 日本高校教师队伍建设的特点及启示 [J]. 学术论坛，2013 (4)：228-231.

② 张俊超. 从教授会自治到大学法人化——日本大学教师聘任制的改革趋势及启示 [J]. 高等教育研究，2009 (2)：99-104.

③ 日本総務省統計局. 学校教員統計調査（平成 25 年度）[EB/OL]. (2015-03-27) [2017-03-20]. http://www.e-stat.go.jp/SG1/estat/NewList.do?tid=000001016172.

年的兼职教师比例分别为66.8%、56.4%、41.5%、36.4%、36.0%、28.9%、26.7%、19.7%①。日本短期大学、大学、高等专门学校在2013年的兼职教师比例分别为67.8%、53.8%、35.0%。而日本的私立大学、公立大学、国立大学在2013年的兼职教师比例分别为60.3%、48.3%、39.1%②。

在英国，由于高等教育机构都是公立法人机构（除了白金汉大学为私立之外），大学类型跟美国和日本有很大不同，因此其专兼职教师结构也和美国和日本的高校有较大差异。目前，英国高校兼职教师总体比例在35.0%左右（2015—2016年度为33.0%）。从不同层次高校来看，专门学院兼职教师比例最高，其次是新大学，再次是学院，最后是传统大学。英国高校的兼职教师主要是承担教学工作，2015—2016年度英国高校教学型兼职教师占59.0%。从聘用合同类型来看，永久性聘用和固定合同期聘用的兼职教师约各占一半。英国高校虽然都是公立高校，但各高校兼职教师比例状况差别非常大，既有兼职教师比例达到六七成甚至八成的大学或学院，也有兼职教师比例只有15.0%左右的大学或学院。从学科角度来看，一般来说，人文社会学科的兼职教师比例最高，自然科学兼职教师比例最低。在美国大学，2003年兼职教师比例最高的四个学科分别是教育、艺术、商贸和人文学科；在日本大学，2013年兼职教师比例最高的四个学科分别是艺术、人文、教育和社会学科。另外，发达国家高校不仅注重从各个不同行业招聘兼职教师，也支持本校专职教师适当到校外各行各业承担兼职工作。

此外，西方发达国家大学特别注重邀请行业专家、社会名人和兴趣驱使者到大学兼职，认为这么做不仅可以充实教师队伍实力，还可以提高学校的社会声誉。因为，西方发达国家经济发达，专业人士一般工资高、福利好，生活充裕无忧，他们中有很多人热心公益，或者从事自己

① U. S. Department of Education. Digest of Education Statistics 2015 51st Edition [M]. 2016: 579-580.

② 日本総務省統計局. 学校教員統計調査（平成25年度）[EB/OL]. (2015-03-27) [2017-03-20]. http://www.e-stat.go.jp/SG1/estat/NewList.do?tid=000001016172.

喜欢的工作，并不是完全为了经济收入，而是为了兴趣爱好。因此，热心教育的专业人士到大学兼职不仅充满热情，而且负责认真、忠诚工作、虚心学习甚至潜心研究，带动教学工作良好氛围的形成。这部分人士有些在社会中享有很高的声望，他们到大学兼职也可以提高学校声誉，他们还会为大学发展献言献策，甚至呼吁社会公众支持大学的改革发展。

七、行业背景较为丰富，协调兼顾的知行素质结构

自从工业化以来，随着经济社会的快速发展和快速的经济社会发展对高等教育不断提出新需要，以及高等教育系统本身为了更好回应社会现实需要，从而获得更多的社会资源进而获得更大发展空间，以美国赠地学院建立为起点，以科技发明创造和推广应用为主要知识加工方式，以服务现实社会为主要职责的新型高等教育——应用型高等教育（目前又称为多层次现代职业教育）获得蓬勃发展并迅速成为高等教育系统的主体部分。我国的地方本科院校和发达国家的非研究型大学一样，主要举办应用型高等教育。应用型高等教育特定的职责任务和功能作用内在要求有一支知行素质协调兼顾的教师队伍，即从整个高等教育或整个高校来讲，既要有高素质的理论型教师，更要有高素质的实践型教师；对于每一位教师来说，也应该在理论水平和实践能力两方面做到相互协调、相互衔接、相互促进。对于原来是学术型教师，要对现实中的专业实践问题给予关注和思考，做到理论联系实际；对于原来是实践型教师，要对专业理论问题给予关注和探究，做到实践激发理论；对于原来同时具有理论和实践双素质的教师，要加强理论和实践之间的互动，不断提升理论和实践能力以及两者之间的相互衔接转化能力。

西方发达国家高校教师的行业背景比较丰富、职业阅历较多，应用型师资比例较高，知行素质结构比较合理。这一特点主要表现在以下几个方面：第一，西方高校在录用新人员担任专职教师时，不是完全甚至主要不是从应届毕业生中招录，而是注重从已经有多年其他行业工作经历的往届毕业生中招录。第二，西方高校一般支持本校专职教师外出到社会有关行业部门和机构从事各种兼职活动，或开展合作业务，丰富其他行业的实践阅历。第三，西方高校注重从社会各行各业招聘数量较多

的兼职教师，而且很多兼职教师是各行各业在岗专家或已经退休的各类专家，这些兼职教师具有非常丰富的行业背景和实践经验。第四，西方高校学制包括研究生学制非常灵活，研究生可以一边工作一边学习，或者在工作和学习之间来回自由转换，很多研究生毕业年龄都比较大，在获得学位时已经有了一定时期在某一行业的工作经历。第五，西方高校有比较完善的学术休假制度，高校教师在学术休假时间可以进行著述写作，也可以到各有关行业调研学习。第六，西方高校尤其是应用型高校，非常注重和校外行业企业的合作办学，注重产学研用一体化体系建设，在合作办学过程中，双方紧密互动交往，可以提高专兼职教师的理论水平和实践能力。第七，对于教师个人和校外人员合作创办公司，或者教师自己创办公司，西方高校也持开放态度。第八，西方高校管理主要采用董事会或理事会制度，董事会和理事会的很多成员是校外的政府官员、企业家、社会知名人士、优秀校友、家长代表等。这种外部参与管理的制度框架，使得高校教师和校外各行业专家有更多的基于专业发展的接触和交流，从而有利于提升专兼职教师的理论素养尤其是实践视野、实践能力。由于兼职教师的兼职能力主要体现于实践能力，因此，本节讨论的教师行业背景、知行素质结构和上一节所讨论的专兼职结构有密切的关系甚至有交叉重叠关系。

下面分别分析美国、英国、日本三国高校教师队伍中行业背景结构或知行素质结构，其中主要分析和解读日本高校教师的行业背景结构或知行素质结构状况，而且主要从行业背景结构说明知行素质结构。

（一）美国高校教师队伍的行业背景结构

总体来说，美国高校教师不仅有着比较丰富的学术研究和从事教育经验，还有比较丰富的其他行业背景或履职经验，专业实践能力较强，教师队伍的理论素质和实践素质相互兼顾较好，综合素质结构较优化。具体表现在兼职教师数量大、兼职教师涉及行业范围广，高校市场对接度高，校企合作、大学科技园建设成为全球典范，为教师广泛接触实践行业、优化知行素质结构提供了大量机会。

首先，招聘教师注重实践经验，这种经验包括教学经验、科研经验、社会服务经验，后者包含其他行业履职经验。美国高校在招聘教师时，一般没有特别的年龄限制。特别是招聘终身教职教师，整个过程要经过严格复杂的程序，主要考核应聘者的实际素质能力，包括教学、科研和服务。其中服务对象包括对本系的服务，对学院和学校的服务，对社会的服务，包括服务本专业的各种协会，以专业知识服务社会等。在教师过程考核中，包括晋级考核、终身教职考核和后终身教职考核，都以教学、科研、服务业绩和能力为评价内容，一般的权重是教学占 40%、科研占 40%、服务占 20%，但是不同类型和层次高校、不同岗位教师的考核标准权重分布状况不同。美国高校充分竞争的教师管理模式，形成了教师队伍分层分工格局，并非每一个教师都同时承担教学、科研和社会服务三种任务或承担相同比例，但是从整个教师队伍来看，有主要承担科研任务的学术型教授，有主要承担教学任务的教学实践型教师，有主要承担社会服务的专业实践型教师，也有部分同时承担教学、科研和社会服务甚至是企业专家的多栖教授。因此，教师队伍就可以形成理论型和实践型互补的良好素质结构。

美国大学教师工作量测量以周为单位，标准工作量为每周 5 天共 40 小时。曾有研究对 1998—1999 年度秋季的 378 所高校的 33 785 名专职教师的周工作履职内容分布进行调查，结果如表 3-50、图 3-50 所示。

表 3-50　1998—1999 年度美国大学专职教师周工作时间、内容分布状况（小时、%）

时间	教学比例	管理比例	研究比例	服务比例	家务比例
	100	100	100	100	100
0	2	22	40	60	10
1～4	25	53	30	30	18
5～8	27	16	13	6	25
9～12	22	5	7	2	17
13～16	11	2	4	1	10
17～20	7	1	3	0	8
21～34	5	1	2	0	6
35～44	1	0	1	0	3
45＋	0	0	0	0	4

资料来源：赵炬明．美国大学教师管理研究（下）[J]．高等工程教育研究，2011（6）：68-83，115.

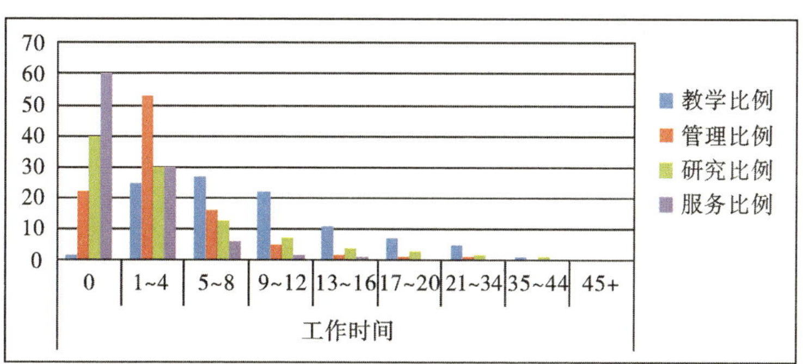

图 3-50　1998—1999 年度美国大学专职教师周工作时间、内容分布状况（小时、%）

可见，有 60％的教师没有从事社会服务，这些教师也应包括研究型大学中专门从事教学的教师及教学型高校中的绝大部分教师①，但也有 30％的专职教师每周从事社会服务工作 1～4 小时。

另外，美国联邦教育部 2003 年对全美高校专职教师的工作时间分布进行调查，结果显示，教师平均每周工作 53.3 个小时，其中，58.2％（接近六成）的时间用于教学工作，20.0％的时间用于学术研究，21.7％的时间用于社会服务等一般工作②。且不同类型的高校，教师工作时间和任务分布不尽相同，但总体情况是：教师用于社会服务的时间，层次越高的高校比例越大，在研究型大学系列中公立高校比私立高校大，在综合性高校（大体相当于我国承担有研究生教育的地方高校）系列中私立高校比公立高校大，但这种差异不大。详见表 3-51、图 3-51 所示。

表 3-51　2003 年美国各类高校专职教师周工作时间、内容分布状况（小时、%）

	所有高校	研究 I 型		研究 II 型		综合性高校		私立文理学院	社区学院
		公立	私立	公立	私立	公立	私立		
工作时数	53.3	55.6	55.8	54.0	52.4	53.2	51.8	54.0	49.2
百分比	100.0	100.0	100.0	100.0	100.0	100.0	100.0	100.0	100.0

① 赵炬明. 美国大学教师管理研究（下）［J］. 高等工程教育研究，2011（6）：68-83，115.

② U. S. Department of Education. Digest of Education Statistics 2009［M］. 2010：366.

续表

	所有高校	研究 I 型		研究 II 型		综合性高校		私立文理学院	社区学院
		公立	私立	公立	私立	公立	私立		
教学	58.2	43.5	43.1	55.5	55.0	64.7	67.5	65.9	78.4
研究	20.0	33.2	34.0	22.3	24.6	15.0	11.2	12.7	3.7
服务	21.7	23.2	22.8	22.2	20.4	20.4	21.3	21.3	17.9

说明：综合性高校一般以 4 年制本科教育为主，也授予部分研究生学位。

资料来源：U. S. Department of Education. Digest of Education Statistics 2009 [M]. 2010：366.

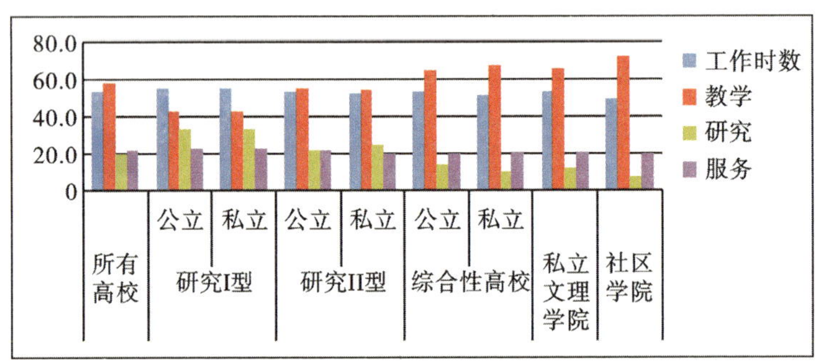

图 3-51　2003 年美国各类高校专职教师周工作时间、内容分布状况（小时、%）

其次，美国高校教师队伍的兼职教师比例较高，兼职教师职业背景和实践经验较丰富。正如前文所述，美国是全球范围内高校竞争最充分、高校与社会行业对接度最高的国度，因而一直聘用大量的兼职教师。1973 年全美学位授予高校兼职教师比例为 26.2%、1983 年为 44.9%、1993 年为 40.4%、2003 年达到 46.3%、2013 年为 48.8%，多年来达到五成左右①。在美国高校的兼职队伍中，多有专家、某领域的学科带头人或专业人士，他们大多有自己的全职工作，从事高校兼职工作主要是出于自身兴趣或受学校领导之邀。也有的兼职教师是已退休教师，他们从事兼职工作是为了保持脑力，把自己多年的实践经验传授

① U. S. Department of Education. Digest of Education Statistics 2015 51st Edition [M]. 2016：571.

下一代；有的兼职教师属于自由择业者，他们都相当独立，选择兼职教师工作是他们的一种生活方式①。

再次，美国是一个注重个人发展、追求职业兴趣，因此职业流动性比较大的国度。即使是高级知识分子，一生中在几个不同行业变换岗位也是一件正常的事，所以美国高校教师现在是在高校任职，但可能前些年是在企业或什么部门工作过，或者过了几年又换到其他行业任职，或者在高校任职期间到企业兼职或外出合作办企业等。正因为如此，美国高等教育系统和外部系统之间的人员流动比较频繁，因而美国高校教师拥有较多行业背景和职业履历，也因而更了解社会动态以及和社会有着更紧密联系。

最后，美国高校更加注重学术实用、注重服务社会、注重校企合作。自从美国第二次学院革命的兴起，美国高校教师角色象牙塔式的育人和研究开始转向关注、接触、思考和服务社会经济发展，参与各行各业的转型和提升。威斯康星大学办学理念和麻省理工学院在20世纪早期为帮助教授解决教师、研究者、企业家角色冲突所采取的措施，成为全美大学学习的榜样，影响了整个美国大学界甚至后来影响了全球高等教育系统。在这种理念影响下，美国高校教师同时扮演或轮流扮演教育者、研究者、咨询师、知识管理者和企业家的角色。比如，因作为二战时期科学政策的管理者和二战后提交给罗斯福总统《科学，永无止境的前沿》报告而一举成名的凡尼佛·布什，在其早年职业生涯中，就是一名典型的身兼教授、研究者、咨询师、专利权持有者和公司创建者等数职的创业型学者。而大学科技园的兴起和繁荣，既是大学教师行业实践素质和服务能力提升的重要原因，也是大学教师行业实践素质和服务能力提升的重要结果。以美国硅谷为例，它主要是以斯坦福研究园为依托（当然还有区域内其他科研机构和高校）而发展起来的。在科技园整个发展过程中，斯坦福大学不但始终对高度复杂的产业和创新活动感兴趣，而且更热衷于新技术企业的诞生和参与本地创业合作，致力

① 李志军，姚发明，张奇伟，王磊等．美、加大学吸引高层次人才的做法对我国高校教授队伍建设的启示［J］．中国高等教育，2003（15）：7-12.

于促进区域内小企业间的合作。比如，通过制订产业联盟计划促进个别研究员、院系之间以及大学与外部公司之间的合作①。在校企合作的良好氛围和长期历练中，高校教师行业服务能力以及理论联系实际能力得到不断提升。

（二）英国高校教师队伍的行业背景结构

首先，英国高校注重从不同行业招聘专职教师，行业背景比较丰富，专业和行业实践能力较强。以2011—2012年度为例，当年全英高校共招聘新入职教师（academic staff starters）（这里“新入职”是针对某一特定高校而言的，并不局限于第一次进入就业市场之义。比如，高校A今年招聘一名教师，不管该教师是应届毕业生，亦或有着多年高校教龄的老教师，还是一名功成名就的企业家，该教师对于高校A来说都属于新入职教师）共16 010人，其中从一所高校流入另一所高校的新入职教师有6 065人（含从国外高校引入1 630人），占37.9%；招聘应届毕业生或第一次入职的往届毕业生有2 930人（含从国外流入学生460人），占18.3%；从第一级和第二级教育机构招聘教师710人（含从国外流入教师230人），占4.4%。除去未知职业背景的1 935人占12.1%外，那么剩下的27.3%的新入职人员共4 370人是来自研究机构、公共部门、私营部门、医疗健康服务机构、其他行业从业人员和自由职业者等。如果仅从高校系统来看，那么，全英高校2011—2012年度新入职教师中，有37.9%属于高校系统内部的相互流动，有18.3%是招聘学生，有31.7%来自高校系统外的各行各业各类人才。在来自高校系统外的5 080名新入职教师中，有17.8%来自研究机构，有21.1%来自医疗保健服务机构，有34.0%来自公共部门、私营部门等，有14.0%来自中小学等其他教育机构，其余7.6%来自无稳定职业者，有5.6%来源于其他机构。详见表3-52、图3-52、表3-53、图3-53所示。可见，英国高校每年都有一大批具有非高校的其他行业背景人才进入高校任教，这批新入职者有很大比例拥有丰富的专业实践经验和实践能力，有利于促

① 马永斌，刘帆，王孙禺. 大学、政府和企业合作视野下高校教师的角色转变——基于美英日中四国的比较［J］. 高等工程教育研究，2010（3）：93-96，117.

进教师队伍实践素质的总体提升，优化教师队伍的知行素质结构。

表 3-52　2011—2012 年度英国高校新入职教师行业背景状况一（人、%）

类型	教师数	比例计	其中来自国外人数
新入职教师总数	16 010	100.0	3 155
来自高校教师	6 065	37.9	1 630
来自新入职学生	2 930	18.3	460
来自其他教育机构	710	4.4	230
来自非教育系统	4 370	27.3	835
来自非高校系统	5 080	31.7	1 065
未知职业背景	1 935	12.1	—

资料来源：Higher Education Statistics Agency（HESA）. Staff in Higher Education 2011/12［EB/OL］.（2013-02-28）［2017-03-01］. https://www.hesa.ac.uk/data-and-analysis/publications/staff-2011-12.

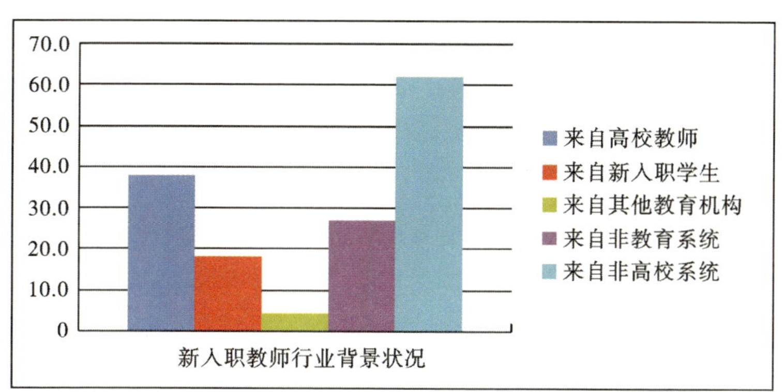

图 3-52　2011—2012 年度英国高校新入职教师行业背景状况一（%）

表 3-53　2011—2012 年度英国高校新入职教师行业背景情况二（人、%）

类型	新入职教师数	比例计	来自国外人数
来自非教育系统合计	5 080	100.00	3 155
来自其他教育机构	710	14.0	485
来自医疗保健服务机构	1 070	17.8	65
来自公共部门	305	6.0	—

续表

类型	新入职教师数	比例计	来自国外人数
来自私营部门	1 420	28.0	—
来自其他机构	285	5.6	285
无稳定职业者	385	7.6	—
另有未知原职业背景	1 935	12.1	—

说明：最后一行的比例是相对于新入职教师总数的比例。

资料来源：Higher Education Statistics Agency（HESA）. Staff in Higher Education 2011/12 [EB/OL].（2013-02-28）[2017-03-01]. https://www.hesa.ac.uk/data-and-analysis/publications/staff-2011-12.

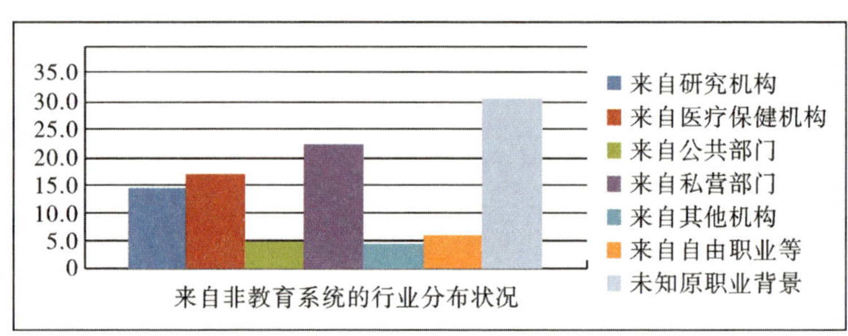

图 3-53　2011—2012 年度英国高校新入职教师行业背景状况二（%）

其次，英国政府从 20 世纪后半叶开始支持和鼓励高校与企业建立合作关系，引导高校面向生产实际。为了摆脱 20 世纪 60 年代后期国内产品国际市场竞争力持续下降、经济不断下滑的状况，英国政府大力推进校企合作，促进高校科研成果的市场转化。比如，政府拨款资助实施新技术中心计划，引导高校与地方企业尽快建立伙伴合作关系，尽快摆脱过去的轻实践应用、脱离工业生产的学究式科研倾向。1986 年，英国首相撒切尔夫人推出一项 4.2 亿元英镑的校企合作资助计划。此外，政府有关部门还设立了大学研究院学生奖学金，专门鼓励科学与工程领域的校企合作。在这些计划项目的实施过程中，英国大学教师得到了更多参与企业项目产品开发管理的机会，得到更多和企业人士交流的机会。英国政府和高校自身在推进校企合作过程中，还推出了其他相关制度和措施[①]。

再次，英国政府鼓励高校教师、科研人员向企业界流动，到行业企业兼职。为了更好推进校企合作，自20世纪后期开始，英国政府和高校领导不断鼓励高校教师和科研向企业界流动。比如，英国皇家学会和科教研究委员会共同设立了“工业研究基金”，以资助形式鼓励高校教师和企业科技人员到对方单位从事半年到两年的研究工作，期满后回原单位工作。一些高校还明确规定教研室主任和系主任等专业负责人必须同时兼任有关企业的技术经理或实验室主任等职，以便双方人才流动与交流。剑桥大学还明确规定，该校毕业生只有到社会其他部门工作几年后，才有条件被入选回校任教。此外，政府及其所属机构还针对高校不同对象层层设奖或资助资金，比如，针对学校和院系一级设立“工业种子基金”，针对教研室一级设立“教育和企业合作奖”，针对教师个人设立“高等院校企业竞赛奖”等。据有关资料，在20世纪90年代初，英国75%以上的大学工程学部教员和90%以上的市立、郡立工业大学工程学科教员至少在企业工作一年以上。半数以上的大学工学部教授和研究人员的薪金从企业领取。此外，有2 000名以上大学研究院博士在与企业合作前提下领取由企业拨给的奖学金[②]。

英国高校自身积极适应科技经济发展和社会需要，出台相关政策或搭建各种平台，推动大学科技园建设，鼓励高校教师到工厂企业兼职。即使是最具古老、最具传统的剑桥大学，也勇立潮头，创办科技园，鼓励教师投入产业界。被誉为英国“硅谷”的剑桥科学园就是由剑桥大学三一学院于20世纪70年代创办和发展起来的。为了推进科技园建设，发挥大学的科技引领作用，剑桥大学出台旨在支持鼓励教师投身产业界的系列具体政策。比如，短期合作制度、鼓励兼职或创办企业制度、科

① 俞云平：英国促进高校科研成果转化的措施与启示［J］. 决策探索，1996(4)：40-41，45.

② 俞云平：英国促进高校科研成果转化的措施与启示［J］. 决策探索，1996(4)：40-41，45.

研人员知识产权保护制度、二级学院和企业合作办学制度等[①]。至于那些“新大学”，它们从创办伊始就以服务产业发展和经济发展为基本办学定位，教师在教育者、研究者、产业专家、企业家之间的角色转换更加频繁，或同时兼具多重角色，大学更加注重教师的产业服务能力。

随着工业革命的深入推进，为了适应经济快速发展对大量技术人才、科技创新的迫切需要，英国不仅在传统大学之外掀起了几轮的新大学运动，而且英国政府也不断出台相关政策，支持、搭桥和鼓励大学、政府、企业三者之间的合作，促进大学教师与大学外各行各界的接触和交流。比如，英国于1987年建立了“全国科技专用数据库”。该数据库将大学、政府各部门研究机构、自然科学研究委员会和部分工业研究协会等单位一万三千多名科技人员的简历、成果、正在研究的课题以及潜在应用范围等大量信息汇集一起，以便于协调大学、政府和企业之间的合作伙伴关系。此外，政府还倡导各地成立性质相近的“专业俱乐部”，为大学教师、研究机构专家、企业家人士搭建相互认识、接触交流、沟通探讨的平台，为科技成果转换提供便利场所[②]。

（三）日本高校教师队伍的行业背景结构

日本高校教师多数拥有从事其他职业的经历，具有较高的专业实践能力，表现在高校教师聘用行业来源的多样性、兼职教师行业来源的多样性、大学专职教师外出兼职行业的多样性、校企合作紧密人员流动频繁以及产学研一体化具有相当大的规模和水平等。

首先，日本高校注重从高校系统外各行业招聘新教师。对于每一所特定高校而言，录用一名新教师不外乎有三种来源：一是从应届毕业生招聘，二是从其他高校招聘（即挖墙脚或接收校际之间的自愿流动者），三是从高校系统之外的各行业招聘。从目前日本高校人员招聘情况来看，主要采取的是第三渠道。比如，2013年，日本全体大学共招聘新教

① 马永斌，刘帆，王孙禺．大学、政府和企业合作视野下高校教师的角色转变——基于美英日中四国的比较［J］．高等工程教育研究，2010（3）：93-96，117．

② 马永斌，刘帆，王孙禺．大学、政府和企业合作视野下高校教师的角色转变——基于美英日中四国的比较［J］．高等工程教育研究，2010（3）：93-96，117．

师 11 314 人，其中来自应届毕业生仅占 8.8%，来自其他教育机构（比如短大、高专、中小学等）占 4.1%，来自公共部门占 3.7%，来自民营私营企业占 9.9%，来自研究机构占 18.7%，来自健康医疗机构占 28.3%，来自其他机构部门乃至自由职业者占 26.4%。从 1992、2004、2013 年三个年度数据比较来看，大学招聘应届生的比例明显下降，从教育系统外招聘新教师的比例不断上升。2013 年，除了高等专科学校直接招聘应届毕业生达到 17.1%外，不论是国立、公立还是私立大学，不论是大学还是短期大学，直接招聘应届生数量占当年招聘新教师总数的比例都低于 10%①②③。详见表 3-54、图 3-54 所示。可见，日本高校教师拥有丰富的行业企业背景，具有丰富行业企业阅历和较高的专业实践能力。

表 3-54　1992、2004、2013 年日本高校新录用教师行业背景状况（人、%）

年份和高校类型	人数	应届毕业生	其他教育机构	公共部门	民私营部门	研究机构	临床医生	其他	其中非教育系统计
1992 年全体大学	8 603	20.1	3.1	16.7	15.8			44.4	76.8
2004 年全体大学	10 535	15.0	2.6	11.4	17.5	10.9		42.6	82.5
2013 年全体大学	11 314	8.8	4.1	3.7	9.9	18.7	28.3	26.4	87.1
2013 年国立大学	4 234	7.9	2.0	4.0	5.2	28.0	30.8	21.9	90.1
2013 年公立大学	732	6.6	2.7	5.7	13.9	17.1	34.2	19.8	90.7
2013 年私立大学	6 348	9.7	5.6	3.3	12.6	12.6	26.0	30.2	84.7
2013 年全体短大	541	8.9	18.3	7.4	20.9	3.9	1.7	39.0	72.8
2013 年全体高专	193	17.1	8.3	2.6	22.8	26.4	0	22.8	74.6

① 日本総務省統計局．学校教員統計調査（平成 4 年度）[EB/OL].（2004-12-21）[2017-03-20]. http://www.e-stat.go.jp/SG1/estat/NewList.do?tid=000001016172.

② 日本総務省統計局．学校教員統計調査（平成 16 年度）[EB/OL].（2007-12-21）[2017-03-20]. http://www.e-stat.go.jp/SG1/estat/NewList.do?tid=000001016172.

③ 日本総務省統計局．学校教員統計調査（平成 25 年度）[EB/OL].（2015-03-27）[2017-03-20]. http://www.e-stat.go.jp/SG1/estat/NewList.do?tid=000001016172.

说明：1. 这里的新录用教师指从高校系统外招聘的教师，不包括从兄弟高校招聘的新教师。2. “应届毕业生”指当年获得学位者，包括有了一段工作经历、拥有一定职称后攻读更高学位并于当年获得新学位者。3. 1992 年和 2004 年的空白项表示当年未有该项分类，相应数据合并于“其他”项中。

资料来源：日本総務省統計局. 学校教員統計調査（平成 4 年度）[EB/ OL]. (2004-12-21) [2017-03-20]. http://www. e-stat. go. jp/SG1/estat/NewList. do?tid=000001016172. 日本総務省統計局. 学校教員統計調査（平成 16 年度）[EB/ OL]. (2007-12-21) [2017-03-20]. http://www. e-stat. go. jp/SG1/estat/NewList. do?tid=000001016172. 日本総務省統計局. 学校教員統計調査（平成 25 年度）[EB/ OL]. (2015-03-27) [2017-03-20]. http://www. e-stat. go. jp/SG1/estat/NewList. do?tid=000001016172.

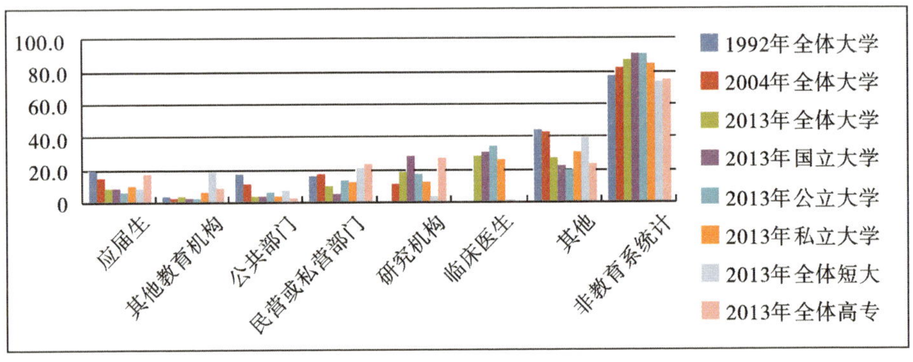

图 3-54　1992、2004、2013 年日本高校新录用教师行业背景状况（%）

其次，日本高校兼职教师的行业来源非常多样，不管是进入型兼职教师还是外出型兼职教师，都有着丰富的高校外职业专业履历和较高的行业职业实践能力。比如，2013 年，日本大学共有进入型兼职教师 206 202 人，其中在其他高校有专职工作的仅占 25.3%，而来自研究机构、公共部门、民营或私营企业、其他各类服务机构的兼职教师占 29.6%。当年共有专职教师 177 263 人，外出兼职教师有 49 616 人，占全体专职教师队伍的 28.0%。其中，在外出兼职教师队伍中，到研究机构兼职的教师占 10.6%，到公共部门、民营或私营企业、其他各类服务机构从事兼职的教师占 32.3%①。详见表 3-55、图 3-55 所示。可见，日

① 日本総務省統計局. 学校教員統計調査（平成 25 年度）[EB/OL]. (2015-03-27) [2017-03-20]. http://www. e-stat. go. jp/SG1/estat/NewList. do?tid=000001016172.

本高校从教育系统外部行业招聘兼职教师和高校专职教师到非教育行业兼职成为常态，这反映出日本高校教师队伍具有多样的行业背景，具有丰富的职业履历和较高的专业实践能力。

表 3-55　2013 年日本大学兼职教师行业背景状况（人、%）

类型	人数	比例	高校	其他教育机构	研究机构	公民私营机构	无专职工作等	备注
进入型兼职	206 202	100.0	25.3	1.8	4.2	25.4	43.3	
外出型兼职	49 616	120.8	64.9	13.0	10.6	32.3		见表后说明

说明：1. 2013 年日本大学共有专职教师 177 263 人，外出兼职 49 616 人，占专职教师的 28.0%。2. 高校指大学、短期大学、高等专门学校三类机构。3. “公民私营机构”即公共部门、民营和私营企业、其他各类服务组织机构等。4. 对于外出型兼职，因有的教师同时到两个或以上机构兼职，所以比例合计大于 100%。

资料来源：日本総務省統計局. 学校教員統計調査（平成 25 年度）[EB/OL]. (2015-03-27) [2017-03-20]. http://www.e-stat.go.jp/SG1/estat/NewList.do?tid=000001016172.

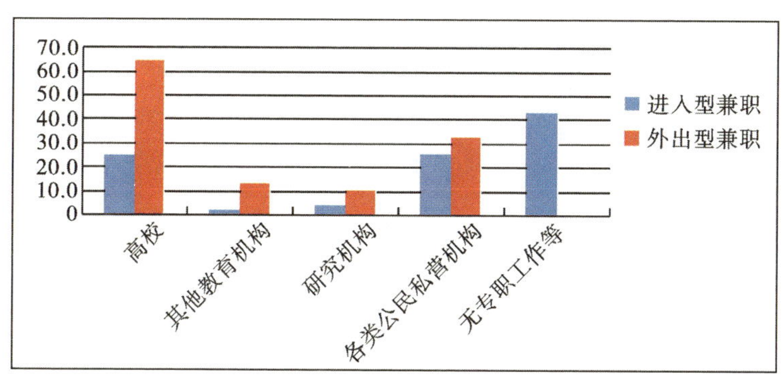

图 3-55　2013 年日本大学兼职教师行业背景状况（%）

再次，日本高校从高校系统外各行业机构招聘录用的教师，其总体学历和职称较高，专业实践素质较好。比如，2013 年，日本大学当年共录用新入职教师 11 314 人，其中有 462 人原来是在中小学等非高校教育机构任职，其中有 9 853 人原来是在非教育系统机构（比如公共部门、研究机构、行业企业组织、医疗服务机构等）任职。在学历方面，原来在第一、第二级教育机构任职的教师，拥有博士、修士、学士和其他学位教师的比例分别为23.8%、42.6%、31.0%和2.6%；原来在教育系统外其他行业任职的新入职教师，上述各级学位教师比例分别为46.2%、14.0%、38.2%和1.3%，另有0.3%的新入职教师拥有专门职课程学位；上述两类新入职教师平均合计起来，拥有博士学位教师比例达到45.2%，学位水平非常高。在职称方面，原来在其他教育机构任职的教师，拥有教授、准教授、讲师、助教、助手职称教师的比例分别为21.2%、27.5%、26.4%、19.3%和5.6%；原来在教育系统外其他行业任职的新入职教师，教授、准教授职称教师比例分别为11.3%和11.4%；上述两类新入职教师的平均教授、准教授职称教师比例分别为11.7%和12.1%①。鉴于这些教师都是新进入大学部门从事学术职业，这样的职称水平也算较高了。详见表3-56、图3-56、表3-57、图3-57所示。

表3-56　2013年日本大学部门从高校系统外新录用教师的学历状况（人、%）

	录用数	比例	专门职学位	博士	修士	学士	其他
其他教育机构	462	100.0	—	23.8	42.6	31.0	2.6
非教育系统	9 853	100.0	0.3	46.2	14.0	38.2	1.3
两项合计	10 315	100.0	0.3	45.2	15.3	37.9	1.3

数据来源：日本総務省統計局. 学校教員統計調査（平成25年度）［EB/OL］.（2015-03-27）［2017-03-20］. http://www.e-stat.go.jp/SG1/estat/NewList.do?tid=000001016172.

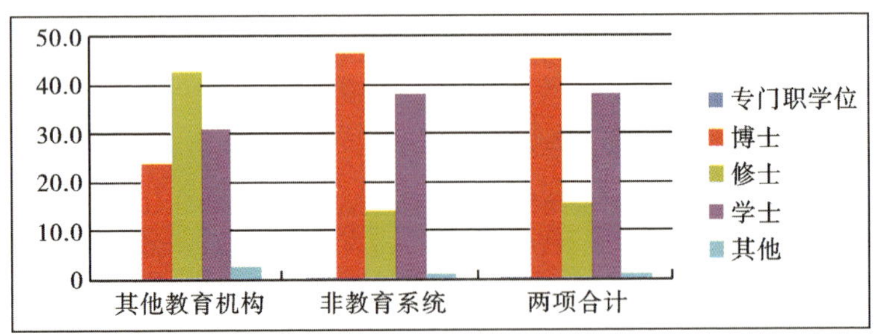

图3-56　2013年日本大学部门从高校系统外新录用教师的学历状况（%）

① 日本総務省統計局. 学校教員統計調査（平成25年度）［EB/OL］.（2015-03-27）［2017-03-20］. http://www.e-stat.go.jp/SG1/estat/NewList.do?tid=000001016172.

表 3-57　2013 年日本大学部门从高校系统外新录用教师的职称状况（人、%）

	录用数	比例	教授	准教授	讲师	助教	助手
其他教育机构	462	100.0	21.2	27.5	26.4	19.3	5.6
非教育系统	9 853	100.0	11.3	11.4	14.6	51.8	11.0
两项合计	10 315	100.0	11.7	12.1	15.1	50.3	10.8

说明：1. 当年全日本大学共录用新教师 11 314 人，从非教育系统录用新教师数占录用教师总数的 87.1%，从其他教育机构（中小学等）录用教师数占录用教师总数的 4.1%。2. 学长和副学长共 20 人，因他们一般属于高职称人群，故表中计入教授项。

数据来源：日本総務省統計局. 学校教員統計調查（平成 25 年度）[EB/OL]. (2015-03-27) [2017-03-20]. http://www.e-stat.go.jp/SG1/estat/NewList.do?tid=000001016172.

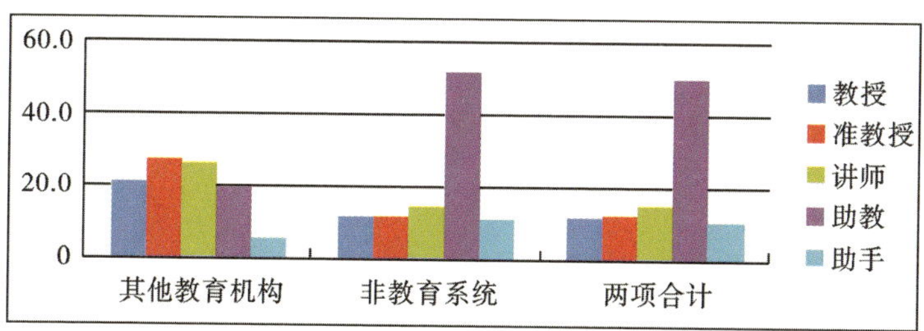

图 3-57　2013 年日本大学部门从高校系统外新录用教师的职称状况（%）

最后，日本高校较早重视校企合作，产学研制度完善，合作成效明显，教师行业企业阅历丰富，专业实践能力强。从 20 世纪 50 年代开始，产学研合作开始受重视，并一直得到政府的大力支持，不断出台和调整政策，推进产学研合作的深入开展，也促进了高校教师和行业企业人才之间的相互合作与交流，提升了高校专兼职教师的专业实践能力。比如，在 20 世纪八九十年代，日本政府在先后出台“创造性科学技术推进制度”“下一代产业基础技术研究开发制度”“研究交流促进法”以及“前沿研究制度”“省际基础研究”“地域流动研究”等制度或战略基础上，制定了旨在促进国立大学与产业界联合创新的共同研究制度、受托研究制度、受托研究员制度、奖学捐赠金制度、捐赠讲座和捐赠研究部门制度、设立大学产业共同研究中心（从开始的大学延伸到企业）等制度①。特别是，为了放宽对国立大学、公立大学教师到企业兼职的法律限制（根据日本法律，国立和公立大学教师属于国家公务员），以及为了消除原来的退休金金额计算方法对暂时离职参加校企合作研究的大学人员的不利影响，日本国会于1996年通过了《教育公务员特例法》的部分修正案②。到20世纪90年代后期至21世纪初期，日本政府又通过了科学技术基本法、大学技术转移促进法、产业活力再生特别措施法、知识产权战略大纲、知识产权基本法、国立大学法人法等政策措施，进一步强化产学研合作向更高层次的提升和转型。其中，2003年出台国立大学法人化改革使教师摆脱了公务员身份束缚，人事制度由原有的终身雇佣制转变为公开聘任制和任期制，大学教师竞争意识和危机感得到强化，促进人才流动，激发教育、研究的活力，对日本产学研联合型国家创新体系也具有显著优化作用。

总之，日本政府上述有关制度的实施和不断完善，提升了日本企业和大学的综合实力，促进了产学研合作机制的良性互动循环，增强了大学服务经济社会的功能等③，无疑会提升大学教师队伍综合素质，优化教师队伍的知行素质结构。对于日本私立大学，一方面由于属于私人财阀出资，多有行业背景；另一方面基于存在比国立公立大学更大的生存压力，人才培养和科学研究对接行业企业更为紧密，从而使私立大学和行业企业之间的人才流动和共享更为频繁，教师队伍的高行业实践能力特征更为明显。可见，日本高校教师拥有较多其他职业的经历，这对教师扩大知识视野、优化智能结构、促进职业成熟大有裨益；同时也有利

① 曹勇，刘善琨．日本的产学研联合研究体制［J］．科学·经济·社会，1994（3）：27-29，31．

② 中国驻日本使馆教育组．日本大学的产学研合作［J］．中国高等教育，2001（7）：46-47．

③ 曹勇，邢燕菊，赵莉．日本推进产学研合作创新的立法效果及启示［J］．情报杂志，2009（10）：191-196．

于密切高等教育机构与社会其他部门之间的联系①。

大学从古典时代进入近现代之后，特别是随着大学职能从单一的人才培养逐步扩展到科学研究和社会服务，大学一步一步从“封闭隔绝”的“寺庙”，走向充满“人烟世俗”的“村镇”，最后步入“色彩斑斓”的“大都市”，尤其是进入大众化和普及化之后，高等教育系统的规模庞大多样，结构纷繁复杂，大学“围墙”不复存在，大学和社会交融在一起，大学的地位从过去的“社会中的大学”成为目前的“社会的大学”，成为现代社会的核心机构，大学和社会之间的交流、合作、交换，相互依赖越来越紧密，其中一个重要的表现是大学组织和大学外社会各类机构之间人员频繁流动、合作互动紧密，出现了一群规模庞大的“学术候鸟”型兼职教师队伍。当经济形势出现较大波动时，这种“职业迁徙”特征可能就更加明显，从而使大学教师的行业背景呈现多样化、教师的职业阅历更加丰富化、教师的素质能力更具实践性。在这方面，西方发达国家高校一直走在世界前列。

八、平台多样，平等自主，方式灵活，互动较紧密的联结结构

教授治学（校）、学术自由、民主管理、同行评价、不断质疑、敢于批判、追求卓越、穷尽真理是发达国家学术职业的优良传统，而支撑和体现这种优良传统有几个方面：第一，高校为学者们搭建、开辟和提供大量的、多样的、多层次的学术交往互动的平台、渠道或机会。第二，学者们依托这些平台、渠道或机会，围绕共同的学术主题（可以是任务型主题，也可以是兴趣型主题），以高度的学术责任或高度的学术兴趣甚至是高度的学术激情走进这些平台、渠道，主动参与各类学术事务管理活动或学术本体交往活动。第三，教师基于对学术职业的热爱和责任，不仅积极参加各种制度化或组织化的学术活动，而且积极主动开展多样化、个性化的学术交流活动，倡导团队合作精神，愿意分享交流。总之，西方高校教师在整个学术职业过程中，注重处理好学术活动过程

① 常军胜，黄建雄. 日本高校教师队伍建设特点及启示［J］. 学术论坛，2013（4）：228-231.

中的沉思与交流、竞争与合作、独创与分享、独立与互动之间的相对动态平衡，以促进教师共同体的持续进步和高深知识的持续增进，因而体现出良好的教师队伍联结结构。

由于教师之间的联结方式或联结结构主要体现着教师队伍结构的质的方面，采用直接或间接方式给予质性说明是一种可选择的分析方法。英、美、日三国高校教师队伍联结方式既具有具体上的不同点，也具有大体上的相似性。本节不对上述三国情况分开单独分析，而是采取综合论述方式进行探讨，并主要通过分析教师学术交往状况来探讨高校层面上的教师队伍联结结构。总体来说，发达国家高校教师队伍的联结结构具有如下主要特征，即渠道多样、方式灵活、平等双向、紧密适当、优势互补、双方受益。

（一）教师学术性联结渠道多样、方式灵活

发达国家高校教师之间的相互学术性联结（学术交往）的形式较多、渠道较多、路径较多，呈现出纵横交错、上下连接、灵活多样的交往结构，主要表现在以下几个方面。

首先，发达国家高校教师对本校尤其是本学院本系的学术事务拥有较大评议、审议甚至表决的权利，拥有较多高层次、制度性、权利性乃至权力性的学术交往机会。在西方发达国家高校，一个教师尤其是教授同时在学校或学院（系）多个学术组织中任职是一件非常普遍的事，而且高校将教师参加此类学术组织的情况作为评价教师承担服务职责的重要内容。教师在参加各种学术委员会会议过程中，一方面有机会在同行面前表达自己的学术观点，另一方面也可以听到同行的学术见解，还有机会听到不同学术思想之间的相互质疑回应之声，这本身就是一种学术交往活动。另外，发达国家高校教师一般都加入诸如教师工会等组织，这类组织成立的主要宗旨就是维护教师权利，包括学术权利，因而这类组织的成立也有利于组织内部教师之间的交往包括学术交往。所有这些机构的设置和活动的展开都有利于相同或不同年龄、相同或不同学历、相同或不同职称、相同或不同学科、相同或不同学缘、相同或不同行业背景、相同或不同素质、专兼职教师之间的交往联结。

比如，招聘一名新教授要经过复杂程序，整个招聘过程公开透明，

本院系教师广泛参与（包括作为招聘委员会成员），这种参与本身就是学术交往的一种方式。

其次，发达国家高校成立诸如“职业发展咨询服务中心”“青年教师培训中心”以及“多学科研究中心”“学科群学院”等相关机构，让广大教师有更多机会依托这些机构相互接触和交往，共同探讨学术问题，相互分享学术经验，乃至相互帮助促进学术成长。

再次，发达国家高校举办的各式各类学术活动较多，活动氛围活跃，很具开放包容性。一是开展正式性的学术讲座、学术会议、学术辩论会等活动较多，教师参与积极。二是半正式的学术交往平台较多，参与人员范围较广。这些活动包括学术沙龙、学术茶会、科学调研等。三是教师个性化学术交往范围较广。发达国家高校教师从事学术职业重在志趣，教师热爱学术、忠诚学术、思想开放、喜欢交往，他们除了注重在会场、办公室、教室、实验室等公共场合进行学术交往活动外，还积极创造各种条件利用校园、家庭、餐馆等其他空间开展灵活多样的学术交往活动。

总之，发达国家高校相关机构组织的多样化、教学科研活动开展的经常化、教师队伍的高参与度、教师参与方式的多样化、教师个性化自主交往渠道的多样化都反映出发达国家高校教师教学科研交往联结渠道的多样化、方式的多样化和空间的立体化。

（二）教师学术性联结平等双向、紧密适度

首先，在西方发达国家，自由、平等、民主成为社会的核心价值并体现在公民的日常言行举止中。高校教师之间的学术交往联结也在自由、平等、民主环境中实现，教师不论是在哪种场合、采用哪种方式进行的学术交往，针对学术问题，都能较好地坚持和贯彻平等交流。资历浅的教师不唯上、大胆挑战权威、敢于表达意见；资历深的教师不欺下、尊重不同见解、包容相异思想；资历相当的教师不相互保密、乐于分享观点、注重相互砥砺和公开竞争。因此教师学术交往相互平等、双向互动。

其次，教师学术交往空间上的多路径、时间上的经常化、形式的多样化，必然促进教师学术交往联结的紧密化。发达国家高校教师在学术

交往过程中表现出来的自主性强、积极性高、以学为乐、好于质疑、争强好胜、追求卓越、乐于合作等个性（或心态、或观念、或行为方式）也使相同或不同年龄、相同或不同学历、相同或不同职称、相同或不同学科、相同或不同学缘教师、专职之间或兼职之间或专兼职之间、具有相同或不同素质类型（行业背景）教师之间的学术交往机会更多，交往频率较高，因而整个教师队伍的学术性联结显得较为紧密。在发达国家高校，不仅教师个性化交往范围较广、互动较为频繁，由教师组成的各种委员会、协会、联合会乃至工会等组织机构设置较多，开展活动也较多，这都有利于增强不同教师之间学术交往的紧密性。

总之，西方发达国家高校教师自主性强、崇尚个性，积极参与各种学术会议或集体学术活动，私人化、个性化学术交往也自主活跃，交往过程中积极主动表达观点、热衷争论问题，有力地促进教师学术交往的紧密化。西方发达国家尊重个人自由、个人空间、个人创造、个人的奇思异想，因此在学术交往过程中教师既注重学习借鉴别人的观点、质疑反驳不同的观点，也注意倾听尊重他人的观点、保留论证自己的观点，即既交往频繁又不黏糊一片，做到学术交往的紧密有度。

（三）教师学术性联结优势互补、双方受益

这是上述两方面联结特点的必然结果。互有个性和互有异议，才能互有优势和互相学习，这是互补的前提。交往的渠道多样和方式灵活才有互补的宽大载体，只有交往渠道多样、交往方式灵活才能促进学术交往紧密化、信息流动频繁化；交往的平等双向才能更好地实现互补，平等双向的学术交往促进不同教师之间的信息交流、能量交换和功能互补，也增强教师学术交往的紧密性；交往的紧密有度既有利于每个教师学习借鉴他人成果，又有利于理解消化他人观点，内化成自己的思想，独创自己新的观点，进而在更高层次上相互交流，实现学术上的“拿来”与“自创”的循环往复和螺旋上升，促进个体的学术发展和整体队伍的学术进步，也就是形成良好的优势互补机制，这也意味着教师队伍整体功能的良好形成和充分发挥。

值得指出的是，上述三个方面、六个环节并非是相互割裂的，而是相互关联、相互影响、相互制约，甚至相互表现或同属于某一现象的不

同侧面。西方发达国家高校教师队伍联结状况的渠道多样、方式灵活、平等双向、紧密有度、优势互补、双方受益，体现出发达国家高校教师队伍联结结构较为优化。

第三节　发达国家高校调整教师队伍结构的主要做法

现代社会急剧变化对整个高等教育系统的结构、功能和使命不断提出新挑战和新要求。为了应对来自外部的新挑战和新要求，高校教师的角色、任务、职责也在不断地调整和拓展。可以说，当前几乎没有哪个国家对本国高校教师队伍的存在生态和结构功能感到非常满意。但是，相对而言，发达国家在长期高等教育改革发展中既较好地秉承优良传统又有效回应社会需求，在尊重大学特性基础上自主构建或调整教师队伍结构，形成了较为优化的队伍结构。发达国家调整高校教师队伍结构的做法和经验对于加强我国包括地方本科院校的高校教师队伍建设，调整和优化教师队伍结构，提升教师队伍总体实力，具有借鉴启示意义。

本节首先分别分析发达国家高校在数量匹配上如何调整和优化教师队伍的年龄结构、学历结构、职称结构、学科结构、学缘结构、专兼职结构和行业背景（知行素质）结构，最后对如何调整队伍要素联结方式即联结结构进行整体性分析。本节不再分国别分析而是采取综合性论述。

一、尊重职业特点，注重发挥余力，优化年龄结构

高等教育发生、变革、发展的逻辑起点是高深知识，高校教师岗位职责与高深知识的传播、发现、整理和应用密切相关，而高深知识的理解、掌握、传授和应用本身就是一个长期的复杂过程。因此，高校教师职业需要的人才具有入职高起点、成长长周期、积累长期性、使用长效性等特点，这就决定了要成为一名合格的高校教师需要经过较长年月的奋斗，教师队伍的总体年龄会较大，大龄甚至老龄人从教是一种普遍且合理现象。与此同时，高校教师面对的受教育者大多是正处于青春期，正处于从较为单纯的校园生活走向复杂社会生活的过渡期，发达国家还存在比例较大的非全日制的成人学生，他们需要具有广泛社会生活阅历和职业经验的教师以引导，因此，阅历丰富、言行稳重、思想成熟是高

校教师有效履行岗位职责的重要条件。这就决定了相对于年轻教师而言，年龄较大的教师更有利于高效地完成各项教学、科研和社会服务任务，更好指导青年学生社会化发展和职业成长。

从个体角度而言，年龄的递增以及随之出现的精力逐渐衰减是一种自然不可控现象。但从群体角度而言，建立合理有序的新陈代谢机制又可以实现群体永葆“青春活力”。高校是一个开放的社会组织，高校管理者可以通过对教师队伍的进、出、流、转、合、分等环节来合理调控年龄结构，以使队伍保持活力和实力。在这方面，发达国家高校的主要做法是尊重学术职业特点，拓宽用人渠道；偏好队伍成熟性，尊重人才长效性，注重挖掘潜力性。

（一）通过实施合理教师录用年龄政策形成合理年龄结构

发达国家高校崇尚能力本位的公平竞争，反对各种包括年龄、性别、宗教和民族等歧视做法，因此，西方发达国家高校在制定教师录用政策时，一般没有年龄偏见。在发达国家，影响高校教师个体入职、晋升、流动、回报的主要因素是能力（体现在学历、阅历、经验、职称等方面），和年龄相关度较小，这种能力本位的公平竞争使得高校教师队伍年龄结构朝着成熟状态自然形成和变迁，呈现出符合学术职业需求的合理的年龄结构。

西方发达国家高校很少有像我国高校那样将“年轻化”和“年富力强”作为师资队伍建设的基本目标，或者将此作为宣传本校优势的广告词，并成为教师聘用、使用的一个重要导向。首先，发达国家在教师招聘上没有年龄歧视。通过查看发达国家高校教师招聘广告，其重点内容是描述岗位对应聘者的学历、阅历、能力要求，特别是学术业绩和经历，一般没有年龄规定条款，不像我国高校在招聘广告上经常要列出“硕士 35 岁，博士 40 岁”等年龄限制条款。其次，发达国家高校在教师职称晋升上没有年龄歧视，少有如我国存在的论资排辈、先来后到的年龄排队现象。再次，发达国家在教师流动上没有年龄歧视，无论是应聘入职，还是“非升即走”，还是跳槽转行，或是从事兼职工作等，一般不论年龄，重点考察个人能力和岗位匹配度。在发达国家，就业制度和维权制度比较完善，能保障年龄就业公平。如果教师在求职或任职中受到年龄歧视，还可以通过投诉、起诉等法律手段维护自身合法权益。

（二）通过提高学术入职学历标准调整教师队伍年龄结构

发达国家规定了较高的高校教师资格认定和求职应聘中的学历标准，这意味着学术职业求职者在入职前必须经过一段很长时期的知识积累和专业系统训练，并在这一过程中形成了成熟的身心状态。一方面，在发达国家，一般来说要想进入高校从事学术职业，拥有博士学位或本学科最高学位是最基本的条件；另一方面，西方博士学位的获得是一个非常艰难和较长过程，博士生用七八年甚至更长时间才能读完博士课程并取得博士学位在西方大学是件常事；此外，由于西方高校灵活的学制和课程学习制度，部分大学生（包括研究生）在攻读学位期间还可以选择到行业工作一段时间后再回到大学继续攻读课程并获得相应学位。因此，西方国家博士生取得学位时的年龄总体较大。也正因为如此，西方博士学位获得者既掌握了本学科专业的高深知识和基本科研方法乃至行业实践技能，同时也使自己身心变成更加成熟稳重，更适合于履行高校的教学、科研、社会服务和学生教育引导等工作。

（三）通过强调入职阅历、经验、素质要求调整年龄结构

发达国家规定高校教师入职者不仅一般要拥有本学科最高学位，一般还要经过一段较长时间包括助教助研、社会实践等职业预备期。西方高校在招聘专职教师时非常看重应聘者的能力、阅历和工作经验。在我国，没有任何高校教学研究实质性职业经历的应届研究毕业生直接走上大学讲台是一件非常普遍的事情，而在发达国家，这种现象是很少见甚至是被禁止的。在发达国家，一般在学术职业入口端，即在教师资格认定时就要求考取者要有一定的高校教学研究经历。因此，在校研究生从事助研助教工作、新入职教师要拥有一定的助研助教经历分别是发达国家研究生教育和高校教师队伍聘用制度的显著特点之一。对于立志终身从事学术职业的研究生，更是非常重视相关技能、阅历和经验的积累。比如，2009 年斯坦福大学有专职教师 1 829 人，但有研究生助教 3 051 人，这些研究生助教将有部分进入类似我国地方本科院校的美国一般高校任教；加州州立大学福乐屯分校（该校仅有硕士学位授予权，相当于

我国的地方本科院校）有专职教师 867 人，有研究生助教 232 人①。德国的高校编外教师制度其条件则更为苛刻，编外教师要想取得正式入编资格需要经过七八年甚至更长的艰苦磨炼过程。因此，发达国家高校教师职业入职各方面要求的高标准，使得教师队伍总体年龄普遍较大。

（四）通过实施终身教职和灵活退休制度调整队伍年龄结构

西方发达国家高校的终身教授制度虽然不是严格意义的教师“出口”制度，但它起到保护资深教师从职自由，避免被迫“出走”的作用。西方高校比较完善的终身教职制度和较为灵活的退休制度，既充分尊重和保护了教师的学术自由，也有利于延长教师的从业年限，满足老龄教师的从教乐趣，并能充分发挥高层次人才发挥周期长的优势。在西方发达国家，拥有终身教职资格者、学术声望高的教师有一定的退休年龄选择权利，到了退休年龄之后还可以选择继续任教一段时间，从而实现个体需求和大学需要的两全其美。此外，西方发达国家高校教师退休制度比较灵活，即使是公立高校也不像我国“一刀切”（在我国只有极少数资深教师拥有自由选择退休时间的权利）。西方发达国家各高校尤其是私立高校的教师退休年龄规定更加灵活，有的规定为 60 岁，有的规定为 63 岁或 65 岁甚至更长，但总体来说终身教职者拥有更多发言权。比如，美国在 1994 年之前，高校教师的法定退休年龄为 70 岁（比我国男性教师退休年龄大 10 岁），到了退休年龄高校可以强制要求教师退休；但 1994 年之后采取了逐步退休政策，全面废止强制退休制度，高校教师掌握了更大的选择退休时间的主动权②。此外，瑞典、丹麦、芬兰、意大利、法国等国都实施了弹性年龄退休制度，可选择的退休年龄都大于 60 岁③。因而，发达国家高校教师队伍才形成了目前以 35～60 岁为主要职业年龄段，50 岁左右年龄教师比例最大，60 岁以上教师比例还较大，

① 赵炬明. 美国大学教师管理研究（上）［J］. 高等工程教育研究，2011（5）：59-71.

② 张旺，饶敏. 美国高校教师逐步退休政策［J］. 比较教育研究，2013（1）：27-31.

③ 林熙. 西方国家弹性退休制度概览［J］. 天津社会保险，2010（2）：41-43.

平均年龄较大（和我国相比）的年龄结构特征。这种年龄结构更符合高校学术职业特点和学术发展规律。对于兼职教师的聘用，西方发达国家高校更是乐意招聘那些有着很深教育情怀的各行业成功人士以及乐意延续学术生命的各大学已离职退休者。

（五）特殊的博士教育制度和聘用模式使教师队伍趋向成熟

此部分内容跟前文（一）、（二）、（三）内容密切相关，甚至有些内容相互交叉重叠。下文主要通过数据说明严格博士生教育制度和成熟偏好的聘用模式是引起美国高校教师队伍年龄总体较高的重要原因。

首先，美国的博士学位获取难度大，学习年限长。在我国，从获得学士学位后，再读硕士和博士到获取博士学位，一般用 6 年时间（以往绝大部分都在 6 年时间内顺利获得，从近年开始，在大力提高质量背景下，超过 6 年才获得学位的学生比例有所增长）。但在美国，这个时间跨度总体比我国要长。因为，发达国家人才培养“严出”、学位授予“苛刻”的做法属国际公认。比如，美国国家教育统计中心于 2004 年进行了一项高校教师“学士—博士”年限（即获得学士学位后再攻读博士学位，用了多少年获得博士学位）调查，结果发现，虽然有 58.7％的数据缺失率，但是在余下的 41.7％的有效数据样本中，在 5 年及 5 年以下（国外硕士学位学制一般是一年到两年）正常获得学位的仅占 7.3％，在 8 年及以上才获得学位的占 26.0％，超过了有效样本的一半。详见表 3-58、图 3-58 所示。又比如，2008—2009 年度，美国当年获得博士学位者，平均用 9.3 年才把自己从学士学位获得者变为博士学位拥有者，平均在研究生院学习了 7.7 年，其中教育学博士这两个年限时间最长（相比其他所有学科博士），分别用了 16.2 年和 12.3 年。在当年度所有博士学位获得者中，有 74.2％即将毕业的博士生计划博士毕业后从事教学和科研工作，有 9.7％的博士生计划获得学位后到国外求职①。这说明美国博士学位群体的职业流向主要是高校和研究机构。

① U. S. Department Education. Digest of Educational Statistics 2011 [M]. 2012: 478.

表 3-58　2004 年美国高校博士学位教师攻读学位年限调查（年、%）

编号	年限	比例
1	小于 5	3.8
2	5	3.5
3	6	4.2
4	7	3.8
5	8	3.7
6	9	3.1
7	10～14	10.2
8	15～19	4.4
9	等于及大于 20	4.6
−3	缺失率	58.7
10	总计	100.0

说明：这里的教师是指同时拥有学士和博士学位的教师（respondents with both a bachelor's degree and a doctorate）。

资料来源：National Center for Education Statistics（NCES）. National Study of Postsecondary Faculty（NSOPF）（2004）［EB/OL］.［2017-03-20］. https://nces.ed.gov/datalab/.

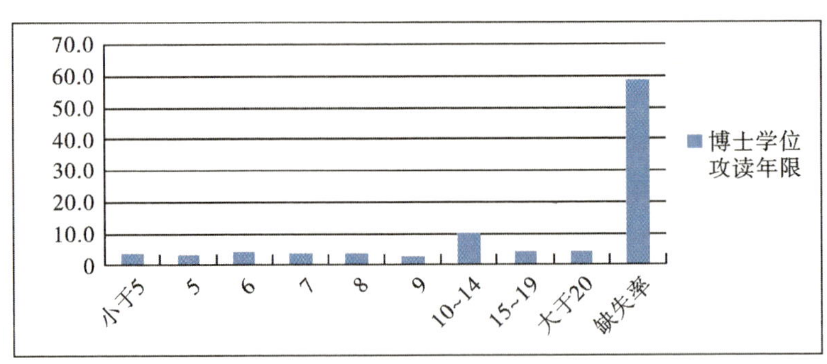

图 3-58　2004 年美国高校博士学位教师攻读学位年限调查（岁、%）

其次，美国大学学位攻读过程较长，因此攻读者获得学位时年龄较大。比如，美国国家教育统计中心 2004 年开展的全美高校教师调查所获得的数据显示，在回答获得最高学位时个人年龄时，除了1.4%数据缺失外，有17.8%的教师是在40岁以后获得，有23.6%的教师在30～34岁时获得，有13.3%的教师是在35～39岁时获得。详见表3-59、图3-59所示。

表3-59　2004年美国高校教师获得最高学位时的年龄调查（岁、%）

编号	年龄段	比例
1	小于25	12.2
2	25～29	31.7
3	30～34	23.6
4	35～39	13.3
5	40～44	8.3
6	45～49	5.5
7	等于及大于50	4.0
−3	缺失率	1.4
8	All	100.0

说明：这里的教师是指在调查样本中拥有第三级教育学位的教师（Respondents with a postsecondary degree）。这里的最高学位不一定是理论上的博士或本学科领域最高学位，而是被调查对象目前所获得的最高学位。比如一位教师在调查时其最高学位是硕士，那么这里的年龄就是该教师在获得硕士学位时的年龄。

资料来源：National Center for Education Statistics（NCES）. National Study of Postsecondary Faculty（NSOPF）（2004）［EB/OL］.［2017-03-20］. https://nces.ed.gov/datalab/.

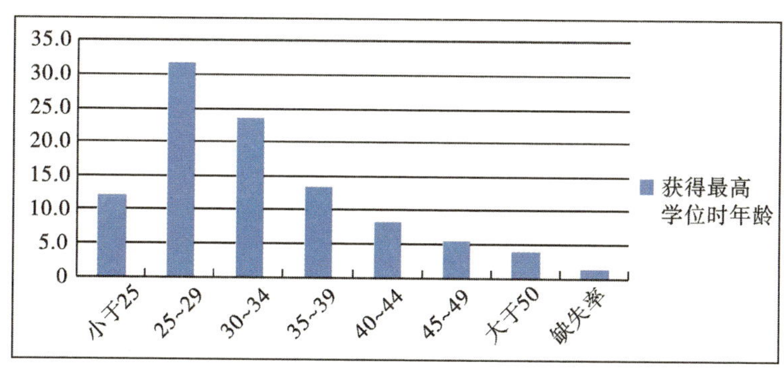

图3-59　2004年美国高校教师获得最高学位时的年龄调查（岁、%）

再次，正因为美国博士学位获得者年龄普遍较大，加上美国高校愿意招聘有职业阅历的人才，所以，美国高校教师入职年龄较大。据美国国家教育统计中心2004年开展的全美高校教师调查所获得的数据显示，在问及教师初始从事现岗位的年龄时，有45.1%的教师是在40岁以上开始从事目前的学术工作，其中仍有18.0%的教师是在50岁及以后才从事目前的学术工作。详见表3-60、图3-60所示。

表3-60　2004年美国高校教师从事当前岗位时的年龄调查（岁、%）

编号	年龄段	比例
1	小于30	15.0
2	30～34	21.0
3	35～39	18.9
4	40～44	15.1
5	45～49	12.0
6	等于及大于50	18.0
7	总计	100.0

说明：这里的教师是指专兼职教师（All faculty and instructional staff）。

资料来源：National Center for Education Statistics（NCES）. National Study of Postsecondary Faculty（NSOPF）（2004）［EB/OL］.［2017-03-20］. https://nces.ed.gov/datalab/.

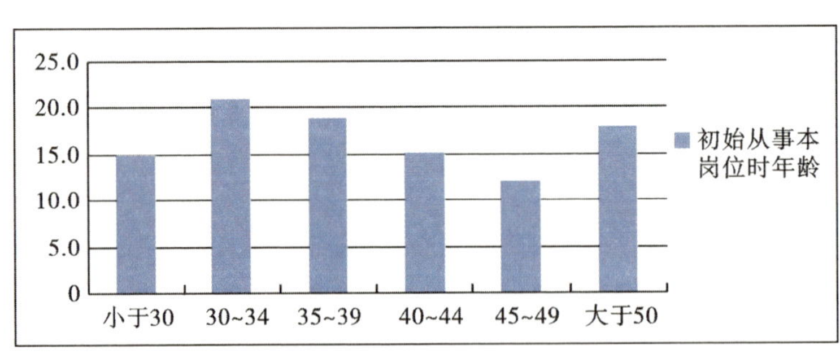

图3-60　2004年美国高校教师从事当前岗位时的年龄调查（岁、%）

可见，美国等西方发达国家高校首先通过强化博士学位的高质量（客观上延长博士学习年限）、灵活的工读交换制度（客观上丰富了教师的阅历经验，也增加了入职初始年龄）等措施促进高校教师身心成熟和素质提高，并在这一过程促进教师队伍年龄结构获得自然合理的调整和优化。其次，发达国家高校招聘教师的能力本位和注重阅历，以及学术职业的相对稳定性和较高吸引力，当大学外部就业环境不佳时（比如经济滞胀和经济危机），还会吸引其他行业人才改行进入高校从事学术职业，这些因素都会引起高校教师队伍总体年龄偏大。

二、实行最高标准，重视师资储备，优化学历结构

在高等教育大发展的现代社会，学历已经成为衡量个体知识基础、专业水平、发展潜力等综合素质的“硬通货”，是个体进入社会正规职业的第一块敲门砖。由于高等学校是发明和授予学位以及培养学位拥有者的唯一机构（极少数国家如我国例外，一些独立研究机构也具有培养研究生并授予相应学位的资格），离开了高校教师就没有高级学位现象。因此，拥有高级学位授予权的机构，其从业人员必须拥有比授予学位更高的学位或该学科最高学位，这不必待言。当前，发达国家高校教师队伍的总体学历层次很高，世界一流大学专职教师绝大部分甚至几乎拥有本学科领域的最终学位。然而，高校教师队伍学历结构的形成和调整受到诸多因素影响，个体高学历获得需要经过很长周期，优化教师队伍学历结构需要很大资源投入，采取合理措施，经过较长过程。归纳起来，发达国家高校主要采取如下做法调整教师队伍学历结构。

（一）提高入职学历标准，优化学历结构

发达国家高校将博士学位或本学科最终学位作为踏入高校学术职业的第一条件，这种做法已有很长一段时期。以美国为例，早在 1900 年前后，美国就将哲学博士（Ph. D）学位证书作为在大学中讲授主要学科的资格证书。1904 年，纽约城市学院（the City College）要求其所有教授必须具有哲学博士学位，8 年以后对其讲师也提出了同样要求。1905 年，伊利诺伊大学宣布未来的教授只从受过严格训练的哲学博士学位获得者中晋升①。从此之后，博士学位开始成为美国研究型大学学术职业

① Frederick Rudolph, John R. Thelin. The American College and University: a History [M]. New York: A Division of Random House. 1962: 396.

的准入标准，并为其他发达国家大学所效仿。这也成为美国高等教育在1900年之后开始超越德国的重要原因之一。之所以出现这种状况主要基于两种原因：

第一，大学之间的竞争使得大学之间争夺有实力教师越来越激烈，而哲学博士学位代表着持有人已经接受了长期的、专业的、系统的理论性和方法性训练，标志着博士学位持有者既具有了最高层次的科研能力，也具有了服务知识增长创新和高层次人才培养的意愿和兴趣。

第二，自20世纪70年代中期开始，随着学术劳动力市场从供不应求转变到供大于求，整个社会和高校对学术职业从业人员素质提出了更高要求，学术职业学历准入标准水涨船高。到了那一时期，美国几乎所有的大学和学院都要求学术职业申请人要拥有博士学位，也使得教师队伍高学历化趋势从研究型大学向一般高校扩散成为可能，美国高校教师队伍总体学历层次从此不断提升。

1972年，全美高校（包括大学和学院）专职教师队伍中博士学位教师比例就达到了35.8%①，1992年达到53.8%，2003年达到59.6%②。如果包括获得第一级专业学位（这种学位大部分就是本学科领域的最高学位）教师在内，这一比例则更高。“博士学位成为进入学术职业的必需品”在美国已经成为一种基本的入职准则和行业惯例。当前要想成为美国大学教师，除艺术院校和警校外，首要条件就是必须获得博士学位。在英国，博士学位也几乎成为高校尤其是四年制高校教师入职的先决条件。在日本，由于日本是一个传统的学历社会，高校教师入职学历条件也非常高，高校学术职业学历标准从20世纪60年代随着高等教育大众化和普及化进程也逐步提高。1998年，日本全国高校专职教师队伍中拥有博士学位的教师比例是37.1%，2001年达到39.8%，2004年是41.9%，2007年达到43.9%，2013年达到50.5%，其中2013年大学

① U. S. Department Education. Digest of Educational Statistics 1980 [M]. 1981：104.

② U. S. Department Education. Digest of Educational Statistics 2015 51st Edition [M]. 2016：577.

部门中专职教师博士比例为51.7%[①②③④⑤]。德国也不例外，即使是作为通往教授的过渡性职业，即助教，也要求拥有博士学位。法国高校教师学历要求是法定的，除受聘几年后可能会申请终身职位的助手无须拥有博士学位外，其他专职讲师和教授都要拥有博士学位[⑥]。

目前，发达国家高校专职教师队伍的博士比例一般在40%左右，世界一流大学则达到百分之八九十，甚至逼近100%。总之，通过创建公平竞争机制，促使高校长期持续不断地提高教师入职学历标准，是发达国家高校调整和优化队伍学历结构的基本做法。

（二）重视优质师资储备，促进学历结构优化

提高招聘人才的学历标准，必须有相应的人才市场和人才储备。提高在职教师的学历层次，必须有授予相应学位、培养数量充裕人才的机构。优化教师队伍学历结构和发展研究生教育密切相关。一方面，学术竞争促进了研究生教育的发展，刺激了高校对高学历人员的需求；另一方面，研究生教育的发展为高校提升教师队伍学历层次创造了条件。因此，发达国家在20世纪初就非常重视研究生教育，投入大量经费、汇聚

---

① 日本総務省統計局. 学校教員統計調査（平成10年度）[EB/OL].（2007-12-21）[2017-04-20]. http://www.e-stat.go.jp/SG1/estat/NewList.do?tid=00000101617.

② 日本総務省統計局. 学校教員統計調査（平成13年度）[EB/OL].（2007-12-21）[2017-04-20]. http://www.e-stat.go.jp/SG1/estat/NewList.do?tid=00000101617.

③ 日本総務省統計局. 学校教員統計調査（平成16年度）[EB/OL].（2007-12-21）[2017-04-20]. http://www.e-stat.go.jp/SG1/estat/NewList.do?tid=00000101617.

④ 日本総務省統計局. 学校教員統計調査（平成19年度）[EB/OL].（2009-04-06）[2017-04-20]. http://www.e-stat.go.jp/SG1/estat/NewList.do?tid=00000101617.

⑤ 日本総務省統計局. 学校教員統計調査（平成25年度）[EB/OL].（2015-03-27）[2017-04-20]. http://www.e-stat.go.jp/SG1/estat/NewList.do?tid=00000101617.

⑥ 殷朝晖，刘叶. 学术职业管理模式国际比较研究[J]. 纺织教育，2007(4)：19-23.

各路师资不断扩大规模，不断提高质量。研究生教育大发展一方面为高校学术职业输送高学历、高质量人才或做好人才储备；另一方面通过不断提升高等教育的总体实力，不断吸引海外学者到本国高校从教求学，或吸引海外求学者毕业后留下来从教置业。上述两个方面又形成了相互促进、良性循环的螺旋上升关系。

德国洪堡时代提出的教学科研相结合拓展了大学的科研职能，为研究生教育奠定了基础，创新了研究生培养的早期机制。美国自从霍普金斯大学创建研究生培养制度开始，经过多年改革和发展，形成了完善的大规模培养研究生的现代研究生教育制度，为各大学提高教师总体学历层次奠定了基础。从那时起，美国开始全面超越德国成为世界学术体系的中心，美国每年授予的硕士和博士学位数也逐年上升：1919—1920年度授予的硕士和博士学位人数分别为4 279人和615人，1929—1930年度分别是14 969人和2 299人，1939—1940年度的大众化前期分别是26 731人和3 290人，1949—1950年度分别是58 183人和6 420人，1959—1960年度分别是74 435人和9 829人（研究生学位授予总数比十年前增长了30.4%），1969—1970年度普及化前期分别是213 589人和59 486人（随着步入普及化，研究生学位授予总数比十年前增长了224.1%，是一个发展高峰），1979—1980年度普及化初期分别是305 196人和95 631人，1989—1990年度分别为330 152人和103 508人，1999—2000年度分别为463 185人和118 736人，到2009—2010年度分别达到693 025人和158 558人①。可见，从20年代初到70年代初是美国研究生学位授予数量的高峰期，尤其是在开始进入大众化阶段的40年代和从大众化阶段过渡到普及化阶段的六七十年代。以1970年和1920年两年度授予的硕士学位和博士学位数量相比，前者比后者分别增长了48.9倍和95.7倍，平均每十年分别增长9.8倍和19.1倍。从博士教育发展来看，另外一个发展小高峰是在新世纪以后，2010年比2000年增长了33.5%。美国研究生尤其是博士生教育的长期持续发展，为美国高

① U. S. Department Education. Digest of Educational Statistics 2011 [M]. 2012：413.

校不断提高教师学历层次提供了充足选才资源。

英国研究生教育从20世纪50年代到80年代迎来了一个大发展时期。1951年，英国高校研究生注册人数为11 327人，占本科生数的16.7%；到1980年，注册研究生数达100 826人，占本科生数的20.5%；1980年与1951年相比，研究生在校生规模增长了7.9倍①。英国研究生教育的大发展不仅为英国科技经济发展注入强劲活力，也为高等教育大众化的实施储备了充足的高学历师资力量。

日本先后师从德国、美国等国建立和发展本国研究生教育体系，二战后开始提速，并保持着较快发展速度。其中，20世纪60年代后期到70年代中期是一个发展小高峰，这为不断提升高校教师学历水平奠定了人力基础②。到20世纪80年代步入高等教育普及化之后，日本意识到自身与欧美发达国家的差距，提出了研究生教育的“倍增计划”，即提出到2000年，研究生在校生数达到20万人，比1991年的10万人扩大一倍。到20世纪末，日本政府又提出到2010年将研究生教育规模提高到25万人的发展目标③。日本研究生教育有计划的大发展，为日本高校不断提高教师队伍学历层次奠定了坚实人才基础。

在发达国家，博士学位的设立、博士生的培养主要是面向学术职业需求。此外，发达国家研究生教育规模占高等教育规模的比例历来都很高。日本1994年研究生注册人数是全国在校生总数的6.1%，美国1992年的这一比例达到12.7%，英国1992年的这一比例则达到21.8%，法国在1993年的这个比例为18.8%④。相比之下，我国2010年在校研究生数仅是在校生总数的6.9%，2015年这一比例为7.3%，

① 房欲飞，谢仁业. 美、英、日研究生教育发展的规模和速度比较研究［J］. 学位与研究生教育，2004（5）：50-55.

② 房欲飞，谢仁业. 美、英、日研究生教育发展的规模和速度比较研究［J］. 学位与研究生教育，2004（5）：50-55.

③ 张玉琴，李奇术. 日本研究生教育发展研究［J］. 外国教育研究，2005（1）：50-53.

④ 房欲飞，谢仁业. 美、英、日研究生教育发展的规模和速度比较研究［J］. 学位与研究生教育，2004（5）：50-55.

大大低于发达国家20世纪90年代初的水平。又比如，2009—2010年度美国共授予学士和副学士学位2 499 466人（其中学士1 650 014人），授予硕士学位693 025人（是学士和副学士学位授予总数的27.7%），授予博士学位158 558人（是学士和副学士学位授予总数的6.3%）①。我国教育部网站公布的2015年教育统计数据显示，当年我国专科毕业生数（相当美国副学士学位）为3 222 926人，授予学士学位3 503 230人，两者合计6 726 156人；当年授予硕士学位493 918人（只有专科毕业和学士授予总数的7.3%），授予博士学位52 654人（只有专科毕业和学士授予总数的0.8%）。可见，中美研究生教育差距很大，大力发展研究生教育尤其是博士研究生教育，是西方发展国家调整和优化高校教师学历结构的重要间接手段或重要基础条件。

另外，发达国家重视在职教师的学历进修，优化学历结构。发达国家高校为了提高教师队伍总体学历层次，通过采取职称晋升与学历挂钩、提供在职进修服务、支持鼓励攻读高一级学位课程等措施激励在职教师提高学历。比如，日本从20世纪70年代开始为了加强青年教师教职意识和提升教师学位层次，先后建立了兵库、上越和鸣门等教育高等学校，专门按教师在职要求开展教育类硕士课程，以取得硕士学位。进入八九十年代，日本对教师的学历条件和资格提出了更高要求，对教师在职进修也越来越重视，并形成了系统规范的在职教师进修制度，甚至制定了专门法律对教师进修加以确认和保障。通过制度和法规形式，对教师进修的权利和资格以及进修的时间、内容、方式、机构等诸多方面都作了具体详尽的规定②。

三、健全评审制度，激发公平竞争，优化职称结构

在专业技术领域，职称是能力、实力、贡献的重要标志，优化高校

① U. S. Department Education. Digest of Educational Statistics 2011 [M]. 2012：413.

② 秦晓红. 中外高校师资管理比较研究 [M]. 长沙：湖南教育出版社，2007：141.

教师队伍的职称结构其实就是不断提高教师队伍总体实力。从理论上讲，一所高校所有教师全部都是教授最好。但是，由于教师学术职业任务的多样性、职称评审晋升的过程性、各类学校目标使命的多样性，而且有些国家对于教授职务有名额限制，以及受到办学成本等条件的制约，因此，各高校并没有像追求教师学位的全部最高层次（一所高校的专任教师学位可以逼近甚至达到100%）那样，过于简单追求教授拥有率的无限增长。而且这种做法在一般情况下也是不现实的。从实践来看，一国高校教师队伍的教授拥有率达到四五成就算是很高了，少数著名大学当然可以通过非升即走用人模式和一步到位引人模式使得教授比例达到更高的高度。下文对西方发达国家调整和优化高校教师队伍职称结构的主要做法或经验进行概括说明。

（一）强调科学评价，注重标准多元，促进职称结构优化

第一，重视评价标准的多样性和适应性。发达国家高校注重职称评审条件的适应性和多样性，不同高校可以根据本校的办学定位、职能使命以及不同类型教师的职责任务、工作类型制定各类职称、各个级别职称晋升标准和评审条件。比如，研究型高校侧重研究成果，教学型高校侧重教学业绩，应用型高校侧重实践技能指导等，在职称评审过程中做到高标准和多元化的相互结合。西方发达国家高校此种职称评审模式，有利于履行不同类型任务的教师根据自身优势和实际选择符合自身的职称晋升通道，有利于不同类型、不同层次高校根据自身实际调整和优化教师队伍职称结构。比如，一位教师在一所学校无法晋升教授，可以到另一所更符合发挥自身特长、更容易取得业绩的学校，从而取得职称晋升机会。这样，对于该教师离开和进入的两所学校，都可能因为该教师的流动促进本校教师队伍职称结构的优化。换言之，西方发达国家教授评审的大学化（即大学拥有本校教师职称评审的决定权），教授职务的大学化（即大学拥有本校教师职称级别的确认权和聘用级别的终审权，因此，下面情况可能会出现：即一位教师在一所大学是教授，流动到了另一所大学任职后变成了副教授，或者从副教授变成了教授），为不同层次、不同类型高校根据自身条件优化教师队伍职称结构提供了较为灵

活的机制。

第二，强调评审过程的公平性和科学化。发达国家高校教师职称评审强调公平竞争、能力（业绩）为本、同行评价、严格把关，不搞论资排辈、不照顾官型学者、不搞关系评审，整个程序公开透明，经得起同行和社会检验。西方发达国家在此方面建立比较健全的公平竞争机制和多重监督机制，不仅很好激励教师提高能力，大胆创新，争创业绩，从而获得高级职称晋升机会，而且不断吸引全球范围内英才进入发达国家高校任教，形成好人才、强业绩、高职称的良性循环，进而不断优化整个高校教师队伍的职称结构

（二）实行非升即走，实施终身教职，优化队伍职称结构

第一，发达国家大学教师职称晋级竞争激烈，队伍总体实力超群，这主要源于“非升即走”制度的激励，即一位大学教师在聘任期内如果得不到职称晋升资格就得另谋他职，到其他高校（一般到地位较低高校）或机构任职。非升即走制给各位教师施以创新压力，加上创设有良好的公平竞争机制，激励和促进教师提高能力，做出业绩，获取晋升机会，从而提升教师队伍总体职称层次。此外，美国等西方国家高校实施的非升即走制、大学教授制（而不是国家教授制）、严格聘用制、合理流动制等制度体系，还创造了如下制度氛围：顺利获得职称晋升的教师能留在本校，优化了本校教师队伍职称结构；没有获得晋升资格的教师流动到更适合其事业发展的高校任教，并在那里取得晋升机会，优化了流入高校教师队伍的职称结构。这样做同时有利于流出和流入高校调整和优化教师队伍职称结构。

第二，美国大学创造了保障和稳定高职称教师的制度，即终身教职制度。美国终身教职制度保障了大学教师的教学自由、研究自由和对外开展学术活动的自由，对高职称者提供充分的经济安全，对高能力者构成了职业吸引力①，促进高职称者安心从教。如果说，非升即走制是通

---

① 赵志鲲. 美国大学教师聘任制度的特点与启示［J］. 高等理科教育，2011(5)：75-78.

过激发竞争、争取晋级的角度促进教师队伍职称结构优化的话，那么，终身教职制则通过经济保障和稳定队伍的角度促进教师队伍职称结构优化，聘任制度、评审制度等其他教师管理制度则为非升即走制和终身教职制的实施奠定了良好基础、提供了有力支撑。

另外，发达国家高校对应聘者的严格把关以及对在职者提供多样成长机会，有利于提高教师队伍综合素质，有利于教师更快获得职称晋升机会。比如，发达国家高校在人才招聘方面既充分自主，又严格把关，对应聘者尤其是教授岗位应聘者进行程序非常复杂的广泛考察和严格遴选，以保证聘用者的良好发展潜力和较高学术实力。又比如，日本大学规定，教授有指导副教授、讲师、助教进修学习和开展研究的义务。不可否认，教授的引领帮助能促进低职称教师更快提升实力和更快获得职称晋级，从而优化教师队伍职称结构。

四、突出学科特色，搭建交融平台，优化学科结构

发达国家尤其是美国是世界科学技术发展体系的中心，发达国家对待学科发展的基本态度和做法是尊重学科发展规律，结合不同高校实际，立足现实发展条件，紧跟时代发展步伐，注重学科交叉融合、特色发展和前沿发展。发达国家在处理高校教师队伍的学科结构上有诸多值得我们思考和借鉴的做法。

（一）重视优势发挥，注重特色发展

发达国家整个社会崇尚个性，强调竞争，注重在打造特色中形成比较优势，在发挥优势中强化已有特色，依靠特色和优势提升竞争实力。发达国家高校从创建初期就注重走个性和特色发展之路，经过长期的、持续的、稳定的发展，不论在高校层面上还是在国家层面上，都形成了学科发展的特色图景和优势，这些特色和优势就是高校教师队伍学科背景结构的直接体现。比如，美国是世界上市场化程度最高、奉行实用主义哲学的国度，因此在学科关系处理上采取了以自然科学为主，兼顾人文社会学科为辅的策略优化高校教师队伍学科结构，注重保持和发挥自然学科的发展优势。2003 年美国高校的自然学科教师比例占 22.1%，

这还未包括工程学科4.8%、通信学科2.3%和农学教师。其他的学科特色和优势还有，美国是一个非常重视创新的国度，因而将创意艺术相关学科作为单独分类，其教师比例占到了教师队伍总数的6.3%；美国重视职业教育，高校中从事专门职业课程的教师比例达到4.0%；美国经济发展和社会进步促进健康科学的发展、应用以及刺激相关产业人才的大量需求，从事健康学科的教师比例较高，从1969年的5.2%上升到2003年13.8%。另一方面，为保证某些特殊行业人才培养的高质量或适应社会需要，美国高校有意控制一些学科的发展规模。比如美国是一个世界上法律制度最为完善的国家之一，但高校中从事法学教学科研的教师比例一直很低，长期控制在1.5%左右。不像我国在法学学科上盲目发展，从事法学领域的高校教师比例从1980年改革初的0.3%增长到1999年扩招年的2.7%再到2009年的4.5%，是美国这一比例的三倍，但我国高校法学教师的科研质量、教学质量以及人才总体质量都不容乐观。以上是美国高校教师队伍学科结构特点之一，即一些学科以数量和质量双重取胜，另一些学科则通过控制数量以保证高质量取胜。

在英国（仅指英格兰岛）高校，则以生物科学、医药牙科、兽医农业学科、物理学科等为发展重点和优势，从事这些学科的高校教师比例在2008—2009学年度分别达到14.4%、12.0%、12.0%和9.3%。和美国相似，英国的创意艺术和设计学科的教师比例也较高，达到5.1%，法学教师比例也控制在2.1%。另外，英国商贸产业拥有悠久的发展历史和整体优势，因此，其相关商贸及其管理的学科教师比例较高，为4.9%。此外，英国高校的信息科学（包括电脑、图书馆）教师比例也占4.4%，这是对现代信息社会积极应对的表现。所有这些都突出了英国学科发展的传统、特色和优势。

在日本高校，学科发展的一个突出特点是医类保健学科一头独大。2013年，日本大学专职教师队伍中，该学科教师比例占34.6%（占了整个教师队伍总数的三成），其次是工学（尤其工程）教师比例占14.1%、社会小学科教师比例占13.4%、人文小学科教师比例占13.0%。另外，日本大学从事艺术学科的教师也占2.9%。另外，以私立高校占绝大比例、以招收女生为主的日本短期大学，家政学科非常发达。这正是日本根据本国地域狭小、资源缺乏等特点和根据时代发展需要，重点发展跟高科技和第三产业密切相关的学科，形成自身特色和优势，很好地促进了日本经济和社会多方面实力的持续提升，切合日本国情。比如，由于日本对医药保健学科的重视和发展，有力促进日本医药科研和相关产业长期的快速发展，使日本在包括基因、蛋白质、糖、生物信息等关键领域一直拥有雄厚的专家技术资源，生物科技发展居于全球前列，医药市场雄踞世界第二位[①]。

在高校层面上，发达国家在学科发展上崇尚多样化、个性化、特色化，为了保持自身特色，不盲目发展，不求全求大。美国很多高校（包括公立和私立）长期保持几千人甚至只有几百人规模。在公立高校方面，比如，恩波利州立大学（Emporia State University）（硕士、公立）建校于1863年，目前学生只有6 000人左右；而2006—2007年度，阿拉巴马州立大学（Alabama State University）（硕士、公立）在校生有5 469人、雅典州立大学（Athens State University）（学士、公立）有学生2 575人、奥本大学（Auburn University）（博士、公立）有学生2 357人、蒙哥马利奥本大学（Auburn University at Montgomery）（硕士、公立）有学生5 128人等[②]。在私立高校方面，尤其是一大批以本科教育为主的私立文理学院，办学规模长期保持在两三千人甚至几百人。比如，2016年美国文理学院前30强中，规模最小的是哈维姆德学院（Harvey Mudd College），有学生804人；最大的是美国海军军官学校（United States Naval Academy）（公立），有4 511人；规模在1 000人以下的有2所，占6.7%；1 000～1 999人的有13所，占43.3%；2 000～2 999人的有11所，占36.7%；3 000～3 999人、4 000～4 999人各有2所，

① 张治然，刁天喜，高云华. 日本生物医药产业发展现状与展望［J］. 中国医药导报，2010（1）：141-143.

② Praeger Publisher. American universities and colleges［M］. 18th ed. Westport, Connecticut：Greenwood Publishing Group，2008：1647.

各占 6.7%[①]。这些小规模高校都是重点发展若干个乃至只注重两三个学科，注重学科特色，而不是求全求大。

（二）合理搭建平台，促进学科交流

发达国家高校注重学科专业深入发展和学科专业交叉融合的协调兼顾，其中，在搭建平台以促进学科交流方面主要采取以下做法：第一，高校注重设置各式各样的多学科研究中心，相关学科教师不仅在各自的学院供职，还到相应多学科研究中心兼任相关工作，实现学科师资在学院和多学科研究中心之间的良性互动与分享，促进不同学科教师之间的交流与合作。第二，重视学院制和学群制的相互协调，实现不同学院师资良性互动与交流，促进单一学科深入发展和多学科之间交叉渗透的相互统一。西方发达国家高校的二级教学科研机构的设置一般采取大学院制，尽量将相近学科组合成一个学院，呈现出综合化和简洁化特点。比如，美国大学采取院系为主、大学院制度，英国实行学院制为主、各学院资源共享制，日本则重视学科群建设、实行综合制。欧美大学在学科及学院设置上一般都不追求大而全，而是重点突出、有所选择、注重交流，以促进学科之间的协调发展、学术资源的高效利用以及高素质综合型人才（或本科层次的通才）的培养。比如，美国德雷克大学（Drake University）目前仅设置有文理学院、教育学院、工商管理学院、新闻和大众传媒学院、法学院、制药和健康科学学院共 6 个学院[②]。从美国北爱荷华大学（University of Northern Iowa）官方网站公布的有关信息可知，2012 年该校有在校生约 15 000 人（其中研究生约占 10%），是一所仅拥有学士、硕士和 MBA 学位授予权的公立大学，跟我国老牌地方本科院校相当，但该校仅设置有工商学院、教育学院、社会和行为科学学院、文理学院和一个研究生院共 5 个学院。

---

① 高燕定．美国著名大学［M］．5 版．桂林：广西师范大学出版社，2016：376-436．

② 德雷克大学官方网站．Academics colleges & schools［EB/OL］．［2017-02-10］．http://www.drake.edu/academics/collegesschools/．

此外，发达国家高校重视学科结构调整上的与时俱进，紧抓时代发展脉搏，动态有序调整学科结构，在调整过程中形成新的学科特色和促进学科新的交叉与渗透。比如，日本从20世纪80年代提出“科技立国”和教育国际化、信息化目标之后，就通过对相应学科师资的培养和整合相应建立起了信息学科群、生命学科群、海洋学科群等综合学科的教学和研究中心，同时加强了原有传统学科的师资力量，推动了新兴学科群和工程学科、人文学科、理科、经贸学科、农学等传统优势学科的持续发展。此外，日本高校根据社会老龄化趋势新增设和支持社会福利和健康护理方面的学部和学科的发展；根据国际化和环境、人类生存等世界热点问题，新设立和支持国际文化、国际学和共生环境、地球资源、绿化大气等方面的学部和学科的发展；根据情报化趋势，增设和支持情报科学、经营情报等方面的学部和学科；根据国际竞争日趋激烈形势，将学科设置向材料、宇宙等学科和其他高精尖技术研究领域拓展①。

五、坚持近亲回避，延揽四海名门，优化学缘结构

西方发达国家高校教师队伍学缘结构总体优化，具有多样性、远域性和高质性，即呈现出学缘类别丰富多样、促进多元交流，学缘来源包容四海、促进远缘杂交，学缘来源高校层次较高，确保高校在学术体系中能占据优势、在学术发展中能追踪前沿甚至引领前沿。归纳起来，在调整和优化教师队伍学缘结构方面，西方发达国家高校主要采取以下措施。

（一）不直接留本校生任教，严格控制近亲繁殖

在20世纪前叶及其之前，由于办学规模小、排斥异教等原因，英国、美国等发达国家大学曾经走过一段教师队伍严重近亲繁殖的演变历程。在此之后，随着相关研究成果的相继出现，人们对大学教师近亲繁殖的弊端逐步形成共识，甚至不断口诛笔伐。为此，发达国家高校及时调整思路，采取各种措施避免近亲繁殖，优化学缘结构，其中一个基本做法就是各高校不再直接留本校毕业生任教，即使是一流大学的优秀毕

① 李铁君. 大学学科建设与发展论纲［M］. 北京：中国科学社会出版社，2004：51-54.

业生，亦不例外。经过多年倡导和实施，欧美高校在招聘教师时逐步形成一个基本惯例：不直接留本校应届毕业生任教，即使是最优秀的毕业生要想回到母校工作，也必须先到其他高校任职若干年并做出优异业绩后，证明具有回母校履职的能力，才能回母校应聘，其间要通过和其他高校毕业生展开公平竞争，胜出后才能“衣锦还乡”，回母校任教。因此，欧美各高校目前的本校留校教师率一直非常低。日本则例外，日本高校长期崇尚近亲繁殖，但日本能结合本国特点采用其他方法尽可能趋利避害。对此，下文将进行专门分析。

（二）大范围招聘高层人才，促进教师远缘杂交

发达国家高校不仅注重丰富教师队伍学缘类别的多样性，同时注重学缘来源地理覆盖的大范围、远域性，即不局限于在本地区或在若干几个地区的小范围内招聘教师，而是在全国甚至世界范围内招揽人才。在发达国家高校，当有教师空缺时，一般都在重要网站、重要期刊与报纸等公共媒介上发布招聘信息，甚至向相关高校征询信息。世界范围内的教师只要符合学位、阅历、能力等基本条件，都可以去应聘，人才不问出处。所以，发达国家高校成为世界人才的聚集地，各高校尤其是著名大学教师来于世界五大洲。从大众化初期，美国高校致力于吸引数量众多的外国学生赴美留学，联邦政府为了吸引世界各国人才还不断调整相关政策。外国留学生数量的增多，有利于美国高校吸引优秀留学毕业生留下来任教。由于部分留学生拥有来源国的本科学缘、硕士学缘乃至博士学缘，各国人才赴美留学和任教必然有助于优化美国高校教师队伍的学缘结构。

比如，美国高校外国留学生在大众化初期的1948—1949年度为25 464人，到大众化后期的1969—1970年度为134 959人[①]。这134 959名留学生共来自176个国家，其中加拿大、印度、中国（含香港等）、伊朗是前四大学生输入国。具体来说，来自远东地区的留学生占36%、来自拉美占19%、来自欧洲占14%、来自近中东占11%、来自

---

① U. S. Department Education. Digest of Educational Statistics 1971 Edition [M]. 1972：129.

北美占10%、来自非洲占6%、来自其他地区占4%[①]。这些留学生完成学业后有一定比例是留在美国各高校任教，从而促进美国高校教师队伍学缘结构的优化，尤其体现于学缘来源地理的大范围。随着美国世界经济中心、科技中心和高等教育中心地位的不断增强，美国高校实施国际化招聘教师的力度更大、范围更广。2013年美国高校专职教师队伍中，除了2.5%未知民族背景外，黑人占5.5%、西班牙人占4.2%、亚太地区人占9.1%[②]。

英国高校也大力招聘和引进国外教师，提高教师队伍学缘的国际化。比如，2001—2002年度的英国高校教师队伍中，海外教师占了24.0%[③]；2008—2009年度，英格兰地区高校专职教师队伍中来自英国之外的教师比例占了20.2%，其中来自西欧等国占7.8%，来自美国、加拿大、澳大利亚、新西兰等国占3.5%，来自中东欧地区占2.0%，来自亚太地区占1.4%，来自中东和中亚地区占1.4%，来自欧洲外一些国家的教师占1.2%，还有3.0%的教师是未知国籍来源，这些未知国籍来源的教师主要也是来自国外[④]。当年英联邦高校教师队伍中，23%具有外国国籍（5%未知）[⑤]。日本也如此，近年来日本高校教师队伍中海外教师比例一直在4%以上，虽比例远低于欧美大学，但明显高于我国高校2.5%左右水平。

（三）花重金引进名校师生，提高教师学缘层次性

事实上，教师队伍国际化在一定程度上反映出教师队伍学缘的高质

① U. S. Department Education. Digest of Educational Statistics 1971 Edition [M]. 1972: 128.

② U. S. Department Education. Digest of Education Statistics 2015 51st Edition [M]. 2016: 572.

③ Department for Education and Skills. Recruitment and retention of academic staff in Higher Education [R]. 2005: 59.

④ Higher Education Funding Council for England (HEFCE). Staff employed at HEFCE-funded HEIs: trends and profiles 1995-1996 to 2008-2009 [M]. 2010: 36.

⑤ U K HE International Unit. International Higher Education in facts and figures [M]. 2010: 14.

性。一般而言，只有重点大学才能培养出被海外高校青睐、有能力跨国任职的教师。发达国家高校为提高教师队伍的学缘层次，凭借相对雄厚经济实力在世界范围内招揽名校高才。比如，采取降低签证门槛，为高层次人才办绿卡通关提供方便，提供明显优于流出国工作和生活待遇吸引著名高校优质毕业生。美国历史上已多次调整针对高层次人才的签证政策，目的就是广泛吸引世界各国高智力资源。在流入美国的高层次人才中，直接到高校任教或后来到高校任职的人数占不小的比例。此外，发达国家重视高校的开放与交流，也起到优化教师队伍学缘结构的作用。不难理解，大学教师到国内外高校（包括到其他行业部门）开展一段时期的访学进修或合作研究，可以克服因近亲繁殖、学缘结构定型化可能带来的一些消极影响。因此，发达国家大力推进高校教师流动合作的国际化。比如，美国在高等教育普及化前期的 1973—1974 年度，外国教师有 6 522 人，其中英国的占 15.9%，民主德国的占 7.0%，法国的占 6.2%，意大利的占 3.9%，西班牙的占 3.1%，以色列、墨西哥、巴西、日本和瑞士等国的教师比例分别为 2.6%、2.5%、2.4%、2.4%和 1.8%①。此外，近些年来，欧盟各国依托“博洛尼亚进程”合作项目，通过推行欧盟高教一体化，促进了欧盟各国高校教师队伍学缘构成的欧盟化和国际化。

（四）选用适合本国文化措施，优化教师学缘结构

在发达国家中，日本不仅在高校教师队伍学缘结构跟欧美国家差异较大，而且采取的调整和优化措施也比较特殊。在日本高校，由于家族观念浓厚，年功序列定势很深等原因，不仅高校教师队伍近亲繁殖率长期居高不下，而且存在较为严重的学阀现象，国内高校之间专职教师的流动性在国际上处于很低水平。但是，日本高校结合本国文化传统，借鉴欧美经验，采用适当措施，主动化解近亲繁殖和学阀可能带来的消极影响，其主要做法是：

第一，变“直接性近亲繁殖”为“间断性近亲繁殖”，尽可能化解近

① U. S. Department Education. Digest of Educational Statistics 1980 [M]. 1981: 214.

亲繁殖的消极影响。日本大学教师队伍虽本校学缘比例很高，但主要是间断性近亲繁殖，即虽各大学在招聘应届毕业生时大都喜欢招本校毕业生，但每年招聘的应届毕业生规模很小，而是招聘大量具有多年工作经历的往届毕业生。由于新教师入职前从事了其他职业，拥有较丰富的非本校甚至是非教育系统的工作阅历和经验。大学年复一年招聘此类教师，自然会促进整个教师队伍知识技能、思想观念、思维方式的多样化，从而在一定程度上降低了近亲繁殖（较高的本校学缘率）可能带来的负面影响。日本大学采取的这种注重从其他行业招录有本校学缘的新入职教师和美国高校录用“衣锦还乡”者具有相似效果。

第二，以“高层次学缘近亲繁殖”替代“低层次学缘近亲繁殖”，提高学缘的总体层次。日本高校教师的近亲繁殖和学阀现象属于一种高层次而不是低层次的学缘近亲和学阀控制，即名校教师近亲繁殖更为严重，名校大学毕业生控制着全国高校教师市场，名牌大学教授思想观点的辐射力很大，掌控全国教育资源的力量很强。这意味着名牌大学学缘的本校近亲率很高（虽然有较大比例属于间断性近亲繁殖），名牌大学学缘的异地近亲繁殖也较强，名牌大学学缘广泛分布和渗透全国高校系统。从某个角度上讲，这种状况有利于成熟理论学派的形成、延续和辐射，有利于全面提升全国高校教师队伍的总体学缘层次。

第三，以扩大“多行业流动性”实现“长期稳定和短期流动相结合”，促进学缘优化。由于日本高校和企业一样，长期以来偏重于实施职业年功制，国公立高校教师实施公务员制，这种制度模式有利于提高教师归属感和稳定性，保障教师就业权利，但也容易产生信息封闭、思想僵化、职业倦怠、活力不足等不良后果。为此，日本高校通过实施短期多行业流动制度给予化解。首先，大量聘用各行业兼职教师、支持专职教师外出兼职。比如 2013 年日本大学部门“进入型”兼职教师占教师总规模的 53.8%，超过半数；短期大学达到 67.8%。2013 年日本大学部门“外出型”兼职教师数占整个专职教师队伍的 28.0%，即有将近三分之一的专职教师外出兼职，有的教师还同时到两三个机构兼职。而且，不管是“进入型”还是“外出型”兼职教师，涉及的行业都非常多样。其次，变被动型兼职为主动型兼职。即大学过去聘用兼职教师主要是因为教师数量不足，不聘用兼职就无法开学，因而是一种被动行为；专职教师过去外出兼职主要是为了增加经济收入，也带有明显被动色彩。后来，随着对兼职教师价值认识的不断提升，大学聘用兼职教师逐步从被动变为主动，成为优化队伍结构、提升队伍实力的主动行为；专职教师外出兼职主要是为了提升自己，是自我发展的主动行为，而不再主要是为了缓解经济压力的被动行为。为此，日本政府主动修改了公务员特例法，为国公立大学教师外出兼职提供制度便利。再次，日本高校尤其是私立高校历来重视校企合作，在产学研用一体化建设方面起步较早，成效明显，促进了高校教师和企业人才的广泛、深入交流。最后，日本高校为在职教师提供大量的国内外进修访学机会，每年有大批教师参与各类进修访学活动。总之，日本高校兼职教师制度的普遍实施、兼职行为的主动性、兼职行业的多样性、校企合作的高深度、教师进修访学的常态化，为广大教师和高校同行、其他行业人才提供了多样化的短期交流学习和合作交往机会，促进了教师个体的学缘再造，有助于优化教师队伍学缘结构。

第四，以推进“学缘国际化”，扩大教师学缘来源的全球性，优化教师队伍学缘结构。日本是自近现代以来亚洲国家中包括高等教育领域在内的各行业国际化实施最早、力度最大、效果最好的国家之一。日本自明治维新开始，就大规模外派人员赴欧美留学进修，大力度请国外学者到日本讲学供职。其采取力度之大，为亚洲各国所瞩目。一直以来，日本高校在吸引外国学者到校任职，选派教师出国进修或教师自主出国学习，开展国际教育合作等方面，都处于亚洲领先水平。比如，日本高校教师队伍中，外国教师比例一直保持较高水平。2016 年日本大学专职教师中的外籍教师占 4.4%，兼职教师队伍中的外籍教师比例为 6.8%。日本高等教育的国际化促进教师学缘国际化或学缘再造的国际化，大大拓展了学缘来源地理的覆盖面，也在一定程度上提高了学缘总体层次。

六、合理聘用兼职，支持外出兼职，优化专兼职结构

大学是社会大系统中的一个子系统，大学发展受到社会大环境的深刻影响，是“遗传和环境相互作用的产物”。大学聘用兼职人员和派人外出兼职，有时是为了应对外部挑战的被动策略，有时是为了提升自身实力的自觉行动，有时是两者兼而有之。教师个体外出兼职有时是为了满足职业

兴趣和实践积累，有时是为了缓解暂时经济压力，有时是基于教育情怀和友情邀请，有时是兼而有之。但无论出于何种原因，兼职已经成为现代高等教育系统中的一种普遍现象，而且呈现出兼职规模更大、流进和流出涉及行业更多、涉及范围更广、方式更灵活，甚至专兼职教师边界趋向模糊的特点。发达国家高等教育走在世界前列，在长期探索和改革过程中，较好利用兼职教师群体，充分发挥兼职教师作用，形成了有关支持、聘用、管理、激励、培训、服务兼职教师的做法和经验。

（一）正确认识兼职教师的独特价值

在我国，长期存在着“进入型”兼职教师“不专业、水平低、无归属”、“外出型”兼职教师“不务正业”的认识偏见。一般来说，大学不到迫不得已，都不太愿意聘用兼职教师，或者存在“聘而不用”或“用而不管”现象，也不支持教师外出兼职。在西方发达国家，情况则相反，高校很早就认识到“进入型”和“外出型”兼职的重要价值，认识到各行各业有着丰富的“人力金矿”——潜在兼职教师队伍，或有着多样的“培训平台”——专职教师外出兼职场所。

具体来说，西方发达高校普遍形成了如下共识：关于“进入型”兼职教师，大学聘用他们有助于应对办学经费困难，提高办学效率；有助于提高管理灵活性，有效应对学科专业发展和人才培养的快速新变化；有助于满足应用型课程对应用型师资的迫切需要[①]。关于“外出型”兼职教师，他们是高校密切对接社会的重要纽带；教师外出兼职是学者代表大学回应社会需求的重要方式，是履行服务社会职能的重要体现，也是提升高校社会影响力和办学声誉的重要途径；教师个体外出兼职可以起到更好了解行业发展状况，拓展与同行或异行交流渠道，开阔学科专业视野，不断完善知识能力结构等作用；还可以有利于兼职教师变换角度看问题、转换岗位调心情等。因此，西方大学主动聘用兼职教师，对于教师外出兼职行为，只要跟本职工作没有“责任冲突”和“利益冲突”，一般都持积极鼓励态度。也就是说，西方发达国家高校尤其是私

① 翁舟峰，张兴琳．美国高校兼职教师的现状［J］．比较教育研究，2005（7）：38-42．

立高校对于“进入型”兼职，由过去的被动型转变为主动型，由过去的“充饥型”转变为“保健型”；对于“外出型”兼职，由过去的控制型转变为鼓励型，由过去的“任务指标完成型”转变为“内涵提升型”。

因此，西方高校一般都长期聘用大量的兼职教师，而且很多兼职教师的兼职工作相当稳定，对兼职工作有很高满意度。很多“进入型”兼职教师有着自己的专职工作，有的还是本行业成功人士或高级专家。兼职教师作为一个群体，为高等教育的发展发挥了难以替代的作用。比如，目前美国学士学位授予高校平均兼职教师比例在一半左右（2013 年为 48.8%），各层次各类型的公私立高校都聘用数量不菲的兼职教师。英国虽没有私立高校（除了白金汉大学外），但兼职教师比例平均占三分之一左右（2015—2016 年度为 33.0%），有些高校达到六七成甚至八成。日本大学兼职教师比例也在一半左右（2013 年为 53.8%）。

（二）充分发挥兼职教师的独特作用

第一，主动聘用兼职，节省办学经费，克服经济困难。现代大学地位的不断提升、现代大学规模的不断扩大、现代大学之间的激烈竞争、人们对大学提出的更多诉求，使得现代大学成为最需要“烧钱”也最会“烧钱”的机构。美国、日本等国有大批私立高校，私立高校常常面临经费短缺、聘用专职教师难等问题。美国、英国、日本公立（含国立）高校虽有政府财政拨款，但也经常面临压缩拨款或增长乏力等问题，如遇到宏观经济滞胀和衰退，财政状况更为捉襟见肘。在这种情况下，聘用兼职教师成为应对经费困难的一种手段。因为，一般来说，大学为兼职教师支付的酬金要比专职教师低很多，而且有一批基于满足兴趣而非以增加经济收入为动因的兼职教师。因此，大学雇佣兼职教师可以压缩数额不菲的人头经费，从而将所节约出来的经费用到更关键之处。还有另外一种情况，即由于经费紧缺无法招聘数量充足的专职教师，从而通过招聘兼职教师满足办学一时之需。20 世纪日本私立大学在创办伊始和成长前期，就因为经费短缺招聘了大量的兼职教师，有很多私立大学甚至主要以兼职教师支撑着学校的正常运行。

第二，主动选聘兼职，提高教学水平，增强竞争实力。首先，大学的自主转型、社会的不断变革、公众更高更新的教育诉求，倒逼着大学不断调整和充实教师队伍。然而，大学教师成长不是一蹴而就之事，培养一批合格大学教师需要很长时间。事实上，每一所大学即使是名牌大学都不会满足现有师资。因此，从社会各行各业聘用兼职教师，是弥补原有教师队伍数量不足或适应性不高、培育特色师资或应用型师资、增强队伍综合实力、提高人才培养质量的重要举措。发达国家高校和社会关系密切，大学董事很多是校外知名人士，这为发现、挖掘和聘用兼职教师提供了诸多便利。其次，发达国家高校办学自主性强，竞争激烈，大学之间争夺师资（含专职和兼职）成为一场不见硝烟的战争，各高校都争抢各行业专家和成功人士到校兼职，以提高教学质量，增强办学实力。

第三，主动招聘兼职，鼓励外出兼职，紧密校社联系。西方发达国家大学聘用大量兼职教师，不仅可以实现压缩经费开支、化解经济困难、弥补师资数量不足等目的，而且还有利于促进人员合理流动，促进校社紧密联系，促进校企互动交流。“进入型”兼职教师队伍中，有的是同行丰富经验者，有的是其他行业骨干甚至高管，有些是其他领域的成功人士，他们每周在兼职高校和原有机构之间来回穿梭，成为联系大学和行业间的忠诚信使。对于“外出型”兼职，他们深入其他同行或其他行业一线兼职，了解校外兼职领域的最新信息，提升职业实践能力。他们和“进入型”兼职教师一道，扮演着校社间的忠诚信使，成为校社交流沟通的骨干，是校社沟通、校企合作的具体推动者和见证者。

（三）强化兼职教师队伍的规范管理

对于“进入型”兼职行为，西方发达国家高校制定了相对完善的管理制度，内容涵盖聘用程序、选聘标准、履职要求、考核评价等，以保证兼职教师的能力水准和履职质量。比如，随着兼职教师队伍规模的不断扩大，美国高校在20世纪末逐步完善了兼职教师的招聘、履职和培训制度，聘用标准日趋严格，招聘程序日趋规范，包括公布招聘启事、审查应聘者信息、组织实施面试、决定聘用名单、通知应聘人员到岗履职等①。为了确保兼职教师的教学质量，一些学校还采取相应的过程监控

① 戴伟芬，黄欢，王依依．美国社区学院兼职教师的专业发展探析——基于“双师型”教师培养的视角［J］．教育研究与实验，2013（4）：52-57.

措施，包括：一是统一使用学校指定教材和相关补充读物；二是采用标准化课程组织教学，要求兼职教师参考专职教师基本做法，制订课堂计划、布置课后书面作业和批改、确保实验时间和质量等；三是高校管理层和专职教师深入课堂对兼职教师进行听课，了解兼职教师上课情况；四是学校将兼职教师授课班级学生成绩和学生对兼职教师的评价结果输入电脑，进行全程备案，期末对兼职教师履职情况作出总体评价等①。通过采取类似措施，对兼职教师进行规范化管理。

对于“外出型”兼职现象，西方发达国家高校采取了“鼓励＋规范”策略，制定了相应制度，以充分发挥外出兼职制度的积极作用。虽然各高校采用的管理模式不同，但其核心内容就是避免产生“利益冲突”或“责任冲突”。比如，美国大学对教师从事业务咨询、校外兼课、企业兼职、开办公司、担任学术期刊编辑或学会职务，总体上持鼓励和支持态度。大学管理者认为只要处理得当，这些兼职无论是对社会、学校、学生还是教师个人，都能带来益处，可以实现共赢。同时，为避免发生利益冲突和责任冲突，大学制定相关标准和程序，指导教师的校外兼职活动，内容包括兼职类型、兼职期限、兼职收入和兼职时间等，还实行报批制度，具体规定了哪类兼职活动是不用报批的、哪类是报批后可以从事的、哪类是严格被禁止的。比如，美国大学普遍规定教师每周从事校外兼职活动时间不能超过一天②。

在日本等国，由于国立和公立高校教师属于公务员，教师自主外出从事兼职活动基本是被限制甚至被禁止的，因此，此类高校教师几乎没有个人行为的兼职机会，教师外出兼职属于大学委派的组织行为。但这些国家的私立大学教师则可以外出兼职。在美国，情况有所不同，美国大学不管是公立还是私立，对本校教师外出兼职则采取开放态度。在日本，情况也有变化，日本政府为了充分发挥大学外出兼职的作用，主动修改大学公务员特例法，为国立公立大学教师外出兼职提供制度支持，

① 翁舟峰，张兴琳．美国高校兼职教师的现状［J］．比较教育研究，2005（7）：38-42.

② 唐丽萍，梁丽．美国大学教师兼职活动的规范及其启示［J］．高等教育研究，2015（6）：102-106.

特别是2004年实施公立大学法人化之后，大学有了更大办学自主权，为教师外出兼职提供更为便利的条件。

（四）注重为兼职教师提供相关服务

发达国家高校不仅支持和鼓励兼职行为，还采取各种措施为兼职教师（主要是针对“进入型”兼职教师）的兼职工作和专业发展提供各种服务和机会。这些措施包括：一是建立服务兼职教师的协会机构。比如，成立兼职教师联盟或兼职教师协会。美国加利福利亚州利用信息通信技术成立加州兼职教师协会（California Part-Time Faculty Association，简称CPFA），为兼职教师提供在线咨询交流、在线教学培训等机会。二是开发举办服务于兼职教师的培训项目。比如，美国开发教师合作、信息通信技术支持等项目来帮助兼职教师的专业发展。其中，前者采取同伴互助、以老带新、教学研讨等方式，帮助兼职教师提高教学技能；后者采用网络交流与远程支持等方式，为兼职教师提供信息通信技术支持。三是建立相关服务网站，为兼职教师交流、咨询和沟通兼职业务和兼职信息提供平台等①。

七、汇聚行业英才，深化校企合作，优化素质结构

为更好服务地方经济社会发展和毕业生职业成长需求，发达国家高校尤其是非研究型大学非常重视教师的行业履职阅历和专业实践能力，采取各种措施促进教师理论知识与实践素质的密切联系、相互结合、积极互动，优化教师队伍知行素质结构。

（一）树立正确的用人导向

西方发达国家高等教育经过长期的演进和发展，已经形成了融合社会、分类发展、各具特色，少数精英教育和绝大部分大众教育、少数高水平研究型大学和绝大多数实用型高校协调发展的基本格局。除了少数高水平研究型大学外，绝大部分高校都坚持面向社会培养实用型人才。即使是研究型大学，也非常注重关切现实需要，解决社会重大现实问

① 戴伟芬，黄欢，王依依. 美国社区学院兼职教师的专业发展探析——基于“双师型”教师培养的视角［J］. 教育研究与实验，2013（4）：52-57.

题。因此，发达国家高校在招聘人才时注重考查应聘者的行业背景、职业履历、实践能力，合理兼顾建设理论型师资、实践型师资和双师型师资。比如，美国大学在招聘教师时没有年龄偏见，注重应聘者的专业成熟度和综合素质，新入职教师总体年龄较大；英国和日本高校每年都从非高校系统，即从公共部门、民营私营企业、研究机构、医疗机构和其他机构新招聘大量专兼职教师，其中，英国高校新入职教师有较大比例来源于英国本土之外。这些教师大都具有丰富的行业背景和较高的专业实践能力。正如有学者指出，“在日本，非正式教师很多是日本最富才华的医生、律师、科学家和社会名流，他们的参与提高了日本高校教师的总体水平”①。可见，西方发达国家高校用人标准不像我国那样，长期以来形成了学术型、理论型的用人偏好。西方发达国家高校合理的用人导向促进了教师队伍素质结构的优化。

（二）制定合理的制度措施

为了使教师更多了解行业发展，提升专业实践能力，西方发达国家以从事应用型高等教育为主的高校制定了相关的教师选聘、录用、考核和培训制度。

比如，德国应用科技大学不仅能提供学士层次的教育，也提供硕士层次的教育，并且可以和综合性大学联合培养博士研究生。据 2014 年德国联邦统计署公布的数据，德国有各类高校 423 所，其中应用科技大学（不含行政管理学院）有 212 所（其中一半是私立高校），约占全部高校总数的 50%；应用科技大学学生有 84.7 万人，约占各类高校学生注册总数的 32%②。可见，德国应用科技大学在国内的地位类似于我国的地方本科高校。德国的应用科技大学的教师队伍由全职和校外特聘讲师两部分组成。德国《高等教育总法》严格规定，应聘应用技术大学教授，必须拥有博士学位，并在本专业领域有 5 年以上（其中 3 年在企业）

① 张俊超. 从教授会自治到大学法人化——日本大学教师聘任制的改革趋势及启示 [J]. 高等教育研究，2009 (2)：103.

② 黄藤. 国外高层次应用型人才培养模式研究 [M]. 上海：华东师范大学出版社，2015：42.

的工作经历[①]。这5年实践工作经验必须是关于科学知识和方法的实际应用或开发，而且其中至少有3年是在高校以外的领域工作。教授每四年有一个“研究学期”，用于到对口企业从事调查研究，了解生产一线的最新发展趋势，更新专业知识。特聘讲师来自校外的企业或其他社会机构、综合性大学，其主要职责是将实践中的知识、技术和问题带入学校教学[②]。

澳大利亚的应用技术型大学，既可以提供学士学位，也可以招收硕士研究生，类似于我国资历稍浅的地方本科院校。澳大利亚对应用技术学院专职教师的要求除了教学能力和专业素养外，还要从兼职教师做起，一般需经过5年以上的教学实践锻炼才能转为正式教师。正式教师需定期到企业进行专业实践，成为有关专业协会的成员，接受新的专业知识、技能和信息。同时，澳大利亚高校非常重视面向社会选聘兼职教师，以弥补专职教师的不足。澳大利亚技术学院选聘兼职教师的主要标准是：具有3年以上专业工作实践经验，拥有合格的专业技术资格，有较强的生产现场操作能力。35岁以上的专业技术人员予以优先考虑。澳大利亚应用技术型大学专兼职教师相结合的教师队伍建设模式，有利于促进专兼职教师之间的相互交流学习，提高整体水平，也有利于解决因专业转换而出现的师资短缺问题[③]。

（三）采取灵活的管理模式

第一，西方发达国家高校在聘用教师上的开放性和灵活性。即招聘教师不仅面向应届毕业生，而且采取经验优先的取向，注重从各行各业招用有了一定行业背景和实践经验的年龄较大的往届毕业生，甚至是有意压缩直接招聘应届毕业生的比例。不像我国大学那样，教师招聘具有明显的应届生偏好、年轻偏好和单纯偏好。因此，西方发达国家高校的

---

① 黄藤．国外高层次应用型人才培养模式研究［M］．上海：华东师范大学出版社，2015：48．

② 黄藤．国外高层次应用型人才培养模式研究［M］．上海：华东师范大学出版社，2015：45．

③ 黄藤．国外高层次应用型人才培养模式研究［M］．上海：华东师范大学出版社，2015：89．

教师招聘具有明显的开放性、自主性和灵活性，甚至不拘一格降人才，做到既保证质量，又海纳百川。

第二，西方发达国家高校在教师管理上的开放性和灵活性。这种管理制度不仅表现在教师招聘环节上，还包括在用人过程管理和教师流动退休等制度上。比如，不仅采用灵活方式、灵活标准聘用各类兼职教师，而且支持乃至鼓励本校专职教师到校外相关行业兼职甚至创办企业；既实施“飞升即走”制，又实行“终身教职”制；既有完善的离职退休制度，又保障教师有较大的退休年龄选择权等。这种制度模式有利于高校教师在高校系统内外之间的进出流动，从而有利于优化教师知识素质结构。

第三，西方发达国家高校在校企合作上的开放性和灵活性。这种情况在非研究型大学或者研究型大学中的自然学科、私立高校、应用型高校表现最为突出，而且不同高校采取的合作模式方式也各不相同。比如，有的采取“双元制”模式，有的采用“引企入校”模式，有的采用共建实验室或研发中心模式，有的采用建设大学科技园模式，等等。在这种多样化、灵活性的校企合作、产学研用一体化模式下，教师有充分机会接触、研究行业和市场，有充分机会参与合作交流，有充分机会得到实践锻炼，从而提升素质和能力。

（四）注重应用型师资培训

随着高校和社会不断深入融合，西方发达国家越来越重视应用型师资的培养培训。比如，过去美国综合性大学中的科学和技术学院，它们的教师既不来自企业，也不在工业企业里任职（这跟德国应用科技大学的情况明显不同），而主要是在实验室里训练自己和学生。但近年来，美国大学开始借鉴德国大学经验，重视通过加强校企合作培养双师型教师①。此外，发达国家高校在对教师的评价考核中，将服务社会的状况和能力作为考核的重要内容，一般占20%的权重。这种服务既包括为本校管理提供的服务，参与各种学术组织活动，也包括应用本学科专业知

---

① 黄藤．国外高层次应用型人才培养模式研究［M］．上海：华东师范大学出版社，2015：58．

识服务行业发展和服务社区建设等内容。

八、营造氛围，拓宽渠道，创造机会，优化联结结构

前文关于发达国家高校教师队伍联结结构的状况介绍，已部分涉及其做法和经验，下文作进一步的概括和总结。

（一）重视良好学术氛围的营造

高校本质上是一个学术组织，只有良好的学术氛围，高校才能有效开展学术活动。良好学术氛围既有利于高校开展正规性的教师学术交往活动，更有利于促进教师非正规化学术交往活动的展开和高效化。发达国家高校具有良好的学术传统，并在不断变化时代中重视保护和发扬这种学术传统，营造出浓厚的坚守学术本位、面向时代发展、切合高校实际的良好学术氛围。这种氛围体现在尊重科学、忠诚学术、热爱真理、追求卓越以及崇尚平等和个性、倡导开放和交流、强调竞争和合作等文化特质中。生活在这种氛围里，教师以学术为乐，轻功名利禄，乐于学术辩论，针对某一学术问题不同教师常常相互“纠缠不休、刨根问底、各执己见”，这种文化有利于促进教师学术交往的自主性、紧密性和互补性。此外，随着科学和时代的发展，一些有利于教师学术交往的新理念相继在发达国家高校校园内取得共识并生根发芽。这些理念包括校本培训、学习型组织、终身学习等。比如，在英国、美国的校本教师教育中，“伙伴关系”是一个非常重要的概念，强调教师合作学习是“伙伴关系”概念的重要内涵。总之，良好的学术氛围和新的科学理念的广泛传播，在一定程度上促进了西方发达高校教师之间的学术性交往，进而促进教师队伍的联结结构优化。

（二）注重教师交往平台的搭建

西方发达国家高校注重设置各种组织机构，这些机构设置以学术发展为宗旨，因而有助于教师进行学术交往。首先，高校管理实行学院制，管理重心在学院一级，学院有很大的办学自主权，二级学院设置不追求过细过多，而是尽量综合化和简洁化。其次，高校设置各种各样的学术组织机构，不同职称和资历的教师都有参与各种学术机构的权利，有些教师同时是多个学术组织机构的成员。再次，高校设置各种各样的

研究中心（所），为广大教师参与研究提供共同场所。又次，各大学设置旨在服务教师专业发展的教师发展中心，为教师提供专业性的培训、咨询、帮扶等服务；有些学院还设置青年教师职业发展机构，成立专门的教师习明纳或工作坊，为青年教师和资深教师之间、青年教师之间交流创造条件。最后，西方发达国家高校重视民主管理、同行评价和维权意识，成立了各种各样从校内延伸到校外的其他组织机构，比如教师工会、教授会、专业学术委员会等。西方发达国家高校管理机构设置的综合性和简洁性，学术组织机构设置的广泛性、多样性、开放性、包容性、专业性，有利于调动基层单位和教师个体参与的积极性，有利于同行和不同行（学科专业）教师之间、不同资历教师之间、学术人员与管理人员之间、校内教师和校外人员之间的沟通交往，促进交流合作。

比如，在美国，几乎没有像我国那样有独立设置的美术学院、电影学院、音乐学院，甚至是医学院；即使是规模庞大的综合性大学，其内部二级学院设置的数量也很少，一般只有10个左右，但综合性、跨学院或跨学科的研究机构则设置很多。比如，自1961年密歇根大学成立美国第一个专门的校内教师发展机构——学习和教学研究中心（center for research on teaching and learning）之后，教师教学发展中心在美国大学如雨后春笋相继建立起来，早期的中心主任和成员通常来自学院的优秀教师或者是对教育研究感兴趣者①。

此外，西方发达国家高校很早注重教师发展共同体建设，从传统的以课程学习和项目培训为主的“获得模式”主动转变为以情景性合作学习为主的“参与模式”，再到20世纪90年代以来越来越强调社会性学习的“拓展模式”，并根据这种发展模式需要，建设各种机构和平台。

（三）重视学术交往活动的展开

西方发达国家高校依托各种机构和平台，开展丰富多样的学术交往活动。在西方发达国家，由于学术氛围浓厚，崇尚民主平等，交流平台多样，高校自主性、开放度高，校际和校社合作非常紧密，因此各种学

① 徐延宇．高校教师发展——基于美国高等教育的经验［M］．北京：教育科学出版社，2009：31-32.

术活动开展频繁，应接不暇，每位教师都可以找到自己感兴趣的学术组织，参加自己感兴趣的学术活动。我们可以把由某种机构组织举办的学术交往活动分为：学术事务型、学术问题型两类，前者主要是服务于后者问题的澄清。前者比如涉及教师评价、项目评审等。在美国大学，要招聘一名教师，招聘委员会成员乃至整个院系的所有教授和副教授都有资格参与考察（包括参加应聘者主讲的学术报告）、评议过程，并进行投票。教师参与过程也是学术交往的过程。后者是指指向学术问题本身的活动，比如各种学术讲座、学术年会、学位论文答辩、合作项目研讨会等活动。还比如，美国大学设置有教学改进中心，为在职教师发展提高咨询和服务，在系所层面上通过提供一些发展项目，促进教师间合作，让教师互相观摩课堂，相互提出评价意见，从而推动课程改进和技能提高，促进了教师之间的学术交往交流①。又比如，美国在20世纪90年代初实施了“未来师资培训计划”（Preparing Future Faculty，简称PFF），旨在通过在不同类型的院校间建立合作小组，给博士生提供参加学校工作、熟悉教学、了解大学、体验学术职业的机会，其中学术职业准备课程还包括开展阶段性讲座、举办教学研讨会等让博士生加深对学校、教学、学术职业认识②。所有此类正规性的学术活动，都有利于促进教师间学术交往，促进教师队伍联结结构更加紧密和优化。

（四）倡导多样性的个性化交往

学术交往活动从组织者的性质来看，还可以分为正规性和非正规性两种类型，前者一般指由正式机构有计划、有组织的活动，后者指教师个体或自发组织的教师小组开展的学术活动。前者起到参与人数多、规格高、影响大等作用，后者可以发挥个性化、灵活性、紧密性等优势。一般来说，每开展一次正规的学术活动，必然引起一连串后续的非正式、个性化的交流探讨。西方发达国家高校教师对学术问题的浓厚兴趣

① 臧兴兵．知识经济背景下学术职业的地位与发展［J］．中国高教研究，2007(8)：13-15．

② 韩璇，沈红．大学学术职业后备人才的培养［J］．大学（研究与评价），2007 (12)：10-14．

以及探究真理的文化氛围，形塑了他们热爱学术交往的学术职业生态。比如，由名教授发起，邀请同行和研究生参与的开放性的小型学术沙龙、学术茶会和学术聚会，既是一般教师和学生面对面与名家观点交锋、享受学术乐趣、体悟学术真谛的绝佳机会，更成为国内外学术界津津乐道的话题。名家对真理的执着、对同行的尊重、对后生的关爱，创造了个性化交往良好氛围。这种交往可能发生在座谈后或课堂间，可能发生在饭堂或某个楼道口或者校园其他某一个角落，可能是面对面或是通过电话和信件。在探讨学术问题时，可以采用轻松幽默的语言，也可以争得面红耳赤，但都在平等基础上，共同采用“最纯正的本专业话语”，相互激发学术思维，促进不同思想的交锋和砥砺、不同观点的学习和借鉴，实现学术交往的“金苹果”效应。在这一过程中，教师队伍联结结构得到优化。

第四章　我国地方本科院校教师队伍结构的现状分析

本章对我国地方本科院校教师队伍结构的现实状况进行考察分析，力图比较全面系统地把握其客观原貌、主要特点、变迁状况、存在问题以及原因所在，为下一章提出改革建议奠定基础。本章采用点面相结合分析方法。其中，面上的分析是指系统性分析全国范围内的几十所甚至几百所地方本科院校的教师队伍结构，为了更好说明相关问题，本书还分析了全国所有普通高校系统的教师队伍结构状况；点上的分析是指分析若干所或一所地方本科院校甚至是一个二级学院的教师队伍结构。本书的考察样本主要有以下几类，样本选择主要基于方便原则。

第一类样本是第十七、十八批接受教育部本科教学工作水平评估(2008 年接受评估）的 58 所地方本科院校，数据来源于教育部高等教育教学评估中心在其官方网站上公开的上述高校《自查报告》。上述 58 所高校分布在全国 21 个省（自治区）和 4 个直辖市，其中，东部 13 省市占 35 所（含省城所在地高校 17 所、地级市所在地高校 18 所，下文简称省城高校、地级市高校)、中部 6 省市占 15 所（含省城高校 8 所、地级市高校 7 所)、西部 6 省市占 8 所（含省城高校 7 所、地级市高校 1 所)。从学校规模看，58 所地方本科院校既有教师数超过 1 000 人的综合性大学，也有教师数不到 200 人的专业性学院。从学科视角看，既有多科性和综合性高校，也有体育、音乐、美术、农林、医药、师范等多个不同学科的专门学院。因此，无论从全国的地理分布、城市级别分布，还是从规模大小和涉及学科来看，样本具有一定代表性。

但采用上述样本进行研究，也有如下几点缺陷：一是有些数据统计口径比较粗放，比如教师年龄信息只分35岁及以下、36～45岁、46～55岁、56岁及以上四个大年龄段，无法进行更具体的分析。二是数据是从2004—2005到2007—2008年度的数据，距今已有多年，对研究结构变迁有较大参考价值，但不能反映最新的变迁和发展状况。三是各校统计口径不够严格统一。比如，有些高校统计上报2004—2005年度至2006—2007年度的数据，有些高校则统计上报2005—2006年度至2007—2008年度的数据。四是不排除有一些数据可能含有一定水分。正因为各校上报数据的年度跨度不尽相同，以及统计口径存在一定出入，经筛选分类，得出有效样本如表4-1所示。有关此类样本的所有数据均来源于教育部高等教育教学评估中心官方网站，主要采用文本分析法。

表4-1　2004—2007年有效样本高校的相关情况（所、%）

年度	年龄方面的有效样本数	占比	学历方面的有效样本数	占比	职称方面的有效样本数	占比	学缘方面的有效样本数	占比
2004—2005年度	37	63.8	39	67.2	39	67.2	40	69.0
2005—2006年度	53	91.4	57	98.3	56	96.6	56	96.6
2006—2007年度	53	91.4	57	98.3	56	96.6	56	96.6
2007—2008年度	35	58.6	37	63.8	36	62.1	36	62.1

第二类样本来自实地调查对象。在2011—2012年度对中部和西部的6所地方本科院校（省会城市高校4所，其他地级市高校2所）开展教师队伍结构的抽样调查，有效调查对象为501人，主要采取随机、方便问卷和访谈法。但其中对某一所位于省会城市的老牌本科院校（G高校）的一个理科二级学院的所有专任教师49人进行了完全式调查。具体的调查过程及结果分析将在后文详述和讨论。

第三类样本是全国515所地方本科院校（包括121所老牌地方本科院校、394所新建地方本科院校），数据直接来源于由教育部高等教育教学评估中心主持编印、由教育科学出版社2016年出版的《中国高等教育质量报告2014年度》中的有关数据。为了比较分析，该书还分析了14所“985工程”高校、16所“211工程”高校教师队伍结构的相关情况。

第四类样本是西部某省三所地方本科院校，即高校A、高校B和高校C，其中前两所为新建地方本科院校，后者为老牌地方本科院校。数据来源于实地调查。笔者通过实物收集法、问卷法和访谈法获得相关数据资料。本书重点分析了2011年和2015年高校A的教师队伍结构状况，还分别分析了2015年高校B和高校C的教师队伍结构状况。

第一节　调查研究的组织与实施

高校教师队伍结构是一个多侧面、多特征、多类型的复杂事物，其形成和变迁过程受到诸多因素影响。为更好考察分析我国地方本科院校教师队伍结构的现实状况、存在问题及其成因，本书除了直接引用国家权威机构发布的相关统计数据和数据分析报告外，还开展了实地调查。上文所述的第二类样本和第四类样本系实地调查样本，所以，下文主要就此两类样本的调查组织实施情况作说明。

一、实地调查

以下是关于第二类样本的调查组织实施情况。

（一）调查目的

调查前，本书结合已有研究成果和初步实地考察提出如下假设：假设一，我国地方本科院校教师比较年轻，学历水平较低，职称层级较低，不同学科背景教师分化管理较为明显，存在学科师资分散配置或重复配置等倾向，兼职教师尤其是外出型兼职教师比例低，实践型师资力量薄弱，教师学缘来源本地化较高，学缘来源于名牌大学的比例较低。假设二，我国地方本科院校教师的学术交往意愿不高，学术性联结比较松散，不同教师之间的学术性互动、互补、互促程度不高，教师学术交往状况受到机构设置、制度安排、学术活动、学术氛围、教师观念、教师性格等因素影响，其中学术氛围因素影响最大。假设三，同类型（指同年龄段、同学历、同职称、同学科、同学缘）教师之间的学术交往联结优于异类型（指不同年龄段、不同学历、不同职称、不同学科、不同学缘）教师之间的学术交往联结。根据调查假设，编制调查问卷和访谈提纲。

本此调查目的是了解样本高校教师队伍的年龄结构、学历结构、职称结构、学科结构和学缘结构等状况；了解样本高校不同教师之间的学术交往状况以及存在的问题和成因，从而在一定程度上了解样本高校教师队伍联结结构的基本状况以及存在问题和成因，为后文提出调整和优化建议提供相关事实依据。

（二）调查对象

根据现有条件和方便原则，选取我国中部两个省3所、西部两个省3所共6所地方本科院校（其中省会城市高校4所，其他地级市高校2所）的教师个人信息展开调查。调查具体内容主要包括四个方面：一是教师的基本情况，包括性别、年龄、学历、职称、毕业高校地理位置、博士后经历、国内与国外访学、所学学科、所任教高校类型等；二是教师学术交往取向和学术联结基本状况；三是教师学术交往影响因素、学术交往主要渠道和主要方式；四是同类（即同年龄段、同学历、同职称、同学科、同学缘）教师之间和异类（指不同年龄段、不同学历、不同职称、不同学科、不同学缘）教师之间学术交往范围、学术交往紧密度和学术交往效果等状况。其中，对一所位于省会城市的老牌地方本科院校（G高校）的一个理科二级学院的49名专任教师进行了完全式调查。调查问卷和访谈提纲的内容详见书末附录1《高校教师学术交往状况调查问卷》、附录2《高校教师队伍学缘结构调查表》以及附录3《高校教师队伍结构调查访谈提纲》。

（三）调查过程

笔者在调查实施前认真研制《高校教师学术交往状况调查问卷》《高校教师队伍学缘结构调查表》《高校教师队伍结构调查访谈提纲》，印制相关问卷，拟定调研提纲和实施方案，提前确定具体调查（含发放问卷和访谈）对象、时间和地点，做好协助调查人员培训和联系以及行程安排等各项准备工作。

调查实施于2012年1月。具体操作程序是：首先，调查组成员根据约定时间到达指定地点。其次，调查组成员向接受调查对象简单说明调查来意和操作程序，随后发放问卷、请求填写、收回问卷。最后，调查组成员向接受调查教师致谢。部分问卷现场发放、现场填写、现场回收，时间在1课时左右。部分问卷由于调查对象工作原因不能现场及时填写和收回，但也在3个小时以内回收完毕，以确保问卷调查更加及时有效。另一方面，在当地高校教师协助下，请个别教师接受访谈，采用半结构式访谈形式，主要按预定访谈提纲进行，也有个别开放式问题的讨论，每个教师访谈时间也在1课时左右，期间做好相关记录。

（四）问卷收回

本次调查问卷分为两类：一类是教师个人问卷即《高校教师学术交往状况调查问卷》，此问卷采用非概率抽样偶遇方式，请教师填写个人相关信息和对于本校教师（包括自身）学术交往的基本看法；另一类是调查表即《高校教师队伍学缘结构调查表》，请二级学院分管教师档案的教师填写，具体填写本学院所有教师学位获得高校的名称，目的是以完全调查方式全面了解某一个学院乃至某一所高校整个教师队伍的学缘结构。个人问卷发放520份，收回有效问卷501份，有效问卷收回率为96.3%。调查表分别给8个学院发放共8份，收回有效问卷3份，有效调查表收回率为37.5%。在每所高校选择4名教师进行访谈。

（五）统计软件

对于收回问卷，在剔除无效问卷后，对有效问卷进行分类整理。对于部分填写不完整但有一定参考价值的问卷归类保存，以备后用。本调查利用 Excel 2003 和 SPSS 18.0（Statistical Package for the Social Science）进行统计分析。这两种统计软件都是常用统计软件，便于制表制图和多维度分析。

（六）分析方法

本调查对数据分析主要采用以变量频率为主、交叉分析为辅的数理统计分析方法，研究样本教师的年龄结构、学历结构、职称结构、学科结构、学缘结构和联结结构状况等。其中，对教师队伍学缘结构的考察分析分别从本校毕业率、本市非本校毕业率、本省非本市毕业率、国内非本省毕业率、海外高校毕业率以及低于本校层次学缘拥有率、同层次学校学缘拥有率、高于本校层次学缘拥有率等多个视角进行。对教师队伍联结结构的考察分析分别从教师学术交往意愿、学术交往总体状况、学术交往的主要影响因素、学术交往的主要渠道和主要方式、同类（即同年龄段、同学历、同职称、同学科、同学缘）和异类（指不同年龄段、不同学历、不同职称、不同学科、不同学缘）教师之间的学术交往范围、学术交往紧密度、学术交往收益等多个视角展开。

（七）研究缺陷

任何科学调查都难以做到十全十美，由于样本取样缺陷、研究方法本身缺陷以及作者能力不足等原因，本调查研究存在以下较为明显的缺陷：一是由于调查组社会联系能力有限，本次调查的样本来源范围过小，代表性不足。二是由于采用随机偶遇性问卷调查方式，可能存在资历较浅的教师样本比例偏大，资历较深的教师覆盖面过小等问题，从而影响调查信度。三是由于问卷设计和访谈提纲本身存在缺陷，以及调查实施过程某些操作不当，可能引进调查对象对问题把握不准，填写答案和回答问题没有反映真实情况，影响调查信效度等。

二、文献调查

为更加全面了解我国地方本科院校教师队伍结构状况，本书还采用了文献调查方法，主要选择以下几种权威文献。

（一）教育部教育统计年度数据

教育部官方网站公开发布的相关年度《全国教育事业发展统计公报》和各年度《教育统计数据》。此组数据主要用于分析全国普通高校教师队伍结构的总体现状以及变迁趋势。

（二）教育部教育质量年度报告

教育部高等教育教学评估中心编印、教育科学出版社出版发行的《中国高等教育质量报告》（2013、2014 年度）。此组数据主要用于从面上分析我国地方本科院校教师队伍结构的基本现状。该质量报告有老牌地方本科院校、新建地方本科院校单独分开的数据，并有和部分“985

工程”高校、“211工程”高校相比较数据。因此，该报告是支撑本书观点的重要文献之一。

（三）其他权威图书和期刊文献

参考、引用有关权威图书和权威期刊论文中有关数据、数据统计结果和相关观点。这些数据、数据统计结果、分析结论以及相关讨论是本研究的重要基础乃至本书观点的重要佐证材料。

三、个案调查

关于第四类样本的数据获取方法以及组织实施过程，也是采用了实地调查法和实物收集法。调查分为两次，都以方便调查为原则展开。第一次调查开展于2012年1月，对高校A的教师队伍状况进行完全式调查，获取数据的主要方式是联系调查高校人事管理部门，收集调查高校全体专任教师的部分个人档案，即有关专任教师的年龄、学历学位、职称、学科专业、行业背景、双师型情况、最高学历学位毕业高校等信息的个人档案，不涉及姓名、出生地、行政岗位等其他个人信息。为了更好了解教师队伍的联结结构，还在高校A发放《高校教师学术交往状况调查问卷》个人问卷90份，收回有效问卷76份，有效问卷收回率84.4%。另外，访谈教师10人，访谈对象尽量包括不同年龄、性别、学历、职称和学科；主要访谈一般教师，兼顾访谈个别学院领导。第二次调查开展于2016年12月，对西部某省的高校A、高校B、高校C（高校A和高校B是新建本科院校，高校C系老牌本科院校）共三所地方普通本科院校教师队伍结构展开完全式调查，获得了上述三所高校2015年度的教师队伍相关数据。本次调查跟第一次调查相比，在内容上增加了兼职、双师型、行业背景等教师相关信息。调查结果分析将在后续有关章节中展开。

第二节　我国地方本科院校教师队伍结构的基本状况和主要问题

经过改革开放以来近四十年的稳步发展，尤其是21世纪以来的快速发展，我国地方本科院校改革和建设取得显著成绩，规模迅速扩大，质量逐步提升，成为承担应用型高等教育职责和履行高等教育大众化使命的主要办学主体。但是，由于基础薄弱、资源有限、改革滞后等多种原因，我国地方本科院校的改革发展目前还面临诸多问题。其中，教师队伍结构不优化乃至失衡是重要问题之一，具体表现在以下几方面。

一、年轻教师比例过大，中老龄教师比例偏小的年龄结构

不论从学术职业发展特点来看，还是从良好学术梯队新陈代谢机制的内在需求来看，抑或从发达国家的结构调整经验来看，优化的高校教师队伍年龄结构应该是中年教师占最大比例，年轻教师和老龄教师比例相对较小且相对均衡，形成类正态分布结构。尤其对于从事人文社会学科的各专业岗位教师来说，更需要长时间的专业积累和学术积淀，很多教师到了50岁左右才达到事业顶峰，而且高产期可以持续到60多岁甚至更大年龄。但长期以来，我国地方本科院校教师队伍表现出明显的年轻化特征，即年轻教师比例过高，中老龄教师比例偏低，60岁以上的大老龄教师数量非常少。下文通过实证分析几类样本教师来说明年龄结构的相关问题。

（一）地方本科院校教师队伍年龄结构的总体现状

根据教育部高等教育教学评估中心对全国545所本科高校（含394所新建本科院校、121所老牌本科院校、16所“211工程”高校、14所“985工程”高校，其中515所是地方本科院校）2014年的相关数据进行统计分析，在年龄状况方面的结果显示，新建地方本科院校中等于及小于35岁教师比例达到了46.0%，老牌地方本科院校这一比例为29.9%，明显分别高于“211工程”高校和“985工程”高校的24.1%和22.4%。新建地方本科院校中等于及大于56岁教师比例为8.2%，与“211工程”高校和“985工程”高校的相应比例7.9%和8.9%相比，相差不大。但是，老牌地方本科院校这一比例仅为5.4%，明显低于其他三类高校。这说明，我国所有普通本科高校的年轻教师比例都偏大，老年教师比例偏小，这种情况在地方本科院校尤其是新建本科院校

中表现得尤为明显。新建本科院校中 35 岁及以下教师数几乎占了整个教师队伍总数的一半。详见表 4-2、图 4-1 所示。

表 4-2　2014 年我国部分本科院校专任教师队伍年龄结构状况（%）

学校类型	比例计	≤35 岁	36～45 岁	46～55 岁	≥56 岁
14 所“985 工程”高校	100.0	22.4	39.1	29.6	8.9
16 所“211 工程”高校	100.0	24.1	40.5	27.5	7.9
121 所老牌地方本科院校	100.0	29.9	40.0	24.7	5.4
394 所新建地方本科院校	100.0	46.0	29.1	16.8	8.2
全部 545 所本科高校	100.0	41.1	32.1	19.2	7.6

资料来源：教育部高等教育教学评估中心．中国高等教育质量报告．2014 年度[M]．北京：教育科学出版社，2016：83．

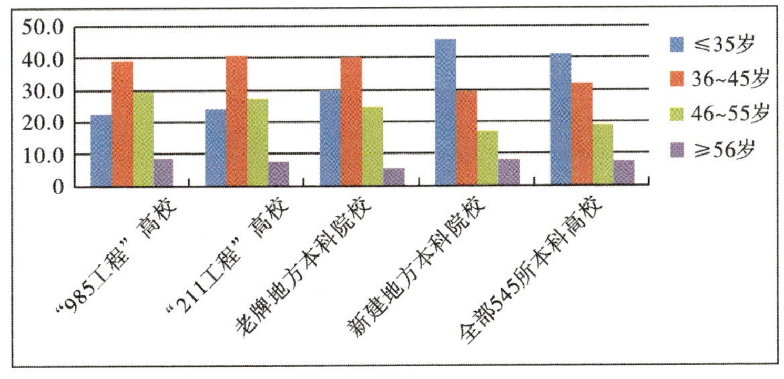

图 4-1　2014 年我国部分本科院校专任教师队伍年龄结构状况（%）

（二）三所地方本科院校教师队伍年龄结构的现状分析

对西部某省三所地方普通本科院校（高校 A、高校 B 和高校 C，其中前两者为新建本科院校，后者为老牌本科院校）2015 年度教师队伍年龄结构状况进行调查，得出与上述类似的结果，即在大老龄一端，55 岁教师比例很小，60 岁以上教师数量极少；在年轻一端，34 岁及以下年龄教师占比过大，高校 A 和高校 B 的这一比例都接近 50%，分别达到了 48.5%和 55.6%；小于 30 岁教师的比例高校 A 达到 25.6%，高校 B 达到 17.8%，年轻化特征非常明显。详见表 4-3、图 4-2 所示。

表 4-3　2015 年广西三所地方本科院校专任教师队伍年龄结构状况（人、%）

高校名称	人数	比例计	<30 岁	30～34 岁	35～39 岁	40～44 岁	45～49 岁	50～54 岁	55～59 岁	60～64 岁	>64 岁
高校 A	630	100.0	25.6	22.9	14.1	13.2	10.0	8.4	1.7	3.0	1.1
高校 B	482	100.0	17.8	37.8	17.4	11.2	6.8	6.8	2.1	0	0
高校 C	787	100.0	7.1	15.5	20.8	18.8	14.9	15.1	5.0	2.7	0.1
三校合计	1 899	100.0	16.0	23.6	17.7	15.0	11.2	10.8	3.2	2.1	0.4

说明：1. 高校 A 和高校 B 为新建地方本科院校，高校 C 为老牌地方本科院校。2. 教师数不排除包括部分柔性引进教师数据，一般情况下，柔性引进是指从其他高校聘用即将退休或已退休的专任教师。

资料来源：实地调查。

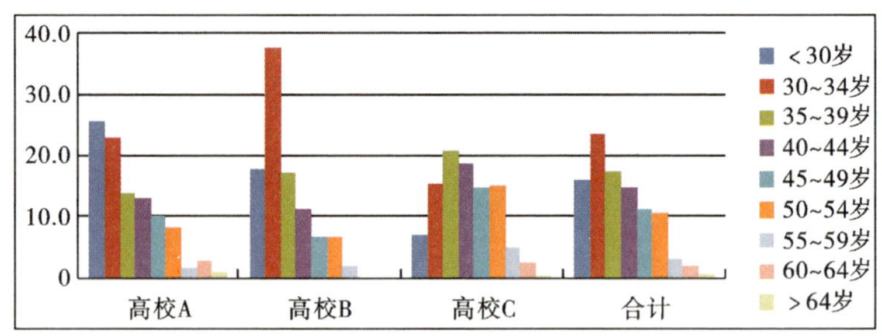

图 4-2　2015 年广西三所地方本科院校专任教师队伍年龄结构状况（%）

（三）地方本科院校教师队伍年龄结构的变迁特点

从地方本科院教师队伍年龄结构演变视角来看，多年来一直处于过度年轻化状态，大老龄教师比例一直过小，而且十多年来的调整步伐比较缓慢。对 2004—2005 年度到 2014—2015 年度期间的部分年度相关数据进行统计分析，结果如表 4-4、图 4-3 所示。数据显示，六个年度中小于 36 岁教师比例都接近 50%（除了 2014—2015 年度的老牌本科高校仅有 29.9%外），有一个年度这一比例达到 50.8%，大于 55 岁教师比例都在 10%以内，在<36 岁、36～45 岁、46～55 岁、>55 岁四个年龄段中，教师比例随着年龄增大快速递减。这是一种很不合理的高校教师队伍年龄结构。

表 4-4　2004—2014 年部分地方本科院校专任教师队伍年龄结构状况（所、人、%）

年度	学校数	人数	比例计	<36 岁	36～45 岁	46～55 岁	>55 岁	备注
2004—2005 年度	36	25 042	100.0	49.7	28.9	16.8	4.6	
2005—2006 年度	53	41 300	100.0	48.5	29.8	16.9	4.8	
2006—2007 年度	53	44 140	100.0	49.4	30.0	16.3	4.3	
2007—2008 年度	34	30 304	100.0	48.3	30.4	17.3	4.0	
2011—2012 年度	6	501	100.0	50.8	33.2	14.8	1.2	
2014—2015 年度	121	—	100.0	29.9	40.0	24.7	5.4	老牌地方本科院校
2014—2015 年度	394	—	100.0	46.0	29.1	16.8	8.2	新建地方本科院校

资料来源：2004—2005 年度到 2007—2008 年度数据来源于教育部高等教育教学评估中心官方网站；2011—2012 年度数据来源于实地调查；2014—2015 年度数据来源于教育部高等教育教学评估中心. 中国高等教育质量报告 2014 年度［M］. 北京：教育科学出版社，2016：83.

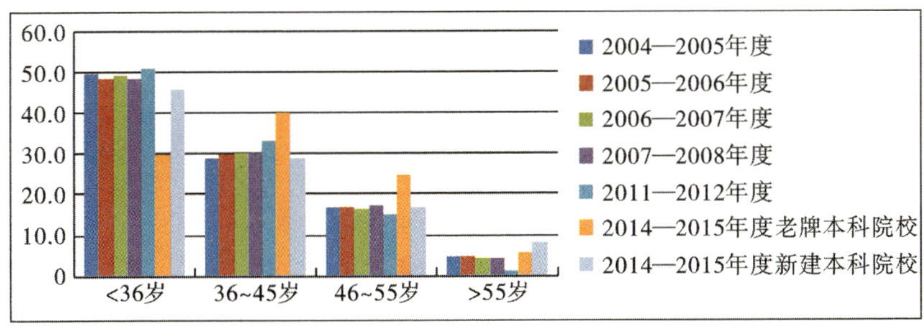

图 4-3　2004—2014 年部分地方本科院校专任教师队伍年龄结构状况（%）

（四）全国普通高校教师队伍年龄结构的纵向比较

从我国整个普通高校系统来看，教师队伍年龄结构总体情况亦如此。教师队伍过度年轻化，大于 56 岁尤其是大于 60 岁的教师比例非常小。虽近些年来教师队伍年轻化状况有所缓解，但问题还比较突出，而老年教师比例过小、资深教师过早离职、缺乏资深带头人的状况仍得不到很好改观。有不少教师经过多年努力和积累，刚走上专业发展顶峰时，就面临着不得不离职的境地。从学术职业特点来看，教师队伍过于年轻化，意味着队伍不够成熟，总体实力较弱。资深教师过早离职意味着宝贵人才资源的浪费。这种情况跟发达国家相比形成强烈反差。比如，美国 2003 年全国学位授予高校专职教师队伍中，34 岁及以下教师比例为 8.7%，55 岁及以上教师比例为 34.3%（其中，60 岁及以上为 17.9%，65 岁及以上仍有 6.4%）①；日本 2013 年全国大学专职教师队伍中，34 岁及以下教师比例为 10.9%，55 岁及以上比例为 31.8%（其中，60 岁及以上为 19.2%，65 岁及以上仍有 6.9%）②。而我国 2015 年全国普通高校专任教师队伍中，35 岁及以下教师比例为 35.5%，55 岁及以上教师比例为 6.4%（其中，61 岁及以上为 2.0%，65 岁以上仅为 0.7%）。2000 年至 2015 年我国全国普通高校专任教师队伍总体年龄结构状况详见表 4-5、图 4-4 所示。

表 4-5　2000—2015 年全国普通高校专任教师年龄结构状况（人、%）

年	人数	比例计	<31 岁	31～35 岁	36～40 岁	41～45 岁	46～50 岁	51～55 岁	56～60 岁	61～65 岁	>65 岁
2000 年	462 772	100.0	27.8	19.8	20.2	10.6	6.6	6.3	6.5	2.3	
2005 年	965 839	100.0	29.3	18.7	17.2	15.5	8.5	5.2	3.8	1.3	0.5
2010 年	1 343 127	100.0	25.0	21.2	16.6	14.4	11.7	6.2	3.3	1.1	0.6
年	人数	比例计	<30 岁	30～34 岁	35～39 岁	40～44 岁	45～49 岁	50～54 岁	55～59 岁	60～64 岁	>64 岁
2014 年	1 534 510	100.0	14.5	23.3	19.1	14.8	12.2	9.8	4.5	1.2	0.7
2015 年	1 572 565	100.0	13.7	21.8	20.4	14.9	11.7	11.1	4.4	1.3	0.7

资料来源：教育部官方网站公开的各年份教育统计数据。

① U. S. Department Education. Digest of Educational statistics 2015 51st edition [M]. 2016: 577.

② 日本総務省統計局. 学校教員統計調查（平成 25 年度）[EB/OL]. (2015-03-27) [2017-04-20]. http://www.e-stat.go.jp/SG1/estat/List.do?tid=000001058821&cycode=0.

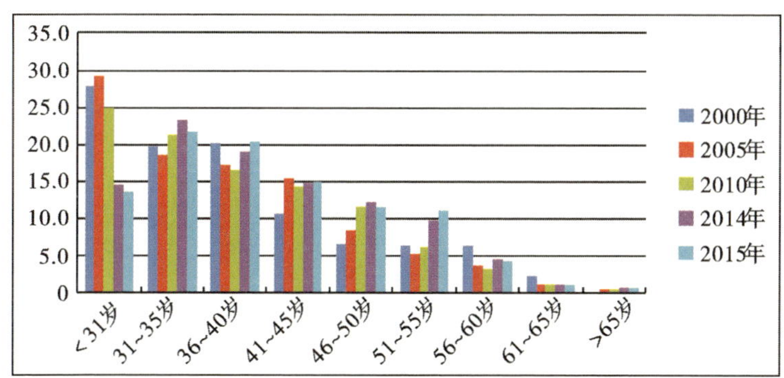

图 4-4　2000—2015 年度全国普通高校专任教师年龄结构状况（%）

说明：2014、2015 年的年龄段分别为＜30 岁、30～34 岁、35～39 岁、40～44 岁、45～49 岁、50～54 岁、55～59 岁、60～64 岁、＞64 岁，比其他年度相应年龄段分别少 1 岁。

综上所述，我国地方本科院校教师队伍年龄结构基本状况是：从总体上看，年轻化过度，老龄教师比例过小，尤其是 60 岁以上教师比例很小，形成年龄段越大教师比例越小的典型的快速递减阶梯型年龄结构。

二、博士教师配备偏少，本科学历教师还较多的学历结构

学历（学位）反映着学历拥有者接受系统专业训练的深度、所拥有的理论基础和专业能力高低、职业发展的潜力和后劲等状况。在发达国家，即使是二年制高校，教师队伍总体学历层次都较高，博士教师比例仍占有二三成甚至更高。相反，我国地方本科院校教师队伍总体学历层次还普遍偏低，拥有博士学位教师比例偏小，拥有本科及以下学历教师比例仍偏大。

（一）地方本科院校教师队伍学历结构的总体现状

根据教育部高等教育教学评估中心对 545 所本科高校（含 394 所新建本科院校、121 所老牌本科院校、16 所“211 工程”高校、14 所“985 工程”高校，其中的 515 所是地方本科院校）2014 年的相关数据进行统计分析显示，新建本科院校教师队伍中，拥有博士学位的教师比例仅占 9.1%、拥有学士学位的教师比例占 26.0%、无学位教师比例仍占 6.5%，后两者比例之和超过三成，达 32.5%。老牌本科院校的博士学位教师比例仅占 25.5%，学士学位教师比例占 20.2%、无学位教师

比例仍占 2.9%，后两者相加接近四分之一。详见表 4-6、图 4-5 所示。

表 4-6 2014 年我国部分本科院校专任教师队伍学历结构状况（%）

学校类型	比例计	博士	硕士	学士	无学位
14 所“985 工程”高校	100.0	68.5	21.9	8.2	1.4
16 所“211 工程”高校	100.0	56.3	32.3	10.3	1.1
121 所老牌地方本科院校	100.0	25.5	51.4	20.2	2.9
394 所新建地方本科院校	100.0	9.1	58.4	26.0	6.5
全部 545 所本科高校	100.0	15.6	55.1	23.8	5.4

资料来源：教育部高等教育教学评估中心. 中国高等教育质量报告 2014 年度[M]. 北京：教育科学出版社，2016：79.

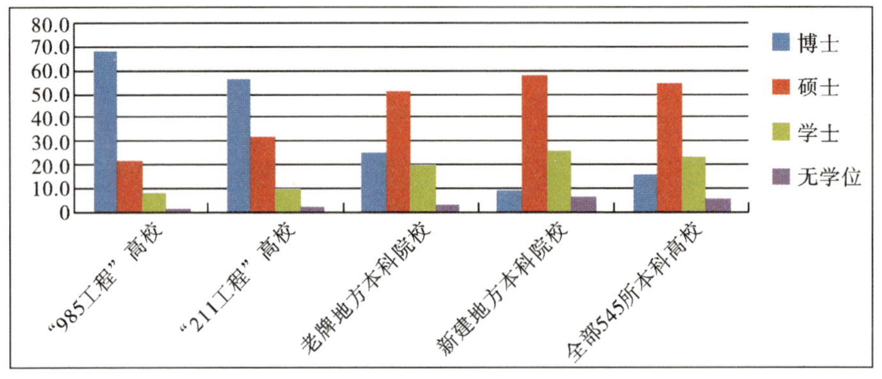

图 4-5 2014 年我国部分本科院校专任教师队伍学历结构状况（%）

（二）三所地方本科院校教师队伍学历结构的现状分析

对西部某省三所地方本科院校（高校 A、高校 B 和高校 C，其中前两所为新建本科院校，后者为老牌本科院校）2015 年度教师队伍学历结构现状进行调查分析，结果发现：高校 A 和高校 B 的博士教师比例分别为 7.9%和 8.3%，都未达到一成；具有学士学位、无学位教师比例还很高，两个比例相加，高校 A 达到 40.4%、高校 B 达到 30.5%；其中，无学位教师比例高校 A 为 7.1%、高校 B 为 5.4%。老牌本科高校 C 的情况比其他两所高校要好些，拥有博士学位的教师比例达到 22.5%，但具有学士学位和无学位的教师比例之和仍占有 26.4%。三所高校平均计，博士教师比例为 14.1%，具有学士学位的教师及无学位的教师比例之和仍高达 32.1%。详见表 4-7、图 4-6 所示。可见，我国地方本科院校教师队伍学历结构的总体状况不容乐观。

表 4-7　2015 年广西三所地方本科院校专任教师队伍学历结构状况（人、%）

高校名称	人数	比例计	博士	硕士	学士	无学位
高校 A	630	100.0	7.9	51.6	33.3	7.1
高校 B	482	100.0	8.3	61.2	25.1	5.4
高校 C	787	100.0	22.5	51.1	24.4	2.0
三校合计	1 899	100.0	14.1	53.8	27.5	4.6

资料来源：实地调查。

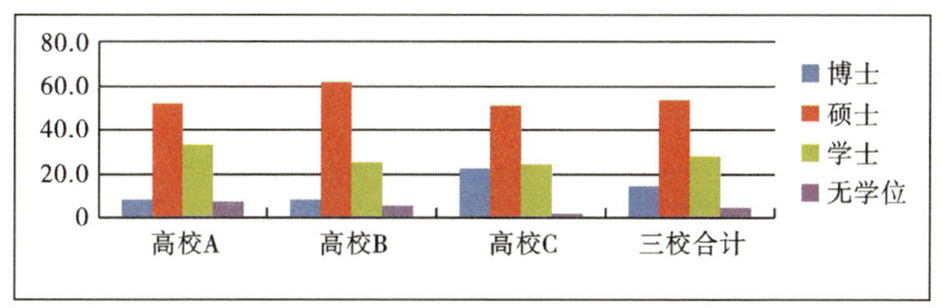

图 4-6　2015 年广西三所地方本科院校专任教师队伍学历结构状况（%）

（三）地方本科院校教师队伍学历结构的变迁特点

从地方本科院教师队伍学历结构变迁视角来看，多年来拥有博士学位的教师比例过小、拥有学士学位的教师比例过大，“本科生指导本科生”状况一直都比较突出，在大扩招初期这一问题尤为严重。虽然近年来此种情况得到逐步缓解，但结构调整的任务还很艰巨，跟发达国家同类高校相比差距还很大。对 2004—2005 年度到 2014—2015 年度期间部分年度数据进行统计分析，结果如表 4-8、图 4-7 所示。数据显示，2004—2005 年度，样本高校拥有博士学位的教师比例仅为 9.0%，拥有学士学位及无学位的教师比例占 52.3%，超过五成。2014—2015 年度，老牌地方本科高校拥有博士学位的教师比例达到了 25.5%，跟十年前样本高校相比，提高了两倍多，但拥有学士学位及无学位的教师比例仍占 23.1%；新建本科高校拥有博士学位的教师比例仅有 9.1%，跟十年前样本高校相比，几乎没有变化，但拥有硕士学位的教师比例从 38.7%增长到58.4%，拥有学士学位及无学位的教师比例从52.3%下降到32.5%。虽各年度的对比样本高校并非完全一致，但也可以大体看出教师队伍学历结构变化的基本趋势和基本特点。

表4-8　2004—2014年部分地方本科院校教师队伍学历结构状况（所、人、%）

年度	学校数	人数	比例计	博士	硕士	学士及其他	备注
2004—2005年度	39	26 385	100.0	9.0	38.7	52.3	
2005—2006年度	57	42 906	100.0	9.8	40.5	49.7	
2006—2007年度	57	46 355	100.0	12.1	44.5	43.4	
2007—2008年度	37	31 911	100.0	12.8	47.1	40.1	
2011—2012年度	6	501	100.0	21.2	53.6	25.2	
2014—2015年度	121	—	100.0	25.5	51.4	23.1	老牌地方本科院校
2014—2015年度	394	—	100.0	9.1	58.4	32.5	新建地方本科院校

说明：教师数为专任教师数。

资料来源：2004—2005到2007—2008年度数据来源于教育部高等教育教学评估中心官方网站；2011—2012年度数据来源于实地调查；2014—2015年度数据来源于教育部高等教育教学评估中心．中国高等教育质量报告2014年度［M］．北京：教育科学出版社，2016：83.

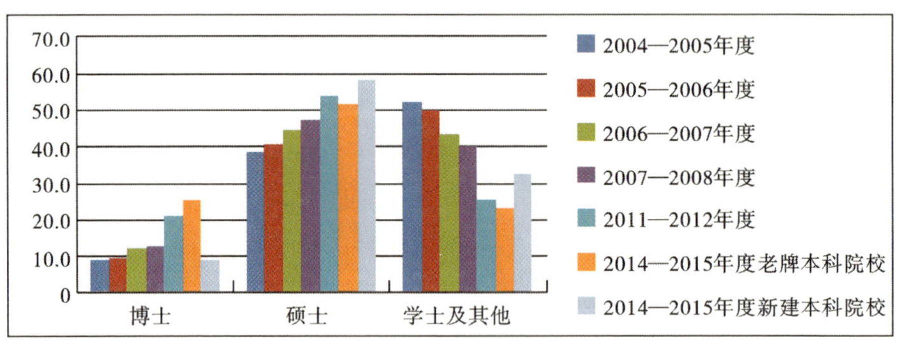

图4-7　2004—2014年部分地方本科院校教师队伍学历结构状况（%）

（四）全国普通高校教师队伍学历结构的纵向比较

从我国整个普通高校系统来看，21世纪以来，教师队伍中高学历的教师比例不断提升，相应的低学历教师比例不断下降。从2000年到2015年十六年间，拥有博士学位的教师比例从原来的6.1%增加到21.5%，增长了15.4个百分点；拥有硕士学位的教师比例从原来的25.2%上升到36.2%，提高了11个百分点；拥有本科学历的教师比例从64.1%下降到41.0%，下降了23.1个百分点；拥有专科及以下学历的教师比例从4.5%下降到1.3%，下降了3.2个百分点。可见，教师队伍学历结构调整取得了明显成效，但是与发达国家比较，差距还非常大。正如第三章所分析，美国全国学位授予高校2003年专职教师队伍的博士学位拥有率为67.8%（含8.2%的第一级专业学位，一般系博士学位）；英国全国高校2011—2012年度专职教师队伍的博士比例为59.8%；日本2013年全国大学部门专职教师队伍的博士比例为51.7%，全国高校（含短期大学和高等专门学校）平均博士教师比例为50.5%。相比之下，我国2015年这一比例才达到21.5%，还没达到美国、英国、日本的一半。可见，从世界学术职业发展趋势要求和我国建设高等教育强国战略需求来看，我国高校教师队伍学历结构调整力度还需不断加强，建设任务还很重，地方本科院校尤其是新建地方本科院校的调整任务还非常艰巨。21世纪前十六年我国全国普通高校专任教师队伍学历结构变迁状况详见表4-9、图4-8所示。

表4-9　2000—2015年全国普通高校专任教师队伍学历结构状况（人、%）

年	人数	比例计	博士	硕士	本科	专科及以下
2000年	462 772	100.0	6.1	25.2	64.1	4.5
2005年	965 839	100.0	9.2	27.9	59.9	3.1
2010年	1 343 127	100.0	14.9	34.5	48.9	1.7
2014年	1 534 510	100.0	20.4	36.0	42.2	1.3
2015年	1 572 565	100.0	21.5	36.2	41.0	1.3

说明：2000年数据中“博士”指获得博士学位教师数，“硕士”包括获得硕士学位和研究生学历但未获得学位教师数两部分，“本科”数据包括学士学位、研究生肄业、本科学历但无学士学位教师数三部分，“专科及以下”含专科毕业和本专科肄业教师数两部分。其他年份的“博士”“硕士”数据分别指获得相应学位教师数，“本科”数据指拥有本科学历教师数，“专科及以下”数据指拥有专科及以下学历教师数。

资料来源：教育部官方网站公开的各年度教育统计数据。

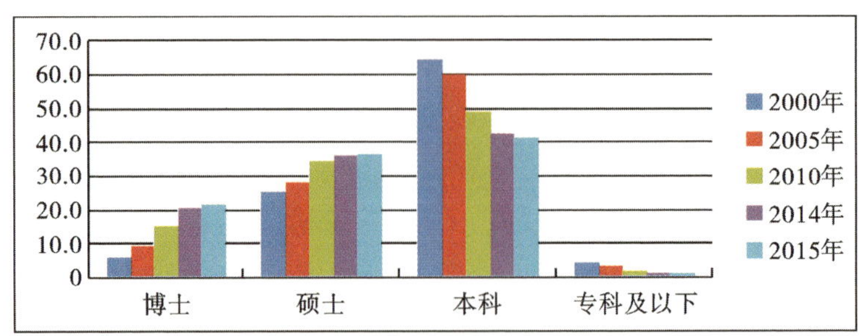

图 4-8 2000—2015 年全国普通高校专任教师队伍学历结构状况（%）

综上所述，当前我国地方本科院校教师队伍的总体学历层次还较低，拥有硕士学历学位教师所占比例最大，占一半左右；拥有博士学位教师比例约占四分之一；拥有本科及其以下学历教师比例约占余下的四分之一，低学历教师所占比例仍较高；各高校情况差异较大，新建本科院校博士教师比例仅占一成左右，跟发达国家一般高校的四成乃至五六成的博士率相比，还存在较大差距。

三、教授职称比例偏低，中低职称比例仍过高的职称结构

当前，我国地方本科院校教师队伍职称结构总体状况是：中级职称教师比例最大，正高职称教师比例偏小，初级职称教师还占有较大比例。

（一）地方本科院校教师队伍职称结构的总体现状

根据教育部高等教育教学评估中心对 545 所本科高校（含 394 所新建本科院校、121 所老牌本科院校、16 所“211 工程”高校、14 所“985 工程”高校，其中，515 所是地方本科院校）2014 年的相关数据进行统计分析，结果显示：在新建本科院校，拥有正高职称教师比例为 8.4%、拥有中级职称教师比例为 43.7%，而拥有初级职称和无职称教师比例为 23.1%，后者接近总数的四分之一。在老牌本科院校中，拥有正高职称教师比例也仅有 14.6%、拥有中级职称教师比例为 43.0%、仅具有初级职称和无职称教师比例仍占有 10.3%。换句话说，老牌本科院校高级职称教师比例平均不到 50%，新建本科院校这一比例仅为 33.2%①。相

① 教育部高等教育教学评估中心．中国高等教育质量报告 2014 年度［M］．北京：教育科学出版社，2016：81.

关情况详见表 4-10、图 4-9 所示。

表 4-10 2014 年度部分本科院校专任教师职称结构状况（%）

学校类型	比例计	正高	副高	中级	初级及其他
14 所“985 工程”高校	100.0	27.5	35.8	32.3	4.4
16 所“211 工程”高校	100.0	23.1	37.4	35.9	3.7
121 所老牌地方本科院校	100.0	14.6	32.1	43.0	10.3
394 所新建地方本科院校	100.0	8.4	24.8	43.7	23.1
全部 545 所本科高校	100.0	10.7	27.1	43.0	19.2

资料来源：教育部高等教育教学评估中心．中国高等教育质量报告 2014 年度［M］．北京：教育科学出版社，2016：81．

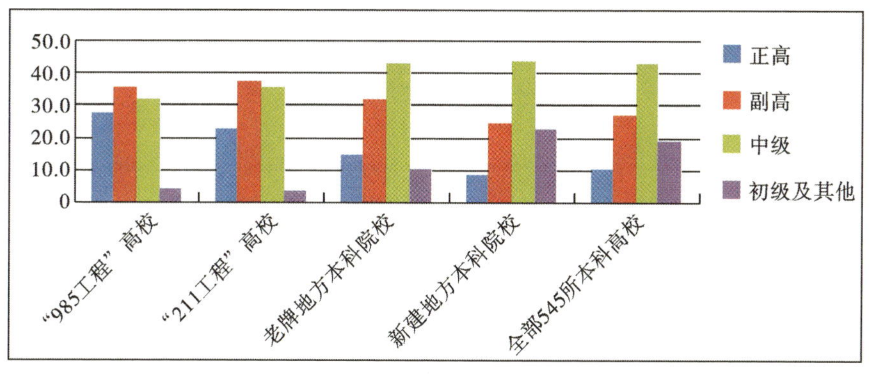

图 4-9 2014 年度部分本科院校专任教师职称结构状况（%）

（二）三所地方本科院校教师队伍职称结构的现状分析

对广西三所地方本科院校（高校 A、高校 B 和高校 C）2015 年度教师队伍职称结构现状进行调查分析，结果发现：在高校 A 和高校 B，拥有正高职称教师比例还没有达到 10%，分别为 9.0%和 3.5%；具有初级和无职称教师比例还很高，两者比例相加，高校 A 达到 35.9%、高校 B 达到 24.7%，其中无职称教师比例高校 A 为 30.3%、高校 B 为 18.5%。老牌本科高校 C 情况要好些，但拥有正高职称教师比例仅为 16.8%，具有初级和无职称教师比例仍占 11.0%。三所高校平均计算，正高职称教师比例不过为 10.8%，而初级职称和无职称教师比例仍高达 22.7%。总之，总体情况仍很不容乐观。详见表 4-11、图 4-10 所示。

表 4-11　2015 年广西三所地方本科院校专任教师队伍职称结构状况（人、%）

高校名称	人数	比例计	正高	副高	中级	初级	未评
高校 A	630	100.0	9.0	20	35.1	5.6	30.3
高校 B	482	100.0	3.5	20.7	51.0	6.2	18.5
高校 C	787	100.0	16.8	35.2	37.0	2.4	8.6
三校合计	1 899	100.0	10.8	26.5	39.9	4.4	18.3

资料来源：实地调查。

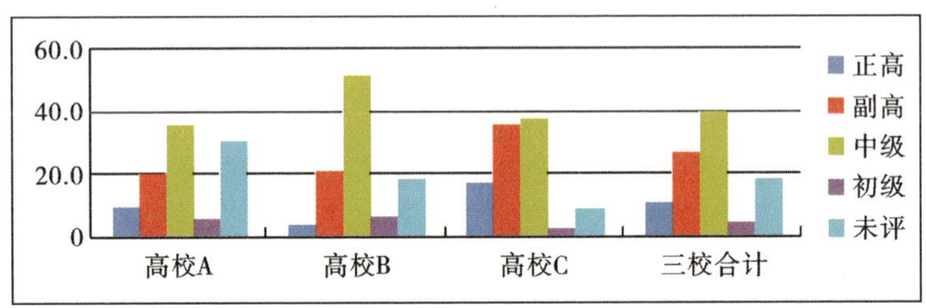

图 4-10　2015 年广西三所地方本科院校专任教师队伍职称结构状况（%）

（三）地方本科院校教师队伍职称结构的变迁特点

从地方本科院校教师队伍职称结构变迁来看，21 世纪以来逐年得到调整，但相对于年龄结构和学历结构而言，职称结构调整步伐总体更为缓慢。对 2004—2005 年度到 2014—2015 年度期间的部分年度相关数据进行统计分析，结果显示，2004—2005 年度，样本高校正高职称教师比例为 11.4%，到 2007—2008 年度，提高到 12.7%；到 2014—2015 年度，老牌地方本科院校样本的这一比例提高到 14.6%，十年仅上升了 3.2 个百分点；新建本科院校样本的这一比例仅为 8.4%，比 2004—2005 年度样本高校的比例还低。在低职称一端，2014—2015 年度样本高校与 2004—2005 年度样本高校相比，助教职称的教师比例从 26.6% 分别下降到 10.3%（老牌高校）和 23.1%（新建高校），分别下降了 16.3 个百分点和 3.5 个百分点。总体来说，教师队伍职称层次还偏低，一些高校多年来存在着“零教授二级学院”现象。这说明我国地方本科院校的教师队伍总体实力还偏弱，个别高校尤其突出，还没有很好适应举办现代本科层次高等教育的需要。相关情况详见表 4-12、图 4-11 所示。

表 4-12　2004—2014 年部分地方本科院校专任教师队伍职称结构状况（所、人、%）

年度	学校数	人数	比例计	教授	副教授	讲师	助教等	备注
2004—2005 年度	38	26 385	100.0	11.4	28.9	33.1	26.6	
2005—2006 年度	55	42 319	100.0	11.8	28.4	34.6	25.2	
2006—2007 年度	55	45 748	100.0	12.5	28.0	36.7	22.8	
2007—2008 年度	36	31 278	100.0	12.7	28.3	36.7	22.3	
2011—2012 年度	6	501	100.0	9.2	31.6	52.8	6.4	
2014—2015 年度	121	—	100.0	14.6	32.1	43.0	10.3	老牌地方本科院校
2014—2015 年度	394	—	100.0	8.4	24.8	43.7	23.1	新建地方本科院校

资料来源：2004—2005 到 2007—2008 年度数据来源于教育部高等教育教学评估中心官方网站。2011—2012 年度数据来源于实地调查。2014—2015 年度数据来源：教育部高等教育教学评估中心．中国高等教育质量报告 2014 年度［M］．北京：教育科学出版社，2016：81.

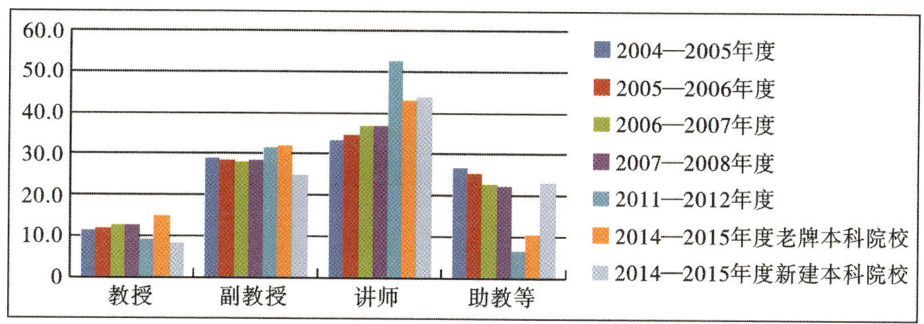

图 4-11　2004—2014 年部分地方本科院校专任教师队伍职称结构状况（%）

（四）全国普通高校教师队伍职称结构的纵向比较

从全国普通高校系统来看，随着大扩招政策的实施，教师资源的补充步伐跟不上学生规模的扩大速度，在 21 世纪前 10 年，我国普通高校专任教师队伍中的高级职称尤其是正高职称的教师比例很小，2000 年、2005 年、2010 年正高职称教师比例仅分别为 9.4%、10.0%、11.1%。另外，初级职称教师比例分别为 19.3%、22.2%、17.2%；无职称教师比例分别为 5.3%、6.7%、5.2%。近年来总体情况有所好转，2014 年正高和副高职称教师比例分别为 12.3%、29.2%；初级职称和无职称教师比例分别为 12.8%、5.7%。2015 年正高和副高职称教师比例分别为 12.5%、29.4%；初级职称和无职称教师比例分别为 12.2%、6.0%。从发展趋势看，教师队伍职称结构逐步有所优化，但步伐还非常缓慢。以正高职称教师比例的变化为例，从 2000 年到 2005 年，其比例仅提高了 0.6 个百分点；从 2005 年到 2010 年，仅继续提高了 1.1 个百分点；从 2010 年到 2015 年，仅提高了 1.4 个百分点。正如前文第三章分析所知，2013 年，美国全国学位授予高校专职教师队伍中教授、副教授、助教授、教员、讲师职称教师比例分别为 22.9%、19.6%、21.0%、12.5%、4.6%，另有 19.3%为“其他”类型教师。2013—2014 年度，全英高校学术人员队伍中各职称教师比例分别是：资深讲师为 14.5%、学术领导者占 2.5%、教授占 10.6%、B 级讲师占 27.3%、A 级讲师占 32.7%、研究助理占 12.5%。2016 年日本全体高等教育机构专职教师队伍中教授、准教授、讲师、助教、助手比例分别为 38.9%、24.0%、12.1%、21.8%、3.2%。可见我国情况与发达国家相比差距之大。2000—2015 年部分年度我国普通高校专任教师队伍职称状况详见表 4-13、图 4-12 所示。

表 4-13　2000—2015 年全国普通高校专任教师队伍职称结构状况（人、%）

年	人数	比例计	正高	副高	中级	初级	未定职
2000	462 772	100.0	9.4	30.0	36.0	19.3	5.3
2005	965 839	100.0	10.0	28.8	32.3	22.2	6.7
2010	1 343 127	100.0	11.1	28.1	38.5	17.2	5.2
2014	1 534 510	100.0	12.3	29.2	40.0	12.8	5.7
2015	1 572 565	100.0	12.5	29.4	39.9	12.2	6.0

说明：2000 年职称分别是“教授”“副教授”“讲师”“助教”“教员”，其他年度分别为“正高”“副高”“中级”“初级”“未定职”。

资料来源：教育部官方网站公开的各年度教育统计数据。

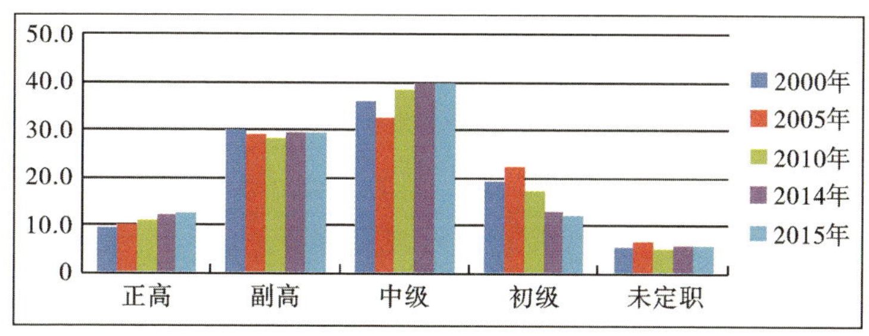

图 4-12　2000—2015 年全国普通高校专任教师队伍职称结构变化（%）

综上所述，我国地方本科院校教师队伍中高级职称尤其是正高职称教师的比重长期偏低，中级职称教师占据最大比重，低级职称教师比例仍然偏高，各高校发展不平衡，新建本科院校仅有一成左右的正高职称教师比例，部分高校教师队伍职称结构不合理甚至失衡的问题较为严重。这种状况意味着教师队伍整体实力偏低、能力素质偏弱，不能很好适应高等教育改革发展的新需要。

四、趋同求全，重分化轻综合，特色不够鲜明的学科结构

按照 1981 年颁布的《中华人民共和国学位条例暂行实施办法》，我国将整个科学体系划分为哲学、经济学、法学、教育学、文学、历史学、理学、工学、农学、医学十大学科门类，2001 年增加管理学，后来增加了军事学，2012 年又增加了艺术学，构成了我国目前的十三个学科门类。除军事学之外的十二个学科门类又可以划分为自然学科、社会学科和人文学科三大类，其中理工农医属于自然学科，经管法教属于社会学科，文史哲艺属于人文学科。每个学科门类下面又划分为多个专业，每一个专业还可以划分出下一级专业或不同的专业方向。

从学科专业发展的资源依赖角度来说，设置、支撑、建设、发展某一个学科专业所依赖的资源主要有两类：一是师资，这是最关键资源；二是设备等物质条件。因此，一所高校、一个地区乃至一个国家学科专业设置布局以及发展情况，可以大体反映出该高校、该地区教师队伍的学科背景结构状况。其中，国家专业目录中基本专业的布局和发展状况反映出基本学科教师队伍的构成特点和总体实力，特设专业的布局和发展状况反映出特色专业、优势专业、前沿专业（反映到学科上就是特色

学科、优势学科、前沿学科）师资的拥有状况、构成状况和实力状况。下文通过分析某一地区地方本科院校本科专业的布局和发展状况、高校二级教学单位的设置状况来说明高校教师队伍的学科结构状况。

（一）地方本科院校教师队伍学科结构的总体现状

我国地方本科院校自21世纪以来得到快速发展，规模不断扩大，学科不断布局，高校不断升格。从学科建设情况来看，各高校发展的基本趋势是：不仅学科数量不断增多，从单科性变成多科性乃至综合性，而且每个学科的专业数量不断扩展，相关学科背景的师生规模不断扩大。概括起来，我国地方本科院校在学科结构上主要存在以下三个问题：一是“求大和求全”的倾向比较严重，各高校都拼命往综合性方向发展，都想通过学科布局的“大而全”来实现升格和“申大”更名（即申请将“学院”更名为“大学”）的目的。二是“盲目和趋同”的特点比较明显，各高校没有很好根据自身实际和地方经济社会发展需要，不够注重特色发展、错位发展和精致发展，而是有着明显的盲目攀比、趋同发展的痕迹，缺乏自身明显的办学特色。三是“分化和分隔”的布局比较突出，各高校普遍设置过多过细的二级教学单位，各学科设置过多过细的专业乃至专业方向，但又缺乏促进各学科专业交流、交叉、综合、融合的机构和机制，人为阻隔不同学科教师之间的有效交流，阻碍不同学科之间的交叉融合。上述三个问题紧密相关，尤其是第一个问题和第二个问题之间关联更紧。由于各高校存在上述三个问题，在整体上又导致了全国（或省市）高校不同学科背景师资数量配备重复、分散、缺乏各自特色，从而不够适应科学发展规律、社会发展需要和人才培养类型需求等。下文通过考察广西地方本科院校教师队伍学科结构和全国普通高校教师队伍学科结构来说明上述观点和阐释相关问题。

（二）地方本科院校教师队伍学科结构的省域分析

以广西为例，通过分析全广西地方本科高校（广西有一所省部共建、以省为主的“211工程”高校，因管理权限“以省为主”，本书将其视为地方本科高校，因此，广西所有本科高校都是地方本科高校）本科专业设置情况来说明广西高校学科专业布局和发展情况，进而从一定程度上解释广西地方本科院校教师队伍的学科结构。

首先，从学科专业布点情况来看，广西的学科结构以经管教艺为重、以哲史农为轻。2015 年，广西共有普通本科院校 27 所、独立学院 9 所，共设置 266 种本科专业、1 300 个本科专业点（1 所高校设置 1 个专业，称为 1 个专业点），其中国控专业 24 种、95 个专业点，基本专业 232 种、1 244 个专业点，特设专业 34 种、56 个专业点。在基本专业方面，广西地方本科高校中设置率（对照于国家颁布的专业目录）最高的前四个学科分别是经济学、管理学、教育学、艺术学，专业设置率分别是 100%、93.8%、92.3%、89.7%；设置率最小的三个学科分别是历史学、文学、哲学，专业设置率分别为 25.0%、30.6%、33.3%，12 大学科门类基本专业设置率平均为 65.9%。在特设专业方面，设置率最高学科有艺术学和文学，设置率分别为 100%和 50%；设置率最低的学科有哲学、史学、理学、农学、医学、法学，设置率分别为 0、0、0、11.1%、11.1%和 15.8%，12 大学科门类特设专业设置率平均为 20.8%。可见，经管教艺等办学条件要求不太高（相对工科而言）的热门专业发展迅速、规模较大，而哲史农等冷门基础性学科专业（指哲史）发展缓慢。广西的区位和资源具有以下但不限于以下特点：第一，广西是沿海、沿边省份，跟东盟各国建立了较为良好的合作发展机制；第二，广西属亚热带季风气候区，亚热带动植物资源非常丰富；第三，广西是少数民族大省，少数民族特色资源丰富；第四，广西铝锰等矿产资源和水电、旅游资源丰富。但从学科专业设置与地方特色资源的契合度来看，目前的涉海、涉农、涉外以及有关民族文化资源等学科专业发展还比较滞后。2015 年广西本科专业设置率详见表 4-14、图 4-13 所示。

表 4-14　2015 年广西地方本科院校本科专业设置状况（个、%）

序号	学科	基本专业			特设专业		
		专业目录数	已设专业	%	专业目录数	已设专业	%
1	哲学	3	1	33.3	1	0	0
2	经济	10	10	100	7	2	28.6
3	法学	13	9	69.2	19	3	15.8

续表

序号	学科	基本专业			特设专业		
		专业目录数	已设专业	%	专业目录数	已设专业	%
4	教育	13	12	92.3	3	1	33.3
5	文学	72	22	30.6	4	2	50.0
6	历史	4	1	25.0	2	0	0
7	理学	28	20	71.4	8	0	0
8	工学	104	73	70.2	65	14	21.5
9	农学	18	10	55.6	9	1	11.1
10	医学	26	18	69.2	18	2	11.1
11	管理	32	30	93.8	14	3	21.4
12	艺术	29	26	89.7	4	4	100
合计		352	232	65.9	154	32	20.8

资料来源：广西教育厅．关于发布 2015 年广西普通高校本科专业布局引导信息的通知（桂教高教〔2015〕43 号）[Z]．2015-06-07.

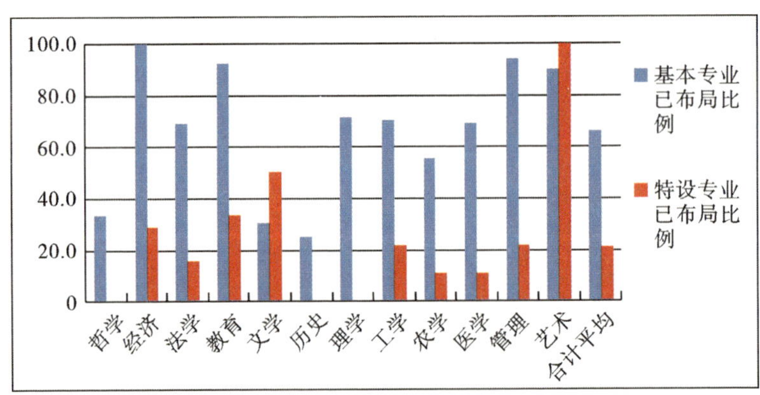

图 4-13　2015 年广西地方本科院校本科专业设置状况（%）

其次，从学科专业的校际布局趋同状况来看，广西有不少专业的高校设置趋同率比较高，反映出热门专业普遍受追捧的趋势，同时也反衬出冷门专业受到一定程度冷落的状况。据统计，广西目前共有 36 所本科院校，其中 9 所独立学院，8 所医、艺、航天、旅游、警官等行业性非常强的专业性学院，2015年共有28所高校设置有市场营销本科专业，占高校总数的77.8%，该专业的高校设置趋同频率最高。其他高校设置趋同率较高的专业还有：英语专业，趋同频率为27（指共有27所高校同时设置英语专业，下同），趋同高校比例为75.0%（指趋同高校数占全体高校数量的比例，下同）；计算机科学与技术专业，趋同频率为25，趋同高校占比为69.4%；环境设计专业和视觉传达设计专业，趋同频率都同为24，趋同高校占比为66.7%。趋同频率最高的20个本科专业详见表4-15、图4-14所示。从一级学科角度来看，在趋同率最高的20个专业中，管理学占了7个专业，共布点126个，占全广西高校本科专业总布点数1 300个的9.7%；其次是艺术学科，有4个专业，共布点81个，占全广西高校专业总布点数的6.2%。学科专业设置趋同较高，说明学科资源（包括教师资源）配置分散或者存在重复建设的现象。

表4-15　2015年广西地方本科院校趋同率最高的20个本科专业（所、%）

编号	学科	专业	设置学校数	占总学校数比例	排序或说明
1	管理	市场营销	28	77.8	1
2	管理	财务管理	19	52.8	并列7
3	管理	旅游管理	18	50.0	9
4	管理	信息管理与信息系统	16	44.4	并列13
5	管理	公共事业管理	16	44.4	并列13
6	管理	人力资源管理	15	41.7	并列17
7	管理	工商管理	14	38.9	并列19
	小计		126	9.7	分母为1 300
8	文学	英语	27	75.0	2
9	文学	汉语国际教育	17	47.2	并列10
10	文学	汉语言文学	17	47.2	并列10
	小计		61	4.7	分母为1 300
11	工学	计算机科学与技术	25	69.4	3
12	工学	电子信息工程	19	52.8	并列7
13	工学	通信工程	16	44.4	并列13

续表

编号	学科	专业	设置学校数	占总学校数比例	排序或说明
14	工学	软件工程	14	38.9	并列 19
	小计		74	5.7	分母为 1 300
15	艺术	环境设计	24	66.7	并列 4
16	艺术	视觉传达设计	24	66.7	并列 4
17	艺术	服装与服饰设计	17	47.2	并列 10
18	艺术	产品设计	16	44.4	并列 13
	小计		81	6.2	分母为 1 300
19	经济	国际经济与贸易	20	55.6	6
20	理学	数学与应用数学	15	41.7	并列 17
	合计		377	29.0	分母为 1 300

资料来源：广西教育厅．关于发布 2015 年广西普通高校本科专业布局引导信息的通知（桂教高教〔2015〕43 号）[Z]．2015-06-07.

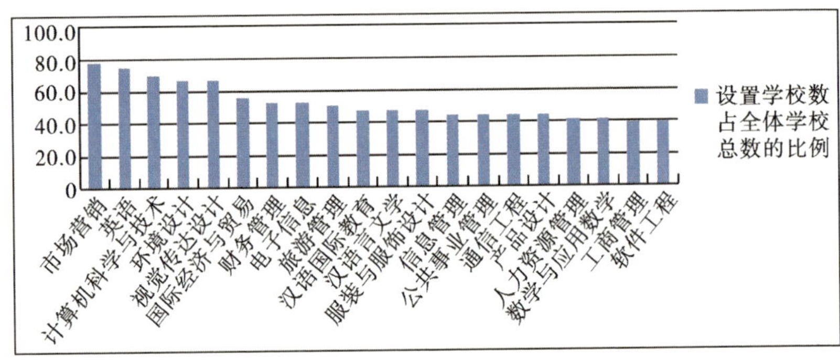

图 4-14　2015 年广西地方本科院校趋同率最高的 20 个本科专业（%）

再次，从近几年广西高校学科专业布局调整状况来看，总体调整步伐较慢，一些比较冷门的基础性专业，发展进程仍显缓慢。2015 年，广西共设置 1 300 个专业点，哲学仅占 0.15%、历史学占 0.46%、农学占 1.08%、法学占 3.31%、经济学占 4.15%，2015 年和 2012 年相比，各学科比例变化小，学科排序不变。从三大学科比较来看，2012 年自然学科、社会学科、人文学科的专业布局占比分别是 44.4%、29.1%、26.5%；2015 年上述三个比例分别为 43.8%、30.2%、26.0%。详见

表 4-16、图 4-15、图 4-16 所示。

表 4-16　2012、2015 年广西地方本科院校本科专业布点状况（个、%）

		2012 年			2015 年			2015 比 2012 变化数
		布点数	%	排序	布点数	%	排序	
自然学科	理	115	10.7	5	122	9.4	5	－1.3
	工	302	28.1	1	370	28.5	1	0.4
	农	14	1.3	10	14	1.1	10	－0.2
	医	46	4.3	7	63	4.9	7	0.6
	小计	477	44.4		569	43.8		－0.6
社会学科	经	39	3.6	8	54	4.2	8	0.6
	法	38	3.5	9	43	3.3	9	－0.2
	教	57	5.3	6	65	5.0	6	－0.3
	管	179	16.7	2	231	17.8	2	1.1
	小计	313	29.1		393	30.2		1.1
人文学科	文	120	11.2	4	146	11.2	4	0
	史	5	0.5	11	6	0.5	11	0
	哲	1	0.1	12	2	0.2	12	0.1
	艺	159	14.8	3	184	14.2	3	－0.6
	小计	285	26.5		338	26.0		－0.5
合计		1 075	100.0		1 300	100.0		225

说明：最后一列数据有负号表示减少，否则表示增加。

资料来源：广西教育厅．关于发布 2015 年广西普通高校本科专业布局引导信息的通知（桂教高教〔2015〕43 号）［Z］．2015-06-07.

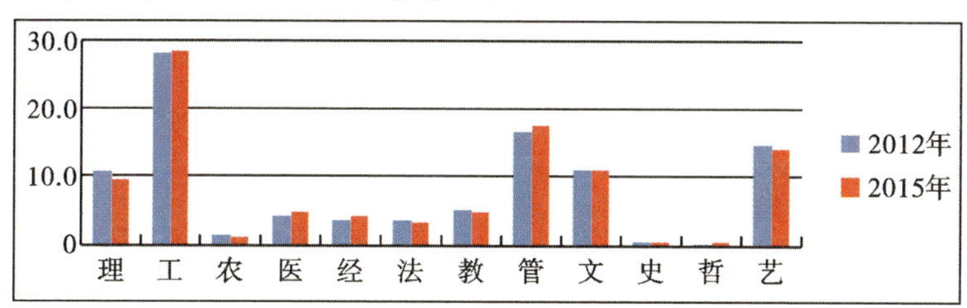

图 4-15　2012、2015 年广西地方本科院校本科专业布点状况（%）

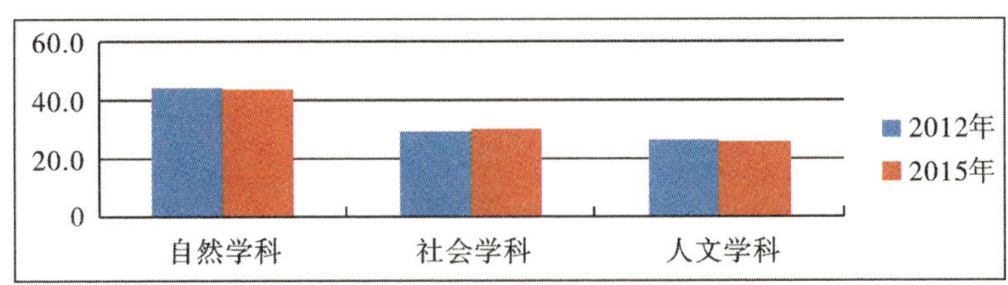

图 4-16　2012、2015 年广西地方本科院校三大学科布点状况（%）

最后，从学科发展所依托的机构设置情况来看，广西各本科高校二级教学机构设置普遍过多过细，院系教师规模普遍偏小。大体来看，几乎每所本科高校设置十多个二级教学单位，有的达到 20 个甚至 30 个二级教学单位。党政、教辅等机构设置也存在相似情况。从变化趋势来看，2016 年和 2011 年相比，极个别本科高校二级教学单位和专业学院设置数量有所减少，但绝大部分本科高校都有所增加。2011 年，15 所本科高校平均设置二级教学单位 13.4 个，到 2016 年 18 所高校平均设置二级教学单位数量增加到 18.2 个，平均增长了 4.8 个；平均设置专业学院数量从 2011 年的 11.6 个增加到 14.2 个，增多了 2.6 个。广西地方本科院校二级教学单位设置基本状况详见表 4-17 所示。总之，高校教学机构设置的过度细化或“精细化”，容易导致学科教师资源过度分散，影响不同学科甚至相近学科背景教师之间的学术交流，制约学科交叉生长和融合发展。

表 4-17　2011、2016 年广西地方本科院校二级教学单位设置状况（个）

学校编号	二级教学单位		专业学院		备　注
	2011 年	2016 年	2011 年	2016 年	
1	31	33	26	27	
2	24	21	21	18	
3	19	28	14	18	
4	15	19	12	13	
5	18	19	13	14	
6	19	19	16	16	
7	17	23	15	20	

续表

学校编号	二级教学单位		专业学院		备　注
	2011年	2016年	2011年	2016年	
8	14	19	12	16	
9	17	13	15	11	
10	12	14	11	10	
11	11	7	11	6	
12	13	19	12	17	
13	10	20	10	15	
14	11	18	10	13	
15	11	15	11	12	
16		15		10	2011年未升本
17		12		8	2011年未升本
18		13		12	2011年未升本
合计	242	327	209	255	
平均	13.4	18.2	11.6	14.2	

说明：1. 二级教学单位和专业学院有所不同，前者包含后者。专业学院一般指以学科为依托、以专业为平台，独立举办专业（有招生计划、有人才培养）的二级教学单位。比如，外国语学院、体育学院等举办有自己专业（有招生、有培养），所以，它们既是二级教学单位也是专业学院；而继续教育学院、国际教育学院、马克思主义学院（社会科学教学研究部）、大学外语教学部、公共体育教学部等二级机构，由于没有独立举办专业，所以，它们属于二级教学单位，但不是专业学院。2. 本表不计独立学院。3. 广西各高校分校目前规模还比较小，为简化分析，本书将一个分校当成一个二级教学单位统计，但不计入专业学院。

资料来源：各高校官方网站。2011年数据查询日期是2012年3月10日，2015年数据查询日期为2017年2月20日。

（三）全国普通高校教师队伍学科结构的纵向比较

有关全国普通高校专任教师的学科背景信息，教育部官方网站仅公开到2009年数据。本书将2000年和2009年的相关数据进行对比分析发现，规模最大的三个学科背景教师分别是工科、文科和理科教师，

2000年上述三大学科背景教师数占全国普通高校教师总数的比例分别为27.6%、18.2%和17.1%，2009年上述三个比例分别为27.2%、21.2%和12.0%，其中理科背景教师比例下降较快，9年下降了5个百分点。三个规模最小的学科背景教师分别为史学、法学和农学教师，2000年上述三个学科背景教师比例分别为1.8%、3.0%和3.3%，2009年上述三个比例分别为1.2%、4.4%和2.6%，有两个比例不仅没有上升，反而有所下降，说明在这一时期史哲农等冷门学科仍然没有得到应有的重视。另外，虽然2009年我国高校文学教师比例很高，达到21.2%，但是仅外语教师就占了其中的44.7%，差不多占了一半。此外，我国是一个农业大国，农业生产和储藏加工的科技含量还比较低，但农学教师比例仅占3%左右。从自然学科、社会学科、人文学科三大学科结构来看，自然学科占一半左右，另外两大学科分别占四分之一左右。各学科教师比例详见表4-18、图4-17、图4-18所示。

表4-18　2000、2009年全国普通高校专任教师学科结构状况（人、%）

年	2000年	2009年	2009年比2000年变化数
人数计	462 772	1 295 248	832476
比例计	100.0	100.0	
哲学	3.4	3.0	－0.4
经济学	8.2	6.0	－2.2
法学	3.0	4.4	1.4
教育学	9.6	8.4	－1.2
文学	18.2	21.2	3
历史学	1.8	1.2	－0.6
理学	17.1	12.0	－5.1
工学	27.6	27.2	－0.4
农学	3.3	2.6	－0.7
医学	7.8	6.9	－0.9
管理学		7.2	7.2

说明：1. 2000年管理学归属于经济学。2. 最后一列数据前面有负号表示减少，否则表示增加。

资料来源：教育部官方网站公开的各年度教育统计数据。

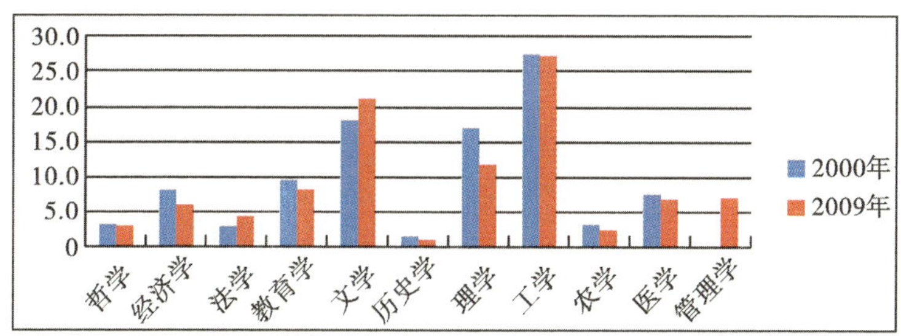

图 4-17　2000、2009 年全国普通高校专任教师学科结构状况（人、%）

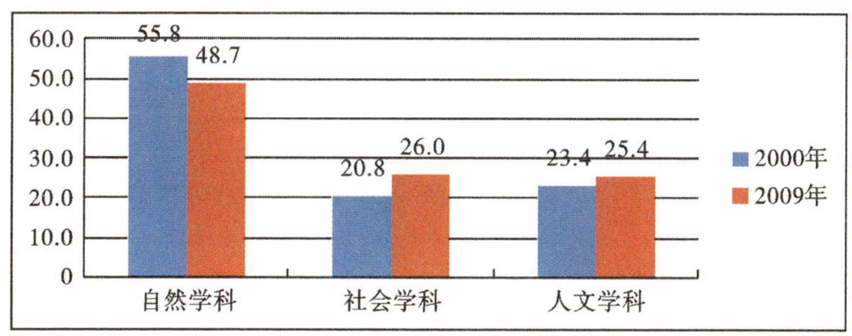

图 4-18　2000、2009 年全国普通高校专任教师三大学科背景结构状况（%）

综上所述，我国地方本科院校有的升格本科不久、办学基础比较薄弱，有的办学历史较长但竞争力还较欠缺，在学科师资配置上大都存在以下问题：一是学科专业布局校际趋同较多，普遍布局过多学科，规模扩张过大，学科专业发展对接地方经济社会发展不够紧密，各校学科专业特色不够明显。二是有热门过热、冷门过冷的现象，这一问题跟前面第一个问题有一定关系。一些热门专业布局较快，办学条件没有及时跟上，影响学科专业建设质量，还容易引起后续发展的学科结构性失衡或毕业生的结构性失业等问题。相反，一些基础性学科专业、高冷深奥学科专业、纯学理学科专业长期得不到足够重视，这将会影响其他学科的发展后劲和学科体系的整体格局。三是校内学科布局普遍划分过细，影响不同乃至相近学科背景师资的有效整合以及不同学科背景教师之间的交流交往。

五、类别欠丰富，来源空间窄，高层学缘较少的学缘结构

我国地方本科院校教师队伍学缘结构存在的主要问题是学缘类别性较少，本地化程度较高，学缘来源的地理覆盖范围不够广，高层学缘比例偏少。

（一）近亲繁殖有所缓解，但学缘类别多样性有待提高

学术活动重在交流与创新，学术交流是学术的命脉①。只有不同观点、不同方法、不同思维、不同信息之间交流才更有价值、更有效益。学缘多样性有利于高校形成“百花齐放、百家争鸣”的学术环境，有利于教师间学习互鉴、激发创新。

调查显示，随着高等教育系统改革不断深化，我国地方本科院校教师近亲繁殖现象得到逐步缓解，多数地方本科院校尤其是新建本科院校的教师本校毕业率不高。首先，在 2008 年接受教育部本科教学评估样本高校中，教师近亲繁殖率从 2004—2005 年度的 24.0%下降到 2007—2008 年度的 19.1%，呈现逐年降低趋向。其次，在 2011—2012 年度实地调查的 501 名地方本科高校样本教师中，本科学缘近亲率为 28.9%、硕士学缘近亲率为 25.1%、博士学缘近亲率为 5.5%。再次，在 2014—2015 年 121 所老牌地方本科院校样本中，教师近亲繁殖率平均为 21.2%；在当年度 394 所新建本科院校样本中，教师近亲繁殖率平均仅为 2.6%。详见表 4-19、图 4-19 所示。可见，我国地方本科院校教师本校毕业率总体并不高，不像一些研究型大学那样突出。

我国地方本科高校之所以教师本校毕业率总体较低，有以下几个方面原因：第一，高校管理者对近亲繁殖弊端有了更清醒的认识，近亲式招聘行为有所遏制。第二，随着教师招聘学历标准的提高，没有硕点博点或者硕点博点数量很少的地方高校逐步丧失了近亲繁殖的基础条件，即地方高校尤其是新建本科院校没有资格培养自己的教师。因此，新建本科院校教师近亲率一般更低。

---

① 托尼·比彻，保罗·特罗勒尔．学术部落及其领地：知识探索与学科文化［M］．唐跃勤，蒲茂华，陈洪捷，译．北京：北京大学出版社，2008：110.

表 4-19　2004—2014 年地方本科院校教师队伍学缘结构状况（所、人、%）

年度	学校数	人数	比例计	本校毕业	外校毕业	备注
2004—2005	39	26 343	100.0	24.0	76.0	
2005—2006	56	42 194	100.0	21.5	78.5	
2006—2007	56	45 592	100.0	20.2	79.8	
2007—2008	36	31 006	100.0	19.1	80.9	
2011—2012	6	501	100.0	28.9	71.1	本科学缘
	6	501	100.0	25.1	74.9	硕士学缘
	6	501	100.0	5.5	94.5	博士学缘
2014—2015	121	—	100.0	21.2	78.8	老牌本科院校 海外学缘 3.7
2014—2015	394	—	100.0	2.6	97.4	新建本科院校 海外学缘 3.4

说明：2011 年度的本科学缘和硕士学缘不一定是最高学历的学缘。

资料来源：2004—2005 年度到 2007—2008 年度数据来源于教育部高等教育教学评估中心网站；2011—2012 年度数据来源于实地调查；2014—2015 年度数据来源于教育部高等教育教学评估中心. 中国高等教育质量报告 2014 年度［M］. 北京：教育科学出版社，2016：83.

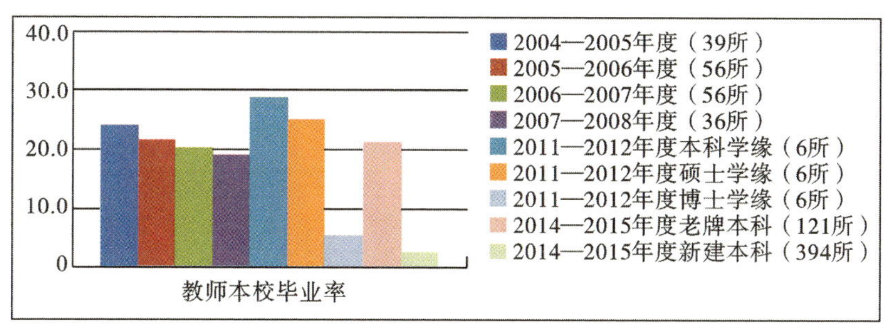

图 4-19　2004—2014 年地方本科院校教师队伍学缘结构状况（%）

但是，有些办学历史较长、办学实力较强的地方本科高校（或在某些二级学院），教师近亲繁殖率仍然偏高。有学者对 2007—2008 年度的 2637 名地方本科院校教师进行问卷调查，结果发现，“获得最高学位的学校留校任教的大学教师”比例为29.8%（另有3.8%为缺失率）①。据对另一种高校样本进行统计，即2008年接受教育部评估的36所地方本科院校中（共有教师31 006人），仍有30.6%高校教师本校同缘率在三成以上，最高同缘率达到58.0%，即还有不少地方本科院校教师本校比例率达到40%左右。详见表4-20、图4-20所示。

表4-20　2007—2008年度36所地方本科院校教师队伍学缘结构状况（人、%）

学校编号	人数	比例计	本校毕业率	外校毕业率
1	185	100.0	37.3	62.7
2	625	100.0	37.9	62.1
3	603	100.0	43.3	56.7
4	1 208	100.0	38.4	61.6
5	1 103	100.0	23.0	77.0
6	1 005	100.0	16.4	83.6
7	872	100.0	0.2	99.8
8	486	100.0	0.6	99.4
9	1 161	100.0	38.1	61.9
10	1 345	100.0	11.1	88.9
11	932	100.0	27.2	72.8
12	765	100.0	13.2	86.8
13	802	100.0	4.6	95.4
14	1 171	100.0	38.2	61.8
15	1 047	100.0	35.4	64.6
16	398	100.0	29.9	70.1
17	1 215	100.0	8.6	91.4
18	536	100.0	39.7	60.3
19	731	100.0	9.8	90.2
20	487	100.0	0.6	99.4

① 林杰．中美两国大学教师“近亲繁殖”之比较［J］．高等教育研究，2009（12）：44-45.

续表

学校编号	人数	比例计	本校毕业率	外校毕业率
21	1 569	100.0	1.9	98.1
22	970	100.0	34.7	65.3
23	434	100.0	10.6	89.4
24	830	100.0	12.2	87.8
25	1 874	100.0	16.3	83.7
26	771	100.0	16.7	83.3
27	495	100.0	1.4	98.6
28	692	100.0	0.1	99.9
29	1 273	100.0	58.0	42.0
30	745	100.0	15.4	84.6
31	1 710	100.0	10.2	89.8
32	695	100.0	9.5	90.5
33	517	100.0	5.2	94.8
34	375	100.0	7.7	92.3
35	699	100.0	5.4	94.6
36	680	100.0	1.6	98.4
总体平均	31 006	100.0	19.1	80.9

说明：其中1～19编号的19所学校为省城高校，20～36编号的17所高校为地级市高校。

资料来源：教育部高等教育教学评估中心官方网站。

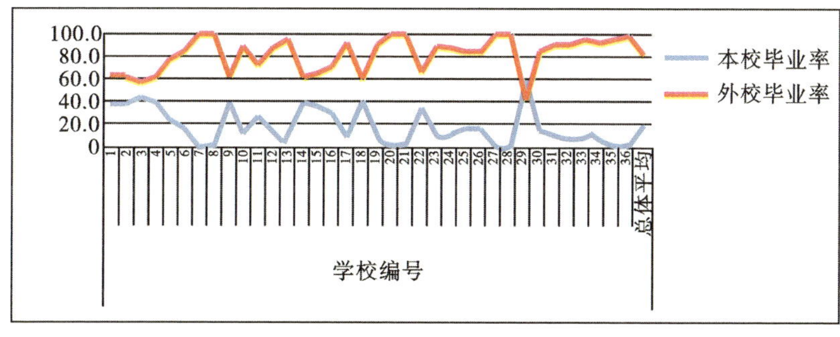

图 4-20　2007—2008 年度 36 所地方本科院校教师队伍学缘结构状况（%）

教师总数和学缘类别总数之间的比例，反映了某一个教师队伍学缘的丰富性和多样性。对某一地方本科院校G高校一个二级学院全体专任教师共49人的最高学历学缘进行完全式调查，结果发现，49名教师最高学历总共毕业于21所不同的高校，教师总数和最高学历学缘类别数的比值为2.3∶1。相比之下，美国加州大学伯克利分校生物工程系共有27名教师，其最高学历毕业于19所不同的高校，教师总数与最高学历学缘类别数之比为1.4∶1①，前者是后者的1.6倍。虽然美国加州大学伯克利分校是个别案例，但是，考察教师总数与学缘类别数之比，是分析教师队伍学缘结构的视角之一，我国部分地方本科高校的这一比例还偏高。

（二）远缘杂交有新气象，但学缘空间覆盖面仍较窄

经过近十年的快速发展，我国高等教育开放程度不断提高，高校教师招聘渠道不断多样，师资招聘地理范围不断扩大，教师队伍学缘来源高校的地理性分布范围不断扩展，外省乃至国外学缘比例有所增加。即使是在地方高校，教师队伍学缘结构也开始呈现出远缘杂交的迹象。从实证调查的501名样本地方本科院校教师的三级学历学缘来看，有30.5%的学士学缘来自省外高校，有47.6%的硕士学缘来自省外高校和国外高校（其中国外学缘占0.5%），有76.4%的博士学缘毕业于省外高校。从某一地方本科院校G高校一个二级学院共49名全体教师的最高学历学缘来看，国内其他省市高校学缘占26.5%、海外高校学缘占6.1%。在整个学院的教师队伍中，国内的东、中、西部高校和海外的亚洲和大洋洲高校学缘都占有了一定比例。可见，教师队伍学缘远缘杂交呈现好趋向。

但同时也要看到，我国地方本科院校教师队伍学缘本地繁殖程度仍较高，教师队伍学缘来源高校的地理覆盖面仍不够广，除了本校学缘（即近亲）占一定比例外，还有较大比重学缘来自本省市，来自省外学缘比例仍偏低，海外学缘比例过小。501名样本地方本科院校教师学缘

---

① 阎光才．精神的牧放与规训：学术活动的制度化与学术人的生态［M］．北京：教育科学出版社，2011：104-105．

状况的实证调查结果显示，有69.6%的学士学缘毕业于本省高校（其中28.9%毕业于本校），有52.3%的硕士学缘毕业于本省高校（其中25.1%毕业于本校）；虽然博士学缘中来源于外省的比例较高，但地方高校拥有博士学位的教师比例本来就小，因此，总体而言，外省及国外的学缘比重过低。从G高校一个二级学院49名全体教师最高学历学缘来源的地理位置来看，本省高校学缘占67.3%，来自中部两个省的学缘就占了71.4%，东部是经济发达和高等教育发达地区，但来自东部高校学缘仅占20.4%。另有来自西部高校学缘占2.0%。此外，来自海外学缘的教师不仅比例很低，而且也主要来自亚洲地区。详见表4-21、图4-21、表4-22、图4-22、表4-23、图4-23所示。可见，我国地方本科院校教师队伍学缘本地繁殖程度仍较高，教师队伍学缘来源高校的地理覆盖面仍不够广。

表4-21　501名地方本科院校教师学缘来源地理分布状况（%）

		学士学缘		硕士学缘		博士学缘	
		百分比	有效百分比	百分比	有效百分比	百分比	有效百分比
有效	本校	28.4	28.9	18.8	25.1	1.2	5.5
	本市非本校	12.0	12.2	7.2	9.6	2.8	12.7
	本省非本市	28.0	28.5	13.2	17.6	1.2	5.5
	国内非本省	30.0	30.5	35.2	47.1	16.8	76.4
	国外高校	0	0	0.4	0.5	0	0
	总计	98.4	100.0	74.8	100.0	22.0	100.0
缺失		1.6		25.2		78.0	
合计		100.0		100.0		100.0	

说明：表中学士学缘缺失率1.6%表示有1.6%的教师仅拥有专科及以下学历，没有学士学位；硕士学缘缺失率25.2%表示有25.2%的教师仅拥有学士及以下学历，没有硕士学历；博士学缘缺失率78.0%表示有78.0%的教师没有博士学历。

资料来源：实地调查。

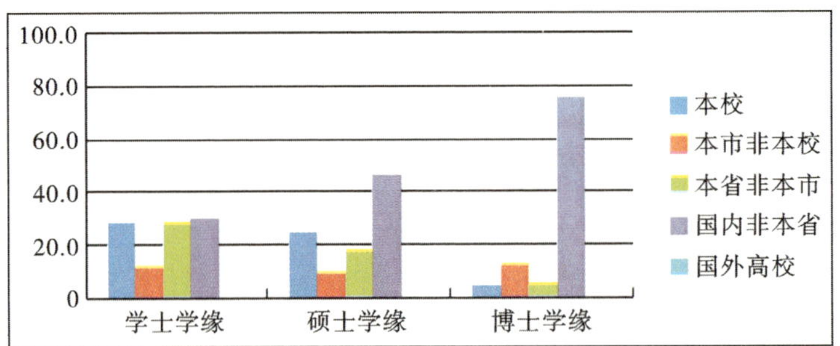

图 4-21　501 名地方本科院校教师学缘来源地理分布状况（%）

表 4-22　G 高校一个二级学院教师队伍最高学历学缘地理分布状况（一）（%）

	人数	有效百分比	累积百分比
本校	5	10.2	10.2
本市非本校	28	57.1	67.3
本省非本市高校	0	0	67.3
外省国内高校	13	26.5	93.8
国外高校	3	6.1	100
合 计	49	100	

资料来源：实地调查。

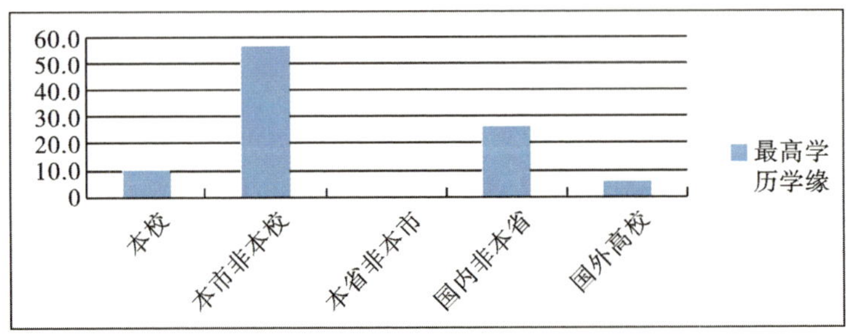

图 4-22　G 高校一个二级学院教师队伍最高学历学缘地理分布状况（一）（%）

表 4-23　G 高校一个二级学院教师队伍最高学历学缘地理分布状况（二）

	东部	中部	西部	国内合计	亚	澳	欧	美	非	海外合计	合计
学缘省市分布（个）	6	2	1	9	2	0	1	0	0	3	12

续表

	东部	中部	西部	国内合计	亚	澳	欧	美	非	海外合计	合计
教师学缘分布（个）	10	35	1	46	2	0	1	0	0	3	49
教师学缘地理分布（%）	20.4	71.4	2.0	93.9	4.1	0	2.0	0	0	6.1	100.0
学缘类别分布（个）	10	7	1	18	2	0	1	0	0	3	21
学缘类别地理分布（%）	47.6	33.3	4.8	85.7	9.5	0	4.8	0	0	14.3	100.0

说明：表中在分析学缘来源的地理位置时，将海外的每一个国家和地区当作国内一个省份计。

资料来源：实地调查。

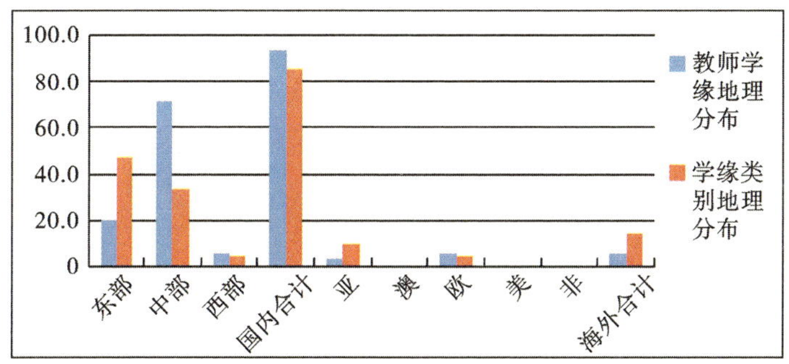

图 4-23　G 高校一个二级学院教师队伍最高学历学缘地理分布状况（二）（%）

进一步分析发现，地方本科院校教师队伍学缘来源的地理分布存在这样一个规律，即教师队伍的学历越高，学缘本地化程度就越低；办学质量越高的高校，其教师队伍的学缘来源地理分布就越广。究其原因，一是因为对于越高的学历，拥有相应学历授予权的高校数量越少，这类高校在全国的地理分布一般也越分散；二是因为办学质量越高的高校教师学历层次越高，办学资源越多，影响力更广，此类高校也更有能力从外地和国外引进师资。

我国地方本科院校教师队伍学缘来源地理覆盖面较为狭窄，除了上述的本校繁殖和异地繁殖现象外，还有另外一些不可忽视的原因：一是中国特殊“人情”因素和较强家乡观念对教师招聘行为的影响，外地应聘者和本地应聘者在相互竞争同一个岗位时，后者一般处于更有利的位置，从而使得本地毕业生更容易留在本地高校任教；二是招聘范围的局限性，一些地方高校为了节约招聘成本，一般主要在本地或附近省市高校招聘教师，因而强化了教师学缘的本地化或周边化；三是由于经费等资源局限，地方本科院校没有更多更好物质性条件和其他高校竞争，难以从外省和国外招聘数量较多的优质教师。

（三）优质学缘有所充实，但学缘层次性有待提升

学缘不仅有类别之分，也有品种优劣或层次高低之别，优质学缘就是指毕业于名牌大学乃至世界一流、世界顶级大学的学缘。本文为分析简便起见，将国内学缘层次划分为地方高校学缘、“211 工程”高校学缘、“985 工程”高校学缘三个层次，海外高校学缘一般被看成与国内“985 工程”高校学缘同处一个层次。学缘的层次性与学术观点、研究方法或学术流派的先进性、前沿性、影响力，以及拥有学术资源的数量和质量及其对其他同类学术资源的控制力密切相关，高校只有不断提高教师学缘层次，才能有更多机会接触和获得世界科学体系的前沿信息和关键信息，或有机会参与各种主流的学术前沿活动，促进自身实力、地位和声望的提升。随着我国高等教育总体实力的不断攀升和高校之间竞争格局的初步形成，全国各高校更加注重从重点乃至世界名牌大学招聘毕业生或教师，因而近年来我国高校教师队伍中优质学缘得到不断充实。

从实证调查中的某地方本科院校 G 高校一个二级学院 49 名教师学缘情况看，28.6％的本科学缘毕业于“211 工程”高校和“985 工程”高校，其中“985 工程”高校学缘占 10.2％；51.5％的硕士学缘毕业于“211 工程”高校和“985 工程”高校以及海外高校，其中“985 工程”高校学缘占 15.2％、海外学缘占 6.1％；63.6％的博士学缘毕业于“211 工程”高校和“985 工程”高校以及海外高校，其中“985 工程”高校学缘占 9.1％、海外学缘占 18.2％；42.9％的最高学历学缘毕业于“211 工程”高校和“985 工程”高校以及海外高校，其中“985 工程”高校学缘占 12.2％、海外学缘占 4.1％。

但同时也应看到，我国地方本科院校教师队伍的学缘层次性仍有很大提升空间，来源于同层次高校（教师毕业高校和录用高校的层次相同）的学缘比例偏高，毕业于国内外重点大学乃至世界一流大学的教师比例仍偏低。从 G 高校一个二级学院 49 名教师队伍的最高学历学缘层次构成来看，仍有超过五成（55.1％）学缘来源于同层次高校，虽然博

士学缘中来源于更高层次高校的比例较大，但由于地方本科院校博士教师比例偏少，海外学缘极少。所以说，地方本科院校教师队伍的总体学缘层次仍有待提高。相关情况详见表4-24、图4-24所示。

表4-24　G高校一个二级学院教师队伍各级学历学缘层次分布状况（人、个、%）

		人数或学缘数	%
本科学缘	小计	49	100.0
	低于本校	0	0
	同于本校	35	71.4
	高于本校	14	28.6
	其中“985工程”高校	5	10.2
	其中海外	0	0
硕士学缘	小计	33	100.0
	低于本校	0	0
	同于本校	16	48.5
	高于本校	17	51.5
	其中“985工程”高校	5	15.2
	其中海外	2	6.1
博士学缘	小计	11	100.0
	低于本校	0	0
	同于本校	4	36.4
	高于本校	7	63.6
	其中“985工程”高校	1	9.1
	其中海外	2	18.2
最高学历学缘	小计	49	100.0
	低于本校	0	0
	同于本校	27	55.1
	高于本校	21	42.9
	其中“985工程”高校	6	12.2
	其中海外	2	4.1

续表

	人数或学缘数	%
教师总数	49	
学缘总数	93	
所有“985 工程”高校学缘占全体教师%	11	2.5
所有“985 工程”高校学缘占所有学缘%	11	11.8
所有海外学缘占全体教师%	4	8.2
所有海外学缘占所有学缘%	4	4.3

说明：虽然博士学缘中来源于高层次高校的学缘比例较高，但由于地方高校博士教师比例偏低，因此总体而言，整个教师队伍的高层次学缘比重偏低。

资料来源：实地调查。

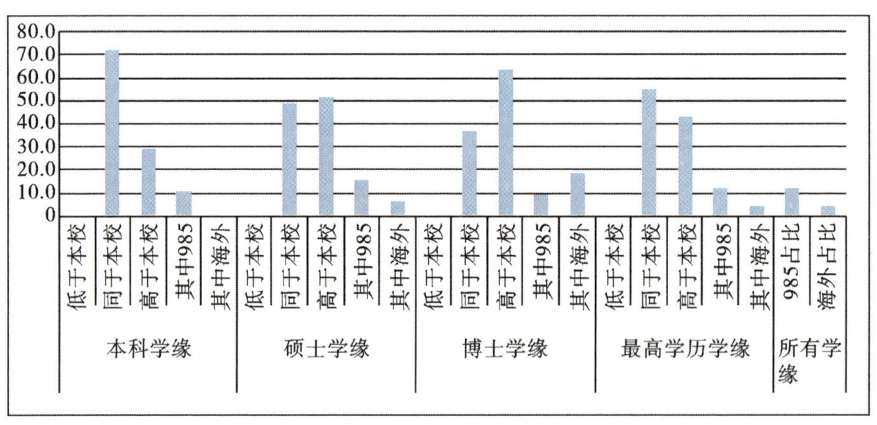

图 4-24　G 高校一个二级学院教师队伍各级学历学缘层次分布状况（%）

我国地方本科院校教师队伍学缘层次性偏低，既与学缘近亲繁殖或学缘本地化相关，因为这意味着地方本科院校教师队伍的总体学术水平只能是本校水平和本地水平，难以达到全国水平和国际水平；另一个原因是国内地方本科院校不够重视学术氛围营造，没有足够吸引力招揽到著名大学毕业生或在职教师；三是我国地方本科院校尤其是欠发达地区高校工作条件和生活条件相对较差，比如部分高校存在地理位置不佳、资源缺乏、平台缺失、待遇不高等问题，在招聘名牌大学毕业生方面缺乏应有的竞争优势等。

从教育部有关统计数据来看，全国 545 所普通本科院校教师队伍的平均本校学缘率为 9.0%、境外学缘率为 3.8%，前者系结构优化的一个重要信息，但后者系结构不够优化的信息，即境外学缘少说明了远域学缘和高层次学缘偏少。从不同类型普通本科高校比较视角来看，新建本科院校、老牌本科院校、“211 工程”高校、“985 工程”高校四类高校之间，新建本科院校教师队伍的本校近亲率最低，但境外学缘率也最低，这说明了我国地方本科院校教师队伍的学缘结构还欠优化。详见表 4-25、图 4-25 所示。

表 4-25　2014 年部分普通本科院校教师队伍学缘结构状况（%）

学校类型	比例计	本校	境内外校	境外高校
14 所“985 工程”高校	100.0	53.9	37.4	8.8
16 所“211 工程”高校	100.0	35.5	57.4	7.1
121 所老牌地方本科院校	100.0	21.2	75.1	3.7
394 所新建地方本科院校	100.0	2.6	94.0	3.4
全体 545 所本科高校	100.0	9.0	87.3	3.8

资料来源：教育部高等教育教学评估中心．中国高等教育质量报告 2014 年度［M］．北京：教育科学出版社，2016：83.

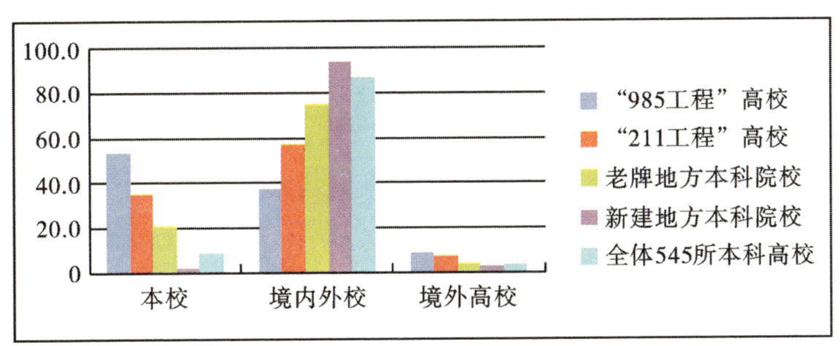

图 4-25　2014 年部分普通本科院校教师队伍学缘结构状况（%）

从教师队伍的国内外访学状况也能从一定程度上说明教师队伍学缘结构的优化状况。一般而言，教师在选择访学地点时都倾向于选择比本校层次更高并位于外地的名牌大学。因此，教师获得的访学机会越多、接触学术流派类别更多、享受优质学术资源范围越广，越有利于促进教师队伍学缘结构优化（或者说通过学缘再造来优化学缘结构），从而有利于提高整体队伍的学缘层次性和丰富性。但从调查情况看，地方本科院校教师可获得的外出访学机会偏少。在501名地方本科院校的调查教师对象中，只有19.1%的教师有过国内访学经历，只有5.2%的教师有过海外访学经历，两个比例都较小。详见表4-26、图4-26所示。

表4-26　501名地方本科院校教师国内外访学状况（人、%）

项目	样本数	无	有	其中1次	其中2次	其中2次以上	缺失率	比例计
国内	501	80.4	19.1	11.7	3.8	3.6	0.5	100.0
国外	501	94.4	5.2	—	—	—	0.4	100.0

资料来源：实地调查。

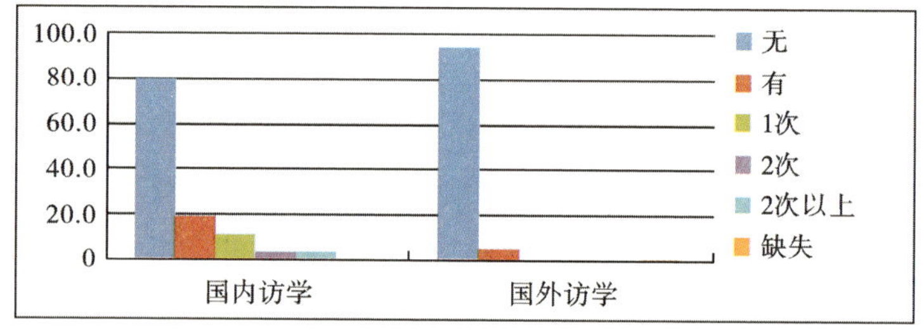

图4-26　501名地方本科院校教师国内外访学状况（%）

综上所述，我国地方本科院校教师队伍学缘的本地化（本省化）较为明显，部分高校近亲繁殖还较为严重，学缘来源高校地理分布不广，学缘类别性偏低，来源于高层次高校学缘比重偏小。这三者又是紧密联系的，近亲繁殖必然影响学缘类别丰富性，近亲繁殖还必然导致学缘本地化，亲近繁殖和本地化又容易导致学缘层次的低质性。总之，高校教师学缘层次性偏低、地域性偏小，都会影响教师对外地学术资源、前沿学术资源、优质学术资源的敏锐度和获取能力，影响教师学术视野和创新活力，在一定程度上影响高校教师队伍总体实力的提升。

六、进出兼职不充分，互促性低，参差不齐的专兼职结构

在过去，我国高校兼职教师数量少，有的只是临时聘用教师（在

兼职高校无编制、在校外又无专职岗位的教师)。随着高校开放办学、学生规模扩张过快、新办专业、政府给予编制不足和经费投入不足等原因，教师队伍总数缺乏和结构性缺乏开始成为地方本科院校一个比较突出的办学问题，特别是在欠发达地区的地方本科院校，这种矛盾冲突更加尖锐。在这种情况下，各高校开始从校外聘用兼职教师。但是由于长期以来人们对兼职教师存在某种偏见，政府并不倡导聘用过多的兼职教师。教育部2006年印发的《普通本科学校设置暂行规定》一文中规定，“兼任教师人数应当不超过本校专任教师总数的1/4”，否则在接受教育部评估时该观测点将得到“不合格”的结论。因此，从总体来说，包括地方本科院校在内的全国普通高校兼职教师比例一直偏小，同时兼职教师质量参差不齐，兼职教师队伍的总体适应性偏低。另一方面，对于外出型兼职，各高校除了支持本校教师外出到政府部门组织或牵头组织成立的各种专业委员会和咨询委员会外，一般不支持甚至反对本校教师外出开展私人性的尤其是营利性的兼职活动。

(一)全国普通高校兼职教师所占比例自21世纪以来逐年增长，但总体仍然偏低

从全国普通高校总体情况看，我国高校兼职教师比例一直处于较低水平。2000年、2005年、2010年、2014年、2015年进入型兼职教师数占专任教师数的比例分别为6.3%、22.9%、25.9%、27.6%和28.4%，占专兼职教师总数的比例分别为6.0%、18.6%、20.6%、21.6%和22.1%。可见，21世纪初我国普通高校进入型兼职教师比例很低，不到百分之十；2010年进入型兼职教师数占专任教师总数比例平均达到25.9%，达到了教育部规定的四分之一额度，2015年增长到接近三成，说明有些高校进入型兼职教师规模较大。但总体而言，特别跟美国、英国、日本等发达国家高校相比，进入型兼职比例仍总体偏低。在美英日等国，很多高校的进入型兼职教师和专职教师规模基本相当，前者甚至明显超过后者。特别是随着地方本科院校不断深化校企合作和产教融合，需要数量更多、类型更多、能力更强的进入型兼职教师。总之，从数量规模和增长变化情况来看，我国高校进入型兼职教师比例仍然偏低，虽21世纪前几年增长较快，但近十年增长较慢。详见表4-27、图4-27所示。

表4-27　2000—2015年我国普通高校教师队伍专兼职结构状况（人、%）

年	2000	2005	2010	2014	2015
教师总数	492 057	1 187 029	1 691 261	1 958 521	2 018 418
专任教师数	462 772	965 839	1 343 127	1 534 510	1 572 565
兼职教师数	29 285	221 190	348 134	424 011	445 853
兼职占专任教师比例	6.3	22.9	25.9	27.6	28.4
兼职占教师总数比例	6.0	18.6	20.6	21.6	22.1

说明：2000年兼职教师总数包括“兼职教师”和“编制外招聘教师”数。

资料来源：教育部官方网站公开的各年度教育统计数据。

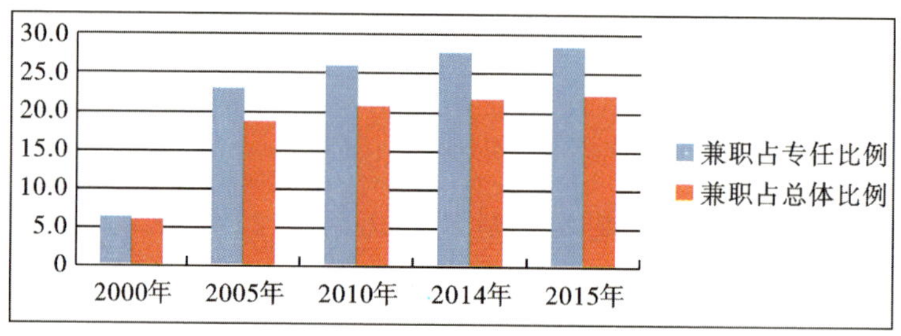

图4-27　2000—2015年我国普通高校教师队伍专兼职结构状况（%）

（二）全国普通高校兼职教师队伍学历层次逐年提升，但明显低于专任教师队伍

首先，全体普通高校进入型兼职教师总体学历水平从新世纪以来逐年提升，但目前的总体层次仍偏低。2002年，兼职教师的博士、硕士、本科、专科及以下教师比例分别为6.9%、20.6%、67.6%、5.0%，2015年上述比例分别为15.0%、33.0%、46.3%、5.7%。两年度相比，博士学位教师比例增长了8.1个百分点，硕士教师比例增长了12.4个百分点，但总体层次仍偏低，因为专科及以下教师比例不但没有下降反而略有提高，本科学历教师比例仍占46.3%，接近一半。2002年、2005年、2010年、2014年、2015年度兼职教师总体学历状况详见表4-28、图4-28所示。

表 4-28　2002—2015 年我国普通高校兼职教师总体学历状况（人、%）

年	2002	2005	2010	2014	2015
人数	82 538	221 190	348 134	424 011	445 853
比例计	100.0	100.0	100.0	100.0	100.0
博士	6.9	10.4	12.9	15.2	15.0
硕士	20.6	29.1	33.1	33.6	33.0
本科	67.6	57.5	48.7	45.6	46.3
专科及以下	5.0	2.9	5.3	5.6	5.7

资料来源：教育部官方网站公开的各年度教育统计数据。

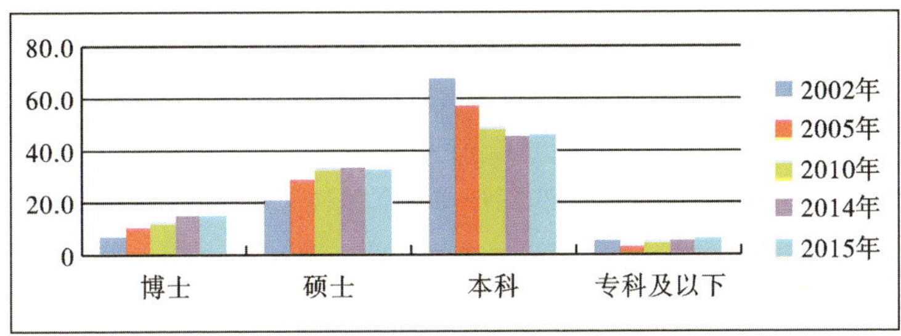

图 4-28　2002—2015 年我国普通高校兼职教师总体学历状况（%）

其次，进入型兼职教师队伍与专任教师相比，前者的总体学历层次明显低于后者。2015 年，全国普通高校专任教师队伍中博士、硕士、本科、专科及以下教师比例分别为 21.5%、36.2%、41.0%和 1.3%，兼职教师的上述四个比例分别为 15.0%、33.0%、46.3%和 5.7%，后者博士学位教师比例比前者少 6.5 个百分点，后者的专科及以下学历教师比例比前者多 4.4 个百分点。详见表 4-29、图 4-29 所示。

表 4-29　2015 年全国普通高校专兼职教师学历情况对照表（人、%）

岗位类型	人数	比例计	博士	硕士	本科	专科及以下
专任	1 572 565	100.0	21.5	36.2	41.0	1.3
兼职	445 853	100.0	15.0	33.0	46.3	5.7
合计	2 018 418	100.0	20.1	35.5	42.2	2.2

说明：2015 年全国普通本科院校专任教师数为 1 116 372 人，占所有普通高校专任教师队伍 1 572 565 人比例为 71.0%。

资料来源：教育部官方网站公开的 2015 年度教育统计数据。

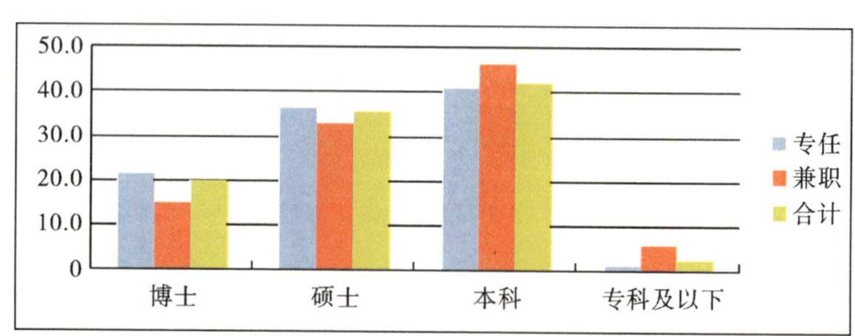

图 4-29　2015 年全国普通高校专兼职教师学历情况对照图（%）

（三）全国高校兼职教师队伍职称提升缓慢，但两端职称明显高于专任教师队伍

首先，全国普通高校兼职教师队伍的职称状况总体呈现两个特点：一是职称水平偏低；二是 21 世纪以来逐年下降。从总体水平来看，2015 年兼职教师队伍中正高职称比例仅为 18.2%，副高职称教师比例为 29.9%，无职称教师比例仍占 12.9%。从变化情况看，2015 年与 2002 年相比，正高职称教师比例从 20.7%下降到 18.2%，下降了 2.5 个百分点；副高职称教师比例从 36.5%下降到 29.9%，下降了 6.6 个百分点；相反，无职称教师比例从 4.3%上升到 12.9%，增加了 8.6 个百分点。2002 年、2005 年、2010 年、2014 年和 2015 年度全国普通高校进入型兼职教师职称总体状况详见表 4-30、图 4-30 所示。

表 4-30　2002—2015 年我国普通高校兼职教师总体职称状况（人、%）

年	2002	2005	2010	2014	2015
人数	82 538	221 190	348 134	424 011	445 853
比例计	100.0	100.0	100.0	100.0	100.0
正高	20.7	22.4	18.9	18.8	18.2
副高	36.5	35.5	32.1	30.4	29.9
中级	30.1	27.6	31.1	30.6	30.6
初级	8.4	8.7	9.2	8.6	8.5
无职称	4.3	5.8	8.7	11.6	12.9

资料来源：教育部官方网站公开的相关年度教育统计数据。

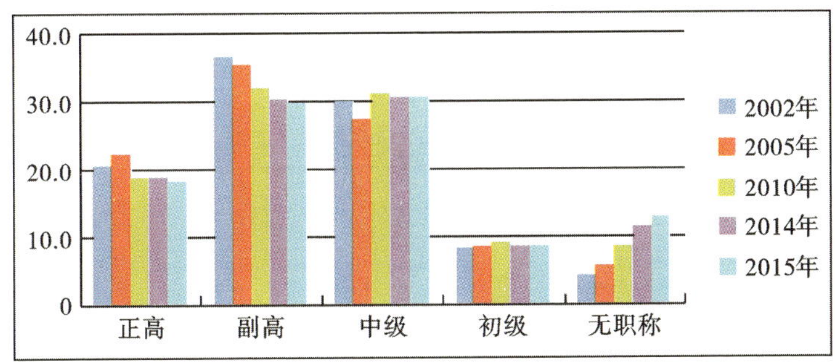

图 4-30　2002—2015 年我国普通高校兼职教师总体职称状况（人、%）

其次，全国普通高校兼职教师职称状况和专任教师情况相比，前者的两端职称（即正高职称和无职称）教师比例明显高于后者。2015 年，兼职教师队伍中正高职称教师比例为 18.2%，专任教师队伍的这一比例为 12.5%，前者比后者高出 5.7 个百分点；与此同时，兼职教师队伍中无职称教师比例为 12.9%，专任教师队伍的这一比例为 6.0%，前者也高出后者 6.9 个百分点。2015 年兼职教师队伍和专任教师队伍职称对照状况详见表 4-31、图 4-31 所示。从这里可以看出，拥有最高职称和最低职称教师外出兼职的机会更多。前者可能因为高资历高水平受到各个高校的青睐而外出兼职，后者可能基于积累经验需要或经济原因主动外出兼职，同时也满足部分高校因人手不足而急需辅助性教师或临时性教师的需要。

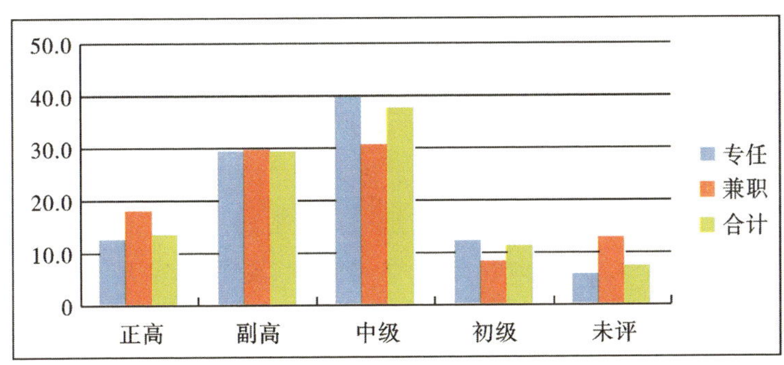

图 4-31　2015 年全国普通高校专兼职教师职称状况对照图（%）

表 4-31　2015 年全国普通高校专兼职教师职称状况对照表（人、%）

岗位类型	人数	比例计	正高	副高	中级	初级	未评
专任	1 572 565	100.0	12.5	29.4	39.9	12.2	6.0
兼职	445 853	100.0	18.2	29.9	30.6	8.5	12.9
合计	2 018 418	100.0	13.7	29.5	37.8	11.4	7.5

资料来源：教育部官方网站公开的 2015 年度教育统计数据。

（四）地方本科院校对待进入型和外出型两种兼职活动，采取截然不同的态度

总体来说，经过多年的观念更新，目前我国各普通本科高校尤其是地方普通本科高校对兼职教师现象采取了更加开放和包容的态度，并开始积极外出调研，主动挖掘和招聘能为我所用的兼职教师。但是，在对待进入型和外出型两种不同类型的兼职教师现象，大都采取不同乃至截然相反的态度，即各高校基于吸纳社会资源、深化合作办学、举办新学科专业或改造转型旧学科专业、提升师资队伍声誉等需要，都大力争取各行各业的专家、名人到学校兼职，担任客座教授。但是，高校管理者对本校教师外出兼职一般采取比较谨慎或选择性态度。从多所地方本科院校调查了解，一般来说，对于本校教师到政府各行业主管部门包括教育行政主管部门组织成立或主导成立的各类咨询委员会、各类专业委员会、专业学会、专家委员会等高等级专业机构兼职的，学校持鼓励态度；但是，对于本校教师外出从事私人性、有偿服务性尤其是营利性兼职活动的，学校持谨慎乃至反对态度，校方认为这种兼职活动会影响教师更好履行本职工作。因此，从调查了解到，地方本科院校兼职教师规模偏小，外出型兼职教师数量明显少于进入型教师数量，同时还发现在一些地方本科院校存在隐形（非公开性、私人性）营利性兼职现象。

（五）地方本科院校兼职教师队伍的总体质量不容乐观，岗位履职能力参差不齐

从一些地方本科院校调查了解到，进入型兼职教师总体质量不甚乐观，兼职教师个体水平参差不齐，主要表现或主要原因体现在以下几个方面：第一，地方本科院校尤其是位于欠发达地区二三线城市的本科院

校，地方的总体兼职教师资源比较缺乏，因此，在地方聘用的兼职教师总体质量偏低。第二，一些地方本科院校基于超前发展或抢位意识，超前举办一些新学科、新专业，但本校缺乏相应足够的师资，只有通过聘用一定数量的兼职教师才能“开门办学”，但是地方相关行业企业实力偏弱或发展还不成熟，此类学科专业背景的行业资深专家数量很少。在这种背景下，学校只能招聘到资历较浅的兼职教师。第三，由于地方本科院校办学条件相对较差，或者给予的兼职待遇较低，或者在招聘过程中不够积极主动，或者因其他原因缺乏足够吸引力，无法招聘到专家型兼职教师。第四，地方本科院校虽然招聘到一些资深的专家型兼职教师，但由于专家本身事务太忙，不少专家型兼职教师真正投入高校兼职工作的时间和精力不多，从而没有真正发挥兼职专家的引领带动作用。

七、职业阅历比较单一，实践型师资偏弱的知行素质结构

由于我国研究生教育长期以来重学术型轻应用型，加上我国地方本科院校在招聘教师过程中长期以来受到年轻偏好、应届生偏好等思维定势影响，绝大部分高校教师沿着“从高校到高校”的道路进入学术领域，所以，地方本科院校教师队伍来源渠道比较单一，职业阅历比较单一，实践型师资相当薄弱，从而制约了地方本科院校更好承担应用型本科教育职责以及对接、融合、服务、引领地方经济社会发展的能力。本书通过考察双师型教师队伍和兼职教师队伍状况、具有行业背景教师状况以及实践型师资培训的开展状况等，可以大体了解到地方本科高校教师队伍知行素质结构的基本状况。

（一）全国普通高校双师型教师比例逐年提高但总量较低

从全国普通高校双师型教师队伍状况来看，在 21 世纪初期其比例还不到 10％，目前仅有百分之十五左右。2015 年与 2005 年相比，专任教师队伍中的双师型教师比例从 8.2％提高到 16.4％，增长了 8.2 个百分点，后者正好是前者的两倍；兼职教师队伍中双师型教师比例从 12.0％提高到 16.8％，提高了 4.8 个百分点。2015 年，专任教师中的双师型教师比例为 16.4％，兼职教师队伍中的双师型教师比例为 16.8％，两

者基本相当；专兼职教师队伍的双师型教师比例平均仅为16.5%。详见表4-32、图4-32所示。

表4-32 2002—2015年全国普通高校双师型教师队伍状况（人、%）

年	专任教师		兼职教师		专兼职合计	
	人数	双师型比例	人数	双师型比例	人数	双师型比例
2002年	618 419	—	82 538	—	700 957	—
2005年	965 839	8.2	221 190	12.0	1 187 029	8.9
2010年	1 343 127	12.5	348 134	14.5	1 691 261	12.9
2014年	1 534 510	15.3	424 011	16.7	1 958 521	15.6
2015年	1 572 565	16.4	445 853	16.8	2 018 418	16.5

说明：专任教师中的双师型教师不含当年不上课（比如脱产进修、病休等）的双师型教师。

资料来源：教育部官方网站公开的相关年度教育统计数据。

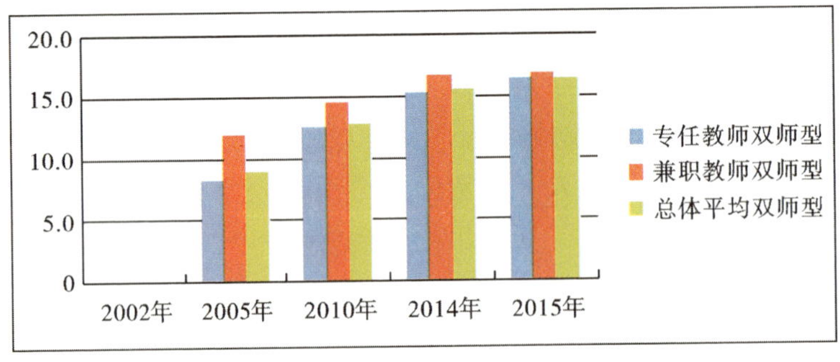

图4-32 2002—2015年全国普通高校双师型教师队伍状况（%）

（二）地方本科院校的双师型教师总体比例仍然低下

从部分高校双师型专任教师比例来看，2014年全国494所普通本科院校的教学基本状态数据显示，约17.1%的专任教师具有双师型背景，其中，新建本科院校双师型专任教师比例从2010年的17.0%增长到2014年的20.0%，超过“985工程”高校、“211工程”高校和老牌本科高校，但仍没有很好满足应用型人才培养的需要。教育部于2013年发文规定，本科院校双师型专任教师比例应达到40%。部分普通本科院校双师型教师比例状况详见表4-33、图4-33所示。

表 4-33 2014 年部分普通本科院校双师型专任教师比例（%）

高校类型	双师型教师比例
“985 工程”高校	16.7
“211 工程”高校	15.1
老牌地方本科高校	14.0
新建地方本科高校	20.0
全体 494 所高校	17.1

资料来源：教育部高等教育教学评估中心．中国高等教育质量报告 2014 年度[M]．北京：教育科学出版社，2016：84．

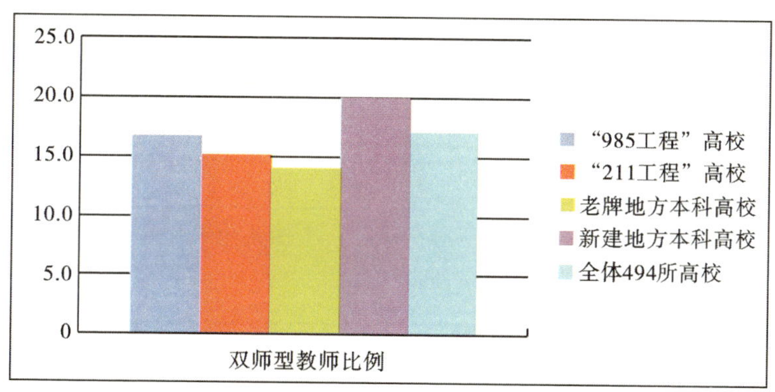

图 4-33 2014 年部分普通本科院校双师型专任教师比例（%）

（三）地方本科院校拥有行业背景的教师数量仍明显不足

根据 312 所新建本科院校（东部 119 所、中部 108 所、西部 85 所）的教学基本状态数据统计显示。从 2011 年到 2014 年，样本高校的双师型专任教师比例、具有行业背景专任教师比例、行业背景专任教师队伍中具有工程背景的专任教师比例逐年提高，第一个比例提高了 2.9 个百分点，第二个比例提高了 4.5 个百分点，第三个比例提高了 16.8 个百分点。2014 年，双师型专任教师比例为 20.1%，具有行业背景专任教师比例为 12.1%，具有行业背景专任教师队伍中具有工程背景教师比例为 57.4%。相关情况详见表 4-34、图 4-34 所示。

表 4-34 2014 年 312 所新建本科院校实践型专任教师队伍状况（人、%）

类 型	年度	比例	人数
双师型专任教师	2011 年	17.0	—
	2012 年	18.5	—
	2013 年	19.1	—
	2014 年	20.1	36 801
具有行业背景专任教师	2011 年	7.6	—
	2012 年	9.5	—
	2013 年	9.7	—
	2014 年	12.1	21 904
具有行业背景的专任教师中具有工程背景教师	2011 年	40.6	—
	2012 年	33.6	—
	2013 年	34.5	—
	2014 年	57.4	12 568

资料来源：教育部高等教育教学评估中心．全国新建本科院校教学质量监测报告 2014 年度［M］．北京：教育科学出版社，2016：45，46.

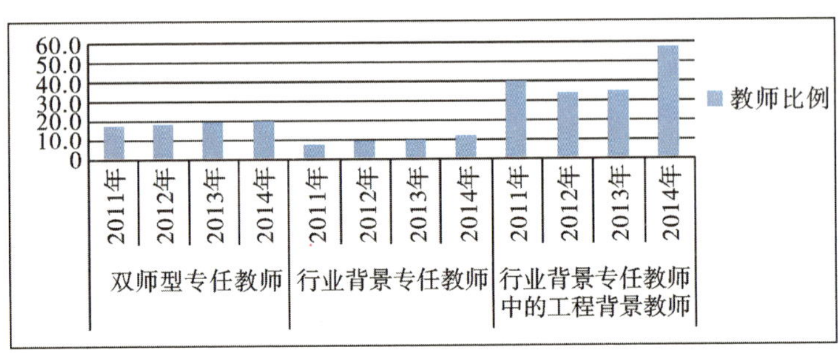

图 4-34 2014 年 312 所新建本科院校实践型专任教师队伍状况（人、%）

教育部 2013 年印发的《关于完善本科学校设置工作的指导性意见》（教发司〔2013〕178 号）对双师型教师队伍提出了具体要求，指出新设本科学校专任教师中双师型教师“应达到 40%”，“专业核心课程的教师必须具有与专业相关的企业工作经历或实践经验”。按照这一指导性意见，从上文的统计数据可看出，我国地方本科院校教师队伍的总体专业实践能力和实践教学指导能力还比较薄弱。

从某所高校大学生申报大学生创新创业项目类型状况也可以从一定程度上看出该高校实践型师资拥有状况。目前国家级、省级、校级的大学生创新创业训练计划项目有三种类型：第一类是创新训练项目（知识类），即强调理论创新、知识增进；第二类是创新训练（实践模拟类），即强调模拟训练，从理论到真实实践的模拟操作训练；第三类是创业实践（真实操作类），强调真正的市场化、职场化、实践化、生活化的项目训练。经调查，2017 年某地方本科院校在项目导师指导下，大学生共申报了 318 项大创项目，其中创新训练 151 项占 47.5%，创业训练 79 项占 24.8%，创业实践 88 项占 27.7%。可以看出，创新训练项目数量明显多于创业训练和创业实践项目数，前者几乎占了所有项目总数的一半。调查高校是以应用型人才培养为发展定位，大学生自主学习项目应以模拟和实操为主，这种项目申报类型分布在一定程度上说明了该高校的实践指导类教师数量相对缺乏、指导能力相对偏弱的问题。

八、交往意愿低，互动欠紧密，互补互促偏低的联结结构

教师队伍结构不仅包括不同教师之间的数量匹配关系，而且还包括不同教师之间的联结状况，即联结结构，这种联结状况影响着教师队伍整体性和功能性的形成和提高，更能集中体现出结构中的质的规定性。考察教师队伍联结结构可以通过考察教师间交往状况加以认识，包括交流、合作、帮扶、指导以及其他互动性的实践活动。由于高校教师本职是从事学术事业，因此，应以考察教师学术交往为重点，这里的“学术”是指曾任美国卡内基教学促进基金会主席欧内斯特·博耶(Ernest L. Boyer)教授所说的“发现知识的学术、传授知识的学术、综合知识的学术和应用知识的学术”等四个方面。

实证调查结果显示，我国地方本科院校教师队伍联结结构存在着交往积极性不够高，交往互动不够紧密，优势互补、相互促进的效益不够充分等问题。

（一）教师学术交往积极性有待进一步激发

在教师学术交往意愿方面，调查发现，在 501 个样本教师中，选择“很乐意”、“比较乐意”、“一般”、“不太乐意”和“很不乐意”的教师比例分别为 17.2%、32.4%、42.0%、6.8%和 1.6%，说明有五成左

右的教师还是比较乐意或很乐意开展学术交流与合作，同时也有四成左右教师对学术交流抱着无所谓态度，另有8.4%的教师选择“不乐意”开展学术交往活动。详见表4-35、图4-35所示。由此可见，我国地方本科院校教师学术交往的积极性还有待提高。

表4-35　地方本科院校教师学术交往意愿状况（人、%）

样本数	很乐意	比较乐意	一般	不太乐意	很不乐意	比例计
501	17.2	32.4	42.0	6.8	1.6	100.0

资料来源：实地调查。

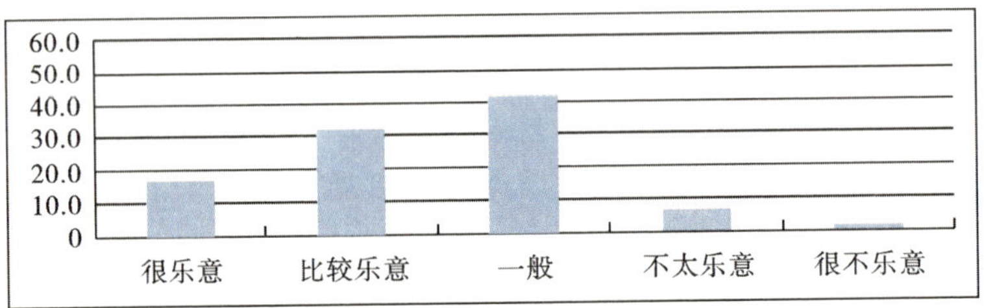

图4-35　地方本科院校教师学术交往意愿状况（%）

（二）教师学术交往互动仍不够频繁和紧密

首先，从学术交往总体结构看，在501所地方本科院校调查教师对象中，认为本校教师的学术交往属于“中间型”的占28.4%、认为属于“松散型”的占38.8%、认为属于“疏离型”的占6.4%、认为属于“封闭型”的占5.6%，而认为属于“紧密型”的仅占16.8%（包括“自主紧密型”占7.6%、“强制紧密型”占3.2%、“强制—自主紧密型”占6.0%），其中选择“松散型”、“疏离型”、“封闭型”三者的教师比例之和是选择“紧密型”教师比例的三倍。同时发现，仍有9.2%教师认为参加学术活动带有某些强制性。详见表4-36、图4-36所示。

表4-36　地方本科院校教师学术交往总体状况（人、%）

样本数	比例计	强制紧密型	自主紧密型	强制—自主紧密型	中间型	松散型	疏离型	封闭型	其他型
501	100.0	3.2	7.6	6.0	28.4	38.8	6.4	5.6	4.0

资料来源：实地调查。

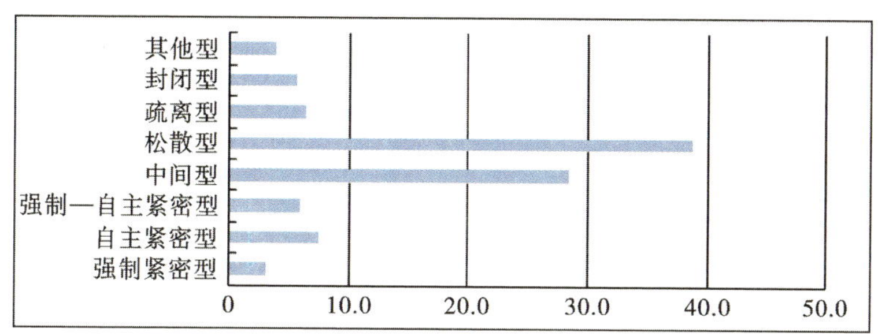

图 4-36　地方本科院校教师学术交往总体状况（%）

其次，从教师学术交往范围和交往紧密度看，不论是相同还是不同年龄、相同还是不同学历、相同还是不同职称、相同还是不同学科、相同还是不同学缘教师之间的学术交往，选择交往范围“一般”和交往紧密度“一般”都占较大比例，都在三成以上至四成多，同时选择“较少”的教师比例多于甚至大大多于选择“较多”的教师比例，选择“很少”的教师比例总体上都大大高于选择“很多”的教师比例。简言之，选择交往“少”（包括“较少”和“很少”）的教师比例远远高于选择交往“多”（包括“很多”和“较多”）的教师比例，这种问题在不同学科、不同学缘教师之间学术交往中表现得更为突出。比如，在不同学科教师学术交往过程中，选择学术交往涉及教师数量“很多”（即交往范围很广）的教师只占 3.2%，选择学术交往涉及教师数量“很少”（即交往范围很小）的教师占 20.0%，后者是前者的六倍还多；选择学术交往涉及教师数量“较多”（即交往范围较广）的教师占 10.4%，选择学术交往涉及教师数量“较少”（即交往范围较窄）的教师占 35.2%，后者是前者的 3.4 倍。在异学缘交往范围上，选择“少”教师比例是选择“多”教师比例的 3.6 倍；在异学缘交往密度上，选择“少”教师是选择“多”教师的 3.7 倍，选择“很少”的教师是选择“很多”教师的 17.8 倍。这说明教师队伍学术联结较为松散甚至存在一定程度的疏离现象。详见表 4-37、图 4-37、表 4-38、图 4-38、表 4-39、图 4-39、表 4-40、图 4-40、表 4-41、图 4-41 所示。

表 4-37 地方本科院校同龄和异龄教师之间的学术交往状况（人、%）

	同龄交往范围	同龄交往紧密度	异龄交往范围	异龄交往紧密度
样本数	501	501	501	501
比例计	100.0	100.0	100.0	100.0
很多	2.8	5.6	2.0	2.4
较多	22.8	18.8	14.8	12.8
一般	40.0	46.0	36.8	39.6
较少	23.6	17.6	35.2	33.6
很少	10.8	12.0	11.2	11.6

说明：这里的同龄教师指相同及相近年龄段教师，异龄教师指不同年龄段教师。下文中的同学历、异学历、同职称、异职称、同学科、异学科、同学缘、异学缘中的“同”“异”之义，与此类似。

资料来源：实地调查。

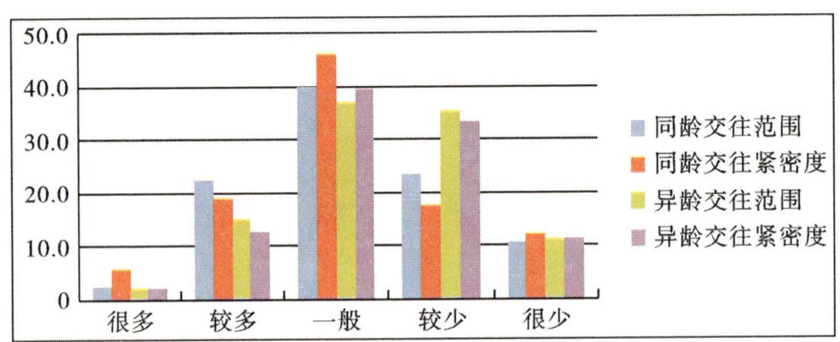

图 4-37 地方本科院校同龄和异龄教师之间的学术交往状况（%）

表 4-38 地方本科院校同学历和异学历教师之间的学术交往状况（人、%）

	同学历交往范围	同学历交往紧密度	异学历交往范围	异学历交往紧密度
样本数	501	501	501	501
比例计	100.0	100.0	100.0	100.0
很多	1.6	1.6	2.0	2.4
较多	21.6	25.2	15.6	10.8
一般	44.8	38.8	34.8	36.0
较少	21.6	24.0	34.0	34.8
很少	10.4	10.4	13.6	16.0

资料来源：实地调查。

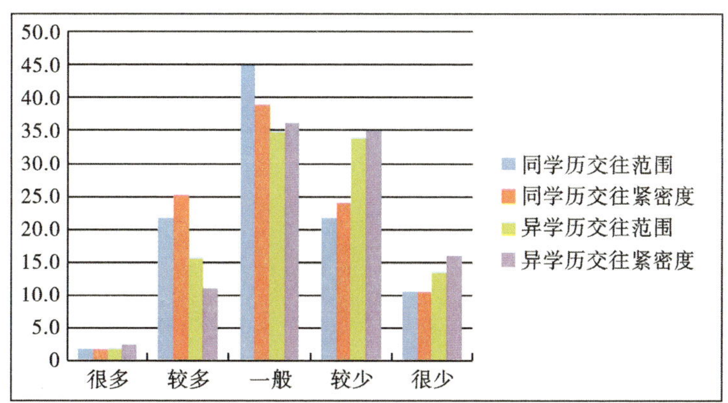

图 4-38　地方本科院校同学历和异学历教师之间的学术交往状况（%）

表 4-39　地方本科院校同职称和异职称教师之间的学术交往状况（人、%）

	同职称交往范围	同职称交往紧密度	异职称交往范围	异职称交往紧密度
样本数	501	501	501	501
比例计	100.0	100.0	100.0	100.0
很多	2.4	2.0	2.0	2.0
较多	19.2	22.4	15.2	11.6
一般	44.8	40.0	39.6	42.8
较少	22.8	26.0	31.6	31.6
很少	10.8	9.6	11.6	12.0

资料来源：实地调查。

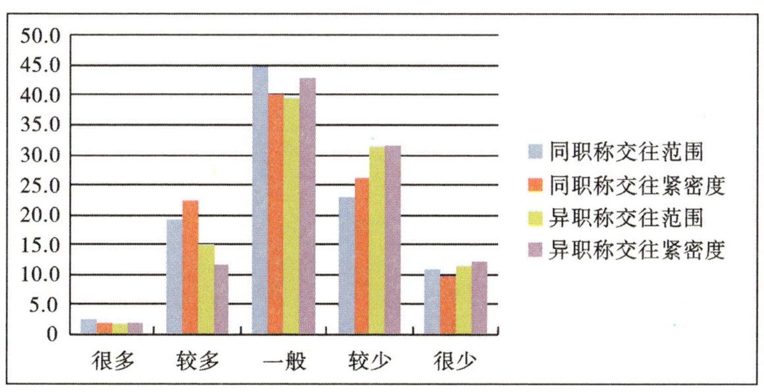

图 4-39　地方本科院校同职称和异职称教师之间的学术交往状况（%）

表 4-40　地方本科院校同学科和异学科教师之间的学术交往状况（人、%）

	同学科交往范围	同学科交往紧密度	异学科交往范围	异学科交往紧密度
样本数	501	501	501	501
比例计	100.0	100.0	100.0	100.0
很多	2.8	3.6	3.2	1.6
较多	22.8	26.0	10.4	11.2
一般	41.6	39.6	31.2	35.2
较少	21.2	20.0	35.2	30.8
很少	11.6	10.8	20.0	21.2

资料来源：实地调查。

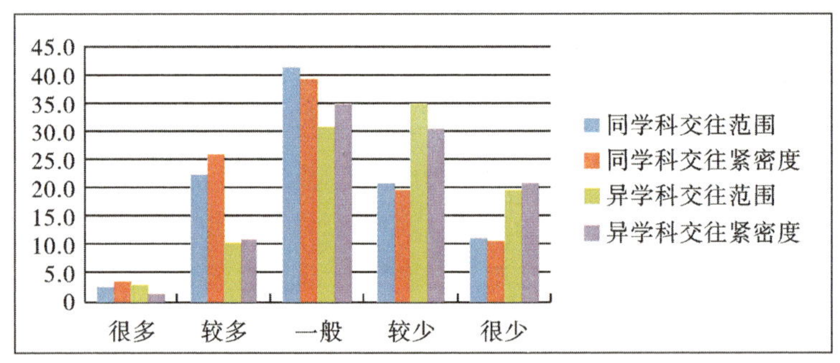

图 4-40　地方本科院校同学科和异学科教师之间的学术交往状况（%）

表 4-41　地方本科院校同学缘和异学缘教师之间的学术交往状况（人、%）

	同学缘交往范围	同学缘交往紧密度	异学缘交往范围	异学缘交往紧密度
样本数	501	501	501	501
比例计	100.0	100.0	100.0	100.0
很多	1.6	4.4	3.2	1.6
较多	17.6	16.0	11.2	12.8
一般	37.6	39.2	33.2	32.4
较少	28.0	26.0	25.2	24.8
很少	15.2	14.4	27.2	28.4

资料来源：实地调查。

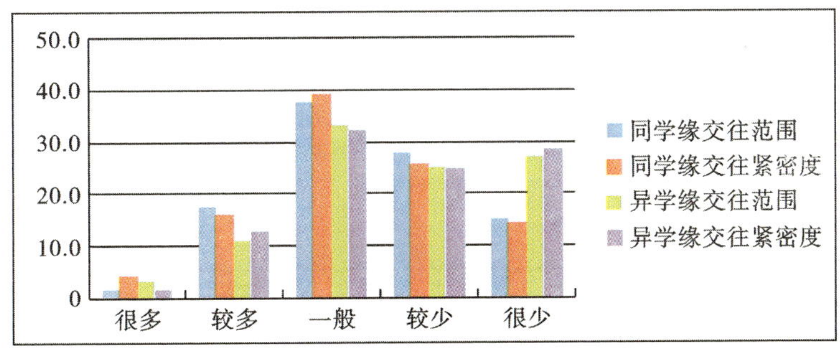

图 4-41 地方本科院校同学缘和异学缘教师之间的学术交往状况（%）

（三）活动偏少和氛围不佳是两大制约因素

在制约教师学术交往因素方面，调查发现，在问卷提出的七个选项里，认为“学术活动安排少”和“学术氛围不佳”是两个最大因素，分别有55.6%和54.4%的教师分别选择这两个选项，都超过了五成。前者说明教师学术交往过于依赖学校组织的集体活动即正规化的学术交往方式，个人化、自主性学术交往活动偏少。其他影响因素是：有44.8%的教师选择“制度安排不科学”，有26.4%的教师选择“教师观念因素”，有23.6%的教师选择“机构设置不合理”，有8.8%的教师选择“教师性格因素”，有9.6%的教师选择“其他因素”。详见表4-42、图4-42所示。

表 4-42 地方本科院校教师学术交往的制约因素调查（人、%）

项目	机构设置不合理	制度安排不科学	学术活动组织少	学术氛围不佳	教师观念因素	教师性格因素	其他因素	频率合计	样本数
人数	118	224	278	272	132	44	48	1 116	501
频率	23.6	44.8	55.6	54.4	26.4	8.8	9.6	223.2	—

说明：由于是多选题，所以出现各小项百分比之和大于100的情况，属正常。

资料来源：实地调查。

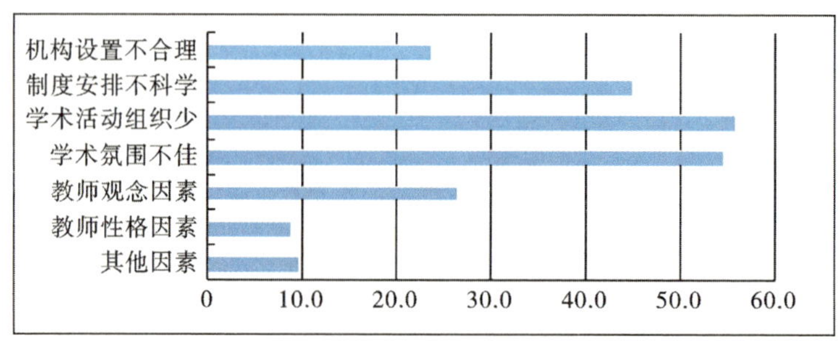

图 4-42　地方本科院校教师学术交往的制约因素调查（%）

（四）不同类型教师间的学术交往更为松散

调查结果发现，异类教师学术交往比同类教师更为松散，尤其在不同学科和不同学缘教师之间的学术交往上表现得更为明显。比如，在不同学科教师之间的交往紧密度上，选择交往频率“多”（即交往紧密）教师占 12.8%，选择交往频率“少”（即交往松散）的教师占 52.0%，后者也是前者的四倍还多；其余有 35.2%的教师选择交往频率“一般”（即交往紧密度一般）；在不同学缘教师之间的交往范围上，选择交往“多”的教师占 14.4%，选择交往“少”的教师占 52.4%，后者是前者的 3.6 倍；其余有 33.2%教师选择交往范围“一般”。详见表 4-43、图 4-43 所示。

表 4-43　地方本科院校不同类型教师之间的学术交往状况（人、%）

项目	交往范围					交往紧密度					平均
	异年龄	异学历	异职称	异学科	异学缘	异年龄	异学历	异职称	异学科	异学缘	
样本数	501	501	501	501	501	501	501	501	501	501	501
比例计	100.0	100.0	100.0	100.0	100.0	100.0	100.0	100.0	100.0	100.0	100.0
很多	2.0	2.0	2.0	3.2	3.2	2.4	2.4	2.0	1.6	1.6	2.2
较多	14.8	15.6	15.2	10.4	11.2	12.8	10.8	11.6	11.2	12.8	12.6
一般	36.8	34.8	39.6	31.2	33.2	39.6	36.0	42.8	35.2	32.4	36.2
较少	35.2	34.0	31.6	35.2	25.2	33.6	34.8	31.6	30.8	24.8	31.7
很少	11.2	13.6	11.6	20.0	27.2	11.6	16.0	12.0	21.2	28.4	17.3

资料来源：实地调查。

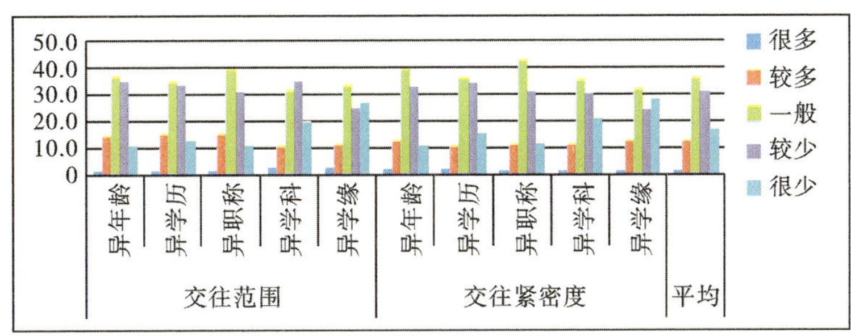

图 4-43 地方本科院校不同类型教师之间的学术交往状况（%）

不同类型教师之间的交往交流少还突出表现在进入型兼职教师和专任教师之间的关系上。一般来说，专任教师强于专业理论，兼职教师胜于专业实践，两类教师交往交流可以促进理论与实践两类教师之间的相互结合、互动发展，克服地方本科院校教师专业实践能力偏弱的问题。但是，专兼职教师之间犹如两个不相交的队伍，兼职教师上课即来，下课即走，即使是专任教师，也大多如此，两个队伍少有交流，因而难以充分发挥两个不同类型队伍之间的互鉴互促作用。

综上所述，我国地方本科院校教师学术交往意愿仍偏低、制约因素较多、交往渠道较窄、交往密度较弱，教师之间在学术上发生的真正和深度的交流与合作较少，缺乏相互学习借鉴的机会，差异互补、相互促进的团队作用没有得到充分发挥，整个教师队伍基于完成学术职业使命的联结结构不够优化。

对此，有学者曾撰文分析指出，长期以来，高校教师中个人主义、派别文化、人为合作文化盛行，导致高校教师合作文化的缺失。其中个人主义表现在“同行是冤家”观念在教师中根深蒂固，“文人相轻”“专业个人主义”现象在教师群体中表现明显；教师喜欢独立行事，拥有强烈的独立成功感。他们既不愿意观察和干预别人的工作，也不愿意被观察和被干预。“事不关己，高高挂起”是他们常有的心态。派别文化表现在由于过分强调学科分化和严密组织，教师有意或无意识地参与学校某个团体形成某一派别，而不是大家共同团结于整个学校集体中，这些派别相互分离甚至彼此竞争，如同联系松弛、各自独立的城邦。它们各自利用手段谋求权力、地位和资源，并伴随着不同的结果而产生相互冷漠甚至敌意。同一派别的教师之间很少对话，不同派别的教师之间更是老死不相往来。人为合作文化表现在教师之间的合作许多不是出于自愿而是外在行政控制，被局限于特定的时空条件中，而有些需要真正合作的却由于外在压力或迫于无奈而无法合作。比如有不少高校为应付上级检查，实行所谓的教师合作制，胡乱把教师结对子，没有充分考虑教师的需要、特点和条件，通常做法是优优合作。教师常处于彼此孤立、貌合神离的氛围中工作，放松、坦诚、深入、能产生互助互益的交流合作难以产生①。调查发现，这种状况在地方本科院校也不同程度地存在着。

第三节　我国地方本科院校教师队伍结构的个案分析

本章第二节，已对高校 A 教师队伍的年龄结构、学历结构、职称结构的数量匹配状况进行了分析，这种分析主要是放在全国地方本科院校的总体背景以及基于新建本科院校和老牌本科院校之间对比的背景下进行的。本节将对高校 A 的教师年龄结构、学历结构、职称结构、学科结构、学缘结构、专兼职结构、知行素质结构（行业背景结构）的数量匹配关系以及联结结构进行系统性深入分析。对于教师年龄结构、学历结构、职称结构和学科结构（第二节没有分析高校 A 的学科结构），还将采取纵向比较分析方法。因此，本节关于高校 A 年龄结构、学历结构和职称结构的分析，并不是第二节相关内容的完全重复，分析的背景、目的并非完全一致，本节研究更加聚焦和深入，更具系统性和全面性，基本目的是全面展现一所西部民族地区新建地方本科院校（目前属于我国地方本科院校的弱势群体）教师队伍结构的总体概貌。

A 高校是一所位于我国西部民族地区的新建普通本科院校，地处非省级首府地级城市，2011 年全校教职员工近 600 名，其中专任教师近 400 人，全日制普通在校生近万人。2015 年，全校教职工 800 多人，其中专职教师 600 多人，全日制普通在校生 1.5 万人左右。在查阅该校全体专任教师相关结构信息、发放调查问卷和深度访谈基础上，进行统计

① 任伟伟．高校教师合作文化的缺失与重塑［J］．河南社会科学，2011（7）：167-169.

分析，得出教师队伍结构基本状况如下：

一、年轻化的年龄结构

总体来说，A高校教师队伍年龄结构的年轻化非常明显。2011年，小于等于30岁、31～35岁、36～40岁、41～45岁、46～50岁、51～55岁、56～60岁、大于60岁的教师比例分别为31.5%、21.2%、19.4%、10.6%、12.6%、3.5%、1.0%和0.3%；2015年，上述各年龄段教师比例分别为29.4%、21.7%、14.0%、13.2%、10.0%、6.3%、1.7%和3.7%。2016年与2012年相比，虽然年轻化状况有所缓解，但问题还非常突出。2015年35岁以下教师仍占51.1%，超过了一半；而56岁以上教师仅占5.4%。可见，是一种非常明显的老少少多、随着年龄段增大教师比例快速下降的陡阶梯型结构，教师队伍不成熟，年龄结构不合理。详见表4-44、图4-44所示。

访谈中发现，该校自从升格以来每年招聘的教师绝大多数是年轻教师。原因有三：一是由于学校总体实力较弱，地理位置比较偏，在吸引博士研究生、有资历的大龄教师前来应聘的能力非常有限，每年招聘到的教师绝大多数是年轻的应届硕士研究生，即使招到少数博士，也有部分没有留住。二是在招聘观念上主要还是重年轻教师轻老龄教师，前来应聘的大龄教师如果不拥有博士学位或正高职称，学校一般不予录用。很多人认为年轻教师多，学校才充满活力，才具有发展优势。三是主动调整和优化教师队伍年龄结构的意识不够强。老少失衡、年轻化过度的年龄结构，不仅制约教师队伍良好传帮带扶领机制的形成，而且影响教师队伍的整体成熟度和综合实力。

表4-44　2011、2015年A高校教师队伍年龄结构状况（人、%、岁）

年	2011年	2015年
人数	397	630
比例计	100.0	100.0
≤30	31.5	29.4
31～35	21.2	21.7
36～40	19.4	14.0

续表

年	2011 年	2015 年
41～45	10.6	13.2
46～50	12.6	10.0
51～55	3.5	6.3
56～60	1.0	1.7
≥61	0.3	3.7
备注		含柔性引进

说明：2015 年度大于 60 岁教师含柔性引进人数，类似于兼职教师。

资料来源：实地调查。

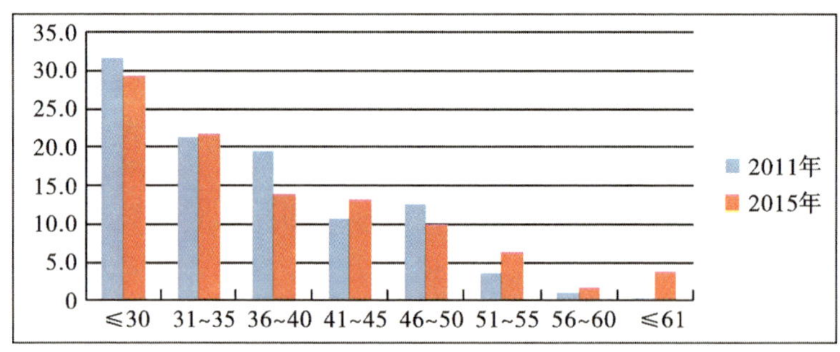

图 4-44　2011、2015 年 A 高校教师队伍年龄结构状况（%、岁）

二、低层次的学历结构

A 高校教师队伍是一个博士教师比例很低的尖塔型结构。2011 年，教师队伍中拥有博士学历（学位）、硕士学历（学位）、学士学位（本科学历）、专科及其他学历教师比例分别为 2.0%、44.3%、52.6%和 1.0%；2015 年上述四个比例分别为 7.9%、52.9%、39.2%和 0。2016 年跟 2011 年相比，虽然博士学位、硕士学位教师比例有明显增长，但由于原来的基数非常小，基础非常薄弱，目前的学历结构还很不合理，不适应从事本科教育的师资要求，本科生教本科生的特点还比较明显（有近四成教师仅拥有学士学位或本科学历）。值得注意的是，部分教师硕士学历的获得是通过在职课程进修方式而非全日制学习方式获得，有的仅有硕士学历而无硕士学位。A高校之所以形成这种教师队伍学历结构，主要有以下原因：一是本科层次教育办学历史不长，原来专科层次教育所遗留的师资问题的延续，即A高校在升格前是一所专科学校，教师学历普遍是本科及以下。学校升格后，大部分教师没有取得更高的学历和学位，成为升格本科后提升教师队伍总体学历层次的一个包袱。二是学校升格本科后，虽然每年大力招聘高学历教师，但由于办学实力较弱，地理位置没有优势，办学总体条件较差，加上办学经费不够充足，引进博士学位教师难度很大。三是在职教师提升学历学位的进修机会不够多。因为教师数量有限，教师工作量普遍较大，A高校无法每年安排很多教师外出攻读高一级学位，也不能批准更多教师报考攻读硕士博士学位（每年批准报考人数不能超过教师总数的10%）。四是由于教师学历基础有限，每年通过统一考试考上硕士生、博士生的在职教师人数不多，加上各种原因读硕读博教师有时不能按时毕业回校任教。上述几种因素的综合作用，导致A高校教师队伍学历层次提升较为缓慢。A高校专任教师队伍学历结构详见表4-45、图4-45所示。

表4-45　2011、2015年A高校专任教师队伍学历结构状况（人、%）

年	2011年	2015年
人数	397	630
比例计	100.0	100.0
专科等	1.0	0
本科或学士	52.6	39.2
硕士	44.3	52.9
博士	2.0	7.9
备注		含柔性引进

说明：2015年度教师数据包括23位柔性引进的退休人员。

资料来源：实地调查。

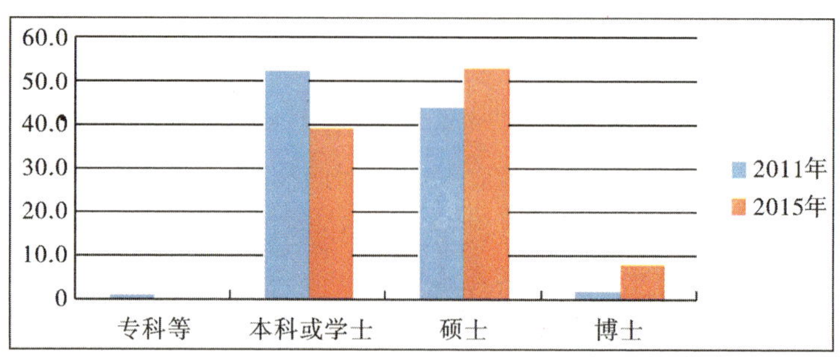

图 4-45　2011、2015 年 A 高校专任教师队伍学历结构状况（%）

三、弱层级的职称结构

A 高校教师队伍职称结构状况和学历结构非常相似。其实，教师的学历和职称是高度相关，一般来说，只有高学历，才有好基础、好潜力和高实力，才拥有更多和更好的职称晋升机会。

2011 年，A 高校教师队伍中教授（正高）、副教授（副高）、讲师（中级）、助教（初级）、未评或无职称教师比例分别为 2.0%、16.6%、38.8%、16.6%和 25.9%；2015 年上述比例分别为 9.0%、18.9%、34.8%、5.6%和 31.7%。从 2015 年数据可以看到，刚入职还没有职称申报资格的年轻教师比例就超过 3 成，正高职称教师还没达到一成（9.0%），而且部分正高职称教师还是即将退休或已经退休的柔性引进人员，可见教师队伍职称层次很低。有一些二级学院属于“零教授二级学院”。A 高校之所以形成此种教师队伍职称结构，跟上文的学历结构形成原因有很多相似性。一是学校原来在专科层次时，很多教师职称比较低，学校升格本科后，不少教师因能力有限，职称晋升缓慢。二是由于学校基础较薄弱、地理位置无优势、办学条件较差，办学经费不够充足，在引进高层次人才方面，相对于其他高校而言，吸引力较低。要一步到位大量引进正高职称教师，或大量引进有更高潜力的博士学位教师，难度很大。三是教师队伍综合素质和综合能力较低，影响职称晋升的步伐。教授比例偏低、结构失衡的职称结构影响地方本科高校办学实力的持续提升和竞争力的形成，制约地方本科院办学声誉和地位的提高。A 高校专任教师队伍职称结构详见表 4-46、图 4-46 所示。

表 4-46　2011、2015 年 A 高校专任教师队伍职称结构状况（人、%）

年	2011 年	2015 年
人数	397	630
比例计	100.0	100.0
未评	25.9	31.7
助教	16.6	5.6
讲师	38.8	34.8
副教授	16.6	18.9
教授	2.0	9.0
备注		含柔性引进

说明：2015 年度教师数据包括 23 位柔性引进的退休人员。

资料来源：实地调查。

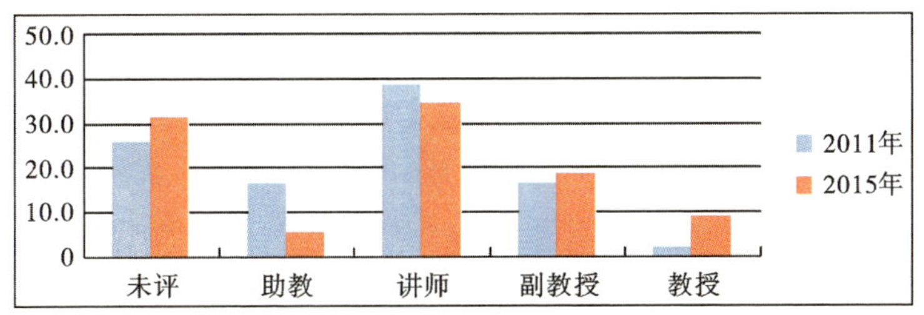

图 4-46　2011、2015 年 A 高校专任教师队伍职称结构状况（%）

四、资源较分散，特色欠明显，适应性偏弱的学科结构

A 高校教师队伍学科结构具有如下特点或存在如下问题。

一是学科教师资源过于分散。2011 年全校有 11 个二级学院（不包括继续教育学院、国际教育学院等），平均每个学院有教师 36.1 人；2015 年全校有 16 个二级学院，平均每个学院有教师 39.4 人。有的二级学院仅有二三十名专任教师，只有两个本科专业支撑。学院设置过细，虽扩大了学科布局，但学科师资分散，不利于学科资源整合和实力打造，不利于不同学科教师间交流，不利学科集群发展。

二是三大学科师资比较均衡。教师学科背景基本覆盖了所有 12 个一级学科（除了军事学之外），但与此同时，自然学科、社会学科、人文学科三大学科发展比较平均用力。2011年A高校三大学科师资比例分别为29.7%、31.9%、38.4%；2015年上述三大比例分别为35.4%、36.2%、28.4%。三大学科师资比例差别不大，学科发展重点不够聚焦和突出，难以形成相对集中的优势。

三是学科发展特色不够明显。对于地方高校尤其是新建地方高校而言，应重点发展跟地方经济社会发展紧密联系的实用性学科，以自然学科和社会学科为重点，凝练和形成某些专业或专业群特色。通过查看A高校招生专业目录和通过访谈了解到，A高校在专业设置上能彰显地方特点的专业不多，或者由于师资力量有限，专业学科的特色优势还没有很好显现出来，很多专业和本地区其他同类高校存在雷同或相似现象。

四是学科结构的适应性偏弱。从三大学科师资比例看，2011年A高校的人文学科教师比例依次大于社会学科教师比例和自然学科教师比例，这是一种偏向形而上的学科结构，这种状况跟地方高校的地方性、实用型、职业性的发展定位不够适应。2015年三大学科结构有所变化，社会学科师资依次多于自然学科师资和人文学科师资，情况有所好转。

从学科师资匹配来看，2011年A高校教师队伍中占比最大的前几个学科是文学教师占29.0%、理学教师占18.1%、教育学教师占16.4%、工学教师占11.3%、哲学教师占7.6%，其中文学和哲学这两门形而上的学科教师比例过高，不适应地方高校的“形而下”定位和使命特点。2015年比例最大的前几个学科教师分别是工科21.6%、文学18.4%、理学12.4%、教育学和管理学并列11.6%。

通过访谈获知，A高校之所以形成这样的学科结构，主要是基于如下原因：一是A高校人文社会学科发展历史较长，不想放弃那些传统学科发展；二是人文社会学科专业申报和设置门槛较低，不需要昂贵的设备，成为扩招时期的重点扩张专业；三是由于各兄弟高校的二级学院设置都比较多，大家都认为二级学院设置数量多可以显出高校的多学科性或综合性，更有利于提高学校声誉，便于高校开展宣传和招生工作。A高校专任教师队伍学科结构详见表4-47、图4-47、表4-48、图4-48所示。

表 4-47　2011、2015 年 A 高校专任教师队伍学科结构状况（人、%）

年	2011 年	2015 年
人数	397	630
比例计	100.0	100.0
哲学	7.6	0.8
经济学	4.0	2.7
法学	5.5	10.3
教育学	16.4	11.6
文学	29.0	18.4
历史学	1.8	1.1
理学	18.1	12.4
工学	11.3	21.6
农学	0.3	1.1
管理学	6.0	11.6
医学	0	0.3
艺术	—	8.1
备注 1	11 个学院	16 个学院
备注 2	当年无艺术学科	

说明：2011 年在国家学科分类中无艺术学科单独分类，而是包含于文学学科中。

资料来源：实地调查。

表 4-48　2011、2015 年 A 高校专任教师队伍三大学科背景分布状况（%）

年	2011 年	2015 年
人数	397	630
比例计	100.0	100.0
自然学科	29.7	35.4
社会学科	31.9	36.2
人文学科	38.4	28.4

资料来源：实地调查。

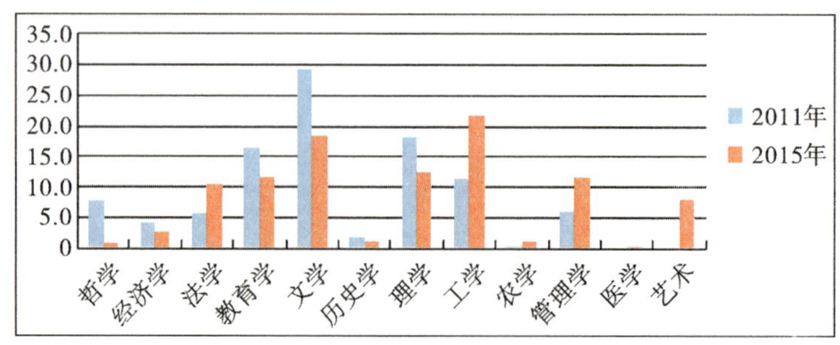

图 4-47　2011、2015 年 A 高校专任教师队伍学科结构状况（%）

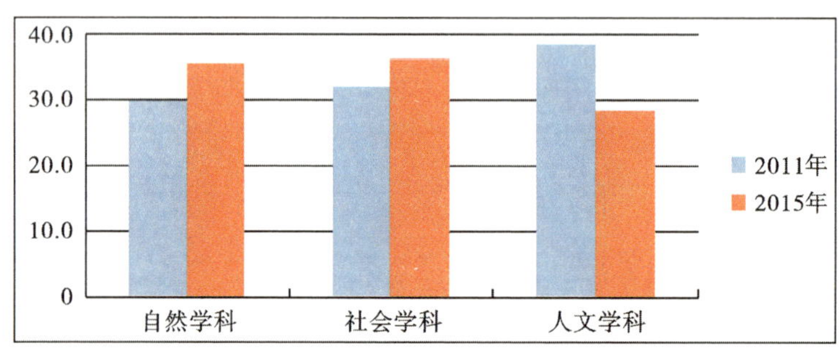

图 4-48　2011、2015 年 A 高校专任教师队伍三大学科背景分布状况（%）

五、本地化较高，类别性偏少，层次性偏低的学缘结构

在学缘结构方面，2011 年调查发现，首先 A 高校教师队伍最高学历学缘的近亲繁殖率很低，但本地化较高，毕业于本省高校学缘占 77.1%，其他师资来源地理分布分别是：湖北和四川高校各占 3.0%，北京和湖南高校各占 2.8%，云南、重庆、广东高校各占 1.5%，辽宁高校占 1.3%，还有极个别教师来源于其他省市，另有来自英国高校学缘占 0.5%。可见，A 高校教师队伍学术渊源大多局限于本省内，尤其是西部高校学缘占 84.1%。其次，学缘本地化一般都会导致学缘类别单一化，因为某一个省市或地区的高校数量是有限的。再次，来源于高层次高校学缘（部属高校和海外高校学缘）比例偏小，仅占 17.1%，其中海外学缘有 0.5%。再看 A 高校教师学缘来源于我国 10 个高等教育重镇的状况。根据“网大 2011 年中国大学排行榜”公

布的数据，北京、上海、南京、武汉、广州、西安、天津、哈尔滨、成都、沈阳是 2011 年度我国高等教育实力最强的前十大城市[①]。分析发现，A 高校教师毕业于十大重镇高校的比例都很低。比如，北京高校学缘仅占 2.8%、上海高校学缘仅占 0.8%、南京高校学缘仅占 0.5%，其他七重镇高校学缘比例也很低。详见表 4-49、图 4-49、表 4-50、图 4-50、表 4-51、图 4-51 所示。众所周知，任何一所高校要提升质量和地位，其中一个重要的措施是不断引进比自身层次更高的大学高材生，这样才有利于高校靠近和分享前沿性、优质性学术资源。总之，教师队伍学缘层次性偏低不可避免地制约着地方本科院校的发展步伐。

表 4-49　A 高校专任教师队伍最高学历学缘来源地理分布状况一（人、%）

		频率	百分比	有效百分比	累积百分比
有效	合计	397	100.0	100.0	
	本校	5	1.3	1.3	1.3
	本市非本校	1	0.3	0.3	1.5
	本省非本市高校	300	75.6	75.6	77.1
	外省高校	89	22.4	22.4	99.5
	海外高校	2	0.5	0.5	100.0

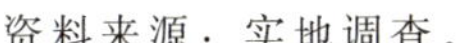
资料来源：实地调查。

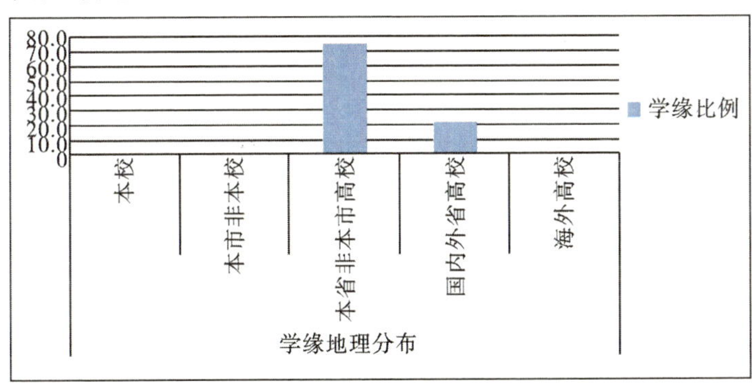

图 4-49　A 高校专任教师队伍最高学历学缘来源地理分布状况一（%）

① 2011 中国高等教育重镇榜［EB/OL］．(2011-06-07)［2012-03-10］．http://edu.sina.com.cn/gaokao/2011-06-07/2131299498.shtml.

表 4-50　A 高校专任教师队伍最高学历学缘来源地理分布状况二（人、%）

地理位置	东部计	京	粤	辽	沪	鲁	苏	闽	津	浙	冀	琼	
人数	31	11	6	5	3	3	2	1	0	0	0	0	
%	7.8	2.8	1.5	1.3	0.8	0.8	0.5	0.3	0	0	0	0	
地理位置	中部计	鄂	湘	豫	赣	黑	吉	晋	皖				
人数	30	12	11	4	3	0	0	0	0				
%	7.6	3.0	2.8	1	0.8	0	0	0	0				
地理位置	西部计	川	渝	云	陕	贵	甘	新	宁	青	藏	蒙	桂
人数	334	12	6	6	1	1	1	1	0	0	0	0	306
%	84.1	3.0	1.5	1.5	0.3	0.3	0.3	0.3	0	0	0	0	77.1
地理位置	海外计	英国											
人数	2	2											
%	0.5	0.5											
合计人数	397												
合计%	100.0												

资料来源：实地调查。

表 4-51　A 高校专任教师队伍最高学历学缘层次分布状况（人、%）

		高校类别	频率	百分比	有效百分比	累积百分比
有效	合计		397	100.0	100.0	
	低层次高校学缘	专科高校	4	1.0	1.0	1.0
	同层次高校学缘	地方本科高校	325	81.9	81.9	82.9
	高层次高校学缘	“211 工程”及部委高校	48	12.1	12.1	95.0
		“985 工程”高校	18	4.5	4.5	99.5
		海外高校	2	0.5	0.5	100.0

资料来源：实地调查。

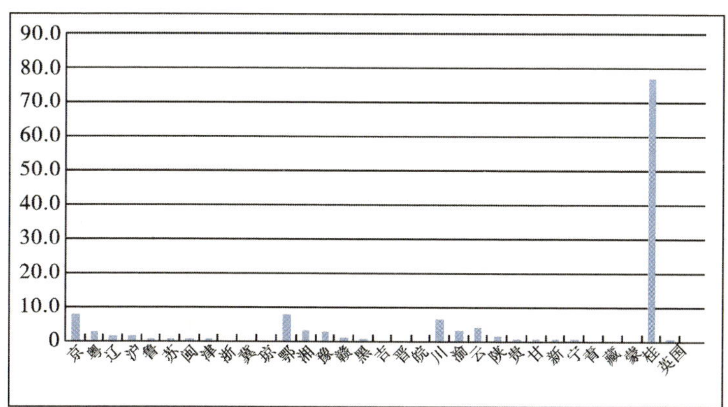

图 4-50　A 高校专任教师队伍最高学历学缘来源地理分布状况二（%）

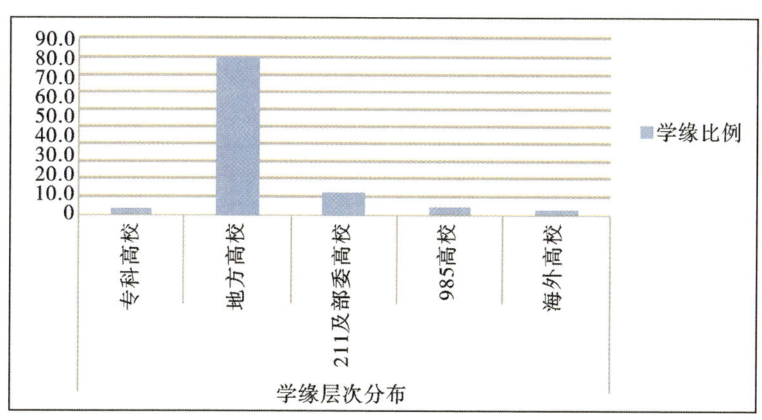

图 4-51　A 高校专任教师队伍最高学历学缘层次分布状况（%）

六、数量仍偏小，总质量偏低，外出兼职少的兼职结构

从调查可得结果来看，A 高校教师队伍的专兼职结构具有以下特点或存在以下主要问题。

（一）兼职教师队伍数量总体偏少

2015 年，A 高校共有专任教师 630 人，另有进入型兼职教师 176 人，共有专兼职教师 806 人，兼职教师数占专任教师数的 27.9%，占专兼职教师总数的 21.8%。虽 A 高校用满了教育部规定的兼职教师数不应超过专任教师数的四分之一的指标。但是，从美英日很多一般高校的情况来看，兼职教师比例普遍很高，有的高校兼职教师数量和专职教师数量基本相当甚至明显多于后者。对于类型高校A的我国地方本科院校，一方面要深化校企合作和产教融合，但自有的行业实践型师资数量明显不足，急需此类兼职教师；另一方面，不少高校自有专任教师数量长期不足或者增长速度跟不上学生规模扩张步伐，教师工作量普遍很大，聘用兼职教师是解决人手不够问题的基本办法之一。但是，西部二三线城市高校在聘用兼职教师时面临如下问题：一是在地方各行业中可聘用的高质量、高适应性的兼职教师资源相对较少，地方高校想聘但无人可聘；二是地方高校基本办学条件较差或给予兼职教师待遇缺乏吸引力等原因，地方高校想聘但应聘者寥寥；三是上文所提到的国家对高校兼职教师比例有明文规定，地方高校想多聘但有名额限制。因此，我国地方本科院校兼职教师比例长期处于较低水平。2015年A高校进入型兼职教师状况详见表4-52、图4-52所示。

表4-52　2015年A高校教师队伍专兼职结构状况（人、%）

岗位类型	人数	比例
教师总数	806	100.0
专任教师	630	78.2
兼职教师	176	21.8
兼职占专任比例		27.9

资料来源：实地调查。

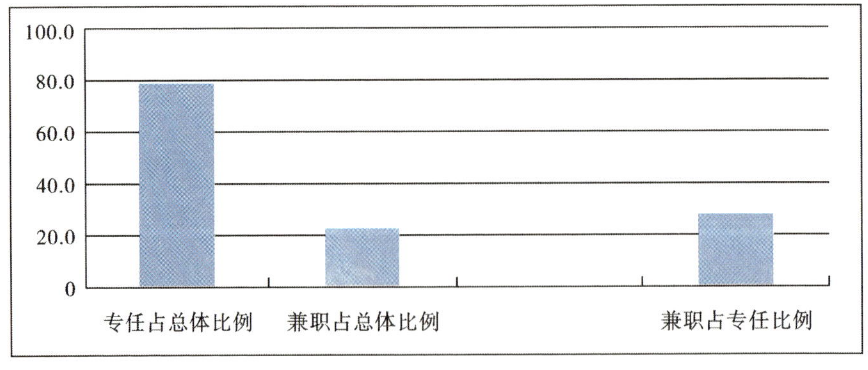

图4-52　2015年A高校教师队伍专兼职结构状况（%）

（二）兼职教师队伍学历总体偏低

地方本科院校专任教师队伍的学历层次一直偏低，但进入型兼职教师队伍的学历层次比专任教师队伍更低。从调查 A 高校 2015 年所得情况来看，专任教师队伍中拥有博士、硕士、本科和专科等学历教师比例分别为 7.9%、52.9%、39.2%和 0，而兼职教师队伍上述几个学历层次教师比例分别为 5.1%、22.7%、61.9%和 10.2%。可见，兼职教师的高学历教师比例比专任教师比例明显要低，低学历教师比例比专任教师要高出得多。其中，兼职教师的博士、硕士教师比例分别比专任教师低 2.8 个百分点和 30.2 个百分点；相反，兼职教师队伍中的学士学位或本科学历比例比专任教师多了 22.7 个百分点；专任教师队伍中专科学历教师数为 0，兼职教师队伍中此类学历教师仍占有 10.2%。相关情况详见表 4-53、图 4-53 所示。

表 4-53 2015 年 A 高校专兼职教师队伍学历状况比较（人、%）

	专任教师	兼职教师
人数	630	176
比例计	100.0	100.0
博士	7.9	5.1
硕士	52.9	22.7
学士或本科	39.2	61.9
专科等	0	10.2

资料来源：实地调查。

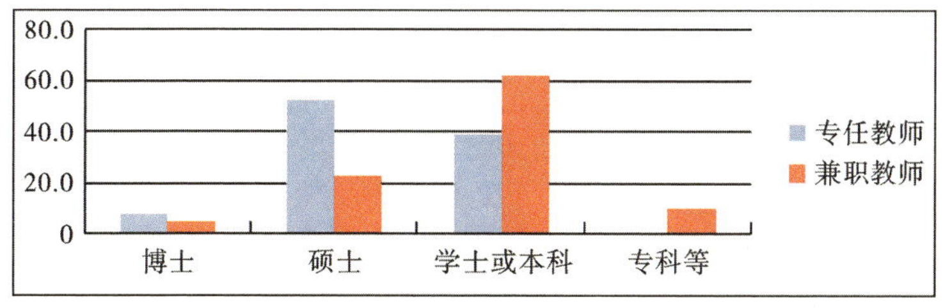

图 4-53 2015 年 A 高校专兼职教师队伍学历状况比较（%）

（三）兼职教师队伍职称有待提升

职称是能力的体现。调查结果显示，A高校兼职教师队伍的职称状况稍优于专任教师队伍。这种情况跟学历结构状况不尽相同。2015年，A高校专任教师队伍中正高职称教师比例为9.0%，兼职教师队伍中的这一比例为10.2%，后者稍高于前者1.2个百分点；专任教师队伍的副高职称教师比例为18.9%，兼职教师队伍的这一比例为37.5%，后者是前者的近两倍；专任教师队伍中未评职称教师比例为31.7%，兼职教师队伍中的这一比例仅为16.5%，后者约为前者的一半，情况明显好于前者。这种“兼优于专”的职称状况，从一定程度说明了，只有较高职称、较高素质和较高业绩的人员才更容易进入高校从事兼职工作，同时，高校也更加积极主动甚至大力争抢业内知名专家、领军人物乃至明星人士到本校兼职。但这种领军人物稀缺、高校争抢激烈的“僧多粥少”状况，也导致专家到过多数量高校和企业兼职，但又无精力从事实质性兼职工作的“挂名式”和“形式化”兼职现象的出现。

虽然，A高校的进入型兼职教师队伍的总体职称状况明显好于专任教师队伍，但基于高校不断提升办学质量的需要，这种职称层级还是偏低了，应有待提升。相关情况详见表4-54、图4-54所示。

表4-54　2015年A高校专兼职教师队伍职称状况比较（人、%）

	专任教师	兼职教师
人数	630	176
比例计	100.0	100.0
正高	9.0	10.2
副高	18.9	37.5
中级	34.8	30.1
初级	5.6	5.7
未评等	31.7	16.5

资料来源：实地调查。

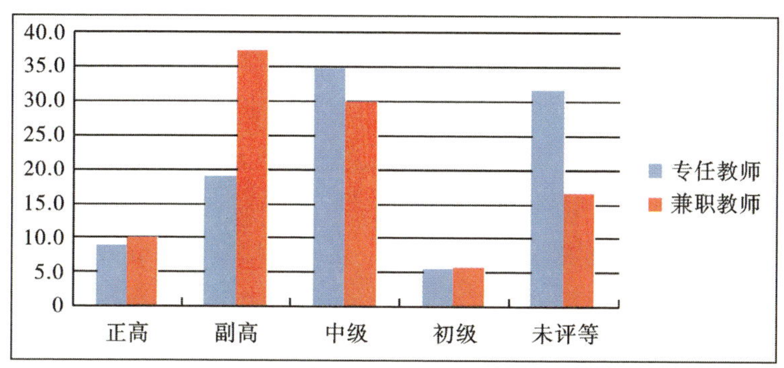

图 4-54 2015 年 A 高校专兼职教师队伍职称状况比较（人、%）

A 高校兼职教师队伍还存在如下情况：一是有 16 人是已离职退休人员，其他 160 人在其他部门有自己的专职岗位，即兼职教师主要以校外单位的在职人员为主，此类兼职教师占兼职教师总数的 90.9%。二是有硕士生导师 5 人，占全体兼职教师总数的 2.8%。三是拥有国外学缘 7 人，占全体兼职教师总数的 4.0%。四是兼职教师数量最多的几个学科专业背景是：工商管理 25 人，占 14.2%；中国语言文学 22 人，占 12.5%；教育学 20 人，占 11.4%；土木工程 15 人，占 8.5%；外国语言文学 13 人，占 7.4%；其中，中国语言文学和外国语言文学两类兼职教师共有 35 人，占全体兼职教师总数的 19.9%，差不多占了两成。这也可以从一个角度说明 A 高校在这些学科专业跟地方合作发展较为紧密，双方人员交流较为密切。

（四）外出兼职教师比例很低

2015 年，A 高校聘用了 176 位进入型兼职教师，但在外出型兼职方面，除了一些隐性兼职（比如外语、艺术、体育等专业背景教师从事校外“影子教育”机构的兼职活动等）外，公开性外出兼职教师数量很少。据了解，A 高校教师队伍中，目前在所在地市政府、人大、政协和其他专业协会的专家委员会兼职的教师数量寥寥无几，在省部级各个专业委员会兼职的教师总数还不到 20 人，还没有教师得到国家级专业委员会或同等级别的其他专家委员会的兼职聘任。此外，有些教师有机会到行业企业调研交流，有少数教师能有机会到行业企业挂职锻炼，或合作开展技术开发等，但能真正到行业企业进行实质性挂职兼职的教师比例很低。究其原因，主要有以下几个方面：一是 A 高校拥有区内外知名的高水平、高声望的专家数量很少，因此能有资格受到各类高级别专业委员会聘用兼职的教师数量很少。二是A高校专任教师数量多年来处于紧缺状态，教师增长步伐明显滞后于学生扩招步伐，教师总体工作量较大，无法选派更多教师外出到行业企业挂职兼职。三是对于私人性和营利性外出兼职，高校一般持反对态度。高校外出型兼职教师比例低，从一定程度上讲，意味着教师的质量和优势没有得到社会的广泛认可。高校限制教师外出开展合理性兼职活动，从一定程度上讲，限制了教师的职业视野、交流合作和锻炼成长，不利于校社之间的交往互动和合作发展。

2016年11月，中共中央办公厅、国务院办公厅印发了《关于实行以增加知识价值为导向分配政策的若干意见》，文件允许科研人员和教师依法依规适度兼职兼薪，包括允许科研人员从事兼职工作获得合法收入和允许高校教师从事多点教学获得合法收入。这将有利于高校进入型和外出型兼职教师队伍数量的扩充、创新的激励和质量的提升。

七、来源渠道窄，阅历欠丰富，实践力偏弱的素质结构

从调查所知，A高校教师队伍的学术型特征较明显，应用型较弱，即整个教师队伍中，应用型教师（具有丰富实践行业履历教师、专业实践能力强的教师）比例偏低。即使是双师型教师、有一定行业背景的教师，总体的专业实践能力仍偏弱，或者没有很好地实现理论素质和实践素质的相互结合、相互统一、相互促进、相互提升的关系。

（一）专任教师中的双师型教师和拥有行业背景教师数量偏少

据调查了解，2015年A高校共有630名专任教师中，共有双师型教师102人，双师型教师数占专任教师总数的16.2%；另有行业背景专任教师（即有着在相应的行业企业一定年限履职经历的高校专任教师）24人，占专任教师总数的3.8%；两者比例合计为20.0%。对于以服务地方经济社会发展、从事应用型高等教育为基本定位的地方本科院校来说，双师型教师和拥有行业背景教师的专任教师数量偏少。形成这种状况的最主要原因有两点：一是长期以来A高校（其他高校亦如此）在招聘教师时大都招聘应届毕业生，绝大多数教师仅拥有单一的教育行业背景。对社会其他实践应用行业，即使是跟本学科专业密切相关，也知之不多。二是绝大部分教师进入高校从教后，受到学术型职称评聘导向的

引导，一般都沿着学术型的专业发展路径进行自我进修和培训提升，不太关心和研究本学科专业的实践应用发展状况，不积极主动提升自身的专业实践应用能力，也没有太多机会深入有关行业企业从事较长时间的挂职锻炼。

（二）兼职教师来源部门类别不够丰富，素质类型适应性偏低

首先，一所高校学科专业的多样性以及对应的产业行业的多样性，决定了兼职教师来源应具有多样性。其次，兼职教师能力素质只有满足多样化的应用型本科人才培养的需要，兼职教师的素质类型才具有适应性。地方本科院校在聘用兼职教师时，既需要聘用高层次理论型师资，但从当前地方本科院校教师队伍的素质结构来看，则更急需聘用各类实践型的兼职教师。从 2015 年 A 高校兼职教师来源的情况来看，有 23.9％的兼职教师来源于高校同行，有 7.4％的兼职教师来源于行政部门，有 43.8％的兼职教师来源于其他事业单位（比如中小学校、卫生、体育、文化等单位），有 22.2％的兼职教师来自企业公司，另有 2.8％的兼职教师来源于其他单位。详见表 4-55、图 4-55 所示。A 高校目前有 16 个二级学院，其中工科类学院有 6 个，经济管理类和创业型二级学院有 2 个，还有设计类、文化传媒类二级专业学院 2 个，这些学科专业的实践应用机构大都是企业，但兼职教师队伍中来源于企业的仅占 22.2％，而来源于传统“铁饭碗”部门的兼职教师比例高达 75.1％。可见，兼职教师队伍的素质类型适应性偏低。从另一个角度来讲，专兼职教师队伍的总体素质结构不够优化。

表 4-55　2015 年 A 高校兼职教师来源状况（人、％）

	人数	比例
合计	176	100.0
高校	42	23.9
行政单位	13	7.4
其他事业单位	77	43.8
企业公司	39	22.2
其他单位	5	2.8

资料来源：实地调查。

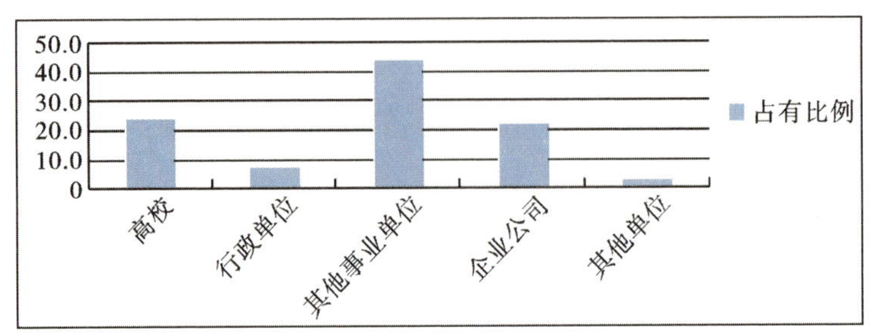

图 4-55　2015 年 A 高校兼职教师来源状况（%）

（三）专任教师队伍中的双师型教师总体素质偏弱，培训不足

应用型高校的转型发展不仅需要规模较大的理论型教师队伍，更需要高素质、高质量的双师型人才。这就需要有科学规划、资源支持、大力培养、高效培训、严格考核等措施保障。但从调查了解到，A 高校近两三年来虽采取了比较多的措施培养和培训双师型教师，双师型教师数量逐年增多，比例逐年提升。但是，由于种种原因，双师型专任教师的专业实践能力和专业实践教学指导能力总体仍处于较低水平，有相当比例的教师通过四五天的短期培训就可以取得学校认定的双师型教师资格，不少双师型专任教师对相关行业和岗位的专业理解和自身专业实践能力没有真正达到一线专业人员的标准。存在此种状况的原因比较多：一是双师型教师队伍建设是在近些年来才提出的改革议题，各地方本科高校还没有探索出很好的建设路子。二是各地方高校缺乏科学合理的建设规划。三是双师型教师队伍培养培训需要行业企业的参与合作，但由于地方本科院校目前校企合作不够深入，影响双师型教师的培养培训。四是由于学术型思维定式的影响，双师型培养对象参加培训的积极性不够高。五是地方本科院校教师常规工作量偏大，没有更多时间到行业企业深度学习培训。六是双师型教师培养培训的相关评价制度还没有很好健全等。总之，双师型专任教师素质偏弱，无论是对于教师个体而言，还是对于教师队伍而言，知行素质结构都不够合理、不够优化。

八、连接较松散，互动欠深入，互益不充分的联结结构

通过考察不同教师之间的学术交往状况可以分析理解教师队伍的联结结构。对 A 高校的 76 名样本教师的学术交往状况进行调查，结果显示，联结结

构不够优化甚至严重失衡。这种失衡状况主要表现在以下几个方面：

（一）教师学术交往意愿偏低

具有很高的学术交往意愿，是产生主动学术交往行为，实现良好学术交往效果的基本前提。但调查结果发现，在面对学术交往意愿的五个选项时，有13.2%的教师选择“很乐意”，有25.0%的教师选择“比较乐意”，有43.4%的教师选择“一般”，还有13.2%的教师选择“不太乐意”以及有5.3%的教师选择“很不乐意”。总之，选择“乐意”学术交往的教师仅占38.2%，选择“一般”乐意学术交往的教师还占有43.4%，选择“不乐意”学术交往的教师仍占18.5%。可见，教师学术交往意愿有待进一步激发。详见表4-56、图4-56所示。

表4-56　A高校教师学术交往意愿调查（人、%）

		频率	百分比	有效百分比	累积百分比
有效	合计	76	100.0	100.0	
	很乐意	10	13.2	13.2	13.2
	比较乐意	19	25.0	25.0	38.2
	一般	33	43.4	43.4	81.6
	不太乐意	10	13.2	13.2	94.8
	很不乐意	4	5.3	5.3	100.0

资料来源：实地调查。

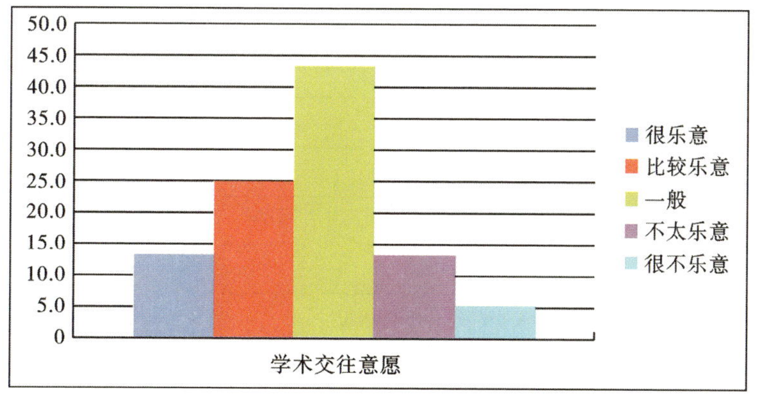

图4-56　A高校教师学术交往意愿调查（%）

（二）教师学术交往松散疏离

教师学术交往意愿较低，教师之间的学术交往关系可能就变得过于松散，乃至相互疏离或者相互封闭。而教师队伍学术联结松散疏离，也就难以形成队伍紧密的整体性结构和较强的整体性功能。

从调查学术交往总体状况所得结果显示，选择“紧密型”交往的教师仅占14.5%、选择“松散型”交往的教师占了40.8%、选择“疏离型”交往的教师占2.6%、选择“封闭型”交往的教师占11.8%，后三者之和达55.2%，超过了一半。尤其是选择“封闭型”选项的教师仍占了一成多。可见，高校A教师学术交往的总体状况不容乐观。详见表4-57、图4-57所示。

表4-57 A高校教师队伍学术交往结构总体状况（人、%）

		频率	百分比	有效百分比	累积百分比
有效	合计	76	100.0	100.0	
	强制紧密型	3	3.9	3.9	3.9
	自主紧密型	3	3.9	3.9	7.9
	强制—自主紧密型	5	6.6	6.6	14.5
	中间型	17	22.4	22.4	36.8
	松散型	31	40.8	40.8	77.6
	疏离型	2	2.6	2.6	80.3
	封闭型	9	11.8	11.8	92.1
	其他型	6	7.9	7.9	100.0

资料来源：实地调查。

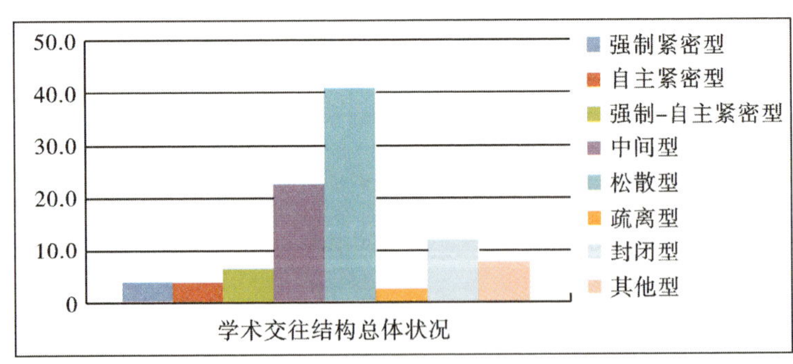

图4-57 A高校教师队伍学术交往结构总体状况（%）

在调查同类型（相同或相近年龄段、学历、职称、学科、学缘）教师之间的学术交往范围和紧密度状况时，结果显示，平均起来有 1.7% 的教师选择交往范围很广、交往密度很强，有 12.4% 的教师选择交往范围较广、交往密度较强，上述两比例相加，即共有 14.1% 的教师选择了交往范围和交往紧密度上的“很多”和“较多”（即被调查老师认为其学术交往所涉及的教师多、范围广，交往频率高、关系紧密）。但是，有 38.3% 的教师选择了“一般”，有 32.6% 的教师选择了“较少”，有 15.0% 的教师选择了“很少”选项，即有将近一半（47.6%）的教师认为自己平时的学术交往范围小、涉及教师少、学术交往频率低、关系不紧密。详见表 4-58、图 4-58 所示。

表 4-58　A 高校相同类型教师之间的学术交往状况比较（人、%）

	交往范围					交往紧密度					平均
	同年龄	同学历	同职称	同学科	同学缘	同年龄	同学历	同职称	同学科	同学缘	
样本	76	76	76	76	76	76	76	76	76	76	76
很多	3.9	0	1.3	0	1.3	2.6	1.3	2.6	2.6	1.3	1.7
较多	6.6	17.1	10.5	14.5	7.9	13.2	13.2	9.2	21.1	10.5	12.4
一般	42.1	40.8	43.4	36.8	42.1	38.2	39.5	42.1	25	32.9	38.3
较少	34.2	28.9	28.9	34.2	30.3	35.5	28.9	30.3	38.2	36.8	32.6
很少	13.2	13.2	15.8	14.5	18.4	10.5	17.1	15.8	13.2	18.4	15.0
合计	100	100	100	100	100	100	100	100	100	100	100

资料来源：实地调查。

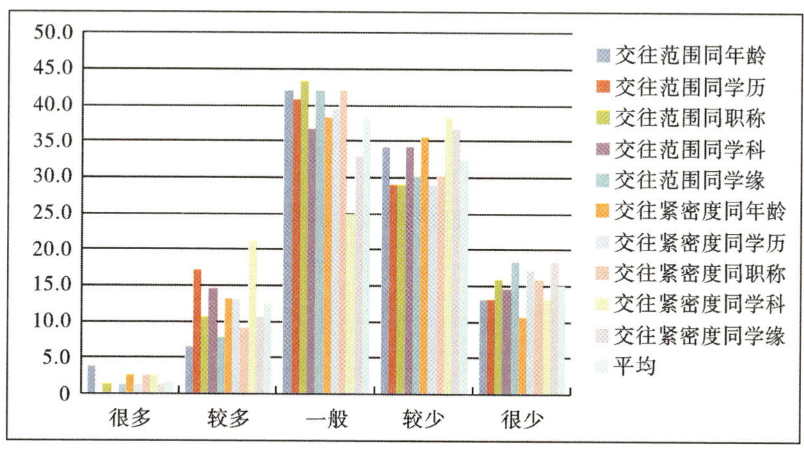

图 4-58　A 高校相同类型教师之间的学术交往状况比较（%）

在调查不同类型（指不同年龄段、不同学历、不同职称、不同学科、不同学缘）教师之间的学术交往范围和紧密度状况时，结果显示，平均起来仅有0.3%的教师选择交往范围很广、交往密度很强，有9.5%的教师选择交往范围较广、交往密度较强，上述两者相加，共有9.8%的教师选择了交往范围和交往紧密度上的“很多”和“较多”（即被调查老师认为自身学术交往所涉及的教师多、范围广，交往频率高、关系紧密）。但是，有33.0%教师选择了“一般”，有39.4%教师选择了“较少”，有17.9%的教师选择了“很少”选项，即有超过一半（57.3%）的教师认为自己的学术交往范围小、涉及教师少、学术交往频率低、关系不紧密。详见表4-59、图4-59所示。

如果将同类型教师之间的学术交往状况和不同类型教师之间的学术交往状况相比较，有关数据显示，前者略好于后者，这也符合“物以类聚、人以群分”的常理，比如，同学科专业教师之间一般会比不同学科专业教师之间有更多的学术交往机会。

表4-59　A高校不同类型教师之间的学术交往状况比较（人、%）

	交往范围					交往紧密度					平均
	异年龄	异学历	异职称	异学科	异学缘	异年龄	异学历	异职称	异学科	异学缘	
样本	76	76	76	76	76	76	76	76	76	76	76
很多	1.3	0	0	0	0	0	0	0	0	1.3	0.3
较多	13.2	13.2	10.5	7.9	5.3	13.2	9.2	14.5	5.3	2.6	9.5
一般	26.3	31.6	34.2	34.2	31.6	42.1	36.8	27.6	34.2	31.6	33.0
较少	47.4	38.2	39.5	34.2	39.5	31.6	38.2	43.4	38.2	43.4	39.4
很少	11.8	17.1	15.8	23.7	23.7	13.2	15.8	14.5	22.4	21.1	17.9
合计	100	100	100	100	100	100	100	100	100	100	100

资料来源：实地调查。

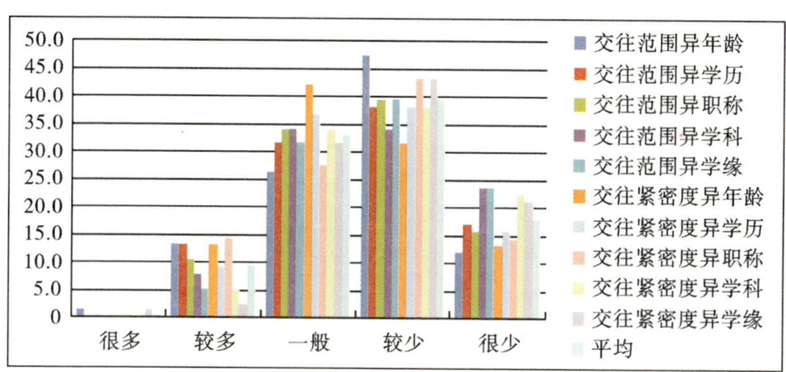

图 4-59　A 高校不同类型教师之间的学术交往状况比较（%）

（三）教师学术交往互益性少

教师开展学术交往的最终目的是相互学习、相互激发、相互合作、相互帮助、相互促进，实现差异互补、优势互长、互惠互益、共同发展。但从调查情况看，A 高校教师队伍学术交往的互益效果不够高。在问到相同类型、不同类型教师之间学术交往的学术受益情况时，平均起来仅有 0.7%的教师认为收益“很多”，有 10.9%的教师选择收益“较多”，此两者相加仅占了 11.6%。有 39.4%的老师认为收益“一般”，有 29.1%的教师选择“较少”选项，另有 20.0%的教师认为收益“很少”，后两者相加接近总数的一半（49.1%）。详见表 4-60、图 4-60 所示。可见，如何改变学术交往的观念、渠道和方式，营造更好氛围，进一步提高学术交往实效性，是各地方本科院校值得思考的问题。

表 4-60　A 高校教师学术交往互益状况调查（人、%）

	同年龄	异年龄	同学历	异学历	同职称	异职称	同学科	异学科	同学缘	异学缘	平均
样本	76	76	76	76	76	76	76	76	76	76	76
很多	1.3	0	2.6	1.3	1.3	0	0	0	0	0	0.7
较多	7.9	13.2	11.8	9.2	7.9	14.5	17.1	10.5	9.2	7.9	10.9
一般	55.3	44.7	38.2	39.5	47.4	34.2	34.2	28.9	38.2	32.9	39.4
较少	19.7	22.4	32.9	31.6	26.3	31.6	28.9	34.2	30.3	32.9	29.1
很少	15.8	19.7	14.5	18.4	17.1	19.7	19.7	26.3	22.4	26.3	20.0
合计	100	100	100	100	100	100	100	100	100	100	100

资料来源：实地调查。

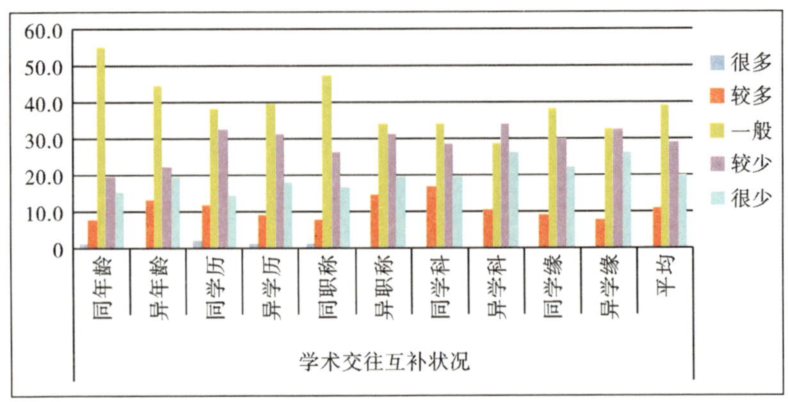

图 4-60　A 高校教师学术交往互益状况调查（%）

（四）氛围和活动是影响主因素

当问及什么因素是影响教师学术交往的主要因素时，调查数据显示，有 55.3%的教师认为是“学术氛围不佳”、有 52.6%的教师认为是学校组织的“学术活动太少”，有 35.5%的教师认为是学校的“制度安排不科学”，有 25.0%的教师选择了“机构设置不合理”选项，有 18.4%的教师认为“教师观念”是主要影响因素之一。另有 7.9%的教师选择“教师性格”、有 11.8%的教师选择“其他因素”。可见，教师认为“氛围不佳”和“活动太少”是影响学术交往活动的两个主要因素。详见表 4-61、图 4-61 所示。

表 4-61　A 高校教师学术交往制约因素调查（人、%）

	机构设置不合理	制度安排不科学	学术活动组织少	学术氛围	教师观念	教师性格	其他因素	频率合计	样本人数
频率	19	27	40	42	14	6	9	157	76
有效%	25.0	35.5	52.6	55.3	18.4	7.9	11.8	206.6	

说明：由于是多选题，所以出现各小项百分比之和大于 100 的情况，属于正常。

资料来源：实地调查。

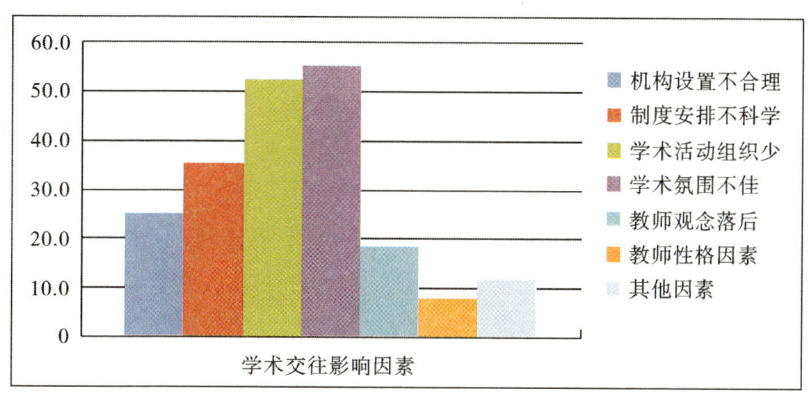

图 4-61　A 高校教师学术交往制约因素调查（%）

第四节　我国地方本科院校教师队伍结构不合理的原因分析

分析原因是为了解决问题。影响我国地方本科院校教师队伍结构的因素复杂多样，既有校外诸多因素、校内各种因素，也有教师自身因素，它们又是相互纠缠、相互影响。同时，由于年龄结构、学历结构、职称结构、学科结构、学缘结构、专兼职结构、知行素质结构、联结结构只是同一个教师队伍整体结构的不同侧面或子结构，它们具有不可分离性。此外，影响因素往往还具有“一因多果”特征。换言之，导致一个子结构不合理的原因可能也同时是导致另外一个子结构不合理的原因之一。为此，为了便于分析，下文按上述各子结构为顺序，分别就导致各子结构不合理的主要原因逐一探讨，最后从宏观角度进行初步探讨。

一、招聘取向偏颇，引人渠道狭窄，退休制度不完善，制约年龄结构优化

（一）教师招聘录用观念不合理

我国地方本科院校在教师招聘过程中一直存在两个不甚合理的取向：

第一，“年轻偏好”甚至“唯年轻论”，是直接造成教师队伍年轻化的一个重要原因。长期以来，在“单位人”观念指导下，“唯年轻是聘”成为我国高校每年人才招聘的重要标准。很多高校管理者认为，新教师

进入我校就是我校的人，年轻人比较听话，招录进来好管理、好塑造。相反，认为中老年龄教师大多圆滑世故，担心从校外招录一些中老年教师，难以培养他们的归属感，不好管理和塑造。因此，很多高校发布招聘信息一般都列出较为严格的年龄条件。从比较视角来看，发达国家高校招聘教师主要看重“能力、阅历、成熟度、声望，即招即用”，我国地方高校除了在招聘极少数的拔尖型人才时放宽年龄限制外，在招聘一般教师时则比较注重“重点大学毕业、年纪轻、可塑性强、成本低”，普遍认为学校多招聘年轻老师，则学校更有活力和有更美好的未来。

第二，“单纯偏好”甚至“单纯至上”，是造成教师队伍年轻化的另外一个重要原因。在精英时代，大学被喻为“象牙塔”“学术殿堂”“精神圣地”，跟世俗相对隔绝，师生围绕着知识和理想过着单纯的生活，学校和社会之间隔着一堵看不见的高墙。社会人和大学人普遍认为，大学校园里的教师和学生应该拥有单纯的心态、单纯的思想、单纯的经历，不受世俗社会各种潮流所躁动和污染。在大众化现实背景下，人们对于大学之“象牙塔”观念跟过去相比虽不可同日而语了，但这种思想观念还在一定程度上存在着。因此，不少高校在招聘教师时偏好于有单纯经历的应届毕业生。众所周知，应届毕业生都是一群群年轻人，这种“从毕业高校到从业高校”的招聘取向必然容易直接导致教师队伍年轻化。

此外，不少地方本科院校还将“年轻化、年富力强”作为教师队伍建设的重要目标，认为教师年轻化同等于学校优势，各校在宣传自身教师队伍的特点和优势时，经常使用“年轻化”、“年富力强”等词语作为自我褒奖之词。诚然，未来的世界属于年轻人，但是，当前也很重要，精力并不等于实力。从另一个角度上讲，教师队伍年轻化反而反映了教师队伍不够成熟、缺乏履历、缺乏权威，不利于对即将步入大社会的青年学子进行教学教育、职业指导和人生引导，也不利于整体教师队伍传帮带机制的构建和可持续发展。

（二）教师招聘录用渠道较狭窄

招聘渠道狭窄和引人观念偏颇有密切的关系。正如上文所分析，地方本科院校招聘人才取向的年轻偏好和单纯偏好，也就决定了地方本科院校招聘教师渠道大多仅限于大学应届毕业生这种单一渠道。长期以来，人们对高校教师岗位素质需求、职业特点、成长规律等问题的认识仍停留在过去强调纯粹的专业性、理论性和精神性等方面，从而认为高校教师招录渠道应在于以下的两条：一是从其他兄弟高校教师队伍中招聘教师（挖墙脚或教师个体的自愿校际流动）；二是上文所提到的招聘应届毕业生。由于前一渠道涉及较大的引人成本（相对于高校而言）和流动成本（相对于教师个体而言），通过这一渠道可招聘到的教师数量毕竟非常有限。因此，招聘大学应届毕业生（过去大多是本科生，目前几乎都是硕士生乃至博士生）成为各地方本科高校教师来源的主要渠道甚至是唯一渠道。所以，各高校每到毕业季，都紧盯着各重点大学应届毕业生，密集到各大学开展招聘宣传，召开供需见面会，激烈争抢毕业新人。但是，各地方高校没有充分意识到面向广大社会的企事业部门或有高水平的自由职业者招聘专任教师。

在过去，人们普遍形成并固化了这样一种观念，大学是一个以生产、加工、整理高深知识和深奥思想的特殊机构，是培养高层次人才的地方，有着社会其他机构无以比拟的高度专业性、创造性、文化性甚至神秘性，一般人员难以承担此业，即使是其他各行各业的专家高才，即使他们拥有高学历高职称，对于高校学术职业也只能是“外行”，难以通过转型、改行然后进入高校任教。基于这种观念的影响，我国在非高校各行各业有了一段履职经历的各类高学历人员，大多并没有很高的意愿和冲动想改行到高校从事专任教师或兼职工作，各地方本科院校也不愿主动到其他各行各业挖掘和招聘年龄较大、经验丰富的各类人才。我国高校的这种做法跟发达国家高校乐于从其他行业招聘专职教师的做法相比，存在明显差异。

另外，高校教师待遇总体偏低也是导致高校教师招聘渠道过窄的原因之一。长期以来，高校尤其是地方高校教师的实质性待遇明显低于公务员、企业等同学历同职称人员的待遇，只有高校教师想着改行，少有其他行业人员改行从教，高校学术职业一直缺乏应有的吸引力。在这种情况下，高校要补充师资，主要的渠道就是招聘年轻一代的应届毕业生。总之，教师来源渠道的单一限制了教师队伍年龄结构调整的空间，这也是导致我国地方本科院校教师队伍年龄结构不优的重要原因之一。值得说明的是，高校教师职业缺乏吸引力，招录教师渠道单一，既是制约队伍年龄结构优化的重要因素，也是制约学历结构、职称结构优化的重要因素。

（三）教师退休离职制度不够完善

我国高校教师退休制度不够完善是影响教师队伍年龄结构优化的另一个原因。我国现行政策规定既不利于优化教师队伍年龄结构，也造成了高层次人才的巨大浪费。在地方高校，除了极少数教师退休之后获得返聘机会外，绝大部分教师到了退休年龄就得离岗，导致教师队伍中55岁以上教师比例很低。我国现行退休制度虽然能较好地保护教师的退休权和休息权，但也存在诸多不够完善的地方。

第一，违背学术职业成长特点，违背高层次人才使用规律。学术职业具有显著的“厚积薄发”特征，即个体的职前准备（知识储备和专业训练）时间很长（读完博士即有着二十多年的学校教育经历），个体的专业发展成熟也是一个缓慢上升的过程，而学术人经过长期学习训练所形成的能力、积累的经验、积淀的学养又是一种可以长期发挥作用、对于个体和学术体系都是十分宝贵的资源。因此，不像中小学教师职业那样，对于高校学术职业而言，尤其是对于人文社会学科而言，很多50岁左右的教师才步入事业顶峰，正处于干事年华，60岁左右还处于学术“多产期”。因此，高层次人才的过早退休是人才资源的巨大浪费。

第二，不符合时代发展的趋势，违背特殊行业从业者意愿。随着人们生活质量的提高，60多岁的个体还拥有较为充沛的精力和较高的事业愿望。为此，联合国世界卫生组织在新的年龄分段里将60～75岁的人称为“年轻老年人”。高校学术职业有着特殊性，从事学术职业的教师一般对学术本身都怀有某种特别情感，淡泊名利、忠诚学术、专情教育，甚至视学术事业为生命。因此，发达国家高校的教师退休制度比较灵活，60岁以上年龄的专职教师比例较高，拥有终身教职资格的教师还拥有一定的退休自主权，这就较好地处理了维护教师休息权和尊重教师意愿之间的关系。据悉，基于我国老龄化趋势的凸显，中央政府近期开始研制出台相关的延长退休年龄政策，这对缓解高校教师年轻化会起到一定作用。

还有一点值得注意的是，21 世纪第一个十年是我国地方本科院校尤其是新建本科院校规模扩张最快的时期，一些高校连续多年每年引进几十位甚至上百位教师，正如上文所言的“年轻偏好、单纯偏好和应届生偏好”的招聘取向影响，这些新教师几乎都是年轻老师，加上部分中年教师流失、老龄教师退休快，这就导致不少地方本科院校教师队伍过度年轻化，出现少多老少的年龄结构失衡问题。

二、学历标准偏低，师资储备滞后，历史包袱较重，制约学历结构优化

（一）高校教师录用的学历标准偏低

学术职业学历标准偏低制约我国高校教师队伍学历结构的调整和优化，地方本科院校更是如此。

第一，高校职业资格认证学历标准偏低。《中华人民共和国教师法》规定，具有国民教育本科以上学历，或大学普通班的须进修一年以上本专业主干学科 4 门课程并取得及格以上成绩者都可以报名参加高校教师资格考试。这说明，国民教育本科学历就可以有条件考取任何层次教育(专科、本科乃至研究生）高校的教师资格证。低学历资格认证标准使得大量低学历（指非研究生学历）毕业生进入地方本科院校任教或者使低学位教师长期在地方本科院校从教成为可能。这一规定虽然为高校招聘教师提供更大选择空间，但也影响了教师队伍学历层次的提升。

第二，高校教师招聘的学历标准仍偏低。一方面是地方本科院校由于较弱的办学基础和经济实力、较低的学术地位和办学声望、较差的工作条件和物质待遇等问题，在招聘高学历人才方面要么缺乏力度、要么缺乏足够吸引力，21 世纪初期即大扩招时期只能大量招录本科应聘者(因当时每年的毕业研究生数量很少)，大扩招之后虽然将招聘教师的学历条件从本科逐步提高到硕士和博士，但其他层次大学也同样在学历和待遇上水涨船高，仍然难以和重点大学争抢高学历人才，非省会城市和西部地方本科院校在此方面更是处于下风。经过近些年的快速发展，地方本科院校的研究生学历教师比例得到较大幅度提高，但其中的博士教

师比例提升仍较缓慢。目前，西部地方本科院校尤其是非省会城市的西部地方本科院校要招聘到满意数量和质量的具有博士学位的人才，还存在很大难度。

第三，高校职称评审中的学历标准偏低。在我国高校教师职称评审制度中，学历并非一个很硬的杠杠。比如，广西 2014 出台的有关教授职称申报的学历（学位）条件中的第一条为："大学普通班毕业或具有大学本科以上学历（学位），取得副高级专业技术资格 5 年以上。其中，大学普通班毕业或大学本科毕业学历者，须经过一年以上本专业或相近专业的硕士研究生主要课程进修，取得 4 门以上硕士研究生专业必修课程考试合格成绩。"可见，虽然高学历有利于职称晋升，但从有关规定可以看出，只要有高校教师资格证的学历标准就可以申报任何一级职称。并没有像发达国家那样，明确规定每一级职称晋升的不同最低学位标准。所以在我国地方本科院校尤其是发展历史较短的地方新建本科院校，无学位的正高职称教师占有一定比例。

（二）国家高学历师资储备相对滞后

高学历师资储备滞后制约了我国地方本科院校教师队伍学历结构的调整和优化。始于 1999 年、结束于 2005 年的我国高校大扩招是我国高等教育史上的一件大事，对整个高等教育事业产生了全方位的深刻影响，这一重大改革事件从两个方面直接影响了地方本科院校教师队伍学历结构的变化和调整。

第一，研究生扩招滞后于本专科扩招。我国大扩招走的是"招生在前、师资培养在后"的方式，即先扩招本专科生再扩招研究生（研究生是高校师资的来源渠道），即先招进学生，然后逐年从大学毕业生中招聘、补充教师数量的不足。由于大扩招速度过快（相对于师资补给），扩招全程全国高校教师缺口巨大，而每年毕业研究生数量有限（而且并非所有的毕业研究生都进入高校系统），引起了各高校对高学历人才的争抢风潮。由于地方高校尤其是欠发达、地理位置较偏的地方高校缺乏相应吸引力，在争抢研究生大战中明显处于弱势，只能大量招聘学历层次较低的毕业生，从而导致教师队伍学历总体层次难以提高，并成为进一步提升学历层次的沉重包袱。

第二，研究生扩招力度目前还显不足。在过去很长一段时期里，我国研究生教育规模在整个教育事业中本来就很小，在大扩招后期虽然规模逐步扩大，但研究生教育与本专科教育两者规模还没有形成合理的比例。据教育部官方网站公布的统计数据，1999 年我国研究生在校生数量为普通本专科在校生的 5.7%，到 2009 年仅上升到 6.6%，2016 年为 7.4%，仍远低于发达国家百分之十几甚至更高的比例。如果不考虑研究生教育资源短期因素（这也是由于长期投入不足导致的），仅从数量上看，研究生教育的滞后使得我国学术职业人才储备长期不足。当然，这并不是说研究生毕业生规模小于高校的教师引进需求，但人才储备相对短缺，加上高校尤其是地方高校吸引力较弱，使得地方高校要招聘到高学历人才遇到较大困难。简言之，一方面本专科大扩招拉大了高校教师的缺口，另一方面研究生教育规模相对不足增大了地方本科院校引进高学历教师的难度，同时早期招进去的低学历教师又成为调整教师队伍学历结构的巨大沉淀成本，上述多种因素的综合作用致使地方本科院校要调整和优化教师队伍学历结构困难不小。

（三）在职教师学历提升的包袱过重

历史包袱过重也在一定程度上影响了地方本科院校教师队伍学历结构的调整步伐。这里指两个包袱。

第一个是旧包袱，指原有教师队伍中的低学历者。对于老牌地方本科院校，过去由于我国研究生教育规模非常小，大学教师的研究生比例很低，而地方本科高校这一比例更低。因此，大众化之前乃至大众化过程中，即使是老牌地方本科院校，教师队伍中本科及以下教师比例还普遍很大，博士教师比例很低。对于新建地方本科院校，在升格本科前从事专科层次高等教育，教师队伍的学历层次绝大部分是本科甚至以下学历。无论是老牌本科还是新建本科院校，这些“原有”的学历层次较低的教师虽有部分已提升了学历，但仍有部分教师因各种原因没有将自己学历提升到应有层次，这些教师就成了地方本科院校提升教师队伍总体学历层次的“包袱”。

第二个是新包袱，指新入职教师群体中的低学历者。这在老牌本科和新建本科院校都存在，但在新建本科院校尤其是在欠发达地区的新建本科院校最为严重。即从大众化起步直至目前，地方本科院校承担比例最大的招生任务，因而需要招聘的教师数量最多。但是，由于每年拥有高学历且愿意从事学术职业的研究生毕业生数量少，地方高校缺乏吸引力，只能招聘大量的硕士研究生甚至少量本科生补给教师队伍。然而，随着高等教育强国战略的实施以及满足经济社会和公众对高质量高等教育的需要，不断缩小和发达国家高等教育质量之间的差距，内在要求进一步提升我国高校教师队伍的学历层次，博士学位应成为本科高校专任教师的基本学历标准。在这种背景下，近些年来地方本科院校新招聘的本科和硕士学位教师又成为进一步提升队伍总体学历层次的一个“包袱”。

旧包袱和新包袱的叠加，决定了我国地方本科院校要大幅度提高总体学历层次，实现类似发达国家高校教师以“博士为主”的学历结构，还需经过较长的发展路程。

三、评审制度失当，评价标准趋同，素质能力偏弱，制约职称结构优化

（一）教师职称评审标准体系不甚合理

职称评审制度不科学、不合理制约了我国地方本科院校教师队伍职称结构的调整和优化。我国长期实施的职称评审制度过于强化学衔的符号性、弱化学衔的适应性，在一定程度上误导广大地方本科院校教师走上不甚合理的专业发展、业务积累以及职称申报之路，反过来影响了地方本科院校教师队伍的职称结构。这种职称评审制度最不合理之处，突出表现在评审标准重视科研（更为具体指标就是学术论文、项目、专著、教材）轻视教学和社会服务，甚至将科研视为职称晋升的唯一标准，其他的只是走形式。根据当代美国杰出的教育家、曾任卡内基教学促进基金会主席欧内斯特·博耶（Ernest L. Boyer）的观点，学术应包括“发现知识、传授知识、综合知识和应用知识”四个方面，而高校职能包括人才培养、科学研究、社会服务、文化传承创新四个方面，作为高校教师必然要履行其中之一或身兼多职，特别是地方本科高校，绝大部分是教学型和应用型高校。因此，教师职称晋升标准的制定应该充分

考虑和合理协调学术“四形态”和高校“四职能”之间的关系，应突出教学能力和教学业绩、实践教学指导能力和服务地方社会能力及其相应业绩。同时，科研水平的呈现和衡量应该有多种形式和多种标准，应重视有关教育教学和实践应用等其他科研形式，而不应以纯学理性的期刊论文、专著教材作为主要标准甚至唯一标准。

（二）不同类型高校评审要求相互趋同

职称评审标准的“大一统”、一刀切、高趋同制约了我国地方本科院校教师队伍职称结构的调整和优化。即长期以来我国高校的职称评审制度，不管是研究型大学，还是教学研究型高校，或是教学型和应用型地方高校，教师职称评审标准大体趋同于前者的职称评审标准，也就是重理论研究能力、轻实践应用能力。由于科研事业存在明显的“马太效应”，地方本科院校缺乏研究型大学高水平的科研平台和科研团队、缺乏充足的科研经费和良好的科研氛围。常态的社会发展并不需要过多的从事基础研究的人才，而是需要规模更庞大、更多样性的应用型人才。地方本科院校有着不同于研究型大学的发展目标、办学定位和服务面向，能发挥着研究型大学无法替代的独特作用。在这种情况下，如果需要地方本科院校教师的能力素质结构和能力素质水平和研究型大学教师趋同，本身就是不合理的。因此，不同类型、不同特色的高校职称评审标准也应该有一定的差异性，不应过于整齐划一，不宜采用一刀切的方式，而应该根据行业发展现实生态，给予每种类型高校教师队伍中的佼佼者提供高级职称晋升机会。

（三）地方高校教师队伍总体素质偏低

地方本科院校教师队伍的总体素质偏低影响教师职称晋升，进而影响队伍职称结构的调整和优化步伐。职称是能力和实力的表现，只有具备了相应能力、做出相应业绩才能拥有晋升相应职称级别的机会。由于过去我国研究生教育长期非常滞后，虽然近些年来有了较快发展，但囿于研究生教育办学资源条件不甚充足，研究生培养总体质量并没有获得广泛认可，很多从教的研究生在进入高校前并没有做好充足的相关职业准备，导致经过较长时间的摸索才能适应高校教师职业的要求。此外，大众化以后的高校之间的竞争直接体现在大学师资的竞争，地方高校各种条件较差、缺乏足够吸引力，在争夺高水平教师资源时往往落于下风，到地方本科院校落户从教的教师相对而言总体上素质较低，加上地方本科院校原有的师资力量也不雄厚，尤其是新建本科院校有着较大比例的本科及以下学历的教师，发展潜力欠佳，在每年一轮的职称评审竞争中缺乏优势，导致地方本科院校每年晋升高级职称的教师数量较少。调查发现，一所拥有六七百名专任教师（该校高级职称教师比例未达到30%，即还有大量的低职称教师）的新建地方普通本科院校，近些年来，每年获得高级职称晋升机会的教师仅有十几位，每年评上正高职称教师的数量都在个位数，在四五年前甚至有些年份只有一两位教师评上正高职称。当然，教师队伍素质偏低又跟学历层次较低、培训进修不够、团队帮扶不力等有关。

四、过于求大求全，趋同倾向明显，过度强调分化，制约学科结构优化

（一）学科发展布局求大求全

地方本科院校进入21世纪以来为什么也变成和综合性部属院校一样，学科专业趋向于“大而全”呢？主要是由于以下几个原因：

第一，政府完成任务指标的推动。各省市（自治区）政府为了更快完成高等教育毛入学率的指标，必然不断增加招生指标，这类新增招生指标必然落在以承担高等教育大众化为主要责任的地方本科院校，因而地方本科院校规模在政府推动下变得越来越大。这些新增加的招生指标部分是增加了原有学科专业的招生计划，部分是在新学科专业新布局基础上增加招生指标。

第二，高校获取办学资源的举措。地方本科院校本身为了获取更多的办学资源，有建设多学科甚至综合型高校的强烈意愿，也有布局更多学科专业和扩大办学规模的冲动。因为在现有办学体制下，政府经费投入、新校区建设用地用钱、学费收入等各种资源获得都跟办学规模有着直接关系。同时，在大众观念里，高校规模大小、学科齐全与否、校园面积多少似乎和高校办学质量、社会声誉有密切关系。高校管理者认为

“大而全”的高校更容易汇聚办学资源，更容易吸引生源。

第三，高校争抢未来先机的策略。地方本科院校为了在同行竞争中尤其是和地理位置相隔不远的同行竞争中获得优势，在办学实力无法快速提升的情况下，往往选择扩大规模，形成大的架势，采取“规模”取胜的优势竞争策略。地方本科院校在追求规模过程中，必然在一定程度上带动学科专业的大布局。这和上文第一点有关省级政府的政策导向类似，在高校层面上要扩大办学规模，要么是增加原有专业的招生指标，要么是设置新专业并获得新专业招生许可。当前者增加幅度有限时，就必须不断布局新学科、增加新专业。此外，地方本科院校为了赢得未来竞争优势，也在争抢专业布局，都想优先于其他高校获得某些专业的举办权，追求涵盖越多学科和更多专业的格局。在这样的发展模式下，各地方本科院校逐步发展为学科专业不断增多、规模越来越大的形态。高校学科专业的越多越全，也就使得教师队伍形成学科专业背景越多越全的结构。

（二）学科发展布局趋同较多

第一，规模不断扩大的可能后果。各个地方本科院校整体规模的不断扩大，正如前文已提到，各高校必然不断布局新学科和新专业，学科专业不断增多、不断齐全，最后各高校之间的学科专业就可能出现不同程度上的趋同现象。因为，在国家规定的学科和专业目录中，总数量是一定的，各高校学科专业越齐全，校际的学科专业趋同性就越高。此外，各地方本科院校不断争上硕点、博点，也可能导致硕点、博点专业上的交叉重复现象。

第二，学科盲目扩张的必然结果。有些地方本科院校在申办新学科新专业过程中，没有做好前期资源准备，没有开展严格调研论证，有着先设置招生再投资建设的倾向，甚至出现各地方高校都争抢举办热门专业和办学成本低专业等盲目申办现象，大量地方高校同时举办热门专业必然导致相关学科专业建设的校际趋同现象。

第三，门面追求和审核不严使然。在中国，门面、名分是一种跟资源密切相关的符号，各地方高校在竞争过程中大都采用争门面、争名分战略，包括通过扩大规模、设置更多二级学院、争办热门专业、重点专业、特色专业等，来扩大自身门面、提升自身名分以提升社会知名度，吸引优秀生源。在这一过程中，由于有关部门审批把关不严或标准要求过低，各种名分专业不断在各地方本科院校铺开，这种状况不仅可能强化了各高校学科专业布局的趋同，而且出现某种不良现象，即一些高校申报成功了一些专业基础薄弱、师资和设备等基本办学条件并不具备的新专业，从而导致新设专业办学水平偏低，人才培养质量令人担忧。

第四，模仿抄袭同行的具体体现。地方本科高校尤其是新建高校不仅办学资源缺乏，办学质量不高，而且有些高校缺乏对新学科专业建设的深度思考，对新专业布局和建设缺乏思路和创见，在这种情况下，唯一可选择的做法就是模仿抄袭其他兄弟高校同专业的做法，各高校在学科专业发展定位、专业人才培养规格、研究领域选择等方面没有自身特色，这也是导致校际学科专业布局和建设发展趋同的原因之一。因为学科专业发展必须以教师为支撑，教师是学科专业的直接建设主体，因此，各地方本科院校之间学科专业布局的趋同意味着院校之间教师队伍中学科专业背景的趋同。

（三）校内学科细化分设明显

学科交流互鉴和交叉融合要依托一定的机构和平台。但是，我国地方本科院校一方面普遍存在学科专业求大求全的思维，另一方面普遍存在校内二级院系设置过度细化的现象，有些地方本科院校规模不大，但也设置了数量较多的二级院系。前文已经分析了 2016 年广西 18 所地方本科院校平均设置二级教学单位数量 18.2 个，平均设置专业学院数量 14.2 个，有的高校设置了 20 多个甚至近 30 个二级教学单位。纵观全国其他省市的地方本科院校，大体存在同样的情况。从一些地方本科高校了解到，有些二级学院仅有十几名专任教师，不同二级学院之间分居不同教学大楼或楼层，各自组织开展日常业务活动乃至生活聚会，加上平时学校层面很少组织不同二级学院教师之间的座谈交流及工作合作活动，不同二级学院教师之间学术交往甚少，甚至有老死不相往来之窘境。没有不同学科教师之间的学术交往，不同学科之间的借鉴互补和交叉渗透也就难以实现。

五、近亲定势较强，揽才能力有限，学缘再造较少，制约学缘结构优化

（一）近亲繁殖的思维定势仍较强

中国是一个有着比较浓厚家庭观念、家族观念、乡土观念、人情观念的国度，体现在大学教师队伍学缘结构上就是容易形成近亲繁殖现象。我们可以将近亲繁殖现象大体划分为两种类型、三种情况。近亲繁殖的第一种类型是本地（校）近亲繁殖，即毕业生留校任教而形成的近亲繁殖现象；第二种类型是异地近亲繁殖，即同一所大学甚至同一所大学的同一个二级学院的数量较多的毕业生先后到另外同一所大学任教而形成的近亲聚集现象。一般情况是，某一高校的若干个毕业生到了另一所高校建立了“根据地”（这些先行者形成了一定影响力或拥有一定的话语权），然后不断推荐或“拉提”自己的同门到自己任教的大学从教，或者其后续的同门因有此学缘陆续慕名到同一高校任教，从而形成同门异地聚集现象。近亲繁殖的情况有三种：一是同门近亲繁殖，即同一个导师的较多数量毕业生在同一所大学甚至是在同一个二级学院任职；二是同校近亲繁殖，即同一所大学的较多数量毕业生在同一所大学任教甚至在同一个二级学院任职；三是同城近亲繁殖，也就是在同一所城市就读大学的较多数量毕业生聚集到同一所大学（一般指到另一所城市的大学）任教甚至在同一个二级学院任职。这三种近亲繁殖情况有时是本地的，有时是异地的。

第一，近亲招聘定势或人情招聘制约教师队伍学缘结构的调整与优化。在我国，高校教师近亲繁殖（本地繁殖的特例）有着深厚的文化渊源，并形成了比较固化的思维定式。在精英教育时代，由于师资可来源高校数量的有限性和传统封闭思想、强烈家族观念等影响，近亲繁殖非常严重。即使是最崇尚多样化和个性化的美国，在 20 世纪前期及以前，也同样存在这种状况。我国大学扩招政策实施以来，随着有资格培养某一学科师资高校数量的不断增多，以及高校开放和竞争意识的进一步增强，教师队伍近亲繁殖得到不同程度的缓解，尤其是随着教师招聘学位标准的硕士乃至博士化，部分地方本科高校逐步失去近亲繁殖的条件

(比如没有硕士、博士授予权的高校就不具备这种条件)。但是，一方面由于过去长期以来的近亲繁殖留下的“包袱”还需较长时间才得以“消肿”，另一方面由于一些层次较高的地方本科高校（拥有培养硕士博士资格高校）近亲繁殖依然不同程度的重演，或者从本校近亲繁殖转向本地近亲繁殖。因此，我国地方本科高校教师队伍要普遍形成远缘杂交的学缘结构还需要加大调整力度，还需要经过一个优化过程。

第二，虽然本校近亲繁殖得到某种程度的缓解，但本地繁殖仍较为严重。即从过去的学缘本校化转向学缘本地化，也就是本市化或本省化，这是本校近亲繁殖的一个变种。之所以出现这样的情况，也许跟某些教师招聘的观念和模式有关。在我国，高校管理人员认为招本地高校毕业生充实教师队伍，不论是对于原有教师还是对于新录用教师而言，都有某种更佳的近亲感，有利于教师队伍形成认同感和归属感。同时，教师招聘录用过程中的某些人情因素也和教师队伍学缘本地化有关。教师学缘本地化（包括近亲繁殖）虽然可能有利于培养教师的认同感和归属感，有利于教师之间的人际沟通，有利于高校对教师的管理，有利于学派的形成和延续（指近亲繁殖），但是教师队伍学缘本地化过高也会容易导致学术思想疆域的相对保守和封闭，不利于开阔教师的学术视野，不利于高校形成多样学术思想共存融合和竞争发展的氛围及生态。

（二）大范围和高质量的引人力度偏弱

引人力度有限制约地方本科院校教师队伍学缘结构的调整与优化。从外地乃至从国外引进教师，从国内外重点大学乃至著名大学招聘毕业生，是扩大学缘来源地理范围，提高学缘层次性，优化学缘结构的重要举措。但是，由于一些不良观念的影响和各种条件的限制，地方本科高校在引进外地学缘和高层次学缘方面，要么重视不足、要么力度不够。比如可能存在如下情况：在教师应聘过程中如果是本校应聘者和外校应聘者条件相当或者相差不大时，一般是优先录用本校毕业生；如果是本地应聘者和外地应聘者条件相当或相差不大时，一般也是优先录用本地毕业生，从而强化了学缘结构的本地化。又比如，地方本科高校尤其是建校历史不长的高校由于相对于其他高校而言经费有限、待遇不高、环境不好、氛围不佳等原因，要么没有更大资本投入或是没有足够吸引力大范围地招聘数量较多的重点大学毕业生。总之，地方本科院校引人力度不足导致的外地学缘地理范围过窄，制约了教师队伍学缘的多样性，局限了教师队伍形成广阔的学术视野；引人力度不足导致的高层次学缘比例偏少，制约了教师队伍了解和跟踪前沿学术的深度，制约了教师参与主流学术活动的机会，制约了高校摄取优质学术资源的能力，进而制约了地方本科院校整个学术事业的发展。

（三）教师拥有学缘再造的机会仍偏少

高校在职教师到外地其他高水平大学访学进修所产生的学缘再造效果是克服教师队伍近亲繁殖可能带来的不利影响、优化学缘结构的重要举措。据了解，随着我国高等教育国际化的不断深入推进，以及随着我国部属重点大学办学经费不断增加，部属重点大学的绝大部分专任老师都有国外一年甚至多年进修学习的机会和经历，很多老师还有多次赴多个国家高水平大学进修学习的机会，这对于克服近亲繁殖现象的消极因素有着重要意义。但是，对于地方本科院校尤其是新建本科院校而言，由于教师编制紧张，教师工作量多，经费长期不足，能派到外地尤其是国外高水平大学访学进修甚至短期考察交流的教师人数少、机会少。从多所本科升格已有十多年的西部民族地区新建本科院校了解到，每年到外地高水平大学访学进修的教师数量寥寥无几，有机会到国外大学访学的教师如凤毛麟角，有机会公派到国外大学考察交流的教师屈指可数。即使是学校的博士教授等高层次人才群体、二级学院和职能部门的中层领导干部，绝大多数也没有获得公派国外大学考察学习的机会。这种情况必然不利于队伍学缘结构的优化。

六、资源挖掘不力，进出标准有别，管理培训缺失，制约专兼职结构优化

（一）价值认识不够到位，资源挖掘不够有力

第一，认识不足，挖掘不力，影响了地方高校专兼职教师队伍结构优化。传统上我国大学办学比较封闭，这些年来开放办学虽已取得很大进步，但对兼职教师认识还存在不少误区。第一个误区认为兼职教师

"专业不强""水平不高""不入流""难于管理"，第二个误区认为兼职教师对学校发展作用不大，只能起到临时性替代或补充作用，甚至认为如果学校专任教师数量按照国家规定的生师比18∶1标准配齐配足，那么进入型兼职教师可有可无，或认为只能作为一种门面来装饰。其实，地方本科高校普遍缺乏实践型师资，校企合作不够深入，而从行业企业聘用兼职教师是解决这些问题的重要良策。但是，高校管理者没有充分认识到进入型兼职教师对新形势下地方本科院校改革发展所能起到的重要的积极作用，因此，各地方本科高校没有足够的主动性去发现、挖掘、邀请、招聘高质量并适我所用的兼职教师。在很多情况下，只是因为某些专业课程出现教师缺额，高校才不得已外出寻求兼职教师。所以，多年来我国地方本科院校实际招聘和规范使用的兼职教师比例偏低。

第二，国家有关政策规定限制了地方本科院校招聘使用更多的兼职教师。教育部2006年9月印发的《普通本科学校设置暂行规定》一文中规定，普通本科高校"兼任教师人数应当不超过本校专任教师总数的1/4"，如果某高校聘用进入型兼职教师数量超过这一规定的比例，就会被评估为不合格。为此，即使地方本科院校想多聘兼职教师，也无法付诸现实。

此外，我国公立高校是政府部门主管，办学经费有政府做后盾，每一所高校都有一定的教师编制，为此，各地方本科高校在规模扩张过程中，在配备教师时主要是集中精力向政府要足编制，而不是深入思考如何充分发挥兼职教师队伍的独特且不可替代的作用。当学校编制足够、人员满额时对兼职教师需求也就不高。总之，政府的某种限制和包办也在一定程度上惰化了地方本科院校对进入型兼职教师的需求。

（二）对于进入型和外出型兼职实行双重标准

长期以来，各高校对校外人员入校兼职和本校教师外出兼职采取着两种不尽相同甚至截然相反的态度，从而影响了地方本科院校教师队伍专兼职结构状况及其优化。首先，高校对外校人员入校兼职持开放态度，对于外校的知名专家等高层次人才，各高校都会竭诚邀请其担任本校兼职教师，认为这种兼职会提高学校的地位和声誉。其次，各高校对本校教师外出兼职一般持不甚支持的态度，认为本校专任教师外出兼职会分散精力，影响履职效果。特别是在地方本科高校，自身拥有的资深专家数量本来就不多，高校一般会让此类专家承担比较重大的任务，如再让此类专家型教师外出兼职很可能会影响其对本校的贡献，因此并不太支持教师外出兼职，除了到省部级等高等级专业委员会等机构兼职外。再次，校外非高校机构尤其是企事业部门对本单位人员外出兼职也不甚支持甚至禁止。此外，在欠发达地区的地方本科高校，高校周边各行业“潜在”的高层次兼职教师资源总体比较缺乏，如果各部门（包括地方本科院校本身）都不甚支持本部门专家外出兼职，则地方本科高校要调整优化教师队伍的专兼职结构，难度就很大。

（三）相关管理不够规范，培训服务不够到位

第一，地方本科院校对兼职教师队伍管理不够规范，影响了专兼职教师队伍结构优化。近年来，随着地方本科院校向应用型转型，以及一些地方本科院校教师规模扩大的步伐跟不上学生规模扩张速度，加上一些地方高校在自有师资并不完全具备的情况下争相上马新学科专业或申报新的硕点博点，在这种情况下，为了正常开展教育教学活动或实现转型目标，各个地方本科高校都雇佣一定数量的兼职教师。但是，各高校普遍疏忽对兼职教师的有力引导和规范管理。比如，对于招聘进入型兼职教师，招聘信息公布面不广(很少有高校在官方网站公布兼职教师的招聘信息以及其他相关信息)、招聘行业覆盖面不广，对兼职教师的履职要求不够具体和明确，对兼职教师履职的过程监督和效果考核不够到位，相关激励制度也比较缺乏等。因此，进入型兼职教师队伍的实际效用没有得到充分发挥，甚至出现一些兼职教师每学期上课任务很少或者只有一两次讲座，甚至有名无实的“挂名式”兼职等现象。对于外出型兼职，多数地方本科院校没有制定合理规范的管理制度，比如缺乏有关外出兼职前的报审报备、外出兼职后的年度报告、外出兼职时间限制、外出兼职产生知识产权的权益划分等制度。总之，制度不健全、管理不规范，影响了进入型和外出型兼职行为科学合理和有序有效展开，影响了兼职教师能力素质的提升和功能作用的发挥，影响了专兼职教师队伍结构优化。

第二，地方本科院校对兼职教师培训服务不够到位，影响了专兼职教师队伍结构优化。这里主要针对的是进入型兼职教师。一般来讲，从

非高教系统初到高校兼职的教师，在教育专业理论知识方面比较缺乏，对高校学术职业真实情境的体验感知较少，对高校以及所兼职的二级学院乃至具体学科专业的办学历史、办学定位、发展规划、重点发展方向、办学特色以及其他学校基本概况等知之不多，为了让兼职教师充分了解履职要求和注意事项、校园资源使用乃至求助程序等，使兼职教师更快融入高校的运行体系、履职岗位、工作节奏、教育氛围乃至人际关系等。高校为兼职教师开展针对性的培训和提供专业性服务相当必要。此外，兼职教师使用现代教育技术的能力相对较差，但从现实情况来看也少有机会和专任教师进行比较深入的业务沟通和合作，也少有机会参与学校开展的各项教研教改活动，从而影响了兼职教师履职能力和履职效果的提高①。但是，从目前情况来看，地方本科院校普遍忽视对兼职教师的必要培训和业务性服务，甚至还没有充分意识到这方面的工作。总之，相关专业培训和业务服务的缺乏，影响了进入型兼职教师尽快融入履职岗位、有效提高履职效果，影响了专兼职教师之间（包括兼职教师之间、兼职和专职教师之间）更为充分的相互交流学习和合作互助关系，从而影响了地方本科院校专兼职教师队伍结构优化。

七、轻术观念较重，教师来源单一，校企合作不深，制约素质结构优化

从现代社会发展需要和全球高等教育发展经验来看，地方本科院校的合理定位应该是提供应用型高等教育，因此，其教师队伍应该有比较丰富的行业背景，形成合理的知行素质结构。但是，我国地方本科院校目前这方面结构仍不合理，主要原因有以下几个方面：

（一）重理论水平轻实践能力的观念仍占主导地位

当前，重理论轻实践的大学教育传统以及教师职业发展观念在我国地方本科院校还有很大市场，甚至在广大教师观念里还起到实质性的主导作用。在传统的高等教育系统，人们和同行不太关注教师的行业背景

① 戴伟芬，黄欢，王依依. 美国社区学院兼职教师的专业发展探析——基于“双师型”教师培养的视角［J］. 教育研究与实验，2013（4）：52-57.

和专业实践能力，因为当时的主流观念认为，大学教师不应紧随世俗，大学不应随市场亦步亦趋，教师应从事高深的纯理论研究，要学会孤独和寂寞，要“板凳甘坐十年冷”甚至“两耳不闻窗外事”。过于关注世俗之事和技术之事，反而常常成为学者圈子鄙视甚至讨伐的对象。虽如今这种极端观念在我国得到很大转变，但影响仍存留至今。所以，不管是高校管理者，还是高校教师本人，甚至是社会公众和学生，仍普遍将“知识渊博、理论高深”作为衡量高校教师专业水平高低的主要标准甚至是唯一标准。在这种观念影响下，教师本人和高校不够重视其他行业阅历和职业经验的积累，不够重视专业实践能力的提升，甚至不够关注本学科专业对应产业企业的最新发展动态，从而影响了地方本科院校教师队伍的行业背景结构和知行素质结构。

（二）“从高校到高校”仍是教师入职的基本渠道

我国高校长期以来招聘教师“从高校到另一所高校”的单一渠道，也是影响教师队伍行业背景结构和知行素质结构优化的重要原因之一。从多所地方本科院校了解到，多年来招聘新教师几乎都是从应届毕业生群体中招聘，人事管理部门没有很大意愿主动从其他行业企业招聘新教师，甚至对其他行业人员转行从教持不支持态度。因此，高校教师队伍中，绝大部分教师从大学毕业后一直在高校任教，仅拥有单纯的高等教育行业背景；少部分教师是从中小学通过学历提升后进入高校任职；只有极少数的教师拥有若干年的企业或研究机构的行业经历和背景。高校教师“终生从教”的显著特点体现出队伍稳定、忠诚职业的积极一面，但对于地方本科院校高校而言，也意味着行业背景单一、知行素质结构不合理的消极一面。此外，我国高校教师职业的超级稳定性，以及过去对新老师招聘的“单纯偏好”也是制约地方本科院校行业背景结构和知行素质结构优化的一个原因。

（三）高校与行业之间的人员交流合作仍不够顺畅

地方高校和地方各行业之间的人员交流互动不甚顺畅，也是影响地方本科院校教师队伍行业背景和知行素质结构状况的一个重要原因。具体表现在：一是各行各业和地方高校双方在交流合作尤其是人员交流合作上总体不积极不主动，没有充分认识到校企人员交流合作对于双方未来发展的重大意义，没有以长远的眼光和命运共同体的思维看待交流合作问题。二是双方人员交流没有形成良好的机制，一般仅限于零星的人员来往座谈交流和短期调研。三是行业企业能为高校教师提供交流、挂职的岗位容量少、机会不多、时间较短。四是地方高校由于教师编制紧张，改革任务重，教师日常工作量大，没有更多时间和精力到行业企业等开展较长时间的挂职锻炼和跟班学习。五是很多教师认为到企业学习交流对自身的专业发展益处不大，因而缺乏应有的积极性和主动性。

（四）实践型师资的培养培训制度还没有完善起来

要提高地方本科院校教师队伍素质结构的适应性，从目前情况来看，就是要提高应用型师资比例以及提高教师的现实问题解决能力和实践教学指导能力。要做到这一点，除了大力从各相关行业招聘有丰富实践经验的教师外，还应加大对现有理论型教师的有效培养培训，使教师队伍素质结构适应高层次应用型人才培养需要和地方经济社会发展需要，促进教师队伍素质结构从理论主导型向实践主导型转型。从目前一些省份地方本科院校的实践型师资培养培训做法来看，主要采取如下方式。第一，省级教育行政部门和高校通过经费支持等方式，鼓励理论型教师报考各种职业资格证书。第二，每年遴选部分教师到行业企业开展社会实践活动，由教师自主联系企业机构，自主到相关行业企业考察交流、合作进行技术开发或顶岗锻炼，省级政府或学校给予专项经费支持。第三，邀请行业专家企业家到校开展模拟型培训，或提供部分名额支持教师到校外参加行业企业主办的真实场景实践操作或模拟操作培训。第四，高校各二级学院基于学科专业发展需要，主动组织专任教师到地方对应行业企业调研交流，或依托合作办学基地（实践教学基地、合作研究基地等），组织专任教师到基地培训锻炼等。这些做法都产生了积极效果。但是，从目前各校开展情况来看，仍存在诸多需要改进的地方。比如，缺乏培训的过程监控和结果评估，因而导致一些形式主义出现，最后花费了不少的时间和经费，却没有收到预期的效果。又比如，高质量的、真实场景的、系统性的、前沿跟踪的实践能力培训少，教师参加的培训实践总体机会较少，或者只能参与一些走马观花式考察调研，对本行业的系统结构、最新进展、关键实践技能的了解和掌握比较薄弱。

八、环境氛围欠佳，自主交往偏少，交流平台不多，制约联结结构优化

（一）主体间性的交流合作文化氛围不够浓厚

真学术和大学术是生长出来的，不是计划出来的，也不是制造出来的。教书育人是一项最具人性、个性、情感、生命和文化特征的活动。这说明了有似于土壤和气候的文化氛围对于学术创新、教书育人的极端重要性，这种文化氛围既包括主体间性的学术交流合作文化氛围，也包括从事学术事业和教育事业所需要的独特文化氛围，包括平等、自主、双向、尊重、包容、开放、竞争、质疑、创新、卓越、严谨、求实、忠诚、淡泊、奉献等特征的校园文化和大学精神。然而，我国地方本科院校长期以来学术（包括博耶的四种学术形态）氛围不浓厚，尤其是主体间性的学术交流合作文化氛围不佳，影响了教师队伍的学术性联结结构。这一方面是由于地方本科院校奇缺一个具有主导和引领整个高校坚守或走上高尚学术文化氛围的学术大师群体，教师队伍的总体学术能力、学术素养乃至学术热情不够高；另一方面是由于受到外部社会诸多不良观念和风气的冲击与侵蚀。改革开放以来，由于经济发展迅速、政治改革滞后、文化建设迟滞、价值观重构缓慢，我国教育系统包括地方本科院校受到了诸如物欲主义、享乐主义、工具理性、行政本位等不良观念的影响，从而使校园内弥漫着急功近利、经济至上、官员至上等有悖于学术发展特点的不良风气，具体表现在学术氛围方面，就是学术民主、学术自由、学术道德、学术责任、学术规范、学术生态等各方面长期欠佳。比如，有些时候，教师追求真学术、爱挑毛病和质疑权威、对真理过于较真反而成为笑柄，甚至被称为不识时务的怪人而被他人所隔离乃至抛弃，虚假学术反而大行其道；教师之间缺乏自主表达和平等辩论学术问题的氛围，有些学术观点在一些场合不能说，资历浅的学者在学术权威前面只能唯诺是从或违心赞唱，不能提出反对意见，否则有被棒杀的危险。在这种文化氛围之下，教师之间真正的、真实的、真诚

的、频繁的、紧密的、互益的学术交往活动关系难以形成和建立起来，即教师队伍的学术性联结结构呈现出不优化的状态。

有学者撰文分析了高校学术交往文化不佳的问题时指出，长期以来，我国高校教师中个人主义文化、派别主义文化、人为合作文化盛行，导致教师之间联结断裂，或少有的联结主要是强制性联结，也不是主动性联结，造成高校教师合作文化的缺失，教师群体结构松散，整体功能无法发挥①。

（二）教师自主交往合作的主动性仍比较低下

学术创新文化氛围、交流合作文化氛围不佳必然影响着教师开展学术交往活动的积极性、主动性、自主性以及学术交往活动的行为方式。当前，我国地方本科院校教师队伍的学术交往和合作的积极性、主动性仍然偏低。从多所地方本科院校了解到如下情况：第一，部分教师并不是真正的喜欢学术（包括教育），而仅仅把学术职业作为一种谋生的手段，甚至是当作一种不得已的谋生方式，教师上课、写文章、申报课题主要是为了职称晋升或者为了完成学校规定的工作量，而并非是个人喜爱的、情有独钟的事业，请人代写论文、花钱买文章或买版面的现象在高校屡见不鲜，甚至有些教师的“混混”思想较为严重，在这种情况下，教师就缺乏应有的积极性和主动性以纯粹的专业语言、遵循学术活动的规律特点、充满个性化的学术激情和其他教师开展常态化、多样性和高效率的学术交往合作活动。缺乏积极性和主动性的学术交往，其产生的学术联结关系只能是表层的，甚至纯粹是形式化而缺乏实质性的，这种联结结构不可能是紧密的、深度互益的，即不是功能良好的联结结构。

（三）教师间交流合作的形式和平台不够多样

教师开展学术交往活动，需要依托适当且多样的平台、渠道，需要采用灵活多样的方式和形式。学术交往的形式、方式从组织发起的主体来讲，可以是正式机构比如学院或学校组织的，也可以是非正式机构比如由若干教师发起组织的；从人员参与数量来讲，可以是全校或全二级

① 任伟伟. 高校教师合作文化的缺失与重塑［J］. 河南社会科学，2011（7）：167-169.

院系的，也可以是小组的，也可以是个性化和个别化的；从交往依托的空间或技术来讲，可以是直接面对面以口头语言为主的，也可以是传统的电话信函或现代的网络工具，采用远程口头语言和书面语言相结合的方式；从交往交流的主题角度来讲，可以是专题式和正规式的，也可以是非专题的、开放式和随意式的；从交往的作用预设来讲，可以是信息交换分享式的，也可以是观点探讨式（包括学术辩论），也可以是指导帮扶式的，也可以是合作完成任务式的等。从学术交往的平台或渠道来讲，有机构式的（比如各种研究所、中心、基地，还包括各种专业委员会），有项目式的（比如设立一个项目，项目组成员依托此项目开展学术交流活动），有场地式的（除了相关所、基地、中心的相应场所外，还包括学校为便于教师交流建设或创设的其他各种空间场所），还有活动式的等，而且活动式的具体学术交往平台也很多样，比如各种专业委员会的评议活动，公开课、示范课和比赛课，常见的学术讲座或教学报告，其他各种比较正规的小范围的教学和学术研讨活动，某位或几位资深教师发动和组织的个性化的读书会、学术沙龙、学术茶话会等。但是，从目前我国地方本科院校尤其是西部新建本科院校的情况来看，教师学术交往的形式、渠道、平台比较单一，各种活动不够丰富多样，活动规格也不够高。从交往合作的形式上讲，各种形式使用不够充分，主要开展集体性、正规性的、主题性的学术交往活动，个性化的、开放性的、灵活性的、常态化的尤其是持续深度性的学术交往形式比较少。从交往合作平台和渠道来看，不管是机构式的，还是项目式的、场地式的以及活动式的，总体都还比较少，尤其是读书会、学术沙龙、学术茶话会等这种小范围、个性化、纯学术，因而更容易形成紧密关系的活动或平台在地方本科院校还比较少见。总之，学术活动渠道、平台和方式的单一化使地方本科院校教师缺乏多样化的、经常性的参与学术交往活动的机会，从而影响了教师队伍联结结构的形成和优化。

（四）不良的制度体制模式制约教师学术交往

目前，地方本科院校中存在一些制度规章、体制机制、运行模式羁绊了广大教师更好地将时间和精力投入自己的“主业”当中，即真正的学术事业（包括科研学术和教学学术等）各项活动，包括各种学术交往交流活动。这种制度环境或运行模式从文化氛围角度来讲，也是一种制度文化和一种制度氛围，可以概括为以下三点，而这三个方面又是紧密关联的。

第一，学术活动计划的过度。即广大教师每学期都要面对上级各个部门下达的不同计划，层层分解任务，层层督查落实。有的计划是硬指标的，必须严格完成，否则直接影响当年绩效工资；有的计划是竞争性的，比如各种项目申报、各种工程建设，不完成计划将影响单位和个人的未来前途。有些计划内容跟教师专业直接相关的，但有的计划则跟教师主业关系不大。这些计划常常是意义大、责任重、任务多、时间紧，而且往往接踵而至。在这种计划指挥一切的运行模式下，教师被绑在巨大的计划战车上，被多重计划网所罩住，还要学会随着多个不同的传送带不时地变换节奏乃至方向，终日奔波运转，也就没有更多时间和精力静静深入思考学术和教育问题，无法以良好心态积极参与或主动开展各种学术交往交流活动。计划过度模式其实就是过去计划经济时代的一个缩影，归根结底是行政化。

第二，评价指标的量化过度。新公共管理理论对高等教育系统的“入侵”，一个重要体现就将绩效评估作为重要管理手段，而目标管理、量化评价成为具体的操作方法。教育是一项深度涉及人性、个性、价值、情感、文化等内涵十分复杂、隐性特征明显、需要长期积累、效果显现后延的活动，学术是一项涉及冥思苦想、灵感顿悟、质疑求异、破旧立新的事业，而且常常发展路径非线性、创新结果非确定性。因此，教师对教育和学术的投入、过程、效果在很多方面是难以用量化指标进行评价的。但是，当前我国地方本科院校的各类评估评价指标体系存在过度量化的问题，而且常常指标复杂、内涵复杂，并不科学合理，甚至有的只是简单地从其他高校抄袭沿用。在这种背景下，教师的工作常态是：花大量时间和精力研究各种各样的量化评价指标体系，然后据此安排自己的各项工作，并不时地“复习”和对照。这样，教师原本整体性工作被一张张量化表格分隔得支离破碎，而且很多碎片并非原来的模样。随之而来的，教师日常工作乃至休闲生活时间被各种各样的量化评价指标所“绑架”，没有更多时间和精力根据自己兴趣和意愿参与或主动开展各种学术交往交流活动。

第三，日常管理的程序过度。当前，“程序主义”（这里指管理活动中过度讲究程序、需要走的程序过于复杂之义）和“材料主义”（这里指管理活动中过度依赖书面文字材料、需要材料过于繁多和复杂之义）在我国地方本科院校日常管理中相当盛行，即不管是迎接各种检查评估，申报各种项目工程，申请举办某种活动，甚至是科研经费的使用和报账，都要经过一系列的复杂程序，提供一系列的材料。而且，一所高校有十几个甚至二十多个职能部门，每一个职能部门都有权力要求各个二级院系（这种要求最后可能要传递延伸到每一位老师）提交某种总结材料或其他证明材料。有时为了迎接某一次检查，一份同样的材料，需要复印多次，归档于不同的位置。调查了解到，不少老师有这样的感受，为了落实计划、应对评估、接受检查、整理材料，经常是开不完的会议、写不完的报告、不停接受培训、整不完的材料、不断修改完善，整日扎在材料堆里，因而没有更多时间和精力根据自己兴趣和意愿参与或主动开展各种学术交往交流活动。

（五）校园空间结构巨变制约了教师学术交往

近些年来，我国地方本科院校的校园建设取得巨大成就，有些地方高校校园成为当地最气派和最上档次的人居园区，这为高校的进一步发展奠基了坚实基础。但是，有些校园空间结构的巨大变化直接或间接制约了教师开展经常性的学术交往交流活动。

第一，二级教学单位日常教育科研活动区域的独立分设。即地方本科院校普遍设置过细过多的二级教学单位，同时每一个二级教学单位的教师工作学习区域布局或分设在不同的建筑群，甚至不同学院教师工作区之间相隔较远。这种空间距离的拉大容易在不同二级学院教师之间产生交流隔阂现象，容易滋生山头主义。

第二，多校园的空间布局和教师生活区与校园相隔过远。目前，一方面，很多地方本科院校都有多个校区，而且有的高校校区与校区之间相隔很远。另一方面，有的高校教师生活区和工作区相隔过远（比如住宅区和工作区处于不同的校区，或者住宅区建在校外较远区域）。上述的两种情况都会导致教师每天花过多的时间用于赶路，终年掐准点、赶校车、步履匆匆，成为一种工作常态，因而没有更多的时间和精力，尤其是没有闲情逸致根据自己兴趣和意愿参与或主动开展各种学术交往交流活动。

对此，有些教师甚至有着这样一种感受：教师数量规模越来越大，但学术交流交往的对象和范围越来越少；校园面积和楼房越来越大，但学术交流交往的空间和场合越来越少；高校改革步子越来越快，但学术交往交流的时间、精力和激情越来越少。这种感受可能有所偏颇或过激，但从一定程度上说明，目前确实存在着诸多制约教师乐意、主动开展学术交往的因素。

（六）角色冲突处理不当影响了教师学术交往

高校教师一般都同时承担着多种职责任务，或者对自身有着多种角色扮演定位，因而经常在真实的校园生活中扮演着多种角色，这些角色有时是可以相辅相成的，有时是相互冲突矛盾的。如果高校教师处理不当这种角色冲突，或者有些角色扮演不合理、不准确、不到位，必将影响教师自身的正常交往活动，其中包括学术性的交往活动，以及其他可能影响学术性交往活动的活动。对此，学者陈何芳认为，大学教师具有“知识人”“社会人”“圈中人”“投资人”四种重要角色交往，其中，“知识人”角色交往有助于提升能力，“社会人”角色交往能够满足心理需要，“圈中人”角色交往有助于在“学术圈”中获得承认，“投资人”角色交往能够有效积累社会资本。但是，当前我国大学教师角色交往存在如下主要问题，即“知识人”学识差异导致交往深度不够，“社会人”意愿淡薄致使交往频率不足，“圈中人”自我封闭导致交往范围狭窄，“投资人”行为失当致使交往难以平等①。这些问题在地方本科院校也有一定程度的体现。因此，如何更好扮演各种角色，并使得各种角色保持适度的张力，是包括地方本科院校在内的高校教师值得思考和努力改进的问题。

---

① 陈何芳．论大学教师角色交往的意义、困境与调适［J］．湖北社会科学，2010（1）：176-180.

九、宏观调控不力，社会支持有限，办学经费不足，制约队伍结构优化

上述八点原因分析主要是针对高校主体而言，侧重于微观分析，本小节原因分析主要针对高校外部相关主体，侧重于宏观分析。

（一）政府部门的引导调控不够及时有力

政府是我国公立高校的直接管理主体。我国是一个实行强政府管理模式的社会，政府宏观引导和调控的方向、方式、力度有时是直接、有时是间接地影响着高校教师队伍结构形成、变迁、调整的方向、方式和进程，从而影响着教师队伍结构优化。

第一，政府宏观管理过程中采取的一些不合理价值取向，制约了地方本科院校教师队伍结构调整和优化。这些不合理价值取向有：一是政府行政化的管理取向，导致一些政策、制度、措施偏离了学术发展规律和学术职业特点，制约教师队伍结构有规划地向正确方向调整。二是政府重规模扩张轻结构调整的发展取向，导致各高校主体调整内部结构的意识不强，重视不够，思路缺乏，直接制约了包括教师队伍各种内部结构的调整步伐。三是政府“大一统”的调控取向，在制定职称等相关制度时没有充分考虑地方本科高校的多样性和特殊性，制约地方本科高校教师队伍结构的调整进程。四是政府重理工轻人文以及其他工具性学科管理取向，导致区域内学科专业布局不尽合理，或者比例失调或者重复建设等，进而导致区域内高校教师队伍学科结构不甚优化。

第二，政府某些宏观引导调控政策调整滞后或力度偏弱，制约了地方本科院校教师队伍结构调整和优化。主要存在以下问题：一是政策调整或出台滞后。即对于过时已经不适用的政策条款，没有及时作出修改或废除；对于出现的新情况新问题，没有及时出台相关高质量的政策给予引导和规范。目前地方本科院校改革发展的目标定位以及面临的挑战和机遇，跟前二十年相比已经发生了很大变化，政策只有跟上现实发展步伐才能更好发挥应有作用。比如有关高校教师资格的学历标准和正高职称评审的学历标准的政策，有关应用型本科高校教师队伍评价指标体系的政策都应该及时做出调整和完善，这样才能更好引导高校调整和优

化教师队伍有关结构，促进办学质量提升。二是没有很好利用财税等手段引导各高校科学规划学科专业建设以及教师队伍建设。比如对于各高校过于盲目追求热门、忽视冷门学科专业、过于求大求全的状况，政府可以通过控制热门学科资助经费、增加冷门学科建设投入等办法引导各高校持续重视冷门和特色学科专业建设，大力培养培训冷门和特色学科专业的教学科研团队，优化教师队伍学科结构。三是没有出台更加有力的政策措施，引导更多数量的优秀硕士和博士毕业生到西部各个地方本科院校终生从教。四是在运用评估调控手段上仍存在一定偏差。比如，地方本科院校教师队伍评估指标体系有待完善，评估实施过程中有时把关不够严格，因而没有很好地充分发挥评估政策对高校教师队伍建设的引导、诊断、激励和调控等功能作用。五是地方政府在引导地方各行业部门机构和地方本科院校开展校企合作方面，出台的政策和采取的措施仍不够有力。比如政府可以通过出台减税政策激励企业和高校合作办学。但从多所地方本科院校了解到，地方政府少有出台此类政策。

（二）社会支持地方高校的力度仍显不够

地方本科高校的发展离不开整个社会的大力支持，尤其是离不开地方政府和地方各行各业以及公众的大力支持。地方本科院校要转型发展，很多地方本科院校是新建高校，正处于发展改革的关键时期，更需要社会各界的理解、包容和支持。然而，在很多时候，社会支持地方本科院校改革建设的氛围不够浓厚，做出的实际支持行动还不够多、不够有力，甚至有时出现期待过高、要求过多，或者施之以少取之以多的现象。这突出表现在校企（这里泛指校外各种部门机构）合作方面。

地方本科院校和地方各行业企业部门之间的正常关系应该是发展共同体关系，即高校认真研究地方各个行业企业部门的特殊智力需求，适时调整改革发展方向、学科专业布局、人才培养规格和规模、科研专攻方向，不断提高办学质量，不断满足地方各行业企业部门的智力需求（人才、技改、咨询服务等）。与此同时，地方各行业企业部门一方面将智力需求及时反馈给高校，双方共同探讨如何更好满足地方行业企业部门的智力需求；另一方面及时回应高校的资源支持需求和合作办学需求，以便于高校不断提高办学质量，最后回馈行业企业部门，从而形成校企融合、共同发展格局。但是，从多所西部地方本科院校的校企合作状况来看，都不同程度存在着地方高校热、地方行业企业部门冷的状况。

其中，校地合作培养师范生就是一个典型且问题存在很多年的例子。众所周知，培养高质量的师范生需要容量足够、质量较高的真实场景式见习、实习（包括专业实习和定岗实习）基地，这就需要数量较多的、高质量的地方中小学校给予大力支持，每年接收见习生、实习生并提供实践专业指导和相关工作生活条件，见习实习学校的一线名师应多给师范生上课，多和高校相关学科教师交流合作。但是，据了解，地方高校常常遇到这样那样不太有利于合作办学的情况：一是地方高水平的中小学并不太乐意接收实习生，认为这会影响正常教学秩序和教学质量，或认为会给自己学校添麻烦。二是一些见习实习基地不够稳定，有时每年都需要某些领导的人情关系才能持续下来。三是有些见习实习学校每年提出过多的要求或过多的限制，认为接收见习实习生是一单亏本的生意。四是可能还会有见习实习学校的指导教师在指导师范生过程中不够用心用力的情况等。于是就存在这样的情况，地方中小学或教育行政部门对地方高校培养的师范生质量要求越来越高，或者对高校师范生培养质量提出这样那样的批评，但是在师范生培养过程中（尤其是实践教学环节）又没有给予足够的支持和合作，最后没有形成长期性、稳定性相互支持和共同发展的格局，这于双方的长远发展都不利。

（三）高等教育的经费投入长期相对不足

高校教师队伍建设，优化教师队伍结构，需要大量的经费和其他资源。但是由于地方本科院校尤其是欠发达地区的地方本科高校，长期面临着办学经费投入相对不足的困境。主要原因是欠发达地区地方政府财力有限，没有更多财力支持地方高校的快速发展。据了解，不少西部新建本科院校在升格本科时都出现了高额负债问题，即使是在目前，很多西部地方本科院校都处于负债办学状况。有时候，地方政府为了节约开支，还会通过压缩教师编制或者编制审批延后等办法压缩地方高校的经费总支出。加上地方本科高校每年获得的中央政府专项经费补贴数额少，获得的社会捐赠少，校办企业收入更少，办学经费长期缺口很大，教师队伍建设经费捉襟见肘。因此，地方高校要加大队伍结构调整力度往往力不从心。比如，要提高教师待遇、改善生活和工作条件，使其有足够的吸引力，以招聘录用大批的高学历高职称人员或者留住现有人才；要给广大专任教师大量的到国内外著名大学考察学习和进修访学机会，要常态化举办高质量的专业培训和交流合作活动，要深度推进高水平的校企合作和产教融合，要大力引进著名学科带头人和建设高实力的教学和科研团队等，以全面提高教师的能力和素质，优化教师队伍结构。但是所有这些举措的实施都需要持续的数额巨大的经费支持。因此，办学经费长期紧缺制约了地方本科院校教师队伍结构的调整步伐和优化进程。

第五章　我国地方本科院校教师队伍结构优化的对策思考

教师是教育系统的核心构成要素，充分发挥教师队伍的整体功能是实现教育目标、提升教育质量的根本途径。我国地方本科院校教师队伍结构长期不合理，成了新时期制约地方高等教育进一步发展的一个重要瓶颈，制约了我国高等教育从大国迈向强国的步伐。因此，优化地方本科院校教师队伍结构是新时期我国高等教育改革中一项重要而紧迫的任务。优化地方本科院校教师队伍结构，必需对症下药，选择有效措施。

第一节　优化教师队伍年龄结构的对策建议

根据我国地方本科院校教师队伍年龄结构存在的主要问题及其形成这些问题的主要原因，提出以下相应调整建议：

一、做好教师队伍流动预测和应对规划

凡事预则立，不预则废，调整优化教师队伍年龄结构也要做好预测和规划。

（一）做好科学预测

各地方本科院校乃至各二级院系结合自身办学竞争力、未来办学规模、可能进行的转型以及外部环境变化，科学预测本校、本学院教师队伍未来流动状况，包括即将退休离职、可能被挖走、每年需要新招聘的教师数量及其教师类型，准确把握动态，梳理即将“流出”教师的年龄特点以及流出后队伍总体年龄结构的新变化，为下一步有计划采取相关

措施奠定基础。

（二）制定科学规划

在做好科学预测基础上，各地方本科院校乃至二级院系结合总体目标发展规划和资源可获得条件研究制定本校、本院系教师队伍年龄结构的调整目标，将调整和优化教师队伍年龄结构纳入学校、学院的教师队伍建设中长期发展规划中，做好未来若干年教师数量以及教师年龄状况的引进计划，以做到在调整年龄结构上意识到位，科学指导，规划引领，有的放矢，计划行事，提高效率。

（三）认真落实计划

地方本科院校每年度按照人才引进计划宣传、物色、招聘在年龄等各方面符合学校所需的人才，逐步优化队伍年龄等结构。如某一个学科专业教师团队或某一二级学院资深教师太少，缺乏高实力学科专业带头人，难以形成良好传帮带机制。在这种情况下，一群年轻教师自我摸索，成长比较缓慢。这时就需要校方下大力气引进资深教师乃至带头人(此类人才一般年龄较大)，同时调整年龄结构和其他结构。

二、注重招录有多年职业经历人才入伍

改变不合理的教师招聘观念和做法，注重从社会各行各业招聘有多年职业经历也是年龄偏大的高级人才，这是改变高校教师队伍过于年轻化的重要之策。

（一）改变教师招聘的“年轻偏好”和“单纯偏好”

树立正确的人才引进、人才使用、人才管理理念，充分认识高校教师成长周期长、成熟慢、能量大、发挥久的规律特点。充分认识到对于需要日益融入地方经济社会发展的地方本科高校而言，要培养直接面对纷繁复杂、竞争激烈、文化多元现实社会的高层次应用型人才，需要更多有丰富职业经历、生活阅历、人生感悟的大龄教师。从这一角度上说，阅历丰富的大龄乃至老龄教师相比于行业和人生阅历单纯的年轻教师，拥有更大的教育教学、职业指导和人生引领优势。

（二）改变人才引进“从高校到高校”的单一渠道

准确把握和坚定不移地方本科院校的应用型发展定位，大力拓宽教

师引进渠道，即根据学科专业发展和队伍年龄结构优化的需要，积极主动从各行各业发现人才，花大力气从社会各行业招聘大龄一线专家。调查发现，这些年来，一些地方本科高校开始注重从企业和研究机构招聘职业成熟的高级人才，直接录用成为本校正式编制专任教师。这对于地方本科院校培养实践型师资具有特殊意义。但总体上说，这方面人才引进力度还比较小，录用人数也很少。

（三）适度招聘大龄外校教师和企业专家到校兼职

各地方本科院校在招聘兼职教师时，应主动从现有专任教师队伍年龄结构的角度来思考，多考虑进入型兼职教师的年龄状况，是否和原有教师队伍结构起到互补作用。比如，当专任教师队伍过于年轻时，在招聘兼职时应有意识选用有较长职业经历、有丰富实践经验的大龄乃至老龄校外人才，这样，可以在一定程度上缓解原有教师队伍过度年轻化带来的不利影响。

三、合理延长退休年限和返聘资深教师

改变地方本科高校教师队伍年龄结构过于年轻化状况，不仅要积极主动从系统外部引进具有高度互补性的师资，而且要充分挖掘和利用系统内部原有资源。

（一）合理延长高校教师退休年龄

尤其是应适度延长高学历高职称教师的退休年龄。在地方本科院校，高学历高职称教师数量本来就不多，他们不仅具有丰富的学识、深刻的识见、娴熟的技术以及从教、从研和管理的宝贵经验，还是学校文化、大学精神的重要传承群体，是地方本科院校的宝贵人力财富。因此，地方政府应该给予高校更多的人事权，应借鉴其他发达国家做法，只要健康许可、教师本人愿意、适合学校岗位，可以灵活延长退休年龄甚至终生不退。当前，政府正研制出台相关延长退休年龄政策，这对于优化教师队伍年龄结构是一个利好消息。

（二）主动返聘离职资深教师返教

虽延长退休年龄政策即将出台，但仅靠这一政策来调整年龄结构，是非常缓慢的。既然地方本科院校教师队伍年龄结构过度年轻化已成现

实且已存在多年，而每年退休离职的资深教师数量不少，为了尽快改变年轻化的年龄结构，应及时返聘身体健康、愿意继续从教的高学历高职称离职教师回校工作。这是一种非常可取而且起到立竿见影效果的办法。地方本科院校可以主动返聘本校离职教师，也可以主动返聘他校尤其是名校退休离职的资深教师。

（三）积极柔性引导名牌大学名师

采取柔性引进这一特殊乃至非常规方式，从研究型大学聘用接近退休和已经退休的资深教师。返聘和柔性引进不尽相同。地方本科院校尤其是新建本科院校每年离退休的高职称高学历教师数量相对不多，老牌本科院校和研究型大学此类教师数量反而不少。地方高校尤其是新建高校可以充分利用其他大学这些富余师资，采用柔性引进方式聘用，或直接招聘为正式教师。返聘退休资深教师，实施“银发”工程，既有利于弥补地方本科院校各类带头人缺乏问题，还可以充分发挥高端人才的社会价值，也是解决高端退休人才事业情怀依托、提升生活幸福感的一种可取做法。

第二节　优化教师队伍学历结构的对策建议

根据我国地方本科院校教师队伍学历结构存在的主要问题及其形成这些问题的主要原因，提出以下相应调整建议：

一、适度提高教师聘用的学历标准

我国现行有关教师资格制度规定：“取得高等学校教师资格，应当具备研究生或者大学本科毕业学历。”这说明，本科学历是我国各类高等学校教师资格的最低学历标准。如果说在本科教育规模很小、研究生教育规模极小的精英时代，这一规定还存在合理性的话，那么，在如今大众化时代和建设高等教育强国战略背景下，在国外发达国家学士学位授予高校早已普遍把博士学位作为教师资格的学位标准的情况下，我国的“本科学历”标准显得过于落后了。其实，目前我国部属高校和省属重点高校都普遍将博士学位作为新教师入职的学位标准，地方本科院校也普遍将硕士学位作为录用的最低学位标准，同时努力提高拥有博士学位教师的比例。因此，一方面国家应及时调整政策，另一方面地方高校应自主适度提高标准。当然，对于实践型教师和特殊人才的招聘和使用，学历标准可另当别论。

二、合理扩大教师外出进修的比例

地方本科院校要提高教师队伍的总体学历层次，除了上文所提到的不断提高新录用教师学历层次外，还要想方设法提高在职教师的学历层次，激励和有计划选派具有本科及以下学历的教师攻读硕士和博士学位，具有硕士学位的教师攻读博士学位。在大扩招政策实施期间，由于当时我国的研究生教育规模非常小，各地方本科院校在招收大规模生源的同时，每年招录了大量的硕士毕业生甚至本科毕业生入职任教。对于新建本科院校，还由于缺乏吸引力，在建设初期难以招聘到高学历教师只能录用相对低学历教师。因此，要优化教师队伍的学历结构，就要舍得花血本，全面提升这部分在职教师的学历层次，每年合理增加更多名额，选派或引导教师攻读高一层次学位。同时，注重结构优化的效率，即对于有时间有精力、有能力有把握，能以最快时间获得更高学位的教师，在统筹兼顾情况下，可优先派出进修，其他教师轮流离岗攻读。此外，应支持鼓励教师灵活采取全脱产、半脱产或在职研修方式攻读高一级学位。

三、实施攻读学位的特殊合作政策

地方本科院校要提高博士学位教师比例面临以下两个问题：第一，从全国研究生教育的总体情况来看，博士培养单位数量少，每年博士毕业名额有限，而且博士毕业生不仅面向高校任教，还面向研究院所和其他企事业单位就业。第二，地方本科院校数量众多，对博士学位教师的需求量大。因此，面对这种困难，地方本科院校要较快提高博士学位教师比例，还要创新方式方法，探索灵活特殊的合作培养机制。比如，某一地方本科院校和某所甚至若干所重点大学合作，前者将培养任务分批次打包委托给后者承担。如果同一批次学员中相同或相近学科学员数量较多的，课程教师可“送教上门”，到学员所在高校授课指导。对于完成学位必修课程的方式，可以一部分课程在一所大学修读，另一部分在另一所大学修读。课程学习或导师读书会可以通过面对面方式展开，也可以通过网络直播方式进行。根据地方本科院校主要实施应用型高等教育的特点，博士学位课程和学位论文研究主题可以是理论型，但更应该偏向实践型。经费比较充足的地方本科高校，还可以通过国际合作，委托有办学资质、有博士学位授予权的国外大学培养本校在职教师。当然，在职硕士学员的委托培养也可参照这种方式进行。总之，在保证质量的前提下，应采取灵活特殊方式尽快提升地方本科院校教师队伍的总体学历层次。

四、大力发展博士研究生师范教育

根据发达国家经验，在从事本科以上层次教育的高校，博士学位或者该学科领域的最终学位是教师岗位入职的硬性条件，这是我国高校教师队伍建设的未来方向，也是建设高等教育强国的必然要求。我国有着庞大的高校教师队伍，很多高校尤其是地方本科院校博士教师比例目前还比较低，要将本科院校系统中的绝大多数专任教师的学历都提高到博士学位，就必须建设规模很大的博士研究生教育体系（况且现实中并非所有博士毕业后都进入高校任职）。因此，就要大力发展博士研究生师范教育。包括：一是适度稳健扩大培养规模，尤其是扩大实践型的专业博士培养规模，并积极引导更多应届硕士研究生报读专业博士学位，同时吸收更多数量的在职教师攻读专业博士学位。二是大力开发建设师范教育博士课程模块，为有志于从事高校教师的博士生选修学习，为这些博士研究生毕业后从事教育工作做好专业理论技能和职业心理准备。三是坚持专业博士学位培养的实践取向，避免趋同于学术型博士的培养模式。

第三节　优化教师队伍职称结构的对策建议

根据我国地方本科院校教师队伍职称结构存在的主要问题及其形成这些问题的主要原因，提出以下相应调整建议：

一、制定多元合理的教师职称评审制度

优化地方本科院校教师队伍职称结构，首当其冲是要调整我国多年来实施的不合理的职称评审标准制度，即著述至上、项目至上，并且趋同于研究型大学的评审方式。此种方法适合于评价从事基础研究的教师尤其是研究机构人员的研究业绩，但很明显不适应于评价地方本科院校中以从事教学工作为主、以从事应用型研究为主的教师的履职能力。因此，应按照分类管理，多元标准的基本原则，制定科学合理的教师职称评审制度体系。我们认为，至少制定四套教师职称评审标准，即教学型、基础研究型、应用研究型、综合研究型教师能力的业绩评价标准，而且研究型大学、研究—应用型大学、应用型本科高校、高等职业院校在评价标准的制定和运用上还应有所区别。这样，不同的教师可以根据自己的兴趣、潜力和岗位实际，以某一类评价标准为导向，不断努力提升自己，最后成功获取相应的高职称。采取多元的职称评价制度，不仅为教师提供多样的成长道路，满足不同教师的专业发展兴趣，而且有利于形成类型多样的教师队伍，更好满足人才培养多样化的需求。当前，国家有关教师职称的新政策已经出台，关键是在具体的实施中更好细化，使良好的政策理念和政策目标现实化。

二、加强旨在提升教师能力的团队建设

教师要获得职称晋升，在有了健全的职称评审制度体系后，关键在于教师具有相应能力，产出高质业绩。但是，地方本科院校教师总体能力相对偏低，申报高级职称尤其是正高职称难度较大。因此，优化地方本科院校教师队伍职称结构，归根结底就是较快速度地、较大幅度地提升教师队伍总体实力，而其中一个最重要做法就是加强团队建设，这对于地方高校非常重要。因为地方院校高水平的教学和科研带头人偏少，青年教师比例偏大，这种情况在新建本科院校尤为突出。在这种情况下，如果教师单打独斗，一方面带头人没有很好的基层支持或助教助研协助，必定花较多时间处理低智力性工作，导致精力分散，不利于进一步提升自身能力。另一方面，低职称教师尤其是年轻教师既缺乏经验和能力，又缺乏带头人的引领指导，还缺乏同伴间的经验分享，就可能多

走弯路，进步缓慢。因此，地方本科院校应加强团队建设，并注意以下几点：一是创设良好的人际关系和教学科研氛围。二是建立畅通的团队信息交流网络平台。三是建立带头人传帮带、同伴携手，协助互助、联合攻关的运行机制。四是建立专业困惑信息、经验教训信息、专业发展动态信息、学科专业前沿动态信息、职称评审政策信息等信息的分享和回应机制。

三、实施助推教师专业发展的制度改革

由于教师职称体现着教师专业能力，而教师能力又需要通过一定学历获得，通过一定的学位体现。因此，上文中有关教师队伍学历结构的优化建议也在一定程度上促进教师队伍的职称结构优化，比如，引导鼓励或择优选派更多教师攻读高一级学位，采取灵活特殊方式联合培养地方高校硕士和博士研究生等。此外，还可采取如下措施。一是通过经费支持或其他政策激励，比如实施各类人才培养工程，引导教师合理选择发展方向，自我加压，自我研修，不断积累教学科研经验，不断提升专业教学科研能力。二是加大教师继续教育力度，有计划邀请国家名师乃至世界一流大学名师到学校开展专业培训和讲座交流，甚至开展一些个性化指导，促进教师专业的快速成长。三是建立完善教师发展中心（应包括教学发展和科研发展两个方面），在学校层面给予教师专业发展更多和更高级别的指导和咨询支持。四是实行适度“非升即走”或“非升即转”制度，引导长期无法取得职称晋升资格的教师流动到低层次的高校在那里取得职称晋升，或分流到专职管理岗位①，走行政岗位系列或其他职称系列，形成人尽其才，个性发展的格局。

四、建立教师职称申报的精准帮扶机制

对于每一位即将晋升高级职称的教师，请有关专家进行诊断，设计比较详细的个性化能力提升计划，学校和二级学院给予配套支持，使每一位教师都有一个精准帮扶的职称晋升支持团队。一是建立教师教学和科研帮扶中心，通过开发特殊项目、举办特殊培训、提供特殊咨询等方

---

① 黄建雄，张继平．我国高校教师队伍结构的问题及对策［J］．继续教育研究，2013（1）：72-75.

式，帮助即将申报高一级职称教师解答相关困惑，提供外部支持，帮助渡过难关。比如，请某一位甚至若干位某一学科名师到校给该学科即将申报高级职称的教师进行培训和深入探讨以及给予个性化指导。二是建立教师职称申报服务中心，具体指导、帮助当年申报职称的教师拟好合理申报计划，并在程序性和策略性方面给予全程化、个性化、精准化的指导和服务。目前，我国教师职称申报过程是一个程序复杂、材料复杂的过程，教师在申报过程中因不熟悉复杂的程序经常做了很多的无用劳动或重复工作，有时还会因材料问题和策略问题导致当年申报失败和晋升失败。因此，通过建立精准帮扶机制让教师尽快找到自我精准的专业提升路径和职称晋升通道。

第四节　优化教师队伍学科结构的对策建议

根据我国地方本科院校教师队伍学科结构存在的主要问题及其主要成因，提出以下相应调整建议：

一、建设特色学科师资团队，打造学科特色优势

现实中的每一所地方本科院校都是精力有限，资源有限，因而实力有限或实力侧重点不同，在竞争中很难做到所有学科专业的“常胜将军”。因此，应坚持特色发展的学科建设思路。相对于部属院校而言，地方高校数量庞大、布局密度大，如果各校趋同发展，就会造成学科资源分散，重复建设，难以形成集中优势和多样化发展，容易造成资源浪费和毕业生结构性就业困难等问题。所以，地方高校要立足本地经济社会发展状况和本校实际，各校之间尤其是地理位置相隔不远的院校之间要形成相互错位互补的发展格局；校内各学科之间的建设也不应平均用力，找准特色学科发展切入点，挖掘特色学科相关资源，整合特色学科师资力量，搭建特色学科发展平台，形成特色学科发展优势。地方高校学科发展不在于多、不在于全，而在于有所为有所不为，重点突出，特色明显，优势集中，适当兼顾。政府主管部门在审批专业设置和招生指标时，应根据总体合理布局的原则，扶持特色学科发展，减少审批趋同专业设置的申报，压缩趋同专业招生指标，引导各地方高校围绕地方特

色和自身优势，扬长避短，形成特色多样的学科发展局面。

二、强化学科师资集群布局，形成学科群落生态

根据人类认识世界的基本经验和科学发展的基本规律，各个学科专业的存在和发展有似于自然界物种的存在和发展，具有种群、集群的生态现象。种群是在一定时空内同种生物的所有个体，种群中的个体并不是机械地集合在一起，而是可以彼此实现基因交融，从而促进各个个体的基因优化，增强生命力。离开了群体，单一个体难以生存，更难以获得向上进化。因此，应注重加强学科专业的集群发展，培育良好的学科专业集群生态。

（一）做好学科专业的集群型布局

即地方本科院校在申报设置专业时不应散、乱，发展某一学科不应只有一个专业或某一两个研究领域形单影只，而应围绕某个行业或产业链设置相关专业，或者围绕某一具有重大包容性的重大问题开辟多个关联性强的研究领域，并在此基础上招聘和培养相应学科专业背景的教师，为学科专业集群良好发展提供师资力量。

（二）推进学科专业的集群式发展

即合理整合和配置学科专业建设资源，资源配置不应平均化，而应突出核心、骨干和基础等不同学科专业对资源配置的不同要求，有合理的轻重缓急和分步推进的发展次序，既要凸显重点学科专业的拔尖实力，又要注意补足缺腿和短板，还要注意不同学科专业之间的相互支撑，以形成和发挥集群优势。同时，注意未来新兴学科专业的培育，为抢占未来发展先机做好储备。

三、搭建教师互动交流平台，促进学科交叉融合

如果说学科专业集群发展主要是指集群内部各学科专业之间既有发展的相对侧重和先后次序又具有相互补充、相互支撑、相互激长的关系，那么，学科专业交叉融合指全校不同学科专业之间的交流互动、互学互鉴、相互吸引、相融共生，既包括同一学科集群内部，也包括不同集群之间。因此，地方高校校内学科师资布局应处理好分科发展、综合发展和融合发展之间的关系，正确处理学科分化发展和学科融合发展之

间的矛盾。对此，二级学院的设置不应过多过细，注重搭建多样化的不同学科、不同院系教师的交流平台，主动开展各种交流活动，形成不同学科专业背景教师互动交流、学习合作的良好机制。当今社会是大数据时代、大融合时代和大学科时代，地方本科院校只有培养具有多学科交叉融合背景的人才，才能适应瞬息万变的时代；也只有不同学科专业之间的交流借鉴和交叉融合，才能更好提升学科发展内涵，不断增强学科造血功能，不断培育学科发展新增长点。总之，学科师资的交叉融合是促进不同学科专业互利共生的重要举措。

四、提高新兴学科的敏锐度，推进学科前沿发展

前沿学科发展代表了某一学科的最新进展，往往意味着创新成果的高密度出现。前沿学科不完全等同于热门学科，冰点学科的新进展也是某一学科的前沿发展。高校学科的前沿发展依靠教师的共同关注和协力推进。这就涉及全国和高校两个层面相关学科背景教师队伍的建设问题。当然，地方本科院校关注和推进学科前沿发展的侧重点跟研究型大学会有所不同。一是在国家层面上，政府应在确定国家经济社会宏观发展战略基础上，引导有关高校培养前沿学科教师或专注乃至“创造”出新兴和前沿学科（专业、研究领域），从而推进学科的新进展。比如，根据“大众创业，万众创新”的“双创”战略，国家通过经费支持和政策倾斜，引导各高校培养或培训更多关注和推进创新创业教育前沿发展的学科背景教师。为了快速开发和推广应用某类新技术，政府及时设置新专业，同时引导高校培养契合新专业的学科背景教师。为了有些特殊行业的人才培养和技术创新，国家通过资助引导高校培养相应特殊学科背景或多学科背景的教师等。关于政府宏观调控，后文讨论中还会有所涉及。二是在高校层面上，为了提升自身的未来竞争优势，也要根据自身情况，大力培养致力于跟踪或结合特色资源“创造”新兴和前沿学科（专业、研究领域）发展的教师。当然，地方本科院校更侧重于关注科学技术和哲学社会科学的开发应用推广方面的前沿问题。值得一提的是，不要把地方本科院校学科前沿发展看得过于神秘或认为这是难于上青天之事。其实，在某一学科领域的开发应用推广方面比其他大多数高校早思考、早行动，并逐步取得新进展和新成果，就是推进学科前沿发

展的体现。因此，地方本科院校要注重储备一定新兴和前沿学科（包括专业、领域）背景师资，并不断提升教师跟踪新兴学科、前沿学科发展乃至自主开辟新兴学科、前沿学科或研究领域的能力。

第五节 优化教师队伍学缘结构的对策建议

根据我国地方本科院校教师队伍学缘结构存在的主要问题及其主要形成原因，提出以下相应调整建议：

一、丰富教师学缘来源机构的多样性

（一）真正克服本校本地近亲繁殖

新建本科院校由于研究生教育非常薄弱甚至还没有研究生教育，因此教师近亲繁殖机会比较少。但是，老牌地方本科高校情况有所不同，如果管理者和导师没有充分认识到近亲繁殖可能带来的不利影响或受到传统“家族”观念定势影响，就可能无法克服近亲繁殖甚至加剧近亲繁殖程度。所以，老牌地方高校应严格控制本校应届毕业生直接留校任教，将招聘大门向外部广阔世界打开。

（二）从更多的高校招聘各类教师

即在招聘教师时应注重从不同高校招聘，无论是每年的教师招聘还是长期的教师引进，不宜过于集中在若干几所甚至一两所大学招聘，而应有意识地在更多不同的高水平大学招聘，使学校成为多种观点、方法、风格的荟萃之地和交流乐园。从多样大学招聘教师，还有利于学校从更多大学了解教育和学术信息以及获得教育和学术资源，促进地方本科高校办学资源的多样化和来源渠道多样化。

（三）从更多行业录用专兼职人员

一般来说，在不同行业企业从事多年工作的各类人才，都会被所在行业企业的工作模式、思维方式以及各行业企业成熟的知识探索或技术开发应用的理念观点所影响。也就是说，他们各自既有着学缘，又有着行业企业之“缘”。因此，来自不同行业企业专家到某一所地方本科院校从事专兼职工作，和原有教师共事交流，必然使地方本科院校成为一

个包容着更多样的并且更具职场取向的思想熔炉，这不仅有利于克服教师队伍学缘的单一性，而且有利于地方本科院校履行应用型高等教育的职责。

二、扩展教师学缘来源地域的广阔性

（一）以宽广的视野招聘人才

大视界促进大发展。大多数地方本科院校地处二三线城市，有些地处较偏的后发展地区。因此，在当今全球化时代，地方本科院校要跟上发展趋势，不断提升竞争力，就要在招聘教师这一办学关键资源时拓宽视野，不应过于局限在几个省甚至本省招聘人才，也不应过分被学缘、校友、老乡等情结所束缚，而以宽阔眼光和宽广胸怀招聘各地高层次人才。

（二）大力招聘五湖四海高才

即在全国不同高等教育重镇招聘教师，有条件的地方本科院校要在全球范围内若干个重点地区招聘教师。其中，既要注重从不同地理位置的新地区中的大学、离本校空间距离很远的地区中的大学招聘高层次人才，也应注意从高等教育新增长点或特色优势明显地区中的大学招聘人才，以扩大教师队伍学缘的“网模”。同时，还可以选派部分教师到新地区、远地区、特色地区中的大学访学进修和挂职锻炼，从而有利于准确把握全国乃至世界的学术发展脉搏、及时跟踪追逐学术发展前沿。

（三）克服人才聘用的本地化

本地化包括本省化、本市化，极端的本地化就是本校化。一般来说，地处高等教育重镇的地方本科院校，由于本地本省的大学很多，高水平大学也不少，往往容易造成教师学缘的本地化。因此，一是要有计划从五湖四海招聘人才，二是要有计划选派原有教师到全国乃至世界各地大学进修学习，包括攻读新学位、访学和挂职，从而逐步消解学缘本地化现象。

三、提升教师学缘来源大学的层次性

（一）大力延揽各个名牌大学毕业生到高校从教

大力实施“筑巢引凤”策略。在高等教育激烈竞争背景下，名牌大学毕业生尤其有世界名校学缘的教师属于稀缺资源，地方本科院校要招揽更多的名校学缘，只有加大招聘力度或采取特殊政策。比如，除了提供优越的生活和工作待遇外，可通过创建个性化专业平台、建设个性化教师团队、创设个性化的工作氛围和采取灵活的工作机制等，或者采用柔性引进方式聘用心仪的名校名师等。

（二）积极聘用名牌大学教师到校从事兼职工作

积极聘用有名牌大学学缘的行业企业专家到校兼职甚至吸引其转行从事专职教育工作。这就要求地方本科院校打开宽广眼界，树立学缘的名牌意识、质量意识和办学竞争意识，深入调查研究，善于发现和注意挖掘本地校外其他行业机构中拥有名校学缘的各类专家，结合学校发展需要，主动邀请此类专家到校兼职任教，乃至吸引他们转行入校，一心从事教育工作。

（三）以特殊合作方式选派教师到名牌大学进修

即主动走出去，争取多个国内外名牌大学的支持，根据互利共赢原则，通过委托培养或合作项目的方式，让更多教师到一流大学甚至顶尖大学学习深造，改造和优化这些教师的学缘，从而提升教师队伍整体学缘的层次性。

值得注意的是，在优化地方本科院校教师队伍学缘结构的过程中，要注意处理好学缘类别多样性、学缘来源地理范围广阔性和学缘来源大学的层次性三者之间的关系，做到协调兼顾，同时做到学缘类别构成的丰富多样、学缘空间构成的五湖四海、学缘层次构成的高位优质的良好的学缘生态①。

第六节　优化教师队伍专兼职结构的对策建议

根据我国地方本科院校教师队伍专兼职结构目前存在的主要问题及其形成原因，提出以下几点调整和优化建议：

① 董泽芳，黄燕，黄建雄．我国高校教师队伍学缘结构问题及优化对策——基于三个视角的调查与分析［J］．教育科学，2012（5）：48-52．

一、充分认识兼职教师的重要作用

在高等教育大众化阶段，兼职教师已经成为促进高等教育事业改革发展不可忽视的师资力量。尤其是在以服务地方经济社会发展为根本使命、以校企合作为基本办学模式、以应用型人才培养为基本职责、办学资源相对缺乏的地方本科院校，兼职教师在弥补专职教师数量不足、充实教师队伍实力、提升办学社会适应性、优化资源配置、增强办学活力、密切校社联系、提高办学灵活性和办学质量等方面都具有不可替代的作用。因此，地方本科院校要充分认识兼职教师的重要角色和重要价值，充分肯定兼职教师所拥有的独特教育能量，善于发现大学系统之外丰富而宝贵的兼职教师库。各地方本科院校应着眼于自身的发展定位和发展目标，根据学科专业发展目前实际和发展趋势，分析在人才培养、科学研究、社会服务、文化传创新承等方面存在的短板，结合自有办学资源的类型、数量和品质等特点，着力优化教师队伍的专兼职结构。

二、适度提高兼职教师的构成比例

我国自 2004 年以来实施的本科教学工作合格评估制度规定，生师比的合格标准为 18 比 1。同时还规定，两个兼职教师可折合为 1 个专职教师，一所高校的兼职教师数不能超过专职教师总数的四分之一。显然，这一规定在限制一些高校过于依赖兼职教师而不重视专职教师队伍建设的做法起到积极作用。但是从另一方面来看，过于限制兼职教师比例在某些时候又显得不够合理。建议通过规定专职教师数和学生数之间的比例来引导高校加强专职教师队伍建设。而各地方本科高校应充分发挥聘用兼职教师这一办学自主权，采取灵活方式聘用适用的高质量兼职教师。在当今时代，高校办学不再像过去那样十年如一日地按部就班运行，而是具有很大动态性甚至遇到很多不确定性，或面临各种剧变的环境，比如产业行业的快速更替、新技术的快速涌现、各种新政策的快速出台、教师队伍的快速流动（包括从业单位变动、外出进修学习），或者高校进行急需专业建设或推行某种重大改革，都可能在某一段时期内需要数量较大的兼职教师。从国外发达国家高校发展情况来看，虽然各国、各校情况不尽相同，但兼职教师比例都比较高。由于我国长期以来形成了比较明显的高校教师培养的学术化倾向，地方本科院校的应用型师资非常薄弱。因此，各地方本科院校应结合自身实际，按需招聘，讲求灵活，讲究针对性，注重质量，不应被具体名额所限制，适度提高兼职教师比例。

三、主动挖掘各行业兼职教师资源

高校要聘用到自己所需的兼职教师，不能采取“等靠要”方式，而是要主动挖掘既能为我所用又实现互利共赢的校外教师资源，其重点工作就是深入调研，有效甄别，精准选择，主动邀请校外合适的优秀人才来校兼职。

（一）主动考察并建立潜在兼职教师的数据库

即深入各行各业调研人力资源状况，建立兼职教师信息库，做到心中有数。一是全面分析学校现有教师队伍现状，梳理出学校急需和未来可能需要的兼职教师岗位类型和岗位要求。二是主动深入各行各业调查研究，全面把握本地区各行业人力资源尤其是高层次人才的储备状况和发展状况，建立潜在兼职人员信息库，特别是对于那些跟学校学科专业发展或科研方向密切相关的行业专家，要了解专家的事业状况、专业旨趣、生活状况等各种信息，为聘用兼职教师来校从教或选派高校教师到行业跟班学习提供准确的信息依据。

（二）密切与潜在兼职教师单位和个人的联系

建立双方良好的信息交换和情感互动关系。一是加强双方互访交流，比如，高校主动深入行业企业宣传和调研，主动拜访相关行业专家，或邀请行业专家到校开展专题活动，让行业专家更多了解高校特色和发展前景，培育行业专家对高校、对教育的积极情感。二是对于“兴趣驱动型”“老当益壮型”“自由骑兵型”等高质量潜在兼职教师，高校要精准对接，紧密沟通，主动邀请他们参与学校的教学和管理活动。比如主动邀请他们加入学校教学工作咨询委员会，为聘为长期性稳定性兼职教师奠定良好基础。

（三）主动和精准邀请高素质人才到高校兼职

校方主动出击，盛情邀请，密切情感，精准对接，个性服务，创造条件是能聘到合适兼职教师尤其是高质量兼职教师的几个关键环节，因为，校外有意到高校兼职的人才，如果没有精准的信息服务，他们一般不能及时了解高校具体的兼职教师需求，而对于很多知名的兼职教师来说，他们到高校兼职一般不是为“钱”而来，而是为“情”而来。这种“情”可能是对教育事业的感情，或是对自己专业的感情，或对某所高校的特殊情怀甚至是基于对某位管理者的私人感情。因此，高校要根据所需，主动出击，主动沟通联系，甚至提供个性化服务乃至绿色通道热情邀请最合适的人才到高校兼职。

四、不断提升兼职队伍管理和服务水平

调整和优化地方本科院校专兼职教师队伍结构，不仅要会聘、聘准、聘到优秀兼职教师，还要加强管理和服务，吸引校外高素质专家乐意到校兼职，充分发挥兼职教师的积极作用，主动化解可能产生的消极影响，促进专兼教师之间的互补，实现高校和兼职教师双方的互利共赢。

（一）对兼职教师进行合理的分类管理

可以将兼职教师划分为三类：第一类，具有丰富教育教学经验者。比如来自其他高校、中小学教师以及其他教育培训机构的兼职教师。对于这类兼职教师，主要采用培育组织情感、激发分享的管理模式。第二类，未来教师者和外行新“入侵者”，指即将进入高校从事学术职业的在校研究生和到高校兼职时间不长的行业企业人才。对于此类兼职教师，主要采用职业认知、情景熏陶和技能操练的管理模式。第三类，具有多年兼职经历和兴趣驱动型兼职教师。对于此类兼职教师，主要采用培育归属感、事业感、快乐感的管理模式等等。

（二）对兼职教师进行必要的规范管理

提供必要的业务培训和制度引导。比如对课堂教学提出规范性要求，对新聘用的兼职教师进行必要培训，举办一些针对不同类型兼职教师的业务培训和教研交流活动，为兼职教师之间、兼职和专职教师之间提供交流平台和机会，引导兼职教师如何获取网络课程资源等。还比如在管理上，实行兼职教师的学期教学工作汇报制度。实施激励政策，评选兼职教师优秀代表，并颁发给荣誉证书。对本校外出兼职教师进行规范化

管理，实行学期或年度报告制度。

（三）为兼职教师提供各种业务性服务

比如建立各种信息平台，编制兼职教师工作手册，为兼职教师提供课间休息室，为知名专家提供临时住宿和办公室等工作生活条件，建设兼职教师交流网络，为兼职教师提供书刊借阅和图书资料数据库查询服务等。通过优质服务，提高校外专家进校兼职的吸引力，使兼职教师模式从临时性转化到稳定型，为地方本科院校的改革发展提供更好的人力资源支撑。

第七节　优化教师队伍知行素质结构的对策建议

我国地方本科院校教师队伍知行素质结构当前存在的主要问题是知多行少，即理论素质相对较高而行业实践能力相对较低，结合上文关于问题成因的分析，提出以下几点调整和优化建议。

一、多方引入实践型专家到校从教

（一）精准招聘资深企业人士到校从教

包括兼职和改行成为专职教师两个方面。一方面，地方本科院校主动研究校外各行业企业的人力资源状况，精准招聘高校所需尤其是急需的各类人才进校兼职，并采取灵活动态方式建立兼职聘用关系。另一方面，积极创造条件，大力从校外企事业单位、研究机构和其他行业招聘高素质人才，吸引行业专家改行转岗成为高校专职教师，通过迁移作用，使他们的行业专业实践能力转变为专业实践教学能力，从而优化教师队伍的知行素质结构。由于招聘兼职教师也可以优化教师队伍学缘结构，也由于兼职教师队伍中有较高比例来源于高校系统之外，因此，上文中关于优化教师队伍学缘结构和专兼职结构的对策同样有助于优化教师队伍的知行素质结构。

（二）注重发挥实践型师资的辐射作用

注重促进不同行业背景、不同素质结构教师之间的互学共进。即搭建多种平台，开展多样活动，让实践型教师和理论型教师之间有更多机会相互交流和相互学习，实现理论素养和实践素养之间的相互协调、相互贯通和相互促进。这既有利于优化教师个体的知行素质结构，也有利于优化整个教师队伍的知行素质结构。

二、开发丰富多样的素质培训项目

（一）完善相关制度，举办多样培训活动

第一，地方本科院校通过制度创设，引导和激励理论型教师自主开展专业实操训练，以及通过实践训练考取各种岗位资格证书。同时，引导激励实践型教师自主开展理论研修，提高专业理论水平以及理论和实践相结合的能力。第二，举办多样的、有针对性的理论型或实践型专题培训活动，促进教师专业素质提升以及不同类型素质之间的融合，优化队伍知行素质结构。

（二）深化校企合作，开发高效培训项目

要提高教师专业实践素质，离不开企业真实场景。因此，校企双方应深化合作，共同探讨，共同开发有利于校企长远性双赢的教师专业应用素质提升项目，大力合作建设素质提升培训基地，组织高校有关专兼职教师在基地接受专业性、现场式、项目式的培训锻炼，或在培训基地一边从事教学工作或科研活动，一边在真实场景的专业实践岗位上顶岗锻炼，不断提高专业实践能力。

（三）注重多方统筹，引导行业积极参与

这里包括几个方面：第一，省级政府一方面统筹全省实践教学基地资源，另一方面通过财政资助或减免税收等方式引导大中企业参与高校教师实践素质培训活动。第二，政府出资并统筹相关部门，多建设或搭建实践型师资培训基地（或中心）。第三，有关部门提高实践型师资培训专项经费或加大其他支持力度，鼓励乃至激励更多一线行业专家和更多地方本科院校教师前往参与系统性实践能力培训。

三、完善校企人员的交流锻炼机制

要保持教师队伍知行素质结构的持续优化，就必然让教师及时更新和不断提升实践素质，而有关实践的最新信息主要来源于职场、来源于市场、来源于企业（包括企业的情报部门、研发部门、生产部门和销售

部门)。因此，只有完善校企人员的交流锻炼机制，才能让教师实践型素质得到及时有效和快速提高。第一，紧密校企合作，做到合作开发、合作就业、合作发展，签订学校教师和企业职工交流锻炼协议，建立信息对接和需求回应机制。合理制定交流锻炼计划，细化行动步骤计划，为人员交流锻炼提供各种必要的工作生活条件，落实人员交流具体事宜。第二，高校根据学科建设和人才培养需要，有计划选派老师到企业培训挂职。或根据企业发展战略、产品研发、技术改造的智力要求，学校选派相关专家深入企业一线，和企业同行共同讨论研究、模拟实验或进行样品开发。一方面，通过采取这种方式，教师在知识技术应用的真实现实和具体情境中得到学习和锻炼，提升专业实践能力。另一方面，高校教师实践素质的提升，可促进应用型人才培养水平的提高，反过来更好地服务于企业发展。第三，制定合理的保障制度，包括交流锻炼的效果考评制度、奖惩激励制度、责任部门的责任追究制度等，以完善的制度保障校企人员交流锻炼活动的有效展开。

第八节　优化教师队伍联结结构的对策建议

根据我国地方本科院校教师队伍联结结构存在的主要问题及其主要形成原因，提出以下几点对策建议①：

一、着力营造良好的合作交往文化生态

（一）树立正确交往观念，提高交往合作意愿

高校管理者和学术带头人带头示范，宣传践行科学的学术交往互动理念，引导广大教师提升学术交往合作意愿。一是树立协同合作意识、差异互补意识、关联支撑意识和团队优势意识，改变目前教师队伍中普遍存在的过于强调独立自主、轻视协作互助和轻视经验分享的不良观念，使广大教师真正形成只有交流合作才能共赢、只有团队发展了个体才有更好成长平台的共识。二是树立学术交往过程的思想自由、人格平

① 董泽芳，黄建雄．高校教师学术交往的调查与思考［J］．国家教育行政学院学报，2012（10）：72-78.

等观念，改变学术交往过程中的等级次序、唯书唯上甚至人身依附和“欺行霸市”等不良现象，创造自由、平等、互利的学术交往环境。三是树立文人相敬互学观念，改变传统的文人相轻思想。文人之间相敬就是敬重思想、敬重差异，文人之间的互学体现着科学发展的内在规律。高校教师之间只有相互尊重对方的自由人格、思想、观念和生活方式而不是相互看不起，才有可能促进更多交往和更深交往，并从中获得思想灵感、学术享受和精神提升。也只有这样，教师学术交往意愿才能得到不断激发。

（二）营造良好创新氛围，促进教师学术交往

学术活动的本质就是创新，离开了创新就没有学术，有了良好的创新氛围，教师才能乐于从事学术事业，进而乐于进行学术交往。一是要旗帜鲜明地尊重和承认四种学术形态（即发现知识、传授知识、综合知识和应用知识的学术）、尊重学术人才和学术成果，反对抄袭剽窃、粗制滥造和学术腐败。二是校园文化建设中要积极培育鼓励创新、激发创新、呵护创新、保障创新、重赏创新的氛围并形成办学基因。三是抵制物质主义、拜金主义、享乐主义等不良社会风气的冲击。学校应通过开展各种校园文化活动或宣传教育活动，大力弘扬学术交往的平等、合作、互利、真诚、坦荡之风。各级领导和资深教授要树立楷模，要在日常交往中，在追求真理、追求卓越、自由平等、交流分享、质问答疑、合作竞争、包容多元等方面做出表率，以感染、带动、激发广大教师向往学术和追求学术，进而不仅促进教师自主开展多样化、个性化的学术交往活动，而且促进正规化学术交往活动的顺利进行和效果提升，在全校范围内形成人人乐意交往和积极分享互助的良好学术联结生态。

二、大力搭建合理的合作交往平台体系

（一）合理搭建交往合作的机构平台

这里又包括两个方面：一是合理搭建跨学科（院系）交往合作平台，即二级机构设置要简洁化和综合化，成立多学科（多院系）的学术交流中心，定期由各学科（各院系）报告本学科的国际国内学术动态，介绍学科（本院系）学术进展状况、面临挑战以及与其他学科（院系）合作

的愿景，促进不同学科教师之间的信息交流和思想交锋。二是合理搭建学科（院系）内部机构平台，即院系内部的机构设置要人性化、包容性和服务性，使人身处其中有一种想表达、想分享的欲望。比如，上述两层面机构包括设置“教学卓越中心”“科研咨询中心”“职称晋升服务中心”“教师专业发展中心”“教师业务帮扶中心”等各种咨询服务机构，而且机构要有场地，有人员，有活动，真正成为广大教师乐意在此交往互动的平台。

（二）合理搭建交往合作的项目平台

通过开发合作项目或通过合作申请项目是高校教师交流合作的重要平台形式。此类交往合作平台的优势有四点：一是有相对固定的成员和项目负责人。二是有相对固定的交流合作主题。三是有相对固定和具体的任务分工。四是有经费、场地等支持。这样，有主持人的带动和协调，有共同的目标指向，有具体的任务要求，有各种条件保障，有具体的收益前景，成员之间交往合作就有正当理由，有动力有方向。这种依托项目的交流交往可以发生在项目成员内部之间，也可以发生在相似类型项目成员之间，也可以发生在项目成员与项目成员外咨询专家之间。此外，教师之间这种项目式交往合作的顺利展开，会加深双方之间的了解和情感认同，从而促进成员之间各种非正式交往合作的展开。

（三）合理搭建交往合作的活动平台

即学校和二级学院积极组织开展各种活动，让教师在活动中实现交往互动。高校教师交往互动活动平台有很多类型。比如，邀请校外专家到校举办各种讲座，组织教师参与聆听并进行现场或后续的交流互动；组织校内名师轮流开讲座，组织其他教师参与，其间进行交流互动或开展后续交流活动；组织青年教师开展各种教学或科研报告，相关教师参与，期间名师点评，教师之间互听互评互议；举办各种科研或教改专题研讨会，包括举办政策解读学习会、教育改革研讨会，举办公开课、示范课和汇报个人阶段性研究成果等；举办围绕社会或学科某主题开展学术沙龙、学术茶会，或者开展非主题开放式学术聚会等，丰富教师的业余学术生活，让广大教师在此类活动得到充分交流互动。

（四）合理搭建其他形式的交往平台

上述三种平台主要是为促进正规式交往而建，但教师之间还需有更多个性化、个人化学术交往，这样教师的个人学术生活才更丰富和丰满。高校教师是一个具有高独立性、高自主性和高创新性的群体，离不开高个性化和个人化的活动包括教师之间的交往交流活动。这些交流交往活动是教师个体自发的，形式、方式非常灵活，有的交流的渠道是教师自己开辟和创造的。但是，如果高校搭建一些交往网络平台，对于教师进行交流交往则带来更多便利，交往广度更大，寻求交往的方法途径更多，寻求交往的目标对象更准。比如建立QQ平台、微信平台、邮箱平台、报刊平台，建立学习交往的资源网站和资源数据库、各种开放的习明纳和工作坊等等。这些平台都有助于提升教师交流合作的深度、广度和效果。

三、精心构建促进合作交往的体制机制

（一）健全教师学术事务的管理制度，引导教师合作交往

这里的学术包含着学术的“四种形态”。一是在学校章程的顶层设计上要确立“履职有规矩、学术有自由、创新有保障”的基本制度框架。二是改变学术组织机构过于科层化和等级性的设置模式，健全扁平化管理制度，疏通制约教师学术交往合作的制度性瓶颈。三是改变学术事务活动过于行政化的管理模式，健全民主协商的学术事务决策制度。这种协商本身就是学术交往互动的一种形式。四是改革学术事务运行过于刚性僵化的管理制度，采取柔性为主刚性为辅的管理模式。五是建立学术思想观点和学术管理意见的表达机制、反馈机制和回应机制等。通过制度改革，消除压抑教师学术交往合作的制度氛围（比如虚假性交流、表面化互动、霸王式合作等），拓宽教师学术交往合作渠道，激发教师学术交往合作意愿，保障教师学术交往合作权利。

（二）改革教师学术评价和评议制度，激励教师合作交往

学术评价和学术评议尤其是后者本身属于一种特殊形式的学术交往互动活动，正常态和科学化的学术评价和学术评议必然激发教师学术交往互动激情。一是改变重视结果评价和能力评价轻视过程评价和参与评

价的评价模式，将教师参与教育教学和科学研究的过程作为评价教师教育和科研成果的重要方面。评价教师的参与过程必然涉及该教师与其他教师的交流交往以及协同合作过程。二是改变重视独立自主性评价轻视合作互助性评价的学术业绩评价取向，在评价教师教育和科研业绩（包括过程性和终结性）时，对教师参加团队的状况、在团队建设和团队活动过程中所起的作用和成果收获，教师自主开展的合作性教学和合作性科研的表现和取得成果等维度给予考量。三是改变过度量化、过度复杂或标准偏颇的学术评价模式，这种模式使教师花过多精力用于“非学术”甚至是“假学术”活动，或出现“假学术”胜于“真学术”现象，从而扭曲教师正常的交往合作心态和评价观念，制约了教师良好学术交往合作活动的展开。

（三）完善教师学术咨询和帮扶机制，推动教师合作交往

教师在教育教学和科学研究过程中的咨询与回应、求助与帮扶本身是一种交往对象和讨论主题更具针对性和具体化的学术交往互动和协同互助关系。首先，当前各地方本科院校都普遍建立起教育教学和科学研究的传帮带制度和带头人制度，但由于多种原因，不少方面流于形式，各相关主体之间交流互动机会不多。因此，各高校应将这种制度正常流畅地实施起来，落实相关责任，采取激励措施，使其成为最具活力、最具成效的学术基层活动。其次，当前在各地方本科院校中，教师在教育教学和科学研究中如遇到专业性困惑需求助，学校建立的咨询帮扶渠道较少，得到及时回应和满意解决的情况不多，制约了教师专业成长。这种状况应该改变。

第九节　优化教师队伍结构的其他对策建议

本章的前面八节所提出的八个方面的建议主要是针对高校层面提出的，其中的第四个方面的建议既有针对高校层面也有涉及政府层面。从影响因素来看，政府、社会、高校和教师个体是地方本科院校教师队伍结构的四大影响因素。其中，政府是公立高校的管理者，社会是外部支持者，高校是具体办学者，教师个体是教师队伍结构的具体构成要素。

在我国，政府调控力较强，政府管理模式不可避免对地方本科院校的教师队伍结构产生深刻影响。本节主要从教师队伍结构的外部影响因素提出宏观性建议，也有些许建议涉及教师个体的微观方面。

一、转变观念，理清优化结构的总体思路

（一）在管理模式上，转变计划经济、行政化以及大一统等陈旧观念

一是政府应转变高校管理模式，将长期以来采用的宏观和微观相结合的管理模式转变为宏观调控模式，形成政府宏观引导、高校自主办学的高教现代治理体制。二是政府改变“大一统”的管理取向，继续深化分类指导、分类管理改革，在制定诸如教师职称评审制度等制度时应充分考虑地方本科院校的特殊性和教师队伍类型的多样性，对不同类型高校和不同类型教师提出不同要求，为地方本科高校调整教师队伍结构提供科学的制度引导和政策保障。三是高校转变学术事务管理的行政化取向，尊重学术发展规律和学术职业特点，以正确观念和科学理念引导和规范学术活动，指导各项教育教学改革，激发教师合作交流，促进教师专业成长，为优化教师队伍职称等结构奠定更好的基础。

（二）在发展模式上，转变重规模轻内涵、重热门轻冷门等偏颇观念

一是政府和高校应转变重规模扩张轻结构优化的发展取向。政府通过宏观政策和资源支持引导高校加强内涵建设，优化内部结构；高校大力挖掘内部资源和整合多方力量，调整系统内部要素匹配关系，加强内部要素的协调配合，促进教师队伍结构优化。二是政府改变重理工轻人文的学科布局管理取向，在国家层面上应做到“涵盖全面、突出重点、有新增长点”，又做到相互兼顾，适应当前实际和未来趋势，各学科师资搭配比例适当。三是高校转变重热门轻冷门、趋同发展、盲目攀比、过度分化等不合理的学科发展取向，做到“适应实际、集群布局、重点突出、特色鲜明”，二级院系设置划分不宜过小过细等。

（三）转变其他制约地方本科院校教师队伍结构优化的不合理观念

这方面内容在本章部分已有所提及，但前文主要是针对高校而提出

的建议。本节重提此方面建议，旨在强调政府管理部门应把转变观念放在任何具体改革方案出炉之前，并贯穿于具体改革行动的全过程之中，全社会也应在基于科学先进理念基础上形成改革共识并成为共同行动的基本导向。比如，政府和社会在评价地方本科院校教师队伍时，不应将年轻化、经历单纯、背景单一作为褒奖取向。此外，政府和社会也应转变轻视兼职教师价值作用的不合理观念、转变教师队伍建设本地化的不适当观念、转变将地方本科院校和地方行业企业分而治之和割裂管理的不正确观念等等。

二、强化调控，发挥各级政府的引导作用

地方本科院校教师队伍结构优化的标准和调整目标确定后，各级政府应发挥宏观引导和调控职能，为实现目标提供政策和资源保障，同时向各个地方本科院校注入相应动力和施予相应压力。

（一）政府以法规政策手段实施宏观调控

即政府部门通过科学制定、及时颁发和严格实施有关政策法律，引导或给予支持地方本科院校优化教师队伍结构。比如出台新的高校教师入职学历标准、高校教师人事管理政策、高校学术职业制度等，引导地方本科院校调整和优化教师队伍结构。或者出台有关地方本科院校教师攻读学位和素质提升政策、名牌大学对口扶持地方本科院校政策、针对地方本科院校的中外大学合作政策、地方本科院校海外引智支持政策等，为优化地方本科院校教师队伍结构提供更好的条件。

（二）政府以经费资源手段实施合理调控

比如，对于高校在学科专业建设方面存在过于追求热门、忽视冷门的状况，政府通过合理控制热门学科专业的扶持经费、适度增加冷门学科专业的资助经费，引导更多优秀人才报读冷门学科专业师范教育或从事冷门学科专业的教育教学和科学研究活动，从而有助于优化教师队伍学科结构。比如较大幅度提高地方本科院校的教师工资待遇，吸引更多优秀人才到地方高校安居乐业，也有助于优化地方本科院校的教师队伍结构。

（三）政府以监督评估手段实施有效调控

政府制定符合地方本科院校特点的教师队伍评估标准体系、实施细

则和操作程序，组织相关人员进行评估。或者政府委托第三方机构开发针对地方本科院校特点的教师队伍评估标准体系，并委托第三方机构组织具体的评估。政府只负责确认和向社会公布评估结果，并以此作为评价办学质量和给予后续资源支持的重要依据，从而引导和督促地方高校加速优化教师队伍结构的步伐。

现实中，政府在采用法规政策、经费资源和监督评估三种调控手段时并不是割裂的，经常是三位一体的，即一项重大调控行为的施行一般都同时包括出台政策、经费支持和政策评估等三个环节。

三、重视协调，实现四个主体的协作联动

政府、社会、高校、教师是影响地方本科院校教师队伍结构的四个主体，四者各自扮演的角色和发挥的作用不尽相同，四者在目标取向确立和具体行动实施过程中可能还会出现种种协调不一致的地方，甚至产生矛盾和冲突，因此，在优化队伍结构过程中，要正确处理四者之间的关系。基本原则是四个主体明确自身职责定位，不缺位、不越位而且行动到位。即政府部门通过政策、资源、评估实施宏观引导、调控和协调。社会（包括高校系统外的各种行业企业机构、社会组织以及广大家长和其他公民）既给予大力支持和积极参与，又对学校办学进行监督，并通过营造适当公众舆论给高校办学施以一定压力。地方本科院校本身是优化教师队伍结构的直接主体，要在国家政策引导和资源支持下，自觉主动争取社会支持，根据结构优化目标，结合本校实际，整合资源，做好规划，有计划有步骤采取具体的改革行动。地方本科院校的教师要勤奋进取，自觉进修自学，积极参与各种培训锻炼，主动参与各种学术交流活动，不断提高自身素质，不断取得创新业绩，其中低学位者要努力攻读高一级学位等等，从而不断促进教师队伍结构的整体优化。

四、加大投入，保障优化结构的资源支持

（一）政府加大教育资源总体投入

政府是我国公立高校的办学者和管理者，政府应加大教育资源投入，为地方本科院校优化教师队伍结构提供直接和间接、近期和长远的资源支持。办学经费短缺，教师经费不足是地方本科院校在教师招聘、留

人、培训过程中所面临的主要困难，政府的经费投入相当重要。比如，政府加大地方本科院校尤其是地方新建本科院校的教师队伍建设专项经费，为地方高校自主优化队伍结构提供直接经费支持。政府加大经费投入，大力发展博士研究生教育，为地方本科院校优化教师队伍结构提供充裕师资储备。政府加大经费投入，大力建设全国性的地方本科高校教师进修培训基地、教师项目合作基地、教师学术交流基地，不断提升地方高校教师的素质和能力，为教师获得高职称晋升创造更多机会。政府加大经费投入，扩大地方高校教师国际交流合作机会，提供更多的教师出国进修、访学和学术合作机会等。

（二）高校增加教师队伍建设经费

教师是高校办学的核心资源、高增值性资源，并且是唯一具有主观能动性的办学资源。地方本科院校在进行内部资源配置时既要充分考虑教师资源的特殊性，又要在政府和社会的支持下，不断增加教师队伍建设专项经费。比如，提高待遇，改善条件，做到能引进和留住英才。提高经费激励力度，激发教师激情从教（教学）从研（科研）。总之，为广大教师教学科研、进修学习、挂职锻炼、合作交流、考察培训提供充足经费。以经费支持优化教师队伍结构，进而带动地方本科院校各个事业的快速发展。

（三）社会各界加大外部资源支持

地方本科院校办学离不开社会尤其是当地各行各业的大力支持，地方本科院校优化教师队伍结构需要外部的人力（比如兼职教师）、场地（培训基地）、设备（培训设备）、信息（行业信息）等支持。即在政府的引导、协调和牵线搭桥下，在地方本科院校开放办学和主动争取下，广大社会对地方本科院校的教师队伍建设给予各种形式和各种类型的资源支持。主要指政府事业部门、行业企业部门和专门研究机构的高层次专家乐意到高校兼职，政府事业部门、行业企业部门和专门研究机构为地方本科院校教师考察调研和挂职锻炼提供各种机会和场地，政府事业部门、行业企业部门和专门研究机构直接参与地方本科院校教师队伍的有关培训活动等等。

第六章　结论与展望

第一节　主要结论

本书主要提出以下结论。

一、关于高校教师队伍结构的内涵解析

本书在对“结构”概念内涵的历史追溯和词义分析基础上，指出高校教师队伍结构是指高校教师队伍中不同教师之间的数量匹配关系和不同教师之间的要素联结方式的整体规定性。前者为要素之间的数量结构，侧重于结构量的方面的规定性，是结构形成的基础；后者为要素之间的联结结构，侧重于结构质的方面的规定性，它是整体性结构形成和整体性功能生成的关键。因此，教师队伍的要素联结状况应该值得结构研究者关注。

二、关于高校教师队伍结构变迁的影响因素

本文从系统学、生态学、教育社会学等视角，在现实考察和理论分析基础上，提出高校教师队伍结构的形成和变迁受到多种因素影响，这些因素可以划分为三大类，其一是校外因素，其二是校内因素，其三是教师队伍结构本体因素。其中，校外因素主要包括经济、政治、文化、社会、高等教育发展状况等因素；校内因素包括办学理念、办学定位、发展目标、机构设置、制度体系、学术氛围、办学资源等因素；本体因素包括教师自身因素即教师个体的年龄、学历、职称等各种状况，以及教师群体因素即规模、要素差异、要素交往特点等。

三、关于发达国家高校教师队伍结构的总体状况

在分析大量文献资料基础上，本书总结了发达国家高校教师队伍结构长期保持相对比较优化的结论。其中，在年龄结构上具有中年占优、正态分布、大龄化、稳定性特征，表现出教师队伍较为成熟、新陈代谢有序、整体功能稳定等优势；在学历结构上具有高博士化特征，表现出基础好、潜力大、后劲足等优势；在职称结构上具有高层级性特征，表现出能力高、实力强、作用大等优势；在学科结构上具有重点突出、协调兼顾、交叉融合、与时俱进、特色明显等特征，表现出学科发展上的优势明显、竞争力强和适应性高等优势；在学缘结构上具有多样性、广阔性和高质性特征，表现出百家争鸣、远缘杂交、创新活跃、成果高产等优势；在专兼职结构上表现为兼职教师比例较大，教师出入兼职比较灵活，管理比较规范，兼职教师作用得到较好发挥，专职教师有更多校外锻炼机会等优势；在行业背景结构和知行素质结构上，表现为教师校外行业背景丰富，职业阅历多，实践经验足，专业实践强，理论型和实践型教师（或理论素质和实践素质）得到较好协调互补等优势；在联结结构上具有渠道多样、方式灵活、主动平等、适度紧密、互补高效等特征，表现出共享互鉴、合作竞争、互利共进、多赢发展等优势。

四、关于发达国家高校调整教师队伍结构的基本经验

本书概括了发达国家高校优化教师队伍结构的基本经验或主要做法。即正确的价值取向、合理的宏观调控、科学的制度机制、充裕的经费投入、良好的学术氛围等。具体表现尊重职业特点，注重发挥余力，优化年龄结构；实行最高标准，重视师资储备，优化学历结构；健全评审制度，激发公平竞争，优化职称结构；突出学科特色，搭建交融平台，优化学科结构；坚持近亲回避，延揽四海名门，优化学缘结构；合理聘用兼职，支持外出兼职，优化专兼职结构；汇聚行业英才，深化校企合作，优化素质结构；营造氛围，拓宽渠道，创造机会，优化联结结构。其中每一个方面都包括多样化和灵活性的具体措施和针对性做法，同时，每一个具体措施或做法又可能同时起到调整和优化多个子结构的作用。

五、关于我国地方本科院校教师队伍结构的存在问题及主要原因

在分析现有成果、实证调查和深入思考基础上，本书指出我国地方本科院校教师队伍结构长期以来存在不够优化甚至出现严重失衡的结论。具体表现在：年龄结构上的年轻教师比例过大，中老年教师比重偏小；学历结构上的博士学位比例偏低，学历层次有待提高；职称结构上的教授职称比重偏小，职称结构适应性低；学科结构上的校际趋同发展较为突出，校内资源分散比较明显；学缘结构上的学缘本地化程度较高，高层次学缘比重较小；联结结构上的交往联结不够紧密，优势互补有待加强。形成这种状况的原因，既有历史方面原因，也有政府和高校现实上的重视不足、制度缺失、调整失当等问题。主要原因包括：招聘渠道单一，退休制度僵化，制约年龄结构优化；学历标准偏低，师资储备滞后，制约学历结构优化；评审制度失当，教师素质偏弱，制约职称结构优化；趋同思维突出，过度强调分化，制约学科结构优化；近亲定势较强，引人力度有限，制约学缘结构优化；环境氛围不佳，学术活动单一，制约联结结构优化；价值取向偏颇，宏观调控不力，经费相对不足，制约队伍结构的调整和优化。同时，在上述的问题和原因之间的关系上，也可能存在一因多果和一果多因的现象。

六、关于优化我国地方本科院校教师队伍结构的对策建议

在理论探讨、国际借鉴、现状分析、原因诊断基础上，针对我国实际，本书提出优化地方本科院校教师队伍结构的若干对策和建议。即改变招聘模式，开发银发工程，优化年龄结构；提高学历标准，加强学历进修，优化学历结构；完善评审制度，重视培训帮扶，优化职称结构；坚持特色发展，注重交流融合，优化学科结构；丰富学缘类型，广招高层学缘，优化学缘结构；营造创新氛围，创造交往机会，优化联结结构；调整价值取向，强化合理调控，增加经费投入，优化队伍结构。其中，每一个具体的对策也可能起到同时调整和优化多个结构的效果。

第二节　可能的创新

本书既存在诸多不足，也进行了一些新尝试，主要有以下几个方面。

一、教师队伍结构概念内涵的新探索

本书基于对“结构”概念的重新思考，指出教师队伍结构不仅包括教师队伍中不同教师之间的数量匹配关系，而且包括不同教师之间的要素联结方式，前者主要影响着队伍结构的潜在功能，后者主要影响着队伍结构的现实功能，并提出与年龄结构、学历结构、职称结构、学科结构、学缘结构相并列的“联结结构”新概念。同时指出，基于高校教师职业是专门从事学术活动的特殊职业特征，教师队伍联结结构主要反映在教师队伍的学术交往结构或学术交往模式上。

二、教师队伍学缘结构概念的新解读

本文基于对现实状况和学缘概念的深刻思考，突破现有从近亲繁殖考察和评价学缘结构的单一视角，指出学缘结构具有类型性、空间性和层次性三重特征，优化学缘结构不仅包括降低近亲繁殖度，而且应包括扩大学缘来源的地理范围和提高来源于名校名师学缘的教师比例，而且后两者比前者更为重要。同时指出，高校教师学缘结构具有社会资本特征，具有网模、网顶、网差、结构洞、强关系、弱关系五个考察或评价维度，教师队伍的学缘结构影响高校社会资本的总量、丰富性、品质和价值，而且，学缘结构的三重特征和社会资本视角下学缘结构的五个考察或评价维度密切相关。

三、克服近亲繁殖消极影响的新总结

从理论上说，日本高校教师队伍长期严重的近亲繁殖和学阀控制与日本高等教育强国事实相互矛盾，因为过度近亲繁殖和学阀控制必然恶化创新氛围、窒息创新活力，阻碍高等教育强国的实现。深入分析有关资料后，本书指出，中日近亲繁殖有很大不同，中国主要是连续性近亲，日本主要是间断性近亲；中国主要是本地性繁殖，日本主要是异地性繁殖。日本的间断性近亲和异地性繁殖有利于消解因近亲繁殖可能带

来的消极影响，名校控制型学阀可以普遍提高全国高校教师队伍学缘结构的层次性。另外，日本较完善的教师兼职制度、较多的教师国际交流合作、较高比例的外籍教师都有利于不同学缘教师之间的交流。这就是日本高校教师队伍高近亲、高学阀和高等教育高质量可以并存的重要原因。

四、考察教师队伍联结结构的新思路

现有研究对高校内部不同教师之间的学术交往关注较少，本书运用问卷和访谈方法考察了相同年龄段教师之间、不同年龄段教师之间，相同学历教师之间、不同学历教师之间，相同职称教师之间、不同职称教师之间，相同学科教师之间、不同学科教师之间，相同学缘教师之间、不同学缘教师之间的学术交往状况，以此来考察教师队伍联结结构，拓展了此类研究的内容。此外，还从联结的空间关系、紧密度、灵活性等方面考察分析了联结结构。

第三节　主要不足

由于作者能力有限，本书存在诸多不足和遗憾。

一、结构优化标准的理论探讨比较粗浅

地方本科院校教师队伍结构涉及多个层面和侧面，其影响教师个体发展和高校办学质量的机制非常复杂和隐性。由于本人水平有限，总体而言，本书的理论分析部分还比较肤浅，理论总结缺乏系统性，既没有构建有深度的新的队伍结构优化评价模式，也没有提出地方本科院校教师队伍结构优化的具体数量化指标，更没有形成新的理论体系，使本书缺乏应有的理论厚度。这些方面有待于其他学者继续深入开展研究。

二、国外调整结构的历史经验有待凝练

国外经验借鉴是本书的重要构成部分，经验的总结必须基于事实状况的了解，但由于资料搜集有限，尤其是发达国家在高等教育精英阶段、从精英向大众化跨越阶段、大众化向普及化过渡阶段的高校教师队伍结构状况以及政府和高校采取的调整措施等相关资料可获得性非常有

限，从而使得本书的国外经验借鉴部分存在一定程度上的事实依据不够、论证不力、总结准确性不够、解释力不足等缺陷。

三、国内研究的最新样本范围有待扩展

国内实证部分是本书的重要组成部分和研究重点，但由于本人欠缺多种相关能力，本书自主开展的国内实证调查对象范围过窄，有些调查开展比较陈旧，针对近几年出现的新情况和新问题的调查开展过少、不深入。比如，关于教师队伍学缘结构三重视角的调查以及关于教师学术交往状况的调查，不仅调查时间距离目前已有多年，而且当时调查的样本数量比较少、调查问卷设计有待完善。因此，本书所得结论有待其他资料和研究的进一步验证。

四、各子结构之间的研究深度不相平衡

本书探讨了地方本科院校教师队伍总体结构之下的八个子结构，但有些子结构是近几年随着应用型高等教育理念的广泛传播才开始引起地方本科高校和众多学者的重视。比如，教师队伍行业背景结构、理论型和实践型结构等，此类研究成果相对比较薄弱，本书在分析此类结构时由于相关实证材料不够丰富，纵向比较研究比较薄弱等。此外，关于教师队伍联结结构，由于是本书最新提出，正所谓“物之始初，其形必丑”，此方面研究也比较粗浅。

第四节　研究展望

最后，本书提出本主题的未来研究展望。

一、过渡时期异域高校教师队伍结构调整研究

我国高等教育自新世纪以来处于从精英到大众化再从大众化到普及化的快速过渡阶段，西方发达国家高等教育系统经历这一时期的时间比我国早几十年。因此，研究发达国家高校在这一时期的教师队伍结构状况及其调整优化经验，对于我国乃至其他发展中国家更具有启示和借鉴意义。由于在撰写本书过程中所获得的相关资料不充分，所以对此问题的分析不够系统和全面，总结归纳也不够到位，是本书一大缺憾。今后

如能获得比较全面的资料可以持续和深入开展此方面研究，以弥补这一缺憾。

二、应用技术大学教师队伍评价标准体系研究

不同类型、不同层次高校对教师队伍结构的内在要求不同。应用型高等教育是我国今后高等教育发展的重点方向之一，大部分地方本科院校都应举办成高水平的应用型大学，部分研究型大学也应致力于开展高水平的应用型研究。本书关于应用技术大学师资队伍结构优化的评价标准研究还较为薄弱，也是本书的一块心病，相信有学者会在这方面做出新的学术突破。

三、高等学校教师队伍结构变迁的社会学分析

高校教师队伍组织是社会大系统中的一个特别子系统，其变迁受到社会外部各种因素的影响。社会的制度变革、社会的转型变迁、社会的冲突矛盾、社会的互动交换、教师的角色变化、人才的流动特点等等都会影响某一高校或某一地区乃至某一国家高等教育机构教师队伍结构的演变。本书从结构功能视角进行了探讨，但还欠缺深度和系统性。从社会学某一视角或多个视角深入分析高校教师队伍结构变迁趋势及其规律，对加深理解高校教师队伍结构乃至高等教育系统结构都会有理论和实践意义。期待有学者在此问题上作出高质量研究成果。

附录1　高校教师学术交往状况调查问卷

尊敬的老师：

您好！我们是“高校教师队伍结构研究”项目组成员，目前正着手一项有关高校教师学术交往状况的调查研究，希望得到您的帮助。现恳请您抽出一点宝贵时间帮助我们完成本问卷。本问卷采取匿名方式作答，您的回答仅供学术研究之用，有关个人信息绝对保密，请您据实放心填写。衷心感谢您的支持与合作！

高校教师队伍结构课题组

2011年12月10日

填表说明： 问卷中提到的“学术”都指广义学术，包括发现知识的学术、传授知识的学术、综合知识的学术和应用知识的学术四个方面；“学术交往”包括交流合作、同行互助、帮扶指导等各种形式的学术互动。

一、请选择符合您个人情况的一项，并在相应的选项打“√”。

1. 您的性别是　A. 男　B. 女
2. 您的年龄为　A. ≤30岁　B. 31～35岁　C. 36～40岁　D. 41～45岁　E. 46～50岁　F. 51～55岁　G. 56～60岁　H. 61～65岁　I. ≥66岁
3. 您的最高学历为　A. 专科　B. 本科　C. 硕士　D. 博士
4. 您目前的职称为　A. 未评　B. 助教　C. 讲师　D. 副教授　E. 教授

5. 您的毕业高校为

①本科毕业于 A. 本校 B. 本市非本校 C. 本省非本校

D. 外省高校 E. 海外（含港澳台）高校

②硕士毕业于 A. 本校 B. 本市非本校 C. 本省非本校

D. 外省高校 E. 海外（含港澳台）高校

③博士毕业于 A. 本校 B. 本市非本校 C. 本省非本校

D. 外省高校 E. 海外（含港澳台）高校

6. 您的博士后经历为 A. 有 B. 无

7. 您的国内访学次数为 A. 0次 B. 1次

C. 2次 D. 2次以上

8. 您的海外（含港澳台）访学经历为 A. 有 B. 无

9. 您最高学历所学学科为 A. 哲学 B. 经济学 C. 法学

D. 教育学 E. 文学 F. 历史学 G. 理学 H. 工学 I. 农学

J. 管理学 K. 医学 L. 军事学（双学位可以填两项）

10. 您在本校的工龄为 A. 未满3年 B. 3～5年 C. 6～9年

D. 10年及以上

11. 您所在的学校是

①A. "985工程"高校 B. "211工程"高校或其他部属高校

C. 省重点高校 D. 省一般本科高校

E. 高职高专高校

②A. 综合性大学 B. 多科性高校 C. 专门学院

12. 您认为在您学校里，教师对于学术交往

A. 很乐意 B. 比较乐意 C. 一般 D. 不太乐意

E. 很不乐意

13. 您认为在您学校里，教师学术交往的总体状况是

A. 强制紧密型 B. 自主紧密型 C. 强制—自主紧密型

D. 中间型 E. 松散型 F. 疏离型

G. 封闭型 H. 其他型

二、请根据您个人的真实想法，在下面各题相应标号打"√"。

1. 您认为在您学校中，制约教师学术交往的最主要因素有（可多选）

A. 机构设置不合理　　B. 制度安排不科学　　C. 学术活动组织少

D. 学术氛围　　E. 教师观念　　F. 教师性格

G. 其他因素

2. 您院系开展内部学术交往的最主要途径有（可多选）A. 学术讲座

B. 学术沙龙、学术茶会、学术辩论会等

C. 学位论文开题答辩会、项目开题评审结题会及各类学术委员会召开的会议

D. 办公室、实验室等场所的自由式学术交往

E. 家庭、餐馆等非正式渠道

F. 电话和网络交往　　G. 其他途径

3. 如果您有学术方面的困惑，您最首先想到的处理方式是（可多选）A. 自主查阅资料　　B. 向同学好友请教　　C. 向本单位同行请教

D. 向自己原来的导师请教　　E. 其他方式

4. 当您有学术问题但又无法查阅到资料时，您最首先想到的处理方式（可多选）

A. 继续自我思考　　B. 向同学好友请教

C. 向单位相同层次同行请教　　D. 向本单位较有声望的同行请教

E. 暂时放弃思考　　F. 其他

5. 您和本单位同行进行学术交往时，采用的最主要方式是（可多选）

A. 正规场合中面对面　　B. 私下面对面

C. 电子邮件和 QQ 等网络方式 D. 电话方式

E. 纸质书信　　F. 其他

三、请根据自己的实际情况或真实想法，在相应的空格内打“√”。

序号	描述	很多	较多	一般	较少	很少
1	请问在跟您进行学术交往中，和您相同年龄段的教师数量					
	您和相同年龄段教师进行学术交往的频率					
	您在和相同年龄段教师学术交往中，所获得的学术收益					

续表

序号	描述	很多	较多	一般	较少	很少
2	请问在跟您进行学术交往中，和您不同年龄段的教师数量					
	您和不同年龄段教师进行学术交往的频率					
	您在和不同年龄段教师学术交往中，所获得的学术收益					
3	请问在跟您进行学术交往中，和您相同学历的教师数量					
	您和相同学历教师进行学术交往的频率					
	您在和相同学历教师学术交往中，所获得的学术收益					
4	请问在跟您进行学术交往中，和您同学历的教师数量					
	您和不同学历教师进行学术交往的频率					
	您在和不同学历教师学术交往中，所获得的学术收益					
5	请问在跟您进行学术交往中，和您相同职称的教师数量					
	您和相同职称教师进行学术交往的频率					
	您在和相同职称教师学术交往中，所获得的学术收益					
6	请问在跟您进行学术交往中，和您不同职称的教师数量					
	您和不同职称教师进行学术交往的频率					
	您在和不同职称教师学术交往中，所获得的学术收益					
7	请问在跟您进行学术交往中，和您相同学科的教师数量					
	您和相同学科教师进行学术交往的频率					
	您在和相同学科教师学术交往中，所获得的学术收益					

续表

序号	描述	很多	较多	一般	较少	很少
8	请问在跟您进行学术交往中，和您不同学科的教师数量					
	您和不同学科教师进行学术交往的频率					
	您在和不同学科教师学术交往中，所获得的学术收益					
9	请问在跟您进行学术交往中，和您相同学缘的教师数量					
	您和相同学缘教师进行学术交往的频率					
	您在和相同学缘教师学术交往中，所获得的学术收益					
10	请问在跟您进行学术交往中，和您不同学缘的教师数量					
	您和不同学缘教师进行学术交往的频率					
	您在和不同学缘教师学术交往中，所获得的学术收益					

问卷到此结束，再次感谢您的支持与合作！

附录 2　高校教师队伍学缘结构调查表

教师编号	年龄	职称	最高学历	最高学历的学习专业	学士毕业高校	硕士毕业高校	博士毕业高校	是否博后	是否访学	是否海外经历

注：填写对象为专任教师，即指有正式编制并拥有高校教师资格证书（含正在办理中）的教学和科研人员。

附录3　高校教师队伍结构调查访谈提纲

一、请您谈谈贵校教师学术交往的基本状况。

二、请您谈谈个人学术交往基本状况。

三、请您谈谈贵校学术交往中最好的方面在哪里，做得不够在哪些方面。

四、您认为是什么因素影响教师的学术交往？

五、请您谈谈如何才能更好地促进教师形成良好的学术交往氛围和习惯。

六、您认为教师队伍的年龄结构、学历结构、职称结构、学科结构、学缘结构和联结结构对办学有什么影响？

七、您认为优化的地方本科院校教师队伍结构应该是什么样的结构？

八、您认为在贵校中是什么因素制约了教师队伍结构的优化？

九、您认为应该采取什么措施优化教师队伍结构？

十、您认为优化地方本科教师队伍结构遇到的最大困难是什么？

后　记

本书是在2012年本人完成的博士学位论文《地方本科院校教师队伍结构优化问题研究》的基础上充实和修改完成的。本书与博士学位论文最大的不同有两点：一是增加了最近几年的数据资料；二是增加了教师队伍两个结构的分析，这两个结构是应用型高校近年来日益关注的对象，即专职—兼职结构、理论型—实践型结构。对于后一个结构，有学者以双师型结构或行业背景结构替代之或说明之。本书将其简称为知行素质结构。

本书从博士学位论文撰写完稿到近半年的不断充实、修改，并最终得以付梓，经过了一个非常痛苦的磨难过程。在这一“漫长”过程中，如果没有各位领导、专家、老师、同行、同学、好友以及家人的大力支持、竭诚帮助和无私厚爱，本书不可能得以这样一种方式和读者见面。在此，一并致以诚挚的谢意！

首先，非常感谢我的博士生导师董泽芳教授！虽本人不具天赋，入门较晚，但老师从未嫌弃，而是循循善诱、谆谆教诲、孜孜鼓励。老师的尊学、严谨、拼搏、精品的学术品格永远激励我在未来的学术道路上健行；老师的大爱、宽容、进取、淡泊的为人品质永远指引我在未来人生道路上前进。

其次，非常感谢华中师范大学出版社张小新书记、周挥辉社长，学术出版中心冯会平主任等各位领导和专家！本书有幸被列入2017年国家出版资金资助项目“高等教育与社会发展论丛”出版目录，正是由于董泽芳教授和出版社各位领导和专家的合力推荐及指导。在出版过程中持续得到出版社各位领导和老师的大力支持与帮助，尤其是在审校过程中得到向力老师不厌其烦的帮助，在此一同表示衷心感谢！

再次，非常感谢博士论文写作以及调研过程中给予我大力支持和帮助的博士同门同学，他们是张茂林、张继平、陈新忠、黄燕、王卫东、郝朝晖、申晓辉、王晓辉等。同时，对各所接受调研高校的有关领导和老师表示衷心感谢！

2016—2017学年度，本人有机会前往北京师范大学教育学部访学进修，导师是毛亚庆教授。本书的后续补充和修改，主要是在北京师范大学访学期间完成的，期间得到毛亚庆教授的大力支持、指导和鼓励。在此表示衷心感谢！

在文稿最后阶段校对过程中，得到陈国甜等好友的支持和帮助，在此一同表示感谢！

最后，特别感谢我的家人！本人或长期在外地学习进修，或在外忙于公务，没有很好地照顾小家，一直怀着内疚之心。在此，特别感谢妻子和孩子！

此外，还要特别感谢本书所引用文献资料的各个文献作者和各个相关机构！感谢攻读博士学位期间、在北京师范大学访学期间、在百色学院履职期间的其他各位领导、老师、同行、朋友给予的支持和鼓励！

因本人水平有限，书中肯定有诸多不妥甚至错误之处，敬请各位专家、读者批评指正！

作者黄建雄

2017年6月30日